수메르, 혹은 신들의 고향

시친의 지구연대기 I THE EARTH CHRONICLES

수메르, 혹은 신들의 고향

제카리아 시친 지음 | 이근영 옮김

AK
Alternative Knowledge

THE 12th PLANET
Copyright ⓒ 1976 by Zecharia Sitchin
All rights reserved.

No part of this book may be reproduced or transmitted in any form
or by any means without the prior written permission of the author.
Korean translation copyright ⓒ 2004 by eMorning Book Pub.

이 책의 한국어판 저작권은 저작권자와의 독점계약으로
도서출판 이른아침에 있습니다. 신저작권법에 의해 한국 내에서
보호를 받는 저작물이므로 무단전재와 복제를 금합니다.

수메르의 좁은 진흙땅에서,
정말로 갑자기,
세계의 모든 고등 문명을 구성하는 단초들이
일시에 시작되었다.

_조지프 캠벨(Joseph Campbell)

한국어판 서문

한국의 독자들에게

지금부터 6,000년 전 현재의 이라크에 해당하는 메소포타미아 지역에서 수메르라는 위대한 문명이 꽃을 피웠다. 그것은 마치 아무것도 없는 곳에서 불쑥 솟아난 것처럼 갑작스러운 것이었다. 그럼에도 불구하고 수메르 문명은 아주 짧은 기간 동안에 모든 고등 문명이 필요로 하는 '최초의 것'들을 인간에게 선물했다. 수메르 문명이 인류에게 선물한 '최초의 것'들은 바퀴, 고층 건물, 음악과 악기, 야금술, 의학, 조각, 보석, 도시, 왕조, 법률, 사원, 기사도, 수학, 천문학, 달력 등 무려 100가지가 넘고 그중에서 가장 중요한 문자를 만들어 냈다.

고고학 덕분에 수메르의 많은 고대 도시들이 발굴되었으며, 최근의 이라크 전쟁을 통해 그중 많은 곳들이 뉴스에 소개되었다. 또 뉴스를 통해 독자들은 이미 발굴되어 박물관에 있는 유물들 또는 아직 고고학자들이 발굴하지 못한 수많은 유적지의 귀중한 유물들이 도난당했다는 소식을 들었을 것이다.

이 책은 독자들에게 흔히 '문명의 요람'이라고 불리는 수메르 문명의 실체가 무엇인지를 밝히고 있다. 수메르 점토판에 새겨진 이야기들이 허구적 상상의 결과인 '신화'가 아니라 실제로 일어난 일이었음을 밝히고 있으며, 그에 따라 인류의 진정한 기원을 탐구한다. 이 책은 그런 의미에서 초고대(超古代)로부터 지구에서 일어난 일들을 다루는 '지구 연대기(The Earth Chronicles)'라고 불리는 시리즈의 첫 번째 책이다.

메소포타미아에서 발굴된 점토판에 새겨진 문자가 발견되고 해석되기 전까지는, 구약이 천지 창조와 지구의 중요한 역사(대홍수 같은), 그리고 인류의 발생과 인류의 연대기에 대한 유일한 자료였다. 그러나 구약을 쓴 사람들이 볼 수 있었던 그보다 앞선 메소포타미아의 기록들은 구약보다 훨씬 더 자세한 내용을 담고 있다. 또 수메르 기록은 천천히 진화하던 원인(原人)으로부터 현대인과 같은 호모 사피엔스를 만들어 낸, 니비루라는 다른 행성으로부터 온 방문자들에 대해서도 보다 구체적인 정보를 제공하고 있다.

정말 흥미로운 사실은, 이 책이 처음 영어로 출판된 후 천문학, 우주론, 지질학, 지구과학, 인류학 등의 다양한 학문 분야에서 이루어진 과학적 발견과 진보가 수메르인들이 기록해 놓은 이야기를 뒷받침하고 있다는 것이다. 한국의 과학자들도 크게 기여하고 있는 인간 유전자 분석에서의 혁명적 성과와 생명과학의 발전은 유전공학을 통한 아담(Adam, 문자 그대로 지구인)의 창조를 묘사하고 있는 수메르의 기록을 아주 구체적으로 입증하고 있다.

1976년 이 책이 처음 출판될 때만 해도, 태양계에 또 다른 거대한 행성이 있다는 이 책의 핵심적인 가정은 기존 천문학의 사고 범위를 벗어나는 것이었다. 그러나 이제 '미지의 행성' 혹은 'X행성'이라는 개념은 천문학계에서 일반적으로 논의되고 있다. 또 당시에는 그런 행성이 거대한 타원 궤도를 지니고 있을 것이라는 생각이 받아들여지지 않았지만, 지금은 다른 태양을 도는 다른 행성들이 거대한 타원형 궤도를 지니고 있다는 것이 밝혀졌다. 또 그런 행성에서 지성을 지닌 생명체가 지구로 우주 여행을 했을 것이라는 가정도, 전에는 공상과학의 영역에 있었지만 지금은 인류의 실천 가능한 계획의 일부가 되었다.

아주 초기부터 이 책을 쓰게 된 동기는 성서에 있었다. 나는 구약이 실제로 일어났던 고대와 선사 시대의 역사를 기록한 것이며, 과학과 모순되기보다는 과학을 뒷받침하는 것이라고 믿는다. 따라서 나는 성서가 과거에 대해서뿐만 아니라 미래에 대해서도 진실을 말하고 있으며, 그런 점에서 성서의 '예언'도 진실이라고 믿는다.

최근에 이 책을 번역하는 외국 출판사들이 내게 혹시 이 책에서 수정하거나 바꾸고 싶은 내용이 있느냐고 물을 때마다, 나는 '단 한 단어도 바꾸지 않겠다'고 말한다. 왜냐하면 6,000년 전의 기록을 다루는 책에서 이 책이 출판된 후 지난 몇십 년간의 시간은 큰 중요성을 지니지 않기 때문이다. 그리고 최근의 과학적 발견들은 지난 어느 때보다도 이 책을 더 시기적절한 것으로 만들고 있다.

2004년 11월, 뉴욕에서

제카리아 시친

역자 서문

인간은 어디서 와서 어디로 가고 있는가?

크레이머의 『역사는 수메르에서 시작되었다』라는 책이 국내에 소개되고 수메르 신화를 소개하는 몇 권의 책이 출판되면서, 수메르 문명에 대한 관심이 어느 때보다 높다. 또 몇 년 전에 국내에 소개된 핸콕의 『신의 지문』을 통해 이집트 문명의 수수께끼들도 소개된 바 있다. 그리고 '신화읽기'라는 유행어를 만들어 낼 정도로 그리스·로마 신화는 물론이고 서양의 다른 신화들과 동양의 신화들에 대한 책도 쏟아져 나오고 있다.

이런 고대 문명과 신화에 대한 관심은 '시작'에 대한 우리들의 관심을 말해 주는 것이다. 우리는 도대체 어디에서 왔는가? 그리고 '시작'에 대한 관심은 언제나 그렇듯이 '끝'에 대한 관심이기도 하다. 우리는 도대체 어디로 가고 있는가?

이런 질문들은 지식보다는 정보가, 삶의 질보다는 삶의 양이 더 우월해진 시대에 역설적으로 더 무겁게 그리고 더 중요하게 다가온다.

『수메르, 혹은 신들의 고향』은 6부작으로 구성된 시친의 평생에 걸친 노작 '지구 연대기(年代記)'의 첫 번째 책이며, 동시에 6부작 전체의 기초를 놓은 책이다. 이 책에서 시친은 인간과 문명의 기원에 대한 아주 근본적인 질문을 던지면서, 고대의 문헌과 그림, 구약 그리고 현대의 과학적 증거들을 통해 그 질문에 대단히 대담하면서도 신빙성 있는 답을 제시한다.

인간이 만든 모든 것의 시작이라고 하는 수메르 문명은 도대체 어떻게 시작된 것인가? 돌로 석기를 만들고 채집 생활을 하던 원시인이 어느 날 갑자기 도시를 건설하게 됐다는 말을 믿을 수 있는가? 지구의 역사로 보자면 단 몇 초 전에 생겨난 인간이 어떻게 자연스러운 진화의 단계를 수백만 년 앞서서 현재와 같은 문명을 만들어 낼 수 있었는가? 왜 구약에서 하나님은 단수가 아닌 복수로 표현되곤 하는가? 아담과 이브의 에덴동산 이야기가 의미하는 것은 무엇인가? 대홍수는 어떤 사건이었는가? 그리고 구약의 「창세기」에 등장하는 이해할 수 없는 수많은 구절들의 진정한 의미는 무엇인가?

수메르 기록을 통해 이런 질문들에 대한 답을 찾는 과정에서 시친은 우리들에게 정말 놀라운 사실을 밝힌다.

지금으로부터 약 450,000년 전 인간이 존재하지 않던 시기에 지구를 찾아온 방문자들이 있었다. 그들의 행성은 아직 밝혀지지 않은 태양계의 또 다른 행성인 12번째 행성이며, 그들의 이름은 네필림이었다. 그렇다. 구약에서 '거인'이라고 번역되거나 번역을 포기한 채 그대로 표기되는 이상한 존재, 네필림이 바로 그들이었던 것이다. 그들은 지구에 착륙한 후 자신들의 도시를 만들고 아프리카의 금광을 개척하고, 가장 중요하게 인간을 창조했다.

네필림의 이런 이야기들은 그리스·로마 신화는 물론이고 힌두 신화,

이집트 신화 그리고 구약의 원전이 된 수메르의 기록으로 남아 있다.

인간이 정말 어디에서 온 것이고 어디로 가고 있는가를 고민하는 사람이라면, 또 그리스와 로마 신화를 읽고, 성경을 읽고, 핸콕이나 다니켄 류의 책을 읽으면서 이른바 초고대사의 수수께끼에 관심이 있는 사람이라면 시친의 '지구 연대기'의 첫 번째 책인 『수메르, 혹은 신들의 고향』은 반드시 읽고 넘어가야 할 시작점이다.

2004년 겨울, 이근영

저자 서문

신과 인간, 그리고 문명의 기원을 찾아서
_ 신화가 아닌 역사로서의 수메르 이야기

아주 어린 시절부터 구약성서는 내 삶을 지배해 왔다. 물론 어렸을 때의 나는 당시 학계를 떠들썩하게 했던 창조론과 진화론 사이의 논쟁에 대해서는 전혀 알지 못했다. 그러나 구약의 「창세기」를 히브리어로 공부하던 중에 나는 몇 가지 이상한 점들을 발견하게 되었다.

하루는 「창세기」 6장을 배우고 있었는데, 하나님이 대홍수로 인류를 멸망시키려고 할 때 인간의 딸들을 아내로 삼은 '신들의 아들들(the sons of the deities)'이 있었다는 내용을 읽게 되었다. 히브리어 원전에서는 그들을 '네필림(Nefilim)'이라고 표현하고 있었으며, 당시 선생님은 그것이 '거인'을 뜻한다고 설명했다. 나는 '네필림'이라는 히브리어가 '던져진 자들' 즉 '지구로 내려온 자들'이라는 뜻이 아니냐고 물었다. 물론 나는 전통적인 해석을 받아들이라는 꾸중만을 들었을 뿐이다. 하지만 그 후 고대 근동(近東)의 언어와 역사, 고고학을 공부하게 되면서 '네필림'은 다시 내 평생의 화두가 되었다.

최근 수메르, 바빌로니아, 아시리아, 히타이트, 가나안 등지의 유물과 신화 연구가 활발해지면서 구약에 등장하는 왕국과 도시들, 왕과 사원들, 고대의 관습들이 실제로 존재했었다는 역사적 사실들이 하나하나 입증되고 있다. 그렇다면 구약에 등장하는 '네필림' 역시 실제로 존재했던 것은 아닐까? 신화적이고 상징적인 의미의 거인이 아니라 문자 그대로 '하늘에서 지구로 찾아온 방문자들'이 실재했던 것은 아닐까?

구약에는 '야훼의 옥좌는 하늘에 있다'거나 '하나님은 하늘에서 이 땅을 보고 있다'는 식의 표현이 수없이 등장한다. 신약에서도 '하늘에 계신 우리 아버지'라고 말한다. 또한 모든 고대인들은 하늘에서 지구로 내려왔고 또 자기들 마음대로 하늘로 다시 올라갈 수도 있었던 신들의 존재를 굳게 믿고 있었다. 예컨대 수메르를 비롯한 근동의 고대 유적에서는 엄청난 양의 천문학적 지식이 담긴 점토판들이 대량 출토되었는데, 이 문서들은 그런 신들의 존재와 그들의 고향인 특정한 행성에 대해 분명하게 언급하고 있다. 그들은 이를 12번째 행성, 혹은 니비루(NIBIRU)라고 불렀다. 그러나 이런 이야기는 학자들에 의해 '신화'라고 낙인찍힌 뒤 지금까지 한번도 진지하게 사실로서 연구된 적이 없다.

지금으로부터 150여 년 전 초기 근동 연구자들이 고대 문서에 나타난 행성들의 목록을 해독하고 번역할 때만 하더라도, 당시의 천문학자들은 명왕성의 존재조차 모르고 있었다. 명왕성은 1930년에야 발견되었기 때문이다. 그런데도 수메르의 점토판에는 천왕성과 해왕성은 물론 명왕성의 존재까지 분명하게 언급되어 있고, 나아가 또 다른 12번째 행성에 대해서도 언급하고 있다. 이런 일이 어떻게 가능할 수 있을까?

지난 30여 년 동안 나는 '일어났을 가능성이 높은' 역사 시대 이전의 사건들을 파헤치기 위해 고대 문서들을 연구해 왔으며, 이 책을 통해 독자들에게 고대의 신들이 언제, 어디에서, 어떻게, 왜, 지구를 방문했는지 밝히고자 한다. 이 책에서 내가 제시하는 가장 핵심적인 증거들은 고대의 문서와 그림들이다.

또 이 책에서 나는 현대의 과학적 이론에 결코 뒤지지 않는 고대의 우주론도 설명하려고 한다. 고대의 우주론은 태양계가 어떻게 형성되었고, 태양계 외부로부터 날아들어 온 하나의 특별한 행성이 어떻게 태양계의 궤도에 사로잡히게 되었는지, 그리고 지구와 태양계의 다른 행성들이 어떻게 만들어지게 되었는지를 소상히 보여 준다.

내가 제시하려는 증거 중에는 12번째 행성이 어떤 경로를 통해 태양계의 바깥에서부터 지구에 이르게 되는지를 묘사한 태양계 안내지도도 포함되어 있다. 또 네필림이 지구에 최초의 정착지를 만든 사실과 그들을 이끈 지도자들의 이름, 그들 사이의 관계·사랑·질투·업적 그리고 투쟁들이 기록될 것이다. 또한 그들의 불멸에 대한 설명도 제시될 것이다. 다른 무엇보다도 이 책은 인간의 창조를 가능케 한 사건들과 그와 연관된 고도의 기술에 대해서도 밝힐 것이다.

그리고 인간과 신의 복잡한 관계, 에덴동산, 바벨탑, 대홍수 등에 대해서도 새로운 해석을 제시하려고 한다. 마지막으로 신들로부터 영과 혼을 받은 인간이 어떻게 신들을 지구로부터 쫓아내게 되었는지도 살펴볼 것이다.

이 책은 인간이 태양계의 유일한 지적 존재가 아니라는 것을 말하고 있다. 그러나 그것이 사실이라고 해서 우주의 절대자에 대한 신념이 퇴

색되는 것은 아니다. 왜냐하면 네필림이 인간을 지구에 창조한 행위 자체도 보다 큰 우주적 계획의 일부였을 수 있기 때문이다.

              1977년, 제카리아 시친

| 차 례 |

한국어판 서문 | 한국의 독자들에게 6
역자 서문 | 인간은 어디서 와서 어디로 가고 있는가? 9
저자 서문 | 신과 인간, 그리고 문명의 기원을 찾아서 12

1 인간은 진화의 결과가 아니라 진화의 예외다
난데없는 인류의 출현 · 23   진화의 뒷걸음질 · 28   불가사의한 문명의 등장 · 30

2 예고 없이 시작된 수메르 문명
문명의 시원을 찾아서 · 37   아시리아와 바빌로니아 · 42   아카드어의 비밀 · 47
수메르어의 발견 · 50   수메르의 도시와 신전들 · 54   수메르 문명의 실체 · 60
역사는 수메르에서 시작되었다 · 73   수메르 문명의 수수께끼 · 83

3 하늘과 땅의 신들
그리스의 신화와 신들 · 88   힌두의 신화와 신들 · 99   히타이트의 신화와 신들 · 103
수메르 문명의 전달자 후르리인 · 115   가나안의 신화와 신들 · 119
이집트의 신화와 신들 · 127   아모리의 신화와 신들 · 131

시친의 지구연대기 1
THE EARTH CHRONICLES

4 수메르, 모든 신들의 고향
수메르 신들의 계보 · 135   신들의 아버지, 안(아누) · 137   만왕의 왕, 엔릴 · 144
엔키와 닌후르쌍 · 151   엔릴의 아들 닌우르타와 신들의 전쟁 · 160
주는 누구인가? · 164   엔릴의 또 다른 장자, 난나 · 167   난나의 장자, 우투 · 173
수메르의 아프로디테, 인안나 · 176   엔릴의 막내아들, 이시쿠르 · 183
수메르 신들의 계보도 · 187

5 네필림, 불 뿜는 로켓을 탄 사람들
여신의 날개옷 · 191   구약에 나타난 천사들의 복장 · 198
고대의 비행사와 비행체들 · 199   쉠, 하늘을 나는 비행물체 · 213
바벨탑의 정체 · 218   신의 분노 · 222   하늘로 올라간 사람들 · 224
길가메시의 여행 · 226   하늘에서 본 지구의 풍경 · 236   독수리의 정체 · 239
네필림, 불 뿜는 로켓을 탄 사람들 · 244

6 12번째 행성
수메르에서 찾아낸 태양계의 모습 · 251   천문 지식의 역사 · 258
수메르 천문학의 수준 · 269   네필림과 수메르의 천문학 · 282

7 창조의 서사시
수메르인의 태양계에 담긴 비밀 · 291   달과 명왕성의 비밀 · 294
화성과 목성의 사이 · 298   창조의 서사시 제1막 · 299   창조의 서사시 제2막 · 309
창조의 서사시 제3막 · 311   창조의 서사시 제4막 · 317
「창세기」와 「창조의 서사시」 · 322   창조의 서사시 제5막 · 328

8 하늘의 왕권
마르둑, 혹은 12번째 행성의 정체 · 335   주님의 날과 12번째 행성의 궤도 · 341
신들의 1년 · 355

9 지구 착륙
태양계의 7번째 별 · 361   수메르의 새해 축제와 7개의 정거장 · 369
행운의 숫자 7과 태양계의 두 부분 · 373   지구로 가는 길의 7개 정거장 · 376
신들이 남긴 우주 여행의 지도 · 380

10 신들의 도시
왜 메소포타미아인가 · 394   최초의 도시 에리두 · 402
우주 센터가 차려진 도시 니푸르 · 409   산업도시 바드티비라와 그 외의 도시들 · 413
수메르에 세워진 최초의 우주공항 · 415   하늘과 땅의 유대, 혹은 통신 센터 · 421

11 아눈나키의 폭동
아래 세계, 압수 · 431   아프리카의 고대 광산 유적 · 439
노동하던 신, 아눈나키 · 449   하급 신 아눈나키의 반란 · 454

시친의 지구연대기 I
THE EARTH CHRONICLES

12 인간을 창조하다
창조론과 진화론의 만남 · 465   인간의 창조와 생명공학 · 473
신의 형상을 한 인간의 탄생 · 480   복제 인간의 탄생 · 491   신의 유전자 · 493
아프리카에서 메소포타미아로 · 497

13 대홍수와 인간의 종말
지식인 아담, 에덴에서 추방되다 · 502   사악하지만 지혜로운 뱀의 정체 · 514
대홍수와 수메르의 노아 · 528

14 지구를 떠나는 신들
대홍수의 시대 · 537   대홍수 이전 · 540   신들의 피난 · 549
대홍수의 실체 · 557   대홍수와 주님의 날 · 563   지구 연대기 · 569

15 지구의 왕권
갑작스러웠던 수메르 문명의 비밀 · 573   바벨탑과 신들의 혼란 · 579
남겨진 이야기들 · 585

참고문헌 · 587

일러두기

1. 본문에 등장하는 성경의 내용은 대한성서공회의 『성경전서(표준새번역)』에 따랐다. 다만 저자가 조금 다른 의미로 해석한 부분은 저자의 해석에 따르고 끝에 *로 표시한 후 필요에 따라 한글 성경 번역 문구를 괄호에 넣어 표기했다.
2. 지명과 인명 등 고유명사는 통상의 표기원칙에 따르되, 아직 통일되지 않은 용어들은 역자가 판단하여 표기했다.

수메르, 혹은 신들의 고향

1

인간은 진화의 결과가 아니라 진화의 예외다

| 난데없는 인류의 출현 |

이 책에서 내가 주장하는 바를 입증하기 위해 제시할 수 있는 수많은 증거 중 첫 번째는 바로 인간 자신이다. 여러 면에서 현재의 인간(호모 사피엔스Homo sapiens)은 지구와 도무지 어울리지 않는 매우 이상한 존재다.

다윈(C. R. Darwin)이 진화의 증거를 통해 당대의 학자와 신학자들을 충격에 빠뜨린 후 지금까지, 지구상의 생명체는 인간과 유인원(類人猿)으로부터 포유류와 척추동물로, 그리고 수백만 년 전의 생명의 시작 시점까지 거슬러 올라가는 것으로 여겨져 왔다.

그러나 생명의 기원과 다른 행성에서의 생명체의 존재 가능성을 탐구하던 과학자들은 오히려 지구상의 생명체에 대해 의문을 갖기 시작했다. 지구 위의 생명체는 여러 가지 점에서 지구에 속하는 것이 아니었기 때문이다. 만약 지구상의 생명체가 흔히 말하는 것처럼 일련의 자연발생적 화학반응에 의해 생긴 것이라면, 왜 그것은 다양한 기원에서 출발하지 않고 단 하나만의 기원을 갖고 있는 것일까? 지구상의 모든 생명체는 왜 지구에서 많이 발견되는 화학 물질은 적게 지니고, 지구상에서 보기 드문 화학 물질을 오히려 더 많이 지니고 있는 것일까?

그렇다면 지구의 생명은 다른 곳으로부터 도입된 것일까?

진화의 단계에서 인간이 차지하는 위치는 의문을 더욱 증폭시킨다. 초기에 학자들은 이곳저곳에서 발견한 두개골과 턱뼈들을 통해 인간이 약 500,000년 전 아시아에서 탄생했다고 생각했다. 그러나 보다 오래된 화석들이 발견되면서 인간의 진화 과정이 그보다 훨씬 더 오래되었음이 밝혀졌다. 인간의 선조가 되는 유인원의 탄생은 무려 25,000,000년 전으로까지 거슬러 올라간다.

동아프리카에서 발견된 한 화석은 원인(原人, Hominids)으로의 진화가 14,000,000년 전에 일어났음을 보여 준다. 즉, 인간이라고 분류될 만한 최초의 유인원이 나타난 후 약 11,000,000년이 지난 후의 일이다. 현생인류와 정말 가장 유사하다고 분류되는 '오스트랄로피테쿠스(Australopithecus)'는 아프리카의 같은 지역에서 약 2,000,000년 전부터 존재하기 시작했다. 그 후 직립원인(Homo erectus)이 등장하기까지 또다시 약 1,000,000년의 시간이 필요했다. 그리고 다시 약 900,000년이 지난 후에야 네안데르탈인(Neanderthal)으로 불리는 최초의 원시인이 나타났던 것이다.

오스트랄로피테쿠스와 네안데르탈인 사이에는 이처럼 2,000,000년 정도의 시간 간격이 있음에도 불구하고 그 두 집단이 사용하던 석기에

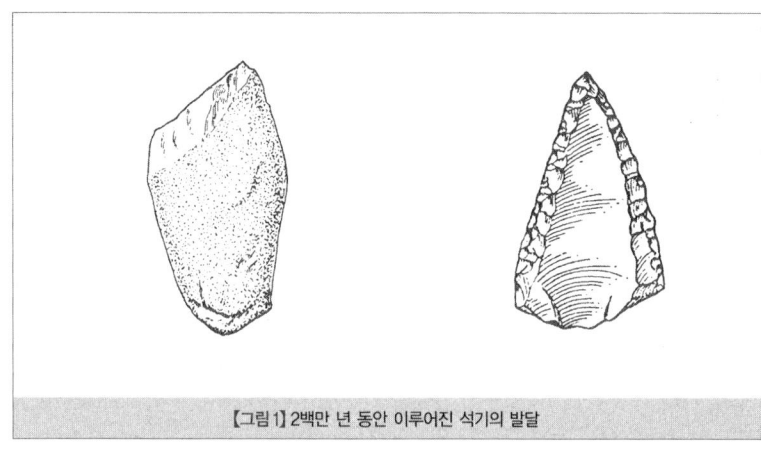

【그림1】 2백만 년 동안 이루어진 석기의 발달

는 거의 차이가 없다. 【그림1】 또한 그 두 집단의 외모도 거의 차이가 없었던 것으로 보인다.

그러다가 아주 갑자기 약 35,000년 전에 현생인류인 '지혜 있는 인간(호모 사피엔스)'이 나타나 지구상에서 네안데르탈인들을 사라지게 한다. 크로마뇽인(Cro-Magnon man)이라고 불리는 이 인간들은 현재의 우리들과 아주 흡사해서, 만약 그들이 현대인들처럼 옷을 입고 미국이나 유럽의 어느 도시에서 돌아다닌다면 현대인과 거의 구분하기 어려울 정도의 모습이었다.

크로마뇽인은 그들이 남겨 놓은 동굴 그림이 매우 훌륭해서 '동굴인(Cavemen)'으로 불리기도 한다. 하지만 그들은 돌과 짐승의 가죽을 이용해 원하는 곳에 집과 대피소를 만드는 방법을 알고 있었기 때문에 동굴뿐만 아니라 지구 위를 마음껏 돌아다녔다.

수백만 년 동안 인간의 유일한 도구는 유용한 모양의 돌이었다. 그러나 크로마뇽인들은 나무와 동물의 뼈를 사용해 도구와 무기를 만들었다. 그들은 더 이상 벌거벗은 유인원들이 아니었으며 동물의 가죽으로 옷도 만들어 입었다. 크로마뇽인들의 사회는 조직화되어 있었고 가부장적인 씨족 사회를 이루고 살았다. 그들의 동굴벽화를 보면 그들의 예술적 기교와 감정의 깊이를 짐작할 수 있으며, 그들이 일종의 '종교'를 갖고 있었음도 알 수 있다. 특히 초승달로 상징되는 모신(母神, Mother Goddess)을 숭배했음을 알 수 있다. 또 그들이 시체를 묻었던 것으로 보아, 삶과 죽음 그리고 사후세계에 대한 철학을 갖고 있었음이 분명하다.

크로마뇽인의 갑작스러운 등장은 설명하기 어렵고 신비하기까지 하지만 의문은 거기서 그치지 않는다. 왜냐하면 스완즈콤(Swanscombe)과 슈타인하임(Steinheim) 등에서 다른 현생인류의 화석이 발견되면서, 크로마뇽인들은 이미 약 250,000년 전에 서아시아와 북아프리카 지역에 살았던 보다 초기의 다른 호모 사피엔스들로부터 나타났다는 사실이 밝혀졌기 때문이다. 그러나 현생인류가 직립원인이 나타난 후 단지 700,000년 후에, 그리고 네안데르탈인이 나타나기 이미 200,000년 전에 등장했다는 것을 받아들일 수 있는가? 또한 이들은 느린 진화의 과정에 비추어 대단히 급격한 발전을 이루고 있는데, 예를 들어 말을 하는 능력 같은 것은 그 이전의 유인원들과는 전혀 연관될 수 없는 것이었다.

『진화하는 인간』이라는 책을 쓴 이 분야의 전문가 도브잔스키(T. Dobzhansky) 교수는 특히 이런 일련의 과정이 진화에 가장 부적합한 '빙하 시대'에 일어났다는 사실에 더욱 큰 놀라움을 나타낸다. 도브잔스키 교수는 현생인류가 그 전의 원시인류들에게서 나타나는 일부 특징들을 전혀 갖고 있지 않다는 사실과, 또 그 전에는 한 번도 나타난 적이 없는 특징을 갖고 있다는 점을 지적한다. 그래서 '현생인류는 많은 화석 친척들을 갖고 있기는 하지만 조상을 갖고 있지는 않다. 따라서 현생인류의 유래는 아주 설명하기 어려운 문제다'라고 주장한다.

이전의 원시인류처럼 정상적인 진화 과정을 거친다면 현대인의 조상인 호모 사피엔스의 출현은 적어도 지금으로부터 2,000,000년이나 3,000,000년 후쯤이 되어야 할 것이다. 그런데 300,000년 전에 갑작스럽게 이루어진 현생인류의 출현을 어떻게 설명할 것인가? 인간은 다른 곳으로부터 지구로 이식된 것일까? 아니면 구약과 다른 고대의 문서들이 주장하는 것처럼 신들에 의해 창조된 것일까?

우리는 문명이 어디에서 시작되었으며, 문명이 일단 시작된 이후 어떻게 발전했는가에 대해서는 상대적으로 잘 알고 있다. 그러나 문명이 '왜' 시작되었는가라는 질문에는 아직도 답하지 못하고 있다. 왜냐하면 대부분의 학자들이 인정하듯이, 진화의 단계로만 보면 인간은 아직도 문명에 이르지 못했어야 정상이기 때문이다. 현재의 인간들이 아마존 정글이나 뉴기니의 원시 부족들에 비해 더 발전할 수밖에 없는 이유는 아무것도 없다.

그런 원시 부족들은 외부로부터 고립되어 있었기 때문에 아직도 석기 시대처럼 살고 있다고들 말한다. 그러나 무엇으로부터 고립되어 있었다는 말인가? 그들도 우리처럼 같은 지구 위에 살고 있었는데 왜 그들은 다른 인간들이 그랬다고 믿어지는 것처럼 스스로 높은 수준의 과학과 기술을 발전시키지 못했는가?

물론 원시 부족의 후진성보다는 현대인의 진보가 더 설명하기 어려운 문제다. 왜냐하면 인간이 정상적으로 진화했다면 현재 인간의 모습은 우리들이 아니라 원시 부족들일 것이기 때문이다.

인간이 자연 그대로의 돌을 사용하는 데서 그것을 목적에 맞게 다듬어 사용하기까지는 대략 2,000,000년이 걸렸다. 그렇다면 왜 다른 금속 물질을 사용하는 법을 배우는 데 다시 2,000,000년이 걸리지 않았고, 수학과 기계학과 천문학을 이해하는 데 또 다른 10,000,000년이 걸리지 않았던 것일까? 어떻게 우리는 네안데르탈인들로부터 겨우 100,000년도 채 지나지 않아 달에 우주인을 착륙시키고 있는 것일까?

따라서 정말 궁금한 것은 인간의 조상이 고도로 발달한 문명을 과연 스스로 발전시켰는가 하는 점이다.

비록 크로마뇽인들이 금속을 사용하거나 고층 건물을 지은 것은 아니었지만 그들의 문명이 혁명적이었던 것은 사실이다. 그들의 유연한 이동성이나 주거지를 지을 수 있는 능력, 옷을 입고자 하는 욕구, 뛰어난 도구와 예술 작품들은 수백만 년을 이어오면서 아주 느리게 진행되어 오던 인간의 진화 과정을 끊어 버린 '갑작스러운 문명의 시작'이었던 것이다.

| 진화의 뒷걸음질 |

학자들이 현생인류의 출현이나 크로마뇽인의 갑작스러운 문명에 대해 설명하지는 못하고 있지만, 그 문명이 어디에서 시작되었는지에 대해서는 누구나 잘 알고 있다. 그곳은 메소포타미아(Mesopotamia)로 불리는 근동(近東) 지역이었다. 동쪽으로는 현재 이란과 이라크의 국경 지역인 자그로스(Zagros) 산맥과 닿아 있고, 북쪽으로는 아라라트(Ararat) 산과 타우루스(Taurus) 산맥까지 펼쳐졌으며, 서쪽과 남쪽으로는 시리아와 레바논, 이스라엘의 구릉지대로 이어진 이 반월형의 고지와 산악지방에는 현생인류의 발자취가 남아 있는 동굴들이 넓게 퍼

져 있다. 【그림2】

그중 한 동굴인 샤니다르(Shanidar)는 문명의 반월형 지역 북동쪽에 있다. 현재는 전투적인 쿠르드족 전사들이 추운 겨울 동안 자신과 가축의 피난처로 이 지역의 동굴들을 사용하고 있다. 지금으로부터 약 44,000년 전의 어느 추운 겨울밤에도 한 명의 어린아이를 포함한 일곱 명의 가족이 샤니다르 동굴로 들어왔다. 낙석에 의해 사망한 것으로 보이는 그들의 유해는 1957년 초기 인류의 증거를 찾기 위해 이 지역을 탐사하던 솔레키(R. Solecki)에 의해 발견되었다. 이 발견은 솔레키가 기대했던 것보다 훨씬 더 중요한 것이었다. 이 동굴은 100,000년 전부터 13,000년 전까지 이 지역에 거주하던 인류의 기록을 차곡차곡 보존하고 있었기 때문이다.

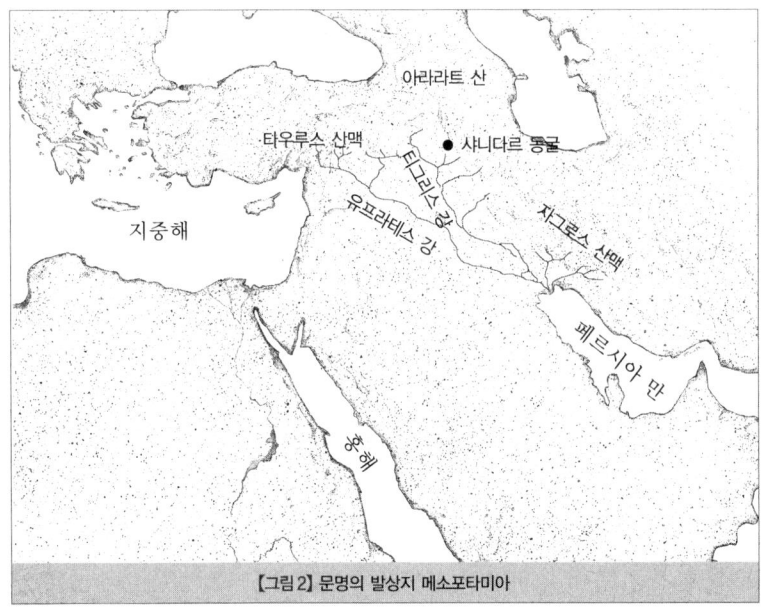

【그림2】 문명의 발상지 메소포타미아

동굴에서 발견된 것들의 의미는 매우 놀라웠다. 그것은 바로 인간의 문명이 발전한 것이 아니라 퇴보하고 있었음을 보여 주는 것이었다. 특히 기원전 27000년부터 기원전 11000년 사이에는 주거의 흔적을 거의 찾아볼 수 없을 정도로 문명의 쇠퇴가 극에 달했다. 이 지역에서 인간은 기후 변화로 추정되는 이유 때문에 약 16,000년의 기간 동안 거의 사라졌었다.

그러다가 기원전 11000년경에 '호모 사피엔스'가 다시 활발하게 나타나 불가사의한 고대 문명들을 만들어 낸 것이다.

마치 눈에 보이지 않는 감독이 있어서 지치고 힘이 빠진 선수들 대신 힘이 넘치고 보다 잘 훈련된 새로운 선수를 보내 준 것처럼 말이다.

| 불가사의한 문명의 등장 |

수백만 년을 이어오는 진화의 과정에서 인간은 철저하게 자연에 종속되어 있었다. 인간은 야생 식물을 뜯어 먹었고 야생 동물과 물고기를 잡아먹었다. 그러나 어떤 까닭에선지 어느 날 갑자기 인간은 농부가 된다.

브레이드우드(R. J. Braidwood)와 하우(B. Howe)는 『이라크 쿠르드 지역의 선사 시대 연구』라는 책에서, 농업은 현생인류가 초기에 원시적인 문명을 열었던 근동 지역에서 시작되었으며 발생학적 연구가 고고학적 발견을 뒷받침하고 있다고 말했다. 현재는 농업이 근동 지역의 고원과 산악지방에서 시작되어 전 세계로 퍼졌다는 것이 공인된 사실로 받아들여지고 있다.

학자들은 방사성 탄소 연대 측정법과 식물에 대한 발생학적 연구를 통해 인간이 맨 처음 재배한 농산물이 보리와 밀이었다는 것에 의견의 일치를 보이고 있다. 그리고 그것들은 야생의 에머밀을 개량한 것이었으리라 추측한다. 인간이 야생 식물을 개량하고 재배하는 기술을 점진적으로 습득했을 것이라고 보는 학자들은 그 후 근동 지역에서 한꺼번에 쏟아져 나온 식물과 곡물의 다양함에 곤혹스러워하지 않을 수 없었다. 기장, 호밀, 스펠트밀을 포함해 기름과 섬유질을 제공하는 아마, 다양한 과실나무와 관목들이 아주 짧은 시간 동안 인간에 의해 본격적으로 재배되기 시작했다는 증거들이 쏟아져 나왔던 것이다.

이런 작물들은 유럽에 이르기 전에 근동 지역에서 수천 년간 경작되고 개량되었다. 마치 근동 지역이 보이지 않는 손에 의해 인도되는 거대한 식물 유전자 실험실이었던 것처럼 새로운 재배종들을 연속적으로 만들어 낸 것이다.

포도의 기원을 연구한 학자들은 포도가 시리아, 팔레스타인, 북부 메소포타미아의 산간 지역에서 처음 재배되기 시작했다고 본다. 이것은 전혀 새로운 사실이 아니다. 왜냐하면 구약은 대홍수가 끝나고 아라라트 산에 방주가 멈춘 다음 노아가 '포도나무를 심었다'고 말하며, 심지어는 포도주에 취했다고까지 전하고 있기 때문이다. 학자들과 마찬가지로 구약도 포도 재배가 시작된 곳은 북부 메소포타미아라고 말하고 있는 것이다!

사과, 배, 올리브, 무화과, 아몬드, 피스타치오, 호두 등도 모두 근동에서 재배되기 시작해 유럽과 세계의 다른 지역으로 퍼져 나갔다. 이쯤 되면 구약이 전문 학자들보다 수천 년 먼저 이 지역을 세계 최초의 과수원으로 지목했다는 사실에 놀라지 않을 수 없다. 구약은 이렇게 기록하고 있다.

주 하나님이 동쪽에 있는 에덴의 동산을 일구시고 (…)

보기에 아름답고 먹기에 좋은,

열매를 맺는 온갖 나무를 땅에서 자라게 하시고 (…)

_「창세기」 2 : 8~9

성서 시대의 사람들에게는 에덴의 대략적인 위치가 익히 알려져 있었다. 그곳은 이스라엘의 동쪽이었다. 그곳에는 네 개의 강으로부터 물이 공급되었는데 그중 두 강이 티그리스와 유프라테스 강이었다. 구약의「창세기」가 그 두 개의 강이 시작되는 북부 메소포타미아의 고원지대에 최초의 과수원을 위치시켰음에는 의심의 여지가 없다. 과학과 구약이 완전히 일치하는 부분인 것이다.

실제로 만약 구약의 히브리 원전을 신학적인 기록이 아니라 과학적인 보고서로 읽어 본다면, 그것이 얼마나 정확하게 식물의 재배 과정을 보여 주고 있는지 알 수 있다. 과학자들은 식물의 재배 과정이 야생초에서 야생 곡물류, 재배 곡물류의 순으로 진행되며, 그 다음에 열매를 맺는 나무와 관목들로 이어진다고 본다.「창세기」 1장에 자세히 기록된 과정과 정확하게 일치하는 것이다.

하나님이 말씀하시기를

'땅은 푸른 움을 돋아나게 하여라.

씨를 맺는 식물과 씨 있는 열매를 맺는 나무가

그 종류대로 땅 위에서 돋아나게 하여라' 하시니,

그대로 되었다.

땅은 푸른 움을 돋아나게 하고, 씨를 맺는 식물을 그 종류대로 나게 하고,

씨 있는 열매를 맺는 나무를 그 종류대로 돋아나게 하였다.
하나님이 보시기에 좋았다.
_「창세기」 1 : 12

「창세기」는 또 인간이 에덴동산에서 쫓겨난 후에 음식을 얻기 위해 노동을 해야 했다고 적고 있다. '너는 죽는 날까지 수고를 하여야만 땅에서 나는 것을 먹을 수 있을 것이다'라고 하나님은 아담에게 말한다. 그 이후에 '가인은 밭을 가는 농부'가 되고 '아벨은 양을 치는 목자'가 되었다. 인간은 구약에서 말하는 것처럼 먼저 농사를 지은 후 목축을 하게 된 것이다.

학자들도 구약에 나타난 이런 일련의 과정에 전적으로 동의한다. 『가축의 역사』에서 동물의 가축화에 대한 다양한 이론들을 분석한 제우너(F.E.Zeuner)는 '인간이 일정한 규모의 사회 조직을 이루고 사는 단계에 이르기 전까지는 동물을 사육하는 습관을 얻지 못했을 것'이라고 말한다. 동물의 사육을 위해 필요한 정착 사회는 물론 농업을 기초로 할 때만 가능한 것이다.

최초로 가축화된 동물은 개였는데, 인간의 가장 친한 친구로서뿐만 아니라 식량으로도 이용되었다. 개의 가축화는 기원전 9500년경에 시작된 것으로 보인다. 가축화된 개의 유골은 이란, 이라크, 이스라엘 등지에서 발견되고 있다.

비슷한 시기에 양도 가축화되었다. 샤니다르 동굴에서는 기원전 9000년경의 양 유골들이 발견되었는데, 매년 어린 양을 도살해 고기와 가죽을 사용했음을 보여 준다. 그 후 우유를 제공하는 염소, 그리고 돼지와 소가 차례로 가축화되었다.

이처럼 가축화도 근동에서 처음 시작되었다.

기원전 11000년경에 근동에서 일어난 이런 급진적인 변화 때문에, 학자들은 이 시기를 구석기 시대의 명백한 끝이자 새로운 문화 시대인 중석기 시대의 시작으로 보고 있다.

그러나 이러한 명칭은 인간이 사용하던 중요한 도구의 원재료가 석기였다는 사실만을 고려할 때 유용한 것이다. 물론 산악지대에 있던 인간의 거주지는 여전히 돌로 만들어졌고 돌 벽으로 방어되었으며, 가장 중요한 농사 도구인 낫도 돌로 되어 있었다. 또 죽은 사람의 시체도 돌로 덮어 보호했고 돌로 장식했다. 또 돌을 사용해 '신(神)'의 모양을 만들었다. 북부 이스라엘에서 발견된 기원전 9000년경의 돌로 된 신의 두상은 줄무늬가 있는 헬멧을 쓰고 있으며 일종의 '보호안경'까지 쓴 것처럼 보인다.【그림3】

【그림3】 돌로 만든 신의 형상

그러나 보다 넓은 의미에서 보자면 기원전 11000년경에 시작된 새로운 시대는 중석기 시대라기보다는 '재배의 시대'라고 부르는 것이 더 정확하다. 아주 기나긴 진화라는 측면에서 볼 때 인간은 채 하룻밤도 되지 않는 약 3,600년 사이에 농부가 되었고 야생 동식물을 '재배'하기 시작했기 때문이다.

그 후 또다시 새로운 시대가 시작된다. 학자들은 이 시기를 신석기 시대라고 부른다. 그러나 이 용어 역시 매우 부적절한 것이다. 왜냐하면 기원전 7400년경에 일어난 가장 큰 변화는 토기의 등장이기 때문이다.

학자들에게는 여전히 수수께끼로 남아 있지만, 이 책에서 밝혀낼 고대사의 여러 사건들을 알고 나면 분명해질 이유들 때문에, 인간 문명의 발전은 기원전 11000년경에 시작돼 수천 년 동안 근동 지역에서만 일어났다.

진흙의 다양한 용도를 알게 되면서 인간은 높은 산악지대로부터 진흙이 쌓인 낮은 계곡지대로 내려오게 된다.

기원전 7000년경에 이르러 근동의 문명은 진흙 및 토기의 사용과 함께 번성한다. 인간은 진흙을 이용해 수많은 생필품과 기념품 그리고 인물상을 만들어 냈다. 기원전 5000년경부터는 아주 뛰어난 품질과 훌륭한 모양의 진흙 제품과 토기들이 생산된다.

그러나 기원전 4500년경의 고고학적 유물들을 보면 또 한번 인간의 진보는 느려지고 문명이 다시 퇴보하는 것을 확인할 수 있다. 토기들은 단순해지고 석기 시대의 잔재인 석기 용품들이 다시 등장한다. 토기와 진흙 제품 생산의 중심지들은 버려지고 진흙 제품 생산도 자취를 감춘다. 멜라트(J. Melaart)는 『근동의 초기 문명』이라는 책에서, 이 시기에 '문화의 일반적인 쇠퇴가 명백하게 나타난다'고 말한다. 또 많은 도시 유적들에서 '새로운 쇠퇴기'의 증거들이 분명하게 나타난다고 주장한다.

인간의 문화는 다시 한번 쇠퇴한 것이다. 그러다가 근동 지역은 현재의 문명에까지 직접 이어지는 '수메르(Sumer)'라고 불리는 위대한 고대 문명을 다시 한번 불가사의하게 만들어 낸다.

보이지 않는 신비한 손이 인류를 다시 한번 쇠퇴에서 구해내 보다 높은 단계의 문화와 지식과 문명으로 이끈 것이다.

2

예고 없이 시작된 수메르 문명

| 문명의 시원을 찾아서 |

유럽 사람들은 오랫동안 자신들의 문명이 그리스와 로마의 선물이라고 믿어 왔다. 그러나 그리스의 철학자들 스스로는 자신들의 문명이 '보다 앞선 기원'에서 유래한 것이라고 말하곤 했다. 그리스 문명에 앞서는 선대의 다른 문명이 있었다는 것이다. 그래서 새로이 찾아내게 된 문명이 바로 이집트 문명이다.

우선 유럽의 초기 여행자들은 스핑크스나 피라미드 같은 신기한 유적을 간직한 이집트에 대해 자국에 돌아가 보고하곤 했고, 마침내 1799년 나폴레옹이 이집트에 갈 때는 그런 고대 유적들을 연구하기 위해 학자들을 데리고 갔다. 나폴레옹의 장교 중 한 사람이 로제타(Rosetta) 지역 근처에서 석판 하나를 발견했는데, 거기에는 고대 이집트의 상형문자와 더불어 또 다른 알 수 없는 문자 두 가지가 함께 적혀 있었다. 기원전 196년에 발표된 포고문을 기록한 이 석판은 나중에 '로제타스톤'이라고 불리게 되었으며, 이 석판의 해석과 그 뒤를 이은 고고학적 발굴들을 통해 유럽 사람들은 그리스 문명이 탄생하기 훨씬 이전에 이미 이집트에 발달한 문명이 존재했다는 사실을 분명히 알게 되었다. 이집트의 기록들은 기원전 3100년경에 시작되는 왕조에 대해서까지 언급하고 있었는데, 그것은 그리스 문명의 시작보다 2,000년이나 앞서는 것이었다. 기원전 4~5세기경에야 최고조에 이른 그리스 문명은 인류 문명의 선두주자가 아니라 오히려 후발주자였던 것이다.

그렇다면 이집트가 인류 문명의 기원인가? 이집트 문명이 그리스 문명을 낳은 것인가? 언뜻 그럴듯하게 들리지만 고고학적 사실을 보면 그렇지 않다. 그리스의 학자들이 이집트를 방문했던 것은 사실이지만, 그들이 말한 고대 지식의 원천은 이집트가 아닌 다른 곳이었다. 크레타 섬의 미노아 문명이나 그리스 본토의 미케네 문명 등 그리스 초기의 문명을 살펴보면, 그 기원이 이집트가 아니라 근동이었음을 알 수 있다. 이집트가 아닌 다른 고대 문명이 시리아와 아나톨리아를 통해 그리스에 전파되었던 것이다.

도리스 사람들의 그리스 침공과 출애굽 직후에 있었던 이스라엘 사람들의 가나안 진출이 기원전 13세기경에 거의 동시에 이루어졌다는 사실에 착안한 학자들은 셈족의 문명과 그리스 문명이 많은 유사성을 지니고 있을 것으로 추측해 왔다.

『잊혀진 문자, 미노아어의 증거』라는 책을 쓴 고든(C. H. Gordon) 교수는 '선형문자 A(Linear A)'라고 불리는 초기 미노아 문자가 셈어를 모방한 것이라는 사실을 밝힘으로써 대단히 새로운 연구 분야를 개척

했다. 그는 '히브리와 미노아 문명은 그 형태가 놀라울 정도로 유사하다'고 말하면서, 예컨대 미노아어로 케레타(Ke-re-ta)라고 불리는 크레타 섬의 이름은 '벽으로 둘러싸인 도시'라는 뜻의 히브리어 케레에트(Ke-re-et)에서 기원한 것이라고 지적했다.

또 고대 그리스 시대 역사학자들도 페니키아의 카드무스(Kadmus)라는 사람이 히브리어와 순서 및 숫자가 같은 문자를 그리스인들에게 '전해 주었다'고 적고 있다. 이런 증언들에 따르면 현대 영어와 라틴어의 원천이 된 그리스의 문자 또한 근동에서 온 것임이 분명하다. 이러한 사실은 근동 지역에서 사용되던 원래 문자의 순서와 이름, 기호, 그리고 각각의 문자에 부여된 숫자 값을 그리스와 로마 문자의 그것들과 비교해 보면 아주 쉽게 확인할 수 있다. 【그림4】

물론 학자들도 그리스와 근동의 접촉이 기원전 1000년경부터 시작되어 기원전 331년에 알렉산더 대왕의 페르시아 정복으로까지 이어졌다는 것을 잘 알고 있다. 또 그리스의 자료에는 오늘날의 이라크에 해당하는 페르시아 사람들과 그 지역에 대한 많은 정보도 담겨 있다. 그런데 학자들은 키루스(Cyrus), 다리우스(Darius), 크세르크세스(Xerxes) 등과 같은 페르시아 왕들의 이름과 페르시아 신들의 명칭이 인도-유럽어에 속하는 것처럼 보인다는 이유로, 페르시아인들이 아리안 계통에 속하며 기원전 2000년경에 카스피 해 부근에서 나타나 서쪽으로는 소아시아, 동쪽으로는 인도, 남쪽으로는 구약이 '메대와 파사의 땅'이라고 부른 지역으로 퍼져 나갔다고 생각했다.

그러나 사실은 그렇게 간단하지 않다. 구약은 페르시아의 왕들이 이방인이었음에도 불구하고 그들을 아주 핵심적인 인물들로 취급하고 있다. 예를 들어 키루스(구약의 고레스)는 '야훼가 임명한 왕'으로 표현되

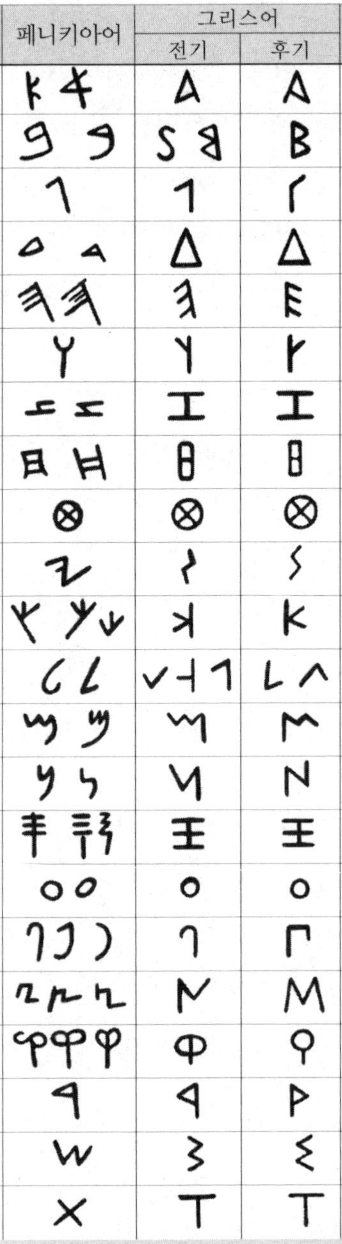

히브리어 명칭	페니키아어	그리스어 전기	그리스어 후기	그리스어 명칭	라틴어
Aleph				Alpha 알파	A
Beth				Beta 베타	B
Gimel				Gamma 감마	C G
Daleth				Delta 델타	D
He				E(psilon) 엡실론	E
Vau				Vau 반	F V
Zayin				Zeta 제타	
Ḥeth(1)				(H)eta 에이타	H
Teth				Theta 세타	
Yod				Iota 요타	I
Khaph				Kappa 카파	
Lamed				Lambda 람다	L
Mem				Mu 뮤	M
Nun				Nu 누	N
Samekh				Xi 크사이	X
Ayin				O(micron) 오미크론	O
Pe				Pi 파이	P
Ṣade(2)				San 산	
Koph				Koppa 코파	Q
Resh				Rho 로	R
Shin				Sigma 시그마	S
Tav				Tau 타우	T

【그림4】 고대 근동의 문자와 그리스 문자의 유사성

었다. 또 구약의 「에스라기」에서는 키루스가 예루살렘의 성전을 재건하는 임무를 받아들이면서 그것이 '하늘에 계신 하나님' 즉 야훼의 명령에 의한 것이라고 말하고 있다. 히브리의 신이 히브리인이 아닌 이방의 왕들과 참으로 특이한 관계를 맺고 있었던 셈이다.

키루스와 페르시아 왕조의 다른 왕들은 페르시아 왕조의 창시자가 스스로를 '하캄아니시(Hacham-Anish, 현명한 자)'라고 불렀던 전통에 따라 자신들을 같은 뜻을 지닌 '아케메네스(Achaemenids)'라고 불렀는데, 이것은 아리아어가 아니라 완벽한 셈족 호칭이었다. 일반적으로 학자들은 히브리의 신인 야훼와 아케메네스들이 '현명한 신'이라고 불렀던 페르시아 신들 사이에 나타나는 많은 유사성을 제대로 연구하는 데 실패해 왔다. 페르시아의 '현명한 신'들은 다리우스 왕의 인장에 나타난 것처럼 날개 달린 둥근 물체를 타고 하늘을 날아다니는 것으로 묘사되어 있다. [그림5]

【그림5】 페르시아의 신들이 타고 다니던 날개 달린 둥근 물체

현재는 고대 페르시아의 기원이 그보다 앞선 바빌론과 아시리아 제국으로 거슬러 올라간다는 것이 알려져 있으며, 바빌론과 아시리아 제국의 흥망은 구약에도 잘 기록되어 있다. 아케메네스 왕들의 기념비와 인장에 나타난 기호들은 처음에는 단순한 장식으로 여겨졌다. 그러나 1686년에 고대 페르시아의 수도인 페르세폴리스를 방문했던 캠퍼(E. Kampfer)는 그 기호들이 '쐐기 모양'의 표식임을 밝혀냈고, 이는 후에 '설형문자(楔形文字, Cuneiform)'로 알려지게 된다.

| 아시리아와 바빌로니아 |

페르시아 아케메네스 왕들의 문자를 해독하려는 노력이 시작되면서, 곧 그것들이 티그리스 강과 유프라테스 강 사이에 위치한 고원과 평야지대인 메소포타미아 지역의 유물과 점토판에 새겨진 문자와 같다는 것이 분명해졌다. 바로 이런 이유로 보타(P. E. Botta)는 1843년에 아주 중요한 의도적 발굴을 시도하게 된다. 그는 현재 이라크 모술(Mosul) 근처의 코르사바드(Khorsabad)에 해당하는 북부 메소포타미아의 한 지역을 선택했다. 보타는 설형문자에 따르면 그 지역의 명칭이 '두르샤르루킨(Dur-Sharru-Kin)'이라는 사실을 밝혀냈는데, 그것은 히브리어의 자매어라고 할 수 있는 셈어로 '정의로운 왕의 성곽 도시'라는 뜻이다. 나중에 그 '정의로운 왕'은 바로 '사르곤(Sargon) 2세'였던 것으로 밝혀진다.

사르곤 2세가 통치하던 나라의 수도였던 이 도시는 그 중심에 거대한 왕궁이 있었으며, 부조로 장식된 성벽은 그 길이만 1.6킬로미터에 달했다. 도시에서 가장 높은 건축물은 지구라트(ziggurat)라고 불리는 계단식 피라미드였는데, 지구라트는 '하늘로 이어지는 계단' 역할을

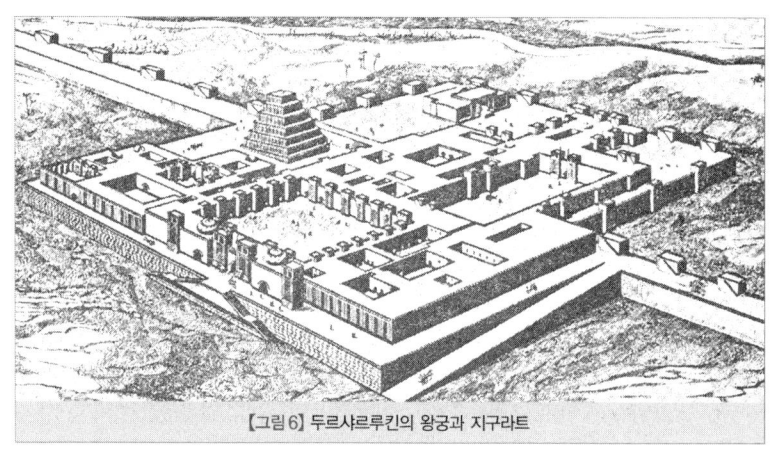

【그림 6】 두르샤르루킨의 왕궁과 지구라트

했다. 【그림 6】

  도시의 설계와 부조의 내용은 그 사회의 거대한 규모를 대변하고 있다. 더 놀라운 것은 그렇게 거대한 궁전과 사원, 집, 마구간, 창고, 성벽, 성문, 주랑, 장식물, 조각상, 예술품, 탑, 정원 등의 모든 것이 단 5년 사이에 완성되었다는 것이다. 콩테노(G. Contenau)는 3,000년 전에 '그렇게 많은 것을, 그렇게 짧은 시간 안에 완성시킬 수 있는 제국의 잠재적인 힘 앞에 현기증을 느낄 정도'라고 술회했다.

  프랑스인들에게 지지 않기 위해 레야드(A. H. Layard)라는 영국인이 등장하는데, 그는 코르사바드에서 티그리스 강을 따라 16킬로미터쯤 아래의 지역을 선택했다. 현지인들은 그곳을 '쿠윤지크(Kuyunjik)'라고 불렀는데 알고 보니 아시리아의 수도였던 니네베(Nineveh)의 유적지였다. 이로써 이제 서서히 성서의 지명과 사건들이 실재했다는 증거들이 하나하나 드러나기 시작했다.

  니네베는 센나케리브(Sennacherib), 에사르하돈(Esarhaddon), 아슈르바니팔(Ashurbanipal) 등 아시리아 제국의 마지막 세 왕들이 다스리던 도시였다. 구약은 센나케리브에 대해 '히스기야 왕 제14년에 아시리아의 산혜립(센나케리브) 왕이 올라와서 요새화된 유다의 모든 성읍을 공격하여 점령하였다'고 증언한다(「열왕기하」 18 : 13). 또 하나님의 사자들이 센나케리브의 병사들을 쳐서 없애 버리자, '아시리아의 산혜립 왕이 그곳을 떠나 니느웨(니네베) 도성으로 돌아가서 머물렀다'고 전하고 있다(「열왕기하」 19 : 36).

센나케리브와 아슈르바니팔에 의해 지어진 니네베의 언덕에는 사르곤 2세의 궁전과 사원, 예술 작품 등 우리의 예상을 뛰어넘는 것들이 감춰져 있었다. 그러나 에사르하돈의 궁전터였다고 추정되는 곳은 발굴할 수 없었는데, 발굴 당시 그곳에는 이미 회교 사원이 지어져 있었기 때문이다. 그 장소는 하나님의 경고를 니네베에 전달하기를 거부하다가 큰 물고기의 뱃속에 삼켜졌다는 요나의 무덤이 있다고 알려진 곳이기도 하다.

레야드는 '알렉산더 대왕의 병사들이 거대한 피라미드와 고대 도시의 유적이 있는 장소를 보았다'는 고대 그리스의 기록을 잘 알고 있었다. 그 장소는 알렉산더 대왕 시대에 이미 흙 속에 파묻혀 있다고 기록되어 있었다. 레야드는 그 장소도 발굴했는데 그곳은 아시리아의 군사 중심지인 님루드(Nimrud)였다. 님루드는 살마네세르(Shalmaneser) 2세가 자신의 군사적 정벌과 원정 내용을 기록하기 위해 오벨리스크를 세운 곳이었다. 지금은 대영 박물관에 전시되어 있는 이 오벨리스크에는 살마네세르 2세에게 조공을 바친 왕들의 명단이 기록되어 있는데, 그중에는 '옴리의 아들이며 이스라엘의 왕인 예후(Jehu)'의 이름도 들어 있다. 다시 한번 메소포타미아의 기록과 구약이 서로를 입증하고 있는 것이다.

구약에 나타난 이야기들이 고고학적 발굴에 의해 확인됨에 따라 아시리아 학자들은 「창세기」 10장을 주목하게 된다. 「창세기」에는 님루드(구약의 이름은 니므롯)가 '주께서 보시기에도 힘이 센 사냥꾼'으로 묘사되어 있고, 메소포타미아의 모든 왕국을 건설한 사람으로 표현되어 있다.

> 그(니므롯)가 다스린 나라의 처음 중심지는,
> 시날(수메르) 지방 안에 있는
> 바빌론과 에렉(우루크)과 악갓(아카드)과 갈레이다.
> 그는 그 지방을 떠나 아시리아로 가서
> 니느웨(니네베)와 르호보딜과 갈라를 세우고,
> 니느웨와 갈라 사이에는 레센을 세웠는데, 그것은 아주 큰 성이다.
> _「창세기」 10 : 10~12

실제로 니네베와 님루드 사이에는 지역민들이 칼라(Calah)라고 부르는 둔덕이 있다. 프랑스인 앙드레(W. Andrae)가 이끄는 발굴단이 1903년부터 1914년 사이에 그 지역을 발굴했으며 그곳에서 아시리아의 초기 수도이자 종교 중심지인 아슈르(Ashur)의 유적들을 발견했다.

구약에 등장하는 아시리아의 도시들 중 레센(Ressen)만이 아직 발견되지 않았다. 레센이라는 지명은 '말의 굴레'를 의미하는데 아시리아의 왕실 마구간이 있었던 곳으로 추측된다.

아슈르가 발굴되던 거의 비슷한 시기에 콜데바이(R. Koldewey)가 이끄는 발굴단은 구약에서 바벨이라고 부른 바빌론에 대한 발굴을 완료

했다. 거대한 궁전과 사원, 공중 정원 그리고 지구라트들이 발견되었다. 곧 발굴된 예술품과 기록들을 통해 메소포타미아 지역에서 경쟁하던 두 거대한 제국의 역사가 드러났는데, 남쪽에 자리잡고 있던 바빌로니아와 북쪽에 자리잡고 있던 아시리아였다.

흥하고 망하면서, 그리고 서로 다투면서 공존하던 두 제국은 기원전 1900년경에 시작해 약 1,500년간 지속된다. 그러다가 아슈르와 니네베가 기원전 614년과 612년에 각각 바빌로니아인들에 의해 점령되어 파괴된다. 그러나 구약에 예언된 것처럼 바빌론 역시 기원전 539년에 키루스 왕에 의해 파멸을 맞는다.

아시리아와 바빌로니아는 존속하는 기간 내내 경쟁관계에 있었지만 그 둘 사이에서 문화적, 물질적 차이를 찾기란 매우 어렵다. 아시리아의 주신은 아슈르(Ashur, 모든 것을 보는 자)였고 바빌로니아의 주신은 마르둑(Marduk, 순수한 언덕의 아들)이었다는 것만 제외한다면 두 제국은 모시는 신들까지도 거의 비슷했다.

세계의 많은 박물관에는 아시리아와 바빌로니아의 유적들에서 발굴된 온갖 종류의 성문, 날개 달린 소, 부조 작품, 마차, 도구, 생활용품, 인물상, 보석, 기타 유물들이 자랑스럽게 전시되어 있다. 그러나 두 제국의 진정한 보물은 다름아닌 그들이 남긴 기록이다.

우주 창조 신화와 서사시, 왕들의 역사, 사원의 기록, 사업상의 계약에 관한 기록, 결혼과 이혼 기록, 천체 목록과 천문학적 예측을 다룬 기록, 수학 공식, 지명 일람, 문법과 단어 교과서, 신들의 이름과 계보도, 신들의 의무 등이 기록된 수천 장의 설형문자 기록이 아시리아와 바빌로니아의 유적지들에서 발견되었다.

아시리아와 바빌로니아를 종교적, 역사적, 문화적으로 묶어 준 공통의 언어는 아카드어(Akkadian)였다. 아카드어는 셈족의 언어로는 최초의 것으로 알려져 있는데, 히브리어, 아람어, 페니키아어, 가나안어와 비슷하기는 하지만 그것들보다 훨씬 앞선 것이다. 그러나 아시리아인들과 바빌로니아인들은 결코 그들이 스스로 아카드어나 아카드 문자를 만들었다고 주장하지 않았다. 실제로 그들이 남긴 많은 점토판에는 그것들이 보다 '앞선 원전'을 복사한 것이라는 주석이 붙어 있는 경우가 많다.

아카드어의 비밀

그렇다면 누가 설형문자를 발명하고 그것의 정확한 문법과 풍성한 단어를 발전시킨 것일까? 도대체 '앞선 원전'을 쓴 그 사람들은 누구인가? 그리고 아시리아인들과 바빌로니아인들은 왜 그것을 아카드어라고 부른 것일까?

다시 한번 '그가 다스린 나라의 처음 중심지는, 시날(수메르) 지방 안에 있는 바빌론과 에렉(우루크)과 악갓(아카드)과 갈레이다'라고 말한 구약으로 돌아가 보자. 정말로 바빌론과 니네베보다 앞선 악갓, 즉 아카드라는 왕도(王都)가 있었던 것일까?

메소포타미아의 유적지들은 실제로 한때 샤르루킨(Sharrukin, '정의로운 지배자'라는 뜻으로, 사르곤과 같은 뜻의 말)이라는 아주 초기의 지배자에 의해 세워진 아카드라는 왕국이 그 지역에 존재했음을 분명하게 보여 준다. 샤르루킨은 엔릴(Enlil) 신의 은총으로 자신의 영토가 낮은 바다(페르시아 만)에서 높은 바다(지중해로 추정됨)에 이르렀다고 자신의 비문에서 주장한다. 그는 또 아카드의 부두에 수많은 곳에서 온 배들이 정박했다고 자랑한다.

학자들은 놀랄 수밖에 없었다. 왜냐하면 이것은 기원전 3000년경에 이미 메소포타미아에 제국이 존재했다는 것을 의미하는 것이었기 때문이다. 두르샤르루킨 지역에 수도를 두었던 아시리아의 왕들보다 무려 2,000여 년을 앞서 아카드에 왕이 있었던 것이다.

아카드의 유적지에서는 아시리아와 바빌로니아가 나타나기 훨씬 전에 존재했던 문명의 문학, 예술, 과학, 정치, 종교적 유물들이 실제로 발견되었다. 게다가 그것이 나중에 나타난 메소포타미아 문명의 선구자이며 기원이라는 사실도 분명했다. 아시리아와 바빌로니아는 아카드라는 본류에서 생긴 지류들에 불과했던 것이다.

그러나 초기 메소포타미아 문명의 신비는 아카드 왕 샤르루킨의 연대기와 업적을 적은 기록들이 발견되면서 더욱 깊어졌다. 그 기록들은 샤르루킨 왕의 완전한 명칭을 '아카드의 왕이며 키시(Kish)의 왕'이라고 적고 있는데, 설명을 보면 샤르루킨이 왕이 되기 전에는 '키시의 지배자'들에게 고문 역할을 해주었다고 한다. 그렇다면 아카드보다 더 앞선 키시라는 왕국이 존재했다는 말인가?

다시 한번 「창세기」의 기록이 의미를 갖게 된다.

구스는 또 니므롯을 낳았다. 니므롯은 세상에 처음 나타난 장사이다.
그는 주께서 보시기에도, 힘이 센 사냥꾼이었다. (…)
그가 다스린 나라의 처음 중심지는,
시날(수메르) 지방 안에 있는
바빌론과 에렉(우루크)과 악갓(아카드)과 갈레이다.
_「창세기」 10 : 8~10

많은 학자들이 아카드의 샤르루킨이 성서의 니므롯(님루드)이라고 추정하고 있다. 그런데 구약은 그 니므롯을 구스가 낳았다고 말한다. 그렇다면 샤르루킨에 앞서는 구스 왕조가 있었다는 말인데, 이는 결국 사실로 드러났다. 학자들에 의해 키시가 발굴되었던 것이다.

학자들은 결국 샤르루킨의 나머지 기록들도 문자 그대로 믿을 수밖에 없었다. 샤르루킨의 연대기는 이렇게 적고 있다.

> 그는 우루크(Uruk)를 패망시켰으며
> 그 성벽을 무너뜨렸다.
> 또 우르(Ur) 주민들과의 싸움에서도 이겼으며
> 라가시(Lagash)에서 시작해 바다에 이르는
> 모든 적들을 물리쳤다.

그렇다면 또 구약의 에렉은 샤르루킨이 말하는 우루크가 아니었을까? 그 추측도 현재 와르카(Warka)라고 불리는 유적지가 발굴되면서 사실로 밝혀졌다. 그리고 샤르루킨이 말한 우르는 구약에서 아브라함의 고향으로 지목된 메소포타미아의 바로 그 우르였다는 사실도 확인되었다.

고고학적 발굴이 구약의 기록들을 입증하고 있을 뿐만 아니라, 기원전 3000년 이전에 이미 메소포타미아에는 왕조와 도시와 문명이 있었음을 분명하게 밝히고 있다. 이제 남은 질문은 도대체 얼마나 오래전에 최초의 문명화된 왕국이 생겼는가 하는 것이다.

그 질문에 답을 준 것은 또 다른 고대 언어였다.

| 수메르어의 발견 |

학자들은 히브리어는 물론이고 구약이나 고대 근동의 언어에 나타나는 모든 인명이나 지명들이 나름의 고유한 의미를 갖고 있다는 사실을 알고 있었다. 아카드, 바빌로니아, 아시리아의 지명과 인명들은 모두 나름의 의미를 지니고 있었던 것이다. 그런데 아카드의 샤르루킨 왕이전 지도자들의 이름은 그 의미를 전혀 알 수 없는 것들이었다. 샤르루킨이 고문으로 있던 키시 왕국의 왕 이름은 우르자바바(Urzababa)였고, 에렉(우루크)을 통치하던 왕의 이름은 루갈자게시(Lugalzagesi)라는 식이었다. 고대의 모든 이름들이 의미를 갖는 것이었다면, 도대체 이런 이상한 이름들이 의미를 갖고 있던 언어는 무엇이었을까?

학자들은 다시 아카드의 기록들을 살펴보기 시작했다. 기본적으로 아카드의 설형문자는 음절문자였다. 즉 하나의 글자로 한 음절을 표현하는 문자다. 그럼에도 불구하고 아카드어에는 음성학적인 음절뿐만 아니라 신, 도시, 국가, 생명 등의 의미를 전달하는 많은 기호들이 사용되고 있었다. 이런 현상은 상형문자를 사용하던 이전 언어의 잔재라고 보아야만 설명될 수 있는 것이었다. 그렇다면 아카드어는 이집트의 상형문자와 비슷한, 다른 어떤 앞선 언어를 차용하고 있는 것이라고 추정할 수 있다.

다시 말해 아카드어보다 앞선 문자뿐만 아니라 앞선 언어가 존재했을 것이라는 가설이 성립되는 것이다. 학자들은 아카드의 기록들에 다른 언어로부터 빌려 온 차용어가 많다는 것도 발견했다. (차용어란 다른 언어로부터 아무런 변화 없이 빌려 와 사용하는 단어를 말하는데, 마치 현대 프랑스인들이 영어 단어 weekend를 아무 변화 없이 빌려 쓰는 것과 같다.) 특히 아카드어의 과학이나 기술 용어들에서 이런 차용어가 많이 발견되었으며, 신과 하늘에 관련된 용어들에서도 마찬가지였다.

아카드 기록의 보고는 아슈르바니팔에 의해 니네베에 세워진 도서관 유적지였다. 레야드와 그의 동료들은 거기서 약 25,000장의 점토판을 발굴했는데 그중 상당수에는 아시리아의 서기들이 '고대의 기록들을 모사한 것'이라는 문구가 적혀 있었다. 23번째 점토판에는 '23번째 점토판 : 수메르의 언어는 변하지 않았다'라는 문구도 적혀 있다. 또한 다른 점토판에는 아슈르바니팔 왕이 직접 쓴 수수께끼 같은 글도 적혀 있다.

> 글의 신께서 내게 자신의 기술에 대한 지식을 선물로 주셨다.
> 나는 글의 비밀을 전수받았다.
> 나는 복잡한 수메르 시대의 점토판을 읽을 수 있다.
> 또한 대홍수 이전 시대의 돌 비문에 새겨진
> 수수께끼 같은 글도 해독할 수 있다.

'수메르 시대'의 복잡한 점토판을 읽을 수 있고, '대홍수 이전 시대'의 글도 해독할 수 있다는 아슈르바니팔 왕의 주장은 의문을 증폭시킬 뿐이었다. 그러다가 마침내 1869년, 프랑스 고전고고학회에서 오페르트(J. Oppert)는 아카드 이전의 언어와 민족에 대한 인정이 필요하다는 주장을 하게 된다. 메소포타미아 초기의 지배자들은 자신들의 정통성을 입증하기 위해 '수메르와 아카드의 왕'이라는 명칭을 사용했다는 사실을 지적하면서, 오페르트는 그 민족을 '수메르인'이라고 부르고 그들의 영토를 '수메르(Sumer)'라고 부르자고 제안했다.

수메르인들 스스로는 자신들의 땅을 수메르(Sumer)라고 적지 않고 슈메르(Shumer)라고 적었다는 사실만 제외한다면, 오페르트의 주장은 전적으로 옳은 것이었다. 수메르는 신비한 이방의 땅이 아니라 구약의 「창세기」가 '그가 다스린 나라의 처음 중심지는, 시날(Shinar) 지방 안에 있다'고 바르게 지적했듯이 남부 메소포타미아의 초기 이름이었던 것이다. 시날은 구약이 수메르를 부르는 이름이었다.

학자들이 오페르트의 주장을 받아들이면서 수메르 연구가 본격적으로 시작되었다. 아카드인들이 '앞선 원전'이라고 말했던 것이 의미를 갖게 되었고, 학자들은 곧 유적지에서 발굴된 세로로 길게 적힌 명판들이 사실은 아시리아와 바빌로니아에서 최초의 문자인 수메르어를 연구하기 위해 만들었던 「아카드어-수메르어 사전」이라는 사실을 깨닫게 되었다.

그런 사전들이 없었다면 우리는 아마 아직도 수메르어를 읽지 못했을 것이다. 그 사전들의 도움으로 엄청난 분량의 문학과 문화의 보물 창고가 열렸다. 또 상형문자였던 수메르어가 최초에는 돌에 세로로 새겨졌고, 그 후에 가로로 옮겨 씌었으며, 다시 부드러운 점토판에 설형문자로 정형화되어 아카드, 바빌로니아, 아시리아는 물론이고 근동의 다른 나라들에 의해 사용되었음도 밝혀졌다. [그림7]

수메르 문자가 해독되고 수메르 문명이 아카드-바빌로니아-아시리아 문명의 근원이라는 사실이 드러나면서 남부 메소포타미아에 대한 고고학적 발굴도 활기를 띠었다. 이제 모든 증거가 문명의 시원이 수메르임을 가리키고 있다!

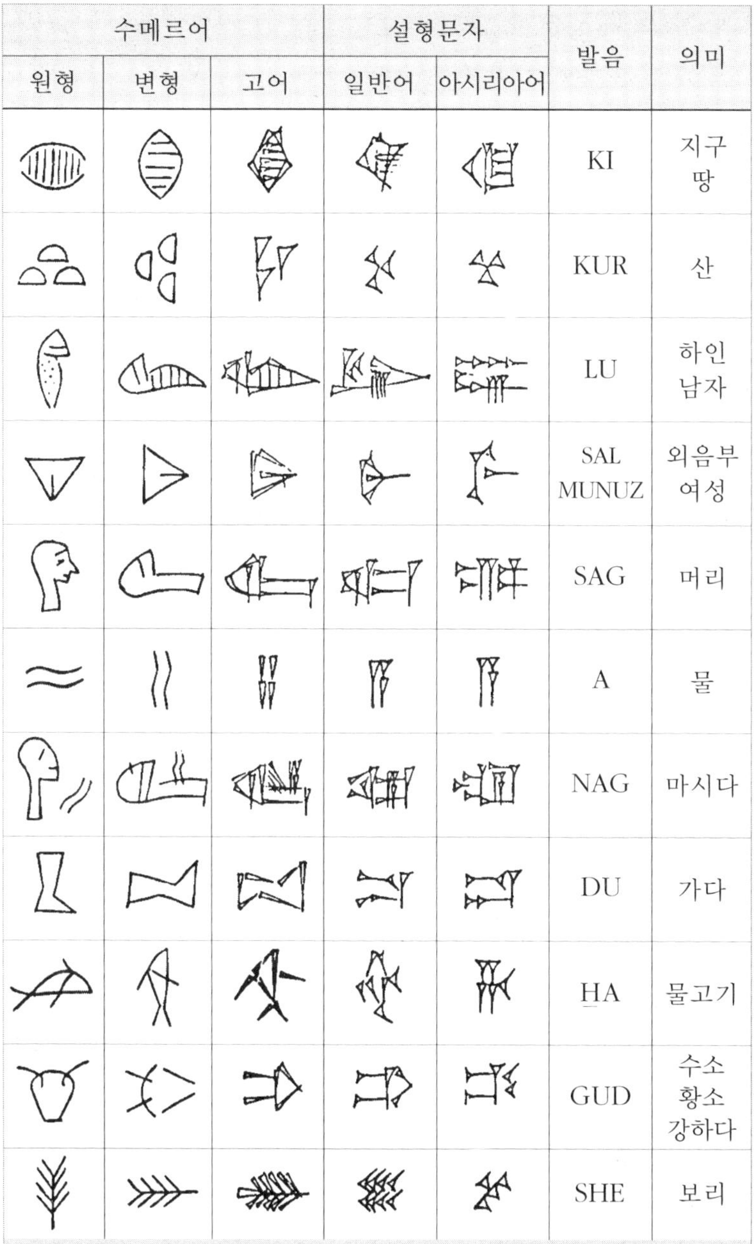

수메르어			설형문자		발음	의미
원형	변형	고어	일반어	아시리아어		
					KI	지구 땅
					KUR	산
					LU	하인 남자
					SAL MUNUZ	외음부 여성
					SAG	머리
					A	물
					NAG	마시다
					DU	가다
					HA	물고기
					GUD	수소 황소 강하다
					SHE	보리

【그림7】 고대 근동 언어의 기원이 된 수메르 문자

| 수메르의 도시와 신전들 |

　수메르 유적지에 대한 최초의 발굴은 1877년 프랑스 고고학자들에 의해 시작되었는데, 그 유적지에서의 발견이 너무나 방대해서 1933년까지 발굴이 끝나지 않을 정도였다.

　현지인들이 텔로흐(Telloh, 언덕)라고 부르던 그 유적지는 아카드의 샤르루킨이 정복했다고 주장하던 초기 수메르 도시인 라가시(Lagash)로 밝혀졌다. 실제로 그곳은 왕도(王都)였으며, 그 도시의 지배자들은 아카드의 샤르루킨이 차용한 '정의로운 지배자'라는 왕의 명칭을 훨씬 이전부터 사용하고 있었다는 사실도 밝혀졌다. 수메르어로 엔시(EN.SI)가 그것이다. 라가시의 왕조는 기원전 2900년경에 시작돼 거의 650년을 이어갔다. 이 기간 동안 43명의 엔시들이 라가시를 다스렸으며 그들의 이름, 계보도, 재위 기간이 모두 자세히 기록되어 전해지고 있다.

　라가시에서 발견된 기록들은 대단히 많은 정보를 제공한다. 신들에게 '추수를 위해 곡식의 싹이 트게 해달라, 관개된 작물들이 영글게 해달라'고 비는 것을 보면 이미 농업과 관개가 시작되었음을 알 수 있다. 또한 여신에게 봉헌된 잔에는 '곡물 창고의 감시자'라는 말이 새겨져 있어서 곡물이 저장되고, 측량되고, 매매되었음도 알 수 있다. [그림 8]

　에안나툼(Eannatum)이라는 이름의 엔시는 한 점토판에 자신을 포함한 모든 수메르 지도자들이 신들의 허락을 받아야만 왕위를 계승할 수 있었다고 명백하게 기록하고 있다. 그는 또 다른 도시의 점령에 대한 기록도 남겼는데, 기원전 3000년경 수메르 지역에 다른 도시 국가들도 있었음을 보여 주는 증거다.

　에안나툼의 계승자인 엔테메나(Entemena)는 사원을 짓고 그것을 금

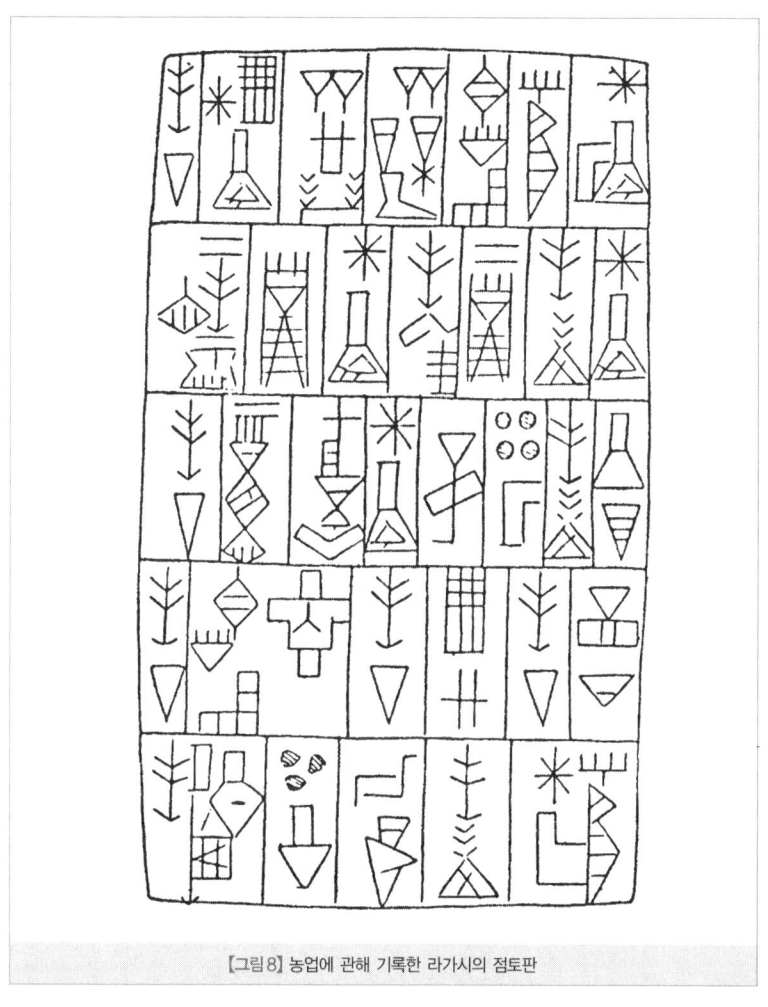

【그림8】 농업에 관해 기록한 라가시의 점토판

과 은으로 장식하였으며, 정원에 나무를 심고 벽돌로 된 벽을 증축했다는 기록을 남겼다. 또한 감시탑과 선착장을 갖춘 요새를 지었다고 자랑하기도 한다.

라가시의 지도자 중 가장 잘 알려진 사람은 구데아(Gudea)다. 구데아를 묘사한 많은 인물상이 남아 있는데 모두 그가 신들에게 기원을 드리는 모습이다. 그런 모습은 결코 겉치레가 아니었다. 구데아는 실제로 자신의 가장 중요한 신인 닌기르수(Ningirsu, 닌우르타) 숭배에 열중했으며 그 신을 위한 신전의 건축과 재건에 힘썼다.

구데아가 남긴 기록들을 보면 신전 건축에 사용하기 위해 아프리카와 아나톨리아에서 금을, 타우루스 산맥에서 은을, 레바논에서 삼목을, 자그로스 지역에서 구리를, 이집트에서 섬록암을, 에티오피아에서 홍옥수를, 그리고 아직 학자들이 밝혀내지 못한 다른 지역에서 다른 수많은 건축 자재들을 구해 왔다고 한다.

훗날 모세가 사막에서 하나님을 위한 '거처'를 지을 때, 모세는 하나님께서 내려 주신 아주 정확한 지시를 그대로 따르는 것을 볼 수 있다. 또 솔로몬 왕이 예루살렘에 1차 성전을 지을 때에도 하나님이 그에게 '지혜를 준' 이후에 일을 시작하는 것을 볼 수 있다. 예언자 에제키엘(Ezekiel, 에스겔)도 '손에 삼으로 꼰 줄과 측량하는 막대기를 든, 놋쇠와 같이 빛나는 모습'의 사람으로부터 2차 성전에 대한 자세한 설계도를 받는다. 수메르의 기록에 따르면 우르(Ur)의 통치자였던 우르남무(Ur-Nammu) 역시 그들보다 훨씬 앞서 신이 자신에게 신전 지을 것을 명령하고, 자와 끈을 주면서 신전의 건축에 대한 지시를 내렸다고 자세히 묘사하고 있다. 【그림9】

그런데 모세보다 약 1,200년 전의 구데아도 같은 주장을 하고 있다. 아주 긴 기록에서 구데아는 신전의 설계가 환상 속에서 주어졌다고 말한다. '성스러운 새'를 거느린 '하늘처럼 빛나는 사람'이, '나에게 자신의 신전을 짓도록 명령했다'는 것이다. 그 사람은 '머리의 왕관으로 보아 신임이 분명' 했고, 후에 닌기르수 신인 것으로 밝혀졌다. 닌기르수

[그림 9] 신으로부터 자와 끈을 받는 우르남무

신 옆에는 또 다른 여신이 서 있었는데, 한 손에는 '그녀가 가장 좋아하는 별들의 이름이 적힌 석판'을 들고 있었고, 다른 손에는 '성스러운 첨필'을 들고 '그녀가 사랑하는 행성'을 가리키고 있었다. 역시 신으로 보이는 세 번째 남자는 보석으로 장식된 석판을 들고 있었는데, 거기에 '성전의 설계도'가 담겨 있었다. 구데아의 인물상 중 하나를 보면 그가 이 석판을 무릎 위에 놓고 앉아 있으며, 석판의 성스러운 내용도 잘 드러나 있다. [그림10]

구데아도 꽤 현명한 사람이기는 했지만 구데아조차도 그 설계도를 보고 당황해 결국 신의 뜻을 해석할 수 있는 여신의 도움을 받아야만 했다. 여신은 구데아에게 설계도의 의미와 측량법을 설명해 주고 사용할 벽돌의 크기와 모양도 알려준다. 구데아는 '결정을 하는 남자 점쟁

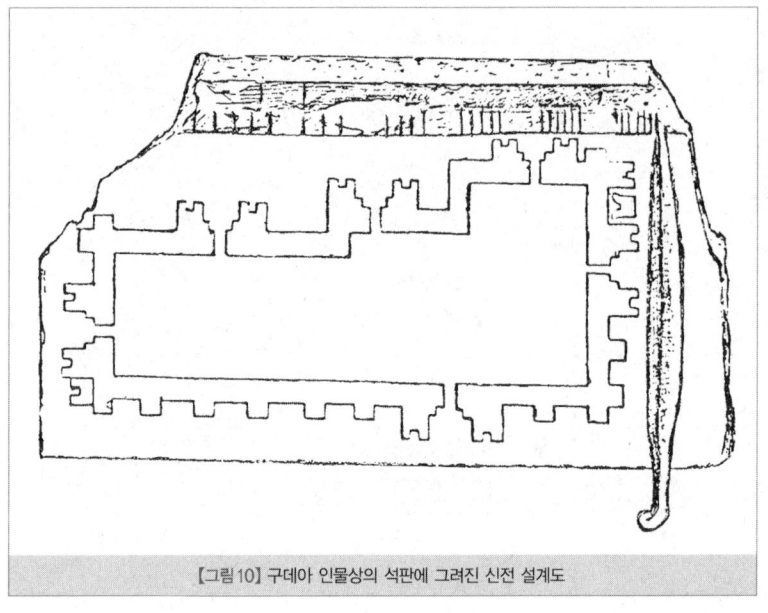

[그림10] 구데아 인물상의 석판에 그려진 신전 설계도

이'와 '비밀의 탐색자인 여자 점쟁이'를 써서 신이 자신의 신전이 세워지기를 바라는 장소를 도시의 외곽 지역에서 발견한다. 그런 다음 216,000명의 사람을 동원해 신전을 짓는다.

구데아가 설계도를 보고 당황한 것은 너무나 당연했다. 왜냐하면 아주 단순해 보이는 한 장의 설계도에, 실제로는 일곱 단계의 계단식으로 구성된 복잡한 지구라트를 짓는 데 필요한 모든 정보가 담겨 있었기 때문이다. 1900년에 독일 학자 빌러베크(A. Billerbeck)가 이 설계도의 일부를 해독해 냈다. 예컨대 (비록 파손되기는 했지만) 설계도의 맨 위에 세로선들이 몇 개씩 묶여서 그려져 있는데, 묶인 선들의 숫자는 묶음 사이의 거리가 멀어지면서 줄어드는 식으로 일정한 공식을 보여 주고 있다. 이런 식으로 하늘의 건축사는 단 한 장의 설계도로 일곱 종류의 축

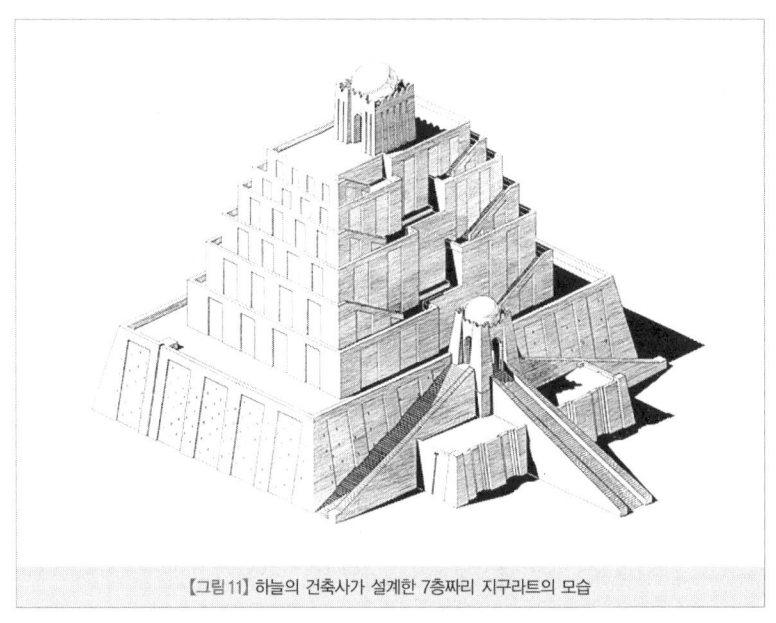

【그림11】 하늘의 건축사가 설계한 7층짜리 지구라트의 모습

적을 표현해 7층짜리 신전을 완성할 수 있는 시방서를 제시했던 것이다. 【그림11】

인류 역사를 보면 전쟁이 인간의 과학적·물질적 발전을 도왔다고 말하는 사람들이 많다. 그러나 고대 수메르에서는 신전 건축이 당대의 사람들과 지배자들의 기술적 성취를 도왔던 것으로 보인다. 주어진 설계에 따라 거대한 건축물을 만들고, 수많은 노동자들을 조직하고 먹이며, 땅을 평평하게 하거나 구릉을 만들고, 벽돌을 만들고, 돌을 운반하고, 멀리서 귀한 광석과 자재들을 수송하고, 광석을 녹이고, 생활용품과 기념물을 만들면서 기원전 3000년경에 수메르인의 고대 문명이 피어났던 것이다.

| 수메르 문명의 실체 |

수메르의 신전이 놀랍기는 하지만, 그것은 인간에게 알려진 이 최초의 거대 문명이 이루어 낸 물질적·정신적 성취의 아주 작은 부분에 불과하다.

문자를 발명하고 발전시킨 것 외에도 수메르인은 인쇄술을 발명했다. 구텐베르크가 인쇄술을 '발명'하기 훨씬 전에 수메르인은 다양한 상형문자의 '활자'를 사용했으며, 오늘날 우리가 고무도장을 사용하듯이 그 활자들을 젖은 진흙에 찍어 문장을 만들어 냈다. 또 오늘날 사용하는 윤전기의 효시라고 할 수 있는 원통형 인장도 수메르인이 발명한 것이다. 원통형 인장은 대개 조그만 원통형의 돌에 원하는 글이나 형태를 음각(陰刻)해 넣은 것으로, 젖은 점토판 위에 대고 돌리면 그 위에 양각(陽刻)의 흔적을 남기는 것이다. 이런 방법으로 문서의 진본 여부도 가릴 수 있었는데, 오래된 문서의 진본 여부를 가리기 위해 원통형 인장을 한 번만 더 찍어 보면 되는 것이었다. [그림12]

수메르와 메소포타미아의 기록은 성스럽거나 영적인 것들에만 국한된 것은 아니었다. 이 기록들에는 곡식의 수확량, 농지의 측량, 가격 계산 같은 일상사도 많이 포함되어 있다. 실제로 어떤 문명도 수학의 발전 없이는 불가능하다.

흔히 60진법이라고 불리는 수메르의 수 체계는 평범한 숫자 10을 '하늘'의 숫자인 6과 결합시켜 만든 숫자 60을 기본으로 한다. 60진법은 우리가 사용하는 10진법과 비교해도 여러 가지 뛰어난 점이 있지만, 그리스나 로마의 숫자 체계와 비교해 보면 월등히 우수한 것이다. 60진법을 사용해 수메르인은 아주 작은 수까지 나누거나 수백만 단위까지 곱하는 계산을 할 수 있었다. 또한 근을 구하거나 배수를 구하는 계산

【그림12】 원통형 인장과 인쇄의 결과물

도 해냈다. 60진법은 지금까지 알려진 최초의 수학 체계일 뿐만 아니라, 최초로 자릿수의 개념도 사용했다. 10진법에서 2가 위치에 따라 2나 20 또는 200이 될 수 있듯이, 수메르인이 사용하던 2도 위치에 따라 2나 120(2×60) 등으로 사용되었던 것이다. 【그림13】

원의 360도(°), 피트(ft), 인치(in), 다스(dz)와 같은 단위들도 수메르 수학 체계의 산물로 지금까지 우리 생활 속에 남아 있다. 또한 수메르인이 만든 달력이나 천문학적 기록과 같은 위대한 업적에 대해서도 뒤에 자세히 살펴볼 것이다.

현대인들이 책, 판결문, 세금 기록, 상업 계약서, 결혼 증명서 같은

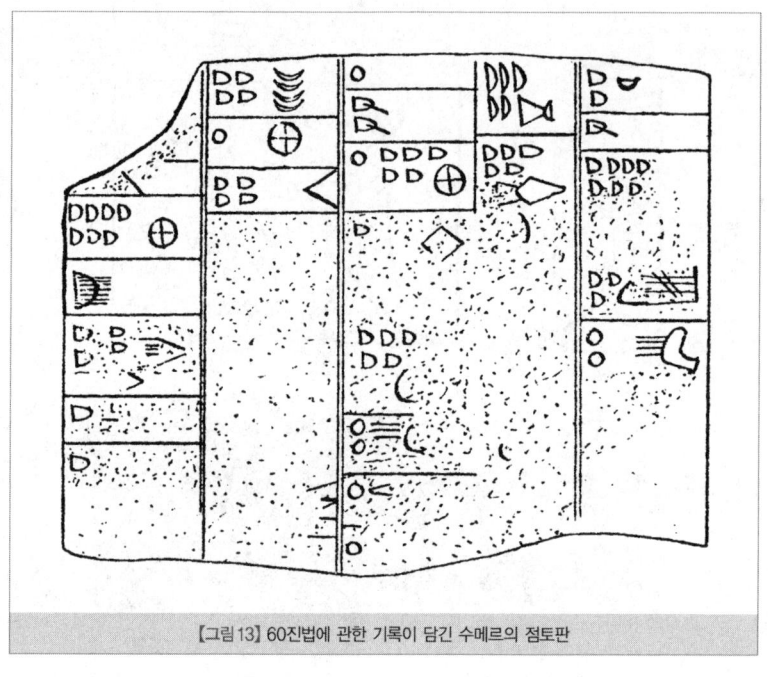

[그림13] 60진법에 관한 기록이 담긴 수메르의 점토판

사회·경제적 문서를 종이에 의존하듯이, 수메르와 메소포타미아에서는 그런 것의 기록을 진흙에 의존하고 있었다. 신전과 법원, 상점 등에는 점토판과 '활자'가 준비돼 있었으며 판결문, 합의서, 편지, 계산서, 임금, 벽돌 수에 대한 기록이 필요할 때마다 찍어 냈다.

진흙은 그 밖에도 일상 생활에 사용되는 생활용품을 만들고 물건의 저장과 이송을 위한 토기를 만드는 데에도 필수적인 재료였다. 또한 수메르인이 만든 또 다른 최초의 물건인 벽돌을 만드는 데에도 진흙이 사용되었는데, 수메르인은 진흙 벽돌을 이용해 민가와 궁전 그리고 거대한 신전을 지었다. 수메르인은 또 보강재를 사용하는 방법과 불로 굽는 방법이라는 두 가지 아주 중요한 기술을 사용해 진흙이 지닌 가벼운 성질과 잘 늘어나는 성질을 결합시켰다.

현대 건축가들은 철근이 들어 있는 틀에 시멘트를 부어 아주 강력한 강화 시멘트 만드는 방법을 사용하고 있는데, 아주 오래전에 수메르인은 젖은 진흙에 곱게 자른 갈대나 짚을 섞어 강한 벽돌을 만들었던 것이다. 수메르인은 또 진흙으로 만든 물건을 가마에 넣고 불을 때면 인장력이 높아지고 내구성도 좋아진다는 것을 발견했다. 세계 최초의 고층 건물이나 아치형 길, 그리고 도자기 등은 이런 기술적 발전 덕분에 가능했던 것이다.

물건에 재나 먼지를 묻히지 않으면서 강한 화력을 마음대로 조절해 불로 굽는 기술을 적용할 수 있는 가마의 발명은 더 큰 기술 발전을 상징하는 '금속의 시대'를 열었다. 인간은 기원전 6000년경부터 자연적으로 지상에 드러난 금이나 은, 주석과 같은 원광을 망치로 두드려 원하는 장식물이나 생활용품을 만든 것으로 알려져 있다. 이렇게 만들어진 최초의 가공물들은 자그로스와 타우루스 산맥 사이의 고원지대에서 발견된다. 그러나 포브스(R. J. Forbes)는 『고대 세계에서의 야금술의 탄생』이라는 책에서 '고대 근동에서는 자연 주석이 일찍감치 사라졌기 때문에 그 이후에는 광석에 의존해야 했다'고 주장한다. 그러기 위해서는 광석을 채굴하고, 부수고, 제련하고, 정제할 수 있어야 했는데 그것은 가마와 그에 부수되는 다른 기술적 발전 없이는 불가능한 일이었다.

야금술은 곧 순도가 낮은 구리를 다른 금속과 섞어 변형이 가능하면서도 단단한 청동을 만드는 기술로 발전하게 된다. 이처럼 인류 최초의 금속문명인 청동기 시대도 메소포타미아가 현대 문명에 전해 준 선물 중 하나인 것이다. 고대의 많은 상업 활동은 광물의 매매와 관련돼 있다. 그런 광물의 매매는 또 메소포타미아에서 은행업이 발전하고 최초의 돈인 셰켈(Shekel) 은화가 통용되는 계기를 만들었다.

수메르어와 아카드어로 명명된 수많은 종류의 금속과 합금을 보면, 또 그와 관련된 기술 용어들을 보면, 고대 메소포타미아에서 야금술이 고도로 발달했음을 알 수 있다. 이것은 많은 학자들을 곤혹스럽게 했는데, 수메르 지역에 광석이 거의 없었음에도 불구하고 야금술은 분명 거기서 시작되었기 때문이다.

이런 수수께끼에 대한 답은 연료에 있다. 제련과 정련, 합금, 주조 등은 가마나 도가니, 용광로에 사용될 엄청난 양의 연료가 없이는 불가능한 일이다. 그런데 메소포타미아에는 광석은 없었지만 풍부한 연료가 있었다. 따라서 광석이 연료가 있는 곳으로 운반되었으며, 실제로 먼 곳으로부터 금속 광석을 가져오는 것을 묘사한 많은 기록들이 남아 있다.

수메르에 기술 발전을 가져다준 것은 메소포타미아의 많은 지역에서 지표면에 자연적으로 나타나는 역청, 아스팔트, 석유 같은 연료였다. 포브스는 『고대의 역청과 석유』라는 책에서, 지표면에 자연적으로 나타나는 메소포타미아의 역청과 석유가 아주 고대로부터 로마 시대에 이르기까지 고대 세계의 가장 중요한 연료였다고 주장한다. 포브스는 석유 연료가 기원전 3500년경부터 수메르에서 사용되었으며 석유에 대한 지식과 그 사용법이 다른 후대의 문명보다 수메르 시대에 훨씬 더 앞섰다고 밝혔다.

수메르인은 석유로 만든 제품을 단순히 연료로 사용했을 뿐만 아니라 길을 만들고, 방수를 하고, 이음새를 메우고, 그림을 그리고, 접합을 하고, 틀을 만드는 데에도 사용했다. 고고학자들이 고대 수메르 도시인 우르를 찾았을 때 그 도시는 지역 사람들이 '역청의 언덕(Mound of

Bitumen)'이라고 부르는 구릉 아래 묻혀 있을 정도였다. 포브스는 수메르어에 메소포타미아에서 발견되는 모든 종류의 역청 물질을 부르는 전문 용어가 있었다는 사실도 밝혀냈다. 실제로 아카드, 히브리, 이집트, 콥트, 그리스, 라틴, 산스크리트 말에서 발견되는 역청이나 석유 관련 용어들은 모두 수메르어에 그 기원을 두고 있다. 예를 들어 석유를 부르는 가장 흔한 이름인 나프타(naphta)는 '불타는 돌'이라는 뜻의 수메르어 나파투(napatu)에서 유래된 것이다.

역청은 또 수메르인이 아주 고도의 수준을 자랑했던 의학 분야에도 사용되었다. 아카드 문서를 보면 수메르인이 의학용어들을 많이 사용했음을 알 수 있는데, 수메르가 메소포타미아 의학의 발생지임을 보여주는 증거다. 니네베의 아슈르바니팔 도서관에는 의학 부분이 따로 있을 정도였다. 그곳에 보관된 기록들은 크게 세 종류로 나뉘는데, 치료(bultitu), 수술(shipir-bel-imti), 처방과 주문(urti-mashmashshe)이다. 또 수메르의 법전을 보면 치료에 성공한 의사에게 주어야 할 요금과 실패한 의사가 받아야 할 처벌 내용 등이 명시되어 있다. 예를 들면, 랜싯(lancet)으로 환자의 관자놀이를 절개한 의사가 실수로 환자를 실명하게 하면 의사의 손을 자른다는 내용도 있다. 메소포타미아의 무덤에서는 뇌수술을 받은 흔적이 있는 해골도 발견된다. 부분적으로 파손된 한 의학 기록을 보면 '눈을 덮고 있는 그림자'를 제거한다는 내용이 있는데, 아마도 백내장을 제거하는 수술을 했던 것으로 보인다. 또 다른 문서는 절개용 기구의 사용에 대해 언급하면서 '만약 병이 뼈 안으로 침투하면 도려내야 한다'고 적고 있다.

수메르 시대의 환자들은 아주(A.ZU, 물로 치료하는 의사)와 이아주(IA.ZU, 기름으로 치료하는 의사) 중에서 선택을 할 수 있었다. 우르에서 출토된 약 5,000년 된 한 문서에는 '룰루(Lulu)'라는 의사의 이름도 적혀 있다. 또 수의사들도 있어서 그들을 '소의 의사'나 '당나귀의 의사'라고 불렀다. 라가시에서 출토된 아주 초기의 원통형 인장에는 수술용 집게도 묘사되어 있는데, '우르루갈레디나(Urlugaledina)'라는 의사의 것이라고 적혀 있다. 또 같은 인장에는 오늘날까지 의학의 상징으로 사용되는, 나무를 감고 있는 뱀의 모양도 그려져 있다. 【그림14】

수메르의 의학 기록들은 진단과 처방도 다루고 있다. 다시 말해 수메르의 의사들이 마술이나 주술에 의존하지 않았다는 것을 뜻한다. 수메르 의사들은 환자들에게 위생과 세탁, 더운물이나 소금물 목욕, 식물성 약제의 사용, 석유 화합물로 하는 마찰 등을 권하고 있다.

식물이나 광물로 만들어진 약제들은 사용 방법에 적합한 용해제와 섞어 사용되었다. 입으로 먹는 경우에는 포도주나 맥주, 꿀과 함께 타

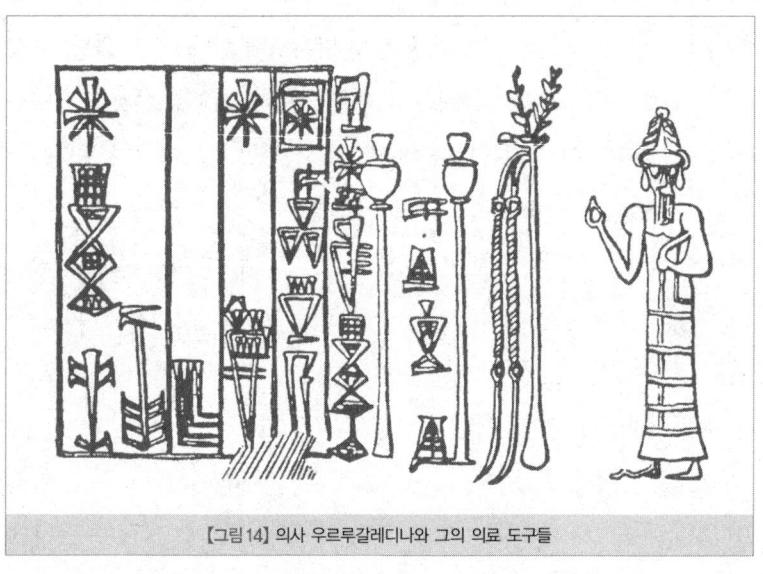

【그림14】 의사 우르루갈레디나와 그의 의료 도구들

서 먹었고, '직장으로 부어지는' 경우에는(즉, 관장을 하는 경우에는) 식물성 기름과 함께 사용되었다. 수메르에서 소독용이나 약재로 사용되었던 알코올(Alcohol)이라는 말도, 아카드어의 쿨루(Kuhlu)를 거치고 아랍어의 콜(Kohl)을 거쳐 우리에게 전해진 것이다.

간(肝)의 모형도 발견되는 것으로 보아 인간 장기의 진흙 모형을 사용해 의학을 가르치기도 했음을 짐작할 수 있다. 희생(犧牲) 동물을 아주 정교하게 해체하는 신전 의식이 있었는데 이것은 인간 해부학과 그리 동떨어지지 않은 것으로, 해부학도 발전되었던 것으로 보인다.

수메르인과 그들의 뒤를 이은 메소포타미아 제국들의 서사시와 영웅담을 보면, 수메르인이 생로병사에 깊은 관심을 갖고 있었음을 알 수 있다. 에렉(우루크)의 왕이었던 길가메시(Gilgamesh)는 영원한 젊음을 줄 '생명의 나무' 혹은 '광물(돌)'을 찾는다. 또한 죽은 자가 신일 경우에는 그를 소생시키려고 노력한 기록도 남아 있다.

장대에 걸려 있는 시체 위에
맥박과 빛을 처방한다.
생명의 물을 60번
생명의 식량을 60번
시체 위에 뿌린다.
그러자 인안나(Inanna)가 소생했다.

현대인이 추측도 할 수 없는 어떤 과학적 방법이 그런 소생술에 사용된 것은 아니었을까? 아주 초기의 수메르 유적에서 발견된 원통형 인장을 보면, 수메르인은 방사능 물질에 대해서도 알고 있었고 특정한

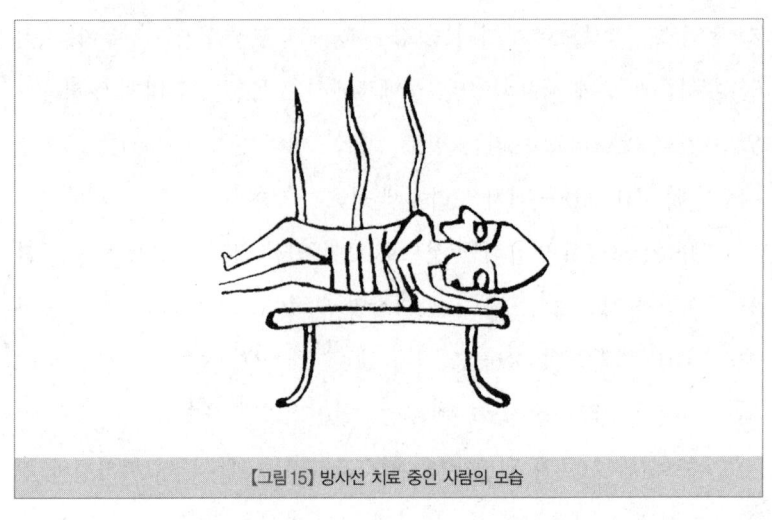

【그림15】 방사선 치료 중인 사람의 모습

병을 치료하기 위해 그것을 실제로 사용했던 것으로 보인다. 인장에 묘사된 내용을 보면 한 남자가 특별히 제작된 침대 위에 누워 있으며, 무엇인가로 얼굴을 가린 채 일종의 방사선 치료를 받고 있는 것처럼 보인다. 【그림15】

수메르의 또 다른 물질적 성취 중에는 직물과 의류 산업의 발전도 있다. 근대의 산업혁명은 1760년대에 영국에서 방적과 방직 기계가 발명되면서 시작되었다. 그 후 대부분의 나라들이 산업화를 위한 첫 단계로 방적 산업을 발전시키려고 노력하게 된다. 그러나 수메르에서 발굴된 증거를 보면 이것은 근대 산업혁명기 이후에 시작된 과정이 아니라 인류 문명의 시작부터 그래 왔던 것으로 보인다. 인간은 아마를 제공할 수 있는 농업이나 양모를 제공할 수 있는 동물의 가축화가 시작되기 전에는 직조된 천을 만들 수 없었다. 크로풋(G.M.Crowfoot)은 『고대의 직물, 세공품 및 양탄자』라는 책에서 기원전 3800년경에 메소포타미아에서 처음 직물이 나타났다고 말한다.

그러나 고대 수메르는 직물보다는 옷으로 더 유명했다. 구약의 「여호수아기」 7장 21절에는 여리고(예리코)를 공격한 후에 한 사람이 전리품 중에서 '시날(수메르)에서 만든 아름다운 외투' 한 벌을 취했다고 여호수아에게 고백하는 장면이 나오는데, 그런 행위에 대한 벌이 죽음이었다는 것을 생각해 보면 당시 사람들에게 수메르의 옷을 갖고 싶다는 유혹이 얼마나 큰 것이었는지 짐작할 수 있다. 수메르에서 만들어진 옷이 너무도 훌륭해서 그것을 얻기 위해 목숨까지 바치는 사람이 있었다는 말이기 때문이다.

【그림16】 토가의 원형인 투그투세

【그림17】 수메르 여인의 머리 장식

수메르어에는 옷과 관련된 전문 용어도 아주 많았다. 가장 기본적인 옷은 투그(TUG)라고 불렀으며, 이름이나 모양으로 볼 때 의심의 여지없이 로마 시대 토가(Toga)의 원형이 된 것이다. 또한 그런 옷들을 통칭해서 투그투세(TUG.TU.SHE)라고 불렀는데 이는 '둘러 입는 옷'이라는 뜻이다. 【그림16】

[그림 18] 수메르 여인의 화려한 장신구들

    수메르의 유물들을 보면 옷의 다양함과 화려함뿐만 아니라 옷과 머리 모양, 장신구의 조화와 고급스러운 취향에도 놀라게 된다. [그림 17, 18]
수메르의 또 다른 업적은 농업 분야에서도 발견된다. 계절적인 강우

밖에 없는 지역에서, 수메르인은 복잡한 관개 운하를 건설해 일년 내내 농지에 물을 댈 수 있었다.

'강 사이의 땅'이라는 뜻의 메소포타미아 지역은 고대의 식량 창고였다. 예컨대 살구나무를 뜻하는 라틴어 '아르메니아카(armeniaca)'는 아카드어의 '아르마누(armanu)'에서 비롯된 것이다. 그리스어로 '케라소스(kerasos)' 독일어로 '키르세(kirsche)'라고 불리는 버찌(cherry)도 아카드어의 '카르슈(karshu)'에서 나온 말이다. 그 밖에도 다른 많은 식물과 과일나무들이 메소포타미아로부터 유럽으로 전파되었다는 증거가 있다.

종자와 향신료들도 마찬가지다. 사프란(saffron, 붓꽃과의 약용식물)은 아카드어의 '아주피라누(azupiranu)'에서 나온 말이고, 크로커스(crocus, 봄에 피는 사프란의 한 종류)는 그리스어의 '크로코스(krokos)'를 거쳐 아카드어의 '쿠르카누(kurkanu)'에서 유래된 것이다. 그 외에도 커민(cumin, 카레 등에 사용되는 향신료)은 '카마누(kamanu)'에서, 히솝(hyssop, 박하의 일종)은 '주푸(zupu)'에서, 미르라(myrrh, 몰약으로 알려진 고무수지, 이집트 등의 미라를 만들 때 사용되었다)는 '무르루(murru)'에서 나온 말이다.

이렇게 수없이 많은 예가 있는데, 대개의 경우 이런 작물들은 메소포타미아에서 그리스를 거쳐 그 이름과 종자가 유럽에 전해졌다. 양파와 콩, 오이, 배추 등도 수메르인이 일상적으로 먹던 것들이다.

작물의 많은 종류에 못지않게 인상적인 것이 고대 메소포타미아에서 사용된 다양한 조리법과 음식의 종류였다. 수메르의 기록과 그림을 통해 수메르인이 곡물로 가루를 만들고, 그것으로 빵, 죽, 과자, 케이크 등을 만드는 방법을 알고 있었음을 볼 수 있다. 보리를 발효시켜 맥주를 만들었다는 맥주 제조에 대한 설명이 적힌 기록도 남아 있다. 포도와 대추야자로는 술을 만들었다. 소와 양, 염소의 젖으로는 요구르트, 버터, 크림, 치즈 등을 만들어 먹었다. 물고기도 일상적인 음식 재료 중 하나였다. 양고기는 흔했으며 수메르에서 대량으로 사육되던 돼지고기는 진미 중 하나로 여겨졌다. 오리와 거위는 신의 식탁을 위해 따로 보관되곤 했다.

또 기록을 보면 고대 메소포타미아에서 정말 고급으로 여겨지던 요리들은 신에게 드리는 제사용으로 발달된 것들이었음을 알 수 있다. 한 기록에는 '보리빵과 밀빵, 꿀과 크림으로 만든 과자, 대추야자, 맥주, 포도주, 우유, 삼목 수액, 크림' 등이 신에게 바치는 음식들로 묘사돼 있다. 구운 고기는 '최고급의 맥주, 포도주, 우유'와 함께 진상되었다. 황소의 특정한 부위를 요리하는 방법도 묘사되어 있는데, '좋은 밀가루에 맥주와 포도주'를 섞어 반죽한 다음 동물 기름과 향신료, 엿기름, 견과류, 야채 소 등을 넣고 섞은 재료가 필요하다고 적혀 있다.「우루크의 신에게 매일 드리는 제사의 지침서」에는 '식사와 함께 바쳐지는 다섯 가지 다른 종류의 음료수'에 대한 언급이 있는가 하면, '부엌에서 가루를 만드는 사람과 반죽을 하는 사람'이 해야 할 일들도 자세히 적혀 있다.

수메르인이 좋은 음식을 칭송한 글을 읽어 보면 수메르인의 음식 취향에 대한 감탄은 더욱 커진다. '코코뱅(coq au vin, 양념 적포도주 소스로 삶은 닭고기 스튜)'과 비슷한 음식에 대한 글을 한번 보자.

마시는 포도주에
향기나는 물을 더하고

위안을 주는 향료를 넣어

새를 요리해 먹었다네.

활발한 경제 생활과 다양한 물질적 활동을 하던 사회가 효율적인 교통 체계 없이 발달할 수는 없었다. 수메르인은 두 개의 강과 인공 운하 체계를 엮어서 사람과 물건, 동물을 수송했다. 실제로 초기의 수메르 그림들은 세계 최초의 배로 보이는 것들을 묘사하고 있다.

또한 많은 기록을 통해 수메르인이 대양 항해도 했음을 알 수 있는데, 다양한 종류의 배를 이용해 멀리 떨어진 곳으로부터 수메르에서는 얻을 수 없었던 금속과 귀한 목재, 보석, 광물 등을 수송했다고 한다. 「수메르어-아카드어 사전」에는 선박에 대한 항목이 따로 있는데 무려 105개나 되는 단어들이 나열되어 있다. 이에 따르면 그 크기와 목적지, 용도(화물 수송용, 승객 수송용, 특별한 종류의 물건 수송용 등)에 따라 배의 종류를 나누고 있다. 배의 건조와 선원들의 임무에 대한 단어들도 69개나 된다. 아주 오랜 대양 항해 전통을 지닌 문명만이 그렇게 다양한 배와 항해 관련 전문 용어들을 만들어 낼 수 있었을 것이다.

지상 교통을 위해서는 바퀴가 처음으로 사용되었다. 바퀴의 발명과 도입으로 인해 마차에서 전차에 이르는 다양한 운송 도구가 만들어졌으며, 그와 함께 '마력'과 '축력'을 처음으로 사용할 수 있게 되었다. 【그림 19】

| 역사는 수메르에서 시작되었다 |

1956년에 가장 위대한 수메르 학자 가운데 한 사람인 크레이머(S. N. Kramer)는 수메르에서 발견된 수많은 문학적 유산을 종합적으로 점검

[그림 19] 수메르에서 처음 사용된 바퀴

했다. 그가 쓴 『역사는 수메르에서 시작되었다』의 목차는 그 자체로도 매우 흥미로운 읽을거리인데, 이 책에서 크레이머는 25개의 장에 걸쳐 수메르에서 탄생한 인류 '최초의 것들'을 열거하고 있다(개정판에서는 39개 장으로 확대된다). 그 안에는 최초의 학교, 최초의 양원제(兩院制), 최초의 역사가, 최초의 의학서, 최초의 농업서, 최초의 우주론, 최초의 '욥(Job)', 최초의 격언, 최초의 문학 논쟁, 최초의 '노아(Noah)', 최초의 도서관 목록, 최초의 '인간 영웅', 최초의 법전과 사회 개혁, 최초의 의약품, 최초의 농사, 최초의 세계 평화를 위한 노력 같은 것들이 포함되어 있다.

크레이머의 이런 주장은 결코 과장이 아니다. 최초의 학교는 수메르에서 시작되었는데, 문자의 발명과 도입의 결과로 이루어진 것이다. 실제로 학교 유적과 연습장으로 쓰였던 점토판 기록을 보면 기원전 3000년대 초기에 수메르에는 이미 공식적인 교육 제도가 있었음을 알 수 있다. 또 수메르에는 견습 서기로부터 고등 서기, 왕실 서기, 신전 서기,

고급 관료 서기 등 헤아릴 수 없이 많은 서기(書記)들이 있었다. 그중 일부는 학교에서 가르치기도 했는데 그들이 교육 목적, 학과 내용, 교습 방법에 대해 남긴 글들을 여전히 읽어 볼 수 있다.

학교에서는 언어와 문자뿐만 아니라 식물학, 동물학, 지리학, 수학, 신학 등의 학문도 가르쳤다. 또 이전 시대의 문학 작품을 베끼고 연구하였으며, 새로운 작품을 창작하기도 했다.

학교는 '움미아(Ummia, 전문 교수)'가 이끌었으며, '그림을 가르치는 선생' '수메르어를 가르치는 선생' 들뿐만 아니라, '채찍을 담당하는 선생'도 있었다. 학교의 규율은 아주 엄격했다. 한 학생이 점토판에 기록한 내용에 따르면 학교에 출석하지 않거나, 정결하지 못하거나, 게으름을 피우거나, 떠들거나, 비행을 저지르거나, 심지어는 글씨가 깨끗하지 못할 경우 매를 맞았다고 한다.

한편, 에렉(우루크)의 역사를 다룬 한 수메르 서사시에는 에렉과 키시 사이의 경쟁이 묘사되어 있다. 키시의 사자들이 에렉으로 와서 그들 사이의 분쟁을 평화적으로 해결하자고 제안한다. 그러나 당시 에렉의 지도자였던 길가메시는 협상을 하기보다는 전쟁을 원한다. 재미있는 사실은 길가메시가 그 문제를 지금의 상원(上院)에 해당하는 지역 '원로회의'에서 투표로 결정해야만 했다는 것이다.

지도자 길가메시는
그 안건을 도시의 원로들에게 제출했다.
결정을 내려 달라고.
'키시의 집에 복종하지 말자,
그들을 무기로 부수자.'

그러나 원로회의는 협상을 지지한다. 이에 포기하지 않고 길가메시는 그 문제를 '전사들의 회의'인 젊은 사람들에게 제기하고 그들은 전쟁에 찬성한다. 이 기록의 중요성은 수메르의 지도자들이 전쟁과 평화 같은 문제를 지금으로부터 5,000년 전에 '최초의 양원'에 물어야 했다는 것이다.

크레이머가 '최초의 역사가'라고 지명한 사람은 라가시의 왕이었던 엔테메나였는데, 그는 자신과 이웃한 움마(Umma)와의 전쟁을 진흙 원통에 기록했다. 다른 기록들은 역사적 사건에 대한 문학적 기술이거나 서사적 시였는데, 엔테메나의 기록은 처음으로 역사를 있는 그대로의 사실로 기록한 것이었다.

수메르어보다 아시리아와 바빌로니아의 문자가 훨씬 먼저 해독되었기 때문에, 기원전 1900년경의 바빌로니아 왕 함무라비(Hammurabi)에 의해 만들어지고 공포된 것이 인류 최초의 법률로 알려졌었다. 그러나 수메르 문명이 발굴되면서 최초의 법 체계와 사회 질서라는 개념, 그리고 정의의 공정한 집행 같은 개념들이 모두 수메르에서 시작되었다는 것이 분명해졌다.

함무라비보다 훨씬 앞서 바빌론 근처의 도시 국가 에쉬눈나(Eshnunna)를 지배하던 수메르의 한 지도자는 가난한 사람들이 억압받지 않도록 하기 위해서 곡물과 배와 마차 빌리는 가격의 상한선을 법률로 정했다. 또한 사람과 재산에 대한 범죄를 다스리는 법과 가정사에 대한 규정들, 주인과 노예의 관계에 대한 규정들도 찾아볼 수 있다.

또 그보다 앞서 이신(Isin)의 지도자였던 리피트이시타르(Lipit-Ishtar)에 의해 공포된 법률도 있었다. 석조 비문에 새겨졌던 것을 옮겨 적은 점토판 중 일부에서 38개의 법령을 읽을 수 있는데, 그것들은 부동산, 주인과 노예, 결혼, 상속, 배의 임대, 소의 임대, 세금 체납 등에 대해 다루고 있다. 나중에 함무라비가 그랬듯이 리피트이시타르도 그의 법령이 자신에게 '수메르와 아카드의 사람들에게 행복을 주라는 위대한 신들의 명령에 따라' 만들어진 것이라고 말하고 있다.

그렇지만 리피트이시타르조차도 수메르 최초의 법령 제정자는 아니었다. 함무라비보다 거의 500년이나 앞선 기원전 2350년경에 우르를 다스리던 우르남무가 만든 법령을 적은 점토판들이 나중에 발견되었기 때문이다. 난나르(Nannar) 신의 이름에 따라 제정된 우르남무의 법은 '시민들의 소와 양, 당나귀를 빼앗아 가는' 자들을 막고 벌을 내려서, '고아들이 부자들에게 착취당하지 않고, 과부들이 권력 있는 자들에게 착취당하지 않고, 1세켈을 가진 사람이 60세켈을 가진 사람에게 착취당하지 않도록' 하기 위한 것이었다고 한다. 우르남무는 또 '공정하고 변치 않는 무게와 길이'에 대해서도 명령을 내렸다.

그러나 수메르의 법률 체계와 정의의 수호는 이보다도 훨씬 더 앞서는 것이었다. 기원전 2600년경에 수메르의 지도자였던 우루크아기나(Urukagina)는 수메르에 이미 너무 많은 일이 일어나서 개혁을 해야 할 필요성을 느낄 정도였다. 학자들이 '인류 최초의 사회 개혁 기록'이라고 부르는 우루크아기나의 기록은 자유와 평등, 정의에 기초한 것이었다. 1789년 7월 14일, 프랑스혁명이 일어나기 무려 4,400년 전의 일이다.

우루크아기나의 개혁 법안은 먼저 당시의 어지러운 사회상을 열거한 후에 개혁의 필요성을 말한다. 당시의 가장 큰 사회 문제는 관리들이 자신들의 이익을 위해 권력을 사용하는 것과 공직의 남용, 독점 집단이 높은 가격을 매겨 착취하는 행위 등이었다. 그런 정의롭지 못한 일을 포함해 많은 것들이 개혁 법령에 의해 금지된다. 공직자는 더 이상 '좋은 당나귀나 집'에 자의적으로 값을 매길 수 없게 되었다. '강한 자'는 더 이상 평범한 시민들을 괴롭힐 수 없었다. 맹인, 가난한 자, 과부, 고아들의 권리는 다시 한번 강조된다. 이혼한 여자는 법의 보호를 받게 되었다.

도대체 수메르 문명이 그 이전에 얼마나 오랫동안 존재했기에 이렇게 대대적인 사회 개혁을 필요로 했던 것일까? 아주 오래된 것이었음이 분명하다. 왜냐하면 우루크아기나는 자신의 개혁이 '이전 시대의 법령들을 다시 세우라'는 닌기르수 신의 명령에 따른 것이라고 주장하고 있기 때문이다. 분명히 우루크아기나는 자신의 시대보다 훨씬 더 전의 질서와 법으로 돌아가려고 했던 것이다.

수메르의 법은 그 과정과 판결이 아주 자세하게 기록되고 보존된 재판 제도에 의해 유지되고 있었다. 재판관들은 판사라기보다는 배심원에 가까웠다. 법정은 보통 3~4명의 재판관으로 이루어졌는데, 그중 한 사람은 전문적인 '왕의 재판관'이었고 다른 사람들은 36명의 위원단 중에서 뽑힌 남자들이었다.

바빌로니아의 왕들도 규정과 제도를 만들었지만, 수메르의 왕들은 무엇보다도 정의를 수호하는 데 관심이 많았다. 왜냐하면 수메르인은 신들이 수메르 땅의 정의를 보장하기 위해 왕을 세웠다고 믿었기 때문이다.

여기서 구약이 말하는 왕의 도덕이나 정의의 개념과 상당히 유사한 점들을 찾을 수 있다. 히브리에 왕이 있기 전에 히브리인들은 판관(判官)들의 통치를 받았다. 왕들은 정복이나 재물로 평가받은 것이 아니라 그들이 얼마나 '정의로운 일'을 했는지에 따라 평가받았다. 유대교에서는 새해 정월 초하루부터 시작해 열흘 동안 각자 지난해의 행동이 평가되고, 그것을 통해 한 해의 운명이 결정된다고 믿는다. 수메르인도 난셰(Nanshe)라는 신이 같은 방법으로 인간의 행동을 매년 평가한다고 믿었는데, 이러한 일치가 단순한 우연은 아니었던 것으로 보인다. 왜냐하면 최초의 히브리 족장이었던 아브라함은 우르남무 왕의 법령이 지배하던 수메르의 도시 우르 출신이었기 때문이다.

정의에 대한 수메르 사람들의 관심은 크레이머가 '최초의 욥'이라고 부른 사람을 만들어 내기도 한다. 크레이머는 이스탄불 고대박물관에 있는 점토판 조각들을 모아서 수메르의 시 하나를 해독했는데, 그 안에는 구약의 「욥기」에서처럼 한 정의로운 사람이 신들에 의해 축복을 받기는커녕 다양한 시련과 고난을 겪는 내용이 있다. 그 남자는 자신의 '정직한 말들이 거짓말이 되었다'고 고난에 찬 불평을 늘어놓는다.

> 아버지인 신이시여,
> 나를 낳은 분이시여, (…) 제 얼굴을 세워 주십시오.
> 도대체 얼마나 오랫동안 저를 돌보지 않고
> 무방비로 내버려 두시렵니까.
> 인도하지 않고 버려 두시렵니까.

결국 행복한 결말이 찾아온다. '그가 말한 정직한 말과 순수한 말을 신이 받아들였다. (…) 사악한 판결로부터 신의 손을 거두어들였다'는 것이다.

또한 수메르의 격언들은 구약의 「전도서」보다 약 2,000년 앞서, 「전도서」와 비슷한 교훈과 기지를 전하고 있다.

만약 죽을 운명이라면, 있는 대로 다 써 버리자.
만약 오래 살 것이라면, 돈을 모아야 한다.

가난한 사람이 죽으면 살리려고 애쓰지 말라.

많은 은을 가진 자는 행복하다.
많은 보리를 가진 자는 행복하다.
그러나 아무것도 가진 것이 없는 자는 편하게 잘 수 있다.

남자는 행복을 위해 결혼한다.
그리고 깊이 생각한 후에 이혼한다.

재앙으로 이끄는 것은 마음이 아니다.
재앙으로 이끄는 것은 혀이다.

파수꾼이 없는 도시에서는
여우가 감시자이다.

수메르 문명의 물질적·정신적 발전에는 공연 예술도 포함되어 있었다. 미국 캘리포니아 버클리 대학의 학자들은 1974년 3월, 세계에서 가장 오래된 노래를 해석했다고 발표했다. 크로커(R.L.Crocker)와 킬머(A.D.Kilmer), 브라운(R.R.Brown) 교수팀은 현재의 시리아에 속하는 지중해 연안의 우가리트(Ugarit)에서 발견된 기원전 1800년경의 점토판에 새겨진 악보를 읽고 연주하는 방법을 찾아냈던 것이다.

크로커 교수팀은 '우리는 고대 아시리아-바빌로니아 문명에 분명히 음악이 있었다는 것을 알고 있었다. 그러나 이번 발견 이전까지는 그것이 기원전 1000년경의 그리스 음악이나 현대 서양 음악의 특징과 똑같은 7음 음계와 온음계로 되어 있다는 것을 모르고 있었다'고 설명한다. 그때까지만 해도 서양 음악은 그리스에서 기원한 것으로 알려져 있었다. 그러나 이제 다른 많은 것들과 마찬가지로 서양 음악 역시 메소포타미아에서 유래된 것으로 밝혀진 것이다. 그러나 이것은 사실 놀라운 일은 아니다. 왜냐하면 그리스의 학자 필론(Philo)이 이미 메소포타미아인들이 '음악을 통해 우주적 화합과 통합을 추구하고 있었다'고 말한 바 있기 때문이다.

따라서 음악과 노래가 수메르의 또 다른 '최초의 것'임에는 의심의 여지가 없다. 실제로 크로커 교수는 우르의 유적지에서 발견된 것과 같은 수금(竪琴)을 재현해 그것으로 음악을 연주할 수 있다는 것을 보여주기도 했다. 기원전 2000년경의 기록을 보면 일관된 음악 이론이 존재했음을 알 수 있고, 킬머 교수에 따르면 많은 수메르 찬송가의 '여백에 음악 기호로 보이는 것이 씌어 있다'고 한다. 킬머 교수는 '수메르와 그 계승자들은 풍부한 음악 생활을 하고 있었다'고 말한다. 따라서 점토판과 원통형 인장들에서 가수와 무희들의 모습과 함께 다양한 악기들을 볼 수 있는 것은 전혀 놀라운 일이 아니다. 【그림20】

다른 많은 수메르인들의 업적과 마찬가지로 음악과 노래도 신전에서 비롯된 것이다. 그러나 시작은 비록 신에 대한 찬양이었다 해도 이런 예술 활동들은 곧 신전 밖에서도 활발하게 이루어졌다. 수메르인이 흔히 하던 말장난 중에는 가수들이 요구하는 비용에 대한 것도 있었다. '목소리가 별로 좋지 않은 가수야말로 별볼일없는(poor) 가수다'라는

【그림 20】 악기를 연주하는 수메르인

말 같은 것이 여기에 해당한다.

또 수메르에서는 많은 연가(戀歌)들이 발견되었다. 그 연가들은 악기의 반주에 맞춰 불렸던 것들임에 분명하다. 그러나 가장 감동적인 것은 아픈 아이에게 그 엄마가 불러 주던 자장가일 것이다.

잠아 어서 와라, 잠아 어서 와라, 내 아들에게로.
잠아 어서 내 아들에게로 와라.
와서 아이의 잠 못 드는 눈을 잠들게 해다오. (…)

아픈 내 아들아.
내 마음도 아프구나. 무슨 말을 해야 할지 모르겠다.
나는 별을 본다.
새 달이 네 얼굴에 비친다.

네 그림자도 너를 위해 눈물을 흘리겠지.
이제 잠 속으로 가거라. (…)

성장의 신이 네 지원자가 되기를.
하늘에 네 천사를 갖기를.
오랫동안 네가 행복하기를. (…)
너를 믿는 아내를 갖기를.
미래를 짊어질 아들을 갖기를.

수메르의 음악과 노래가 놀라운 것은 단순히 수메르가 그 구조와 화성법에서 서양 음악의 기원이 되었다는 것뿐만이 아니다. 그보다 더 중요한 것은 지금 수메르인의 노래를 듣고 시를 읽어도 감정이나 정서적인 면에서 전혀 이상하거나 낯설게 느껴지지 않는다는 사실이다. 실제로 수메르의 문명을 연구해 보면 우리들의 도덕이나 정의에 대한 개념, 법, 건축, 예술, 기술 들이 수메르 문명에 근거를 두고 있음을 알게 될 뿐만 아니라, 수메르의 모든 것이 매우 가깝고 친숙하게 느껴진다. 마음 깊숙한 곳으로부터 우리는 모두 수메르인인 것이다!

| 수메르 문명의 수수께끼 |

라가시를 발굴한 후에 고고학자들은 수메르와 아카드의 종교적 중심지였던 니푸르(Nippur)를 발굴했다. 거기서 발견된 약 30,000개의 점토판 대부분은 지금까지도 완전히 연구되지 못하고 있다.

슈루팍(Shuruppak)에서는 기원전 3000년경에 세워진 학교 건물의 유적이 발견되었다. 우르(Ur)에서는 금과 은, 구리와 청동 등으로 만들어진 장엄한 화병과 장신구, 무기, 전차, 투구들이 발견되었으며, 방직 공장의 잔해와 법정 기록, 그리고 여전히 주변의 풍경을 압도하고 있는 높은 지구라트의 유적이 발견되었다.

에쉬눈나(Eshnunna)와 아다브(Adab)에서는 사르곤 시대 이전의 신전과 정교한 인물상 등이 발견되었다. 움마(Umma)에서는 초기 제국들에 대한 기록이 대량으로 발견되었다. 키시(Kish)에서는 또 기원전 3000년경의 거대한 건물들과 지구라트가 발굴되었다.

우루크(Uruk, 에렉)에서 고고학자들은 기원전 4000년경의 유물들까지 발견했다. 거기서 발견된 것 중에는 가마에 구운 채색 토기가 있는데, 물레를 사용해 만든 것으로 보인다. 또한 석회암으로 포장된 도로는 지금까지 발견된 것 중 가장 오래된 석조 건축물이다. 또 고고학자들은 우루크에서 최초의 지구라트를 발견했는데, 그 위에는 백색 신전과 붉은색 신전이 자리잡고 있다. 또한 세계 최초의 문서와 세계 최초의 원통형 인장도 그곳에서 발견되었다.

피네건(J. Finegan)은 '우루크에서 발견된 원통형 인장의 우수성은 아주 놀라울 정도다'라고 말한다. 우루크 시대의 다른 유적지에서 발견된 유물들을 보면 금속 시대가 이미 시작되었음을 알 수 있다.

1919년에 홀(H.R.Hall)은 현재 엘우바이드(El-Ubaid)라고 부르는 마을에서 고대의 유적지 하나를 더 찾아냈다. 이 유적지는 이제 많은 학자들이 위대한 수메르 문명의 첫 번째 단계를 보여 주는 곳으로 인정하고 있다. 흔히 '엘우바이드 시기'라고 불리는 이 시기에 해당되는, 북부 메소포타미아에서 남부의 자그로스 구릉지역에 이르는 수많은 유적지에서는 최초의 진흙 벽돌, 모자이크 장식, 벽돌 묘로 조성된 공동묘지, 기하학적 무늬가 그려진 도자기들, 구리 거울, 터키석으로 만든 구슬, 눈꺼풀 화장품, 구리로 만든 도끼, 옷, 집, 그리고 무엇보다도 엄청난 규모의 신전들이 발견되었다.

그리고 그보다 훨씬 아래쪽에서, 고대 문서에 따르자면 수메르 최초의 도시라고 하는 에리두(Eridu)가 발견되었다. 발굴자들이 이 유적지를 깊이 파들어 가자 수메르인들이 '지혜의 신'으로 모셨던 엔키(Enki)의 신전이 발견되었는데, 그 신전은 아주 여러 시대에 걸쳐 새로 지어진 것으로 추정된다. 유적지의 지층을 아래로 파들어 갈수록 고고학자들은 수메르 문명의 시작을 기원전 2500년에서 기원전 2800년으로, 다시 기원전 3000년으로, 그리고 기원전 3500년으로까지 계속 올려 잡아야만 했다.

그러다가 마침내 파내려 가던 삽이 엔키에게 바쳐진 최초의 신전터에까지 이르렀다. 그 아래로는 아무것도 지어진 흔적이 없는 깨끗한 흙이었다. 그 최초의 신전은 기원전 3800년경에 지어진 것이었다. 그때가 바로 수메르 문명이 처음 시작된 때인 것이다!

수메르 문명은 최초의 문명이었을 뿐만 아니라, 그 뒤를 잇는 어떤 고대 문명보다 여러 가지 면에서 더 발전적이고 포괄적인 문명이었다. 그리고 이 문명이야말로 현재의 우리 문명이 기원을 두고 있는 것이었다.

지금으로부터 약 2,000,000년 전에 석기를 처음 이용하기 시작한 인간은 기원전 3800년경에 수메르에서 고도의 문명을 만들어 냈다. 수메르 문명에 대한 가장 큰 의문은 수메르인이 도대체 누구였으며, 그들이 어디에서 왔고, 어떻게 그리고 왜 수메르 문명이 생겨났는가 하는 점이다. 그러나 학자들조차도 그 점에 대해서는 전혀 알지 못하고 있다. 수메르 문명은 아주 갑작스럽고, 전혀 앞선 문명 없이 독자적으로 발생한 것이기 때문이다.

프랑크포르트(H. Frankfort)는 수메르 문명을 '놀랍다(astonishing)'고 표현한다. 아미에(P. Amiet)는 그것을 '비범하다(extraordinary)'고 규정한다. 패로트(A. Parrot)는 '아주 갑자기 나타난 불꽃'이라고 했으며, 오펜하임(L. Oppenheim)은 수메르 문명이 등장한 '엄청나게 짧은 기간'에 대해 강조했다. 캠벨(J. Campbell)은 수메르 문명을 다음과 같이 요약한다.

'수메르의 좁은 진흙땅에서 정말로 갑자기 세계의 모든 고등 문명을 구성하는 단초들이 일시에 시작되었다.'

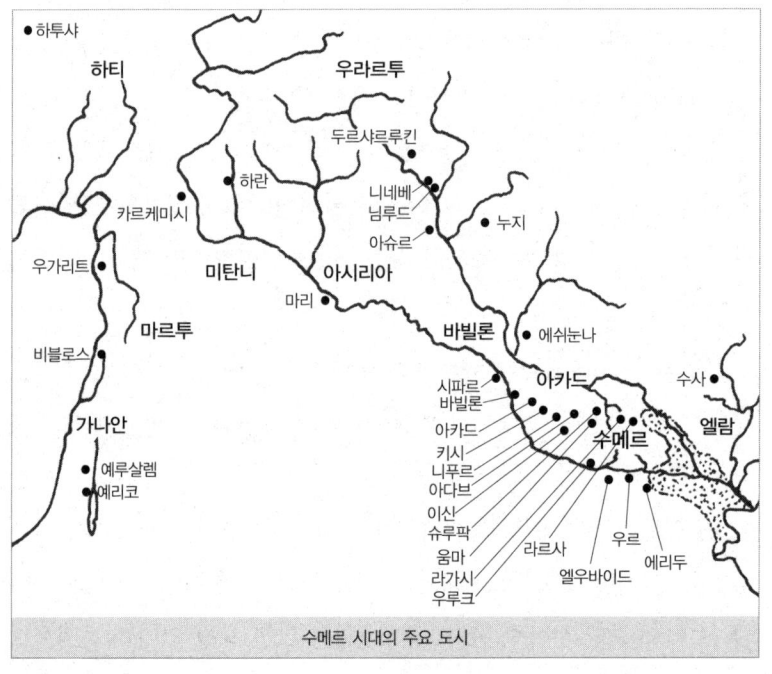

수메르 시대의 주요 도시

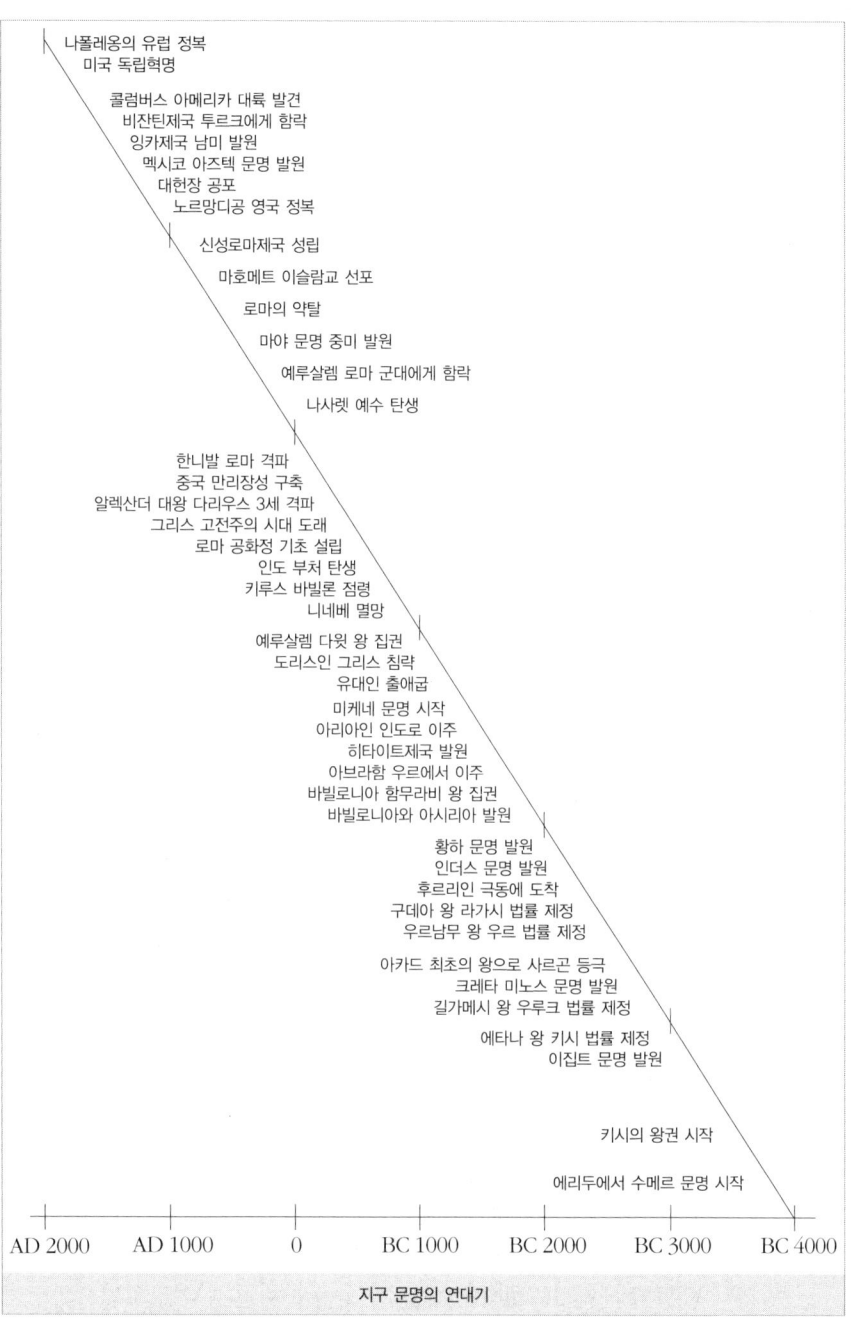

예고 없이 시작된 수메르 문명

3

하늘과 땅의 신들

| 그리스의 신화와 신들 |

왜 수백만 년 동안 고통스럽도록 느리게 진행되던 인간의 진화가 기원 전 11000년경, 7400년경, 3800년경이라는 세 차례의 계기를 통해 갑자기 가속도를 얻어 원시적인 사냥꾼·채취자를 농사꾼·토기 제작자로 바꾸어 놓고, 다시 도시 건축가·수학자·천문학자·상인·음악가·판사·의사·작가로 바꾸어 놓았던 것일까? 여기서 한 걸음 더 나아가 브레이드우드(R. J. Braidwood) 교수가 질문한 것처럼, '도대체 문명은 왜 시작되었는가? 인간은 왜 여전히 중석기 시대에 살고 있지 않은 것인가?'라는 질문을 해볼 수도 있다.

수메르 사람들은 이런 질문에 대한 명확한 답을 갖고 있었다. 수없이 많이 발견된 메소포타미아 기록들 중 하나에 새겨진 다음과 같은 말이 그것을 잘 요약하고 있다.

> 우리가 만든 모든 아름다운 것들은 신들의 은총으로 만들어진 것이다.

그렇다면 수메르의 신들, 그들은 과연 누구였을까? 수메르의 신들은 하늘에 있는 거대한 궁전에 살면서 제우스(Zeus)의 대연회장에서 잔치를 즐기는 것으로 여겨졌던 그리스의 신들과 비슷했을까?

그리스의 신들은 우선 의인화된 모습으로 그려진다. 그들은 유한한 생명을 지닌 남자와 여자로서 인간적인 특성을 지닌 신들이다. 그리스 신들은 행복을 느끼기도 하고 화를 내거나 질투를 하기도 했다. 그들은 짝짓기를 하고, 말다툼을 하거나 싸움을 하기도 했다. 그리고 자기들끼리 혹은 인간과의 성교를 통해 인간처럼 자식을 낳기도 했다.

그리스의 신들은 인간이 감히 접근할 수 없는 존재였지만, 그럼에도 불구하고 인간들의 일에 끊임없이 관계하고 있었다. 그들은 엄청난 속도로 이동할 수 있었고 자유자재로 나타났다가 사라질 수도 있었다. 또한 그들은 굉장한 힘을 지닌 기이한 무기들을 지니고 있었다.

고대 그리스 시대의 가장 중요한 신은 '신과 인간의 아버지' '하늘에 있는 불의 주인'이라고 불린 제우스였다. 그의 주된 무기이자 상징은 번개였다. 그는 하늘에서 내려온 땅의 '왕'이었으며 인간에게 일어날 선과 악을 결정지을 수 있는 심판자였다. 그러나 그가 원래 거처하던 곳은 하늘이었다.

하지만 제우스는 하늘에 살던 첫 번째 신도 아니었으며 땅에 내려온 첫 번째 신도 아니었다. 그리스인들은 우주론과 신학을 합쳐 학자들이 신화라고 생각하는 것을 만들어 냈는데, 최초의 때에는 혼돈을 뜻하는 카오스(Chaos)가 있었다고 믿었다. 그 다음에 가이아(Gaea, 지구)와 그 배우자인 우라노스(Uranus, 하늘)가 생겼다. 가이아와 우라노스는 12명의 티탄(Titan)을 낳았는데 여섯이 남자였고 여섯이 여자였다. 티탄들의 전설적인 행동은 지상에서 이루어졌지만 그들은 모두 하늘에 각자에게 해당되는 천체를 가지고 있었다.

남자 티탄 중 가장 어렸던 크로노스(Cronus)가 올림포스 신화에서 가장 중요한 인물로 등장한다. 그는 막내였음에도 불구하고 아버지인 우라노스의 성기를 자르고 왕좌를 찬탈한다. 그 후 크로노스는 다른 티탄들의 복수가 두려워 그들을 가두거나 없애 버린다. 그런 행동 때문에 크로노스는 어머니 가이아의 저주를 받게 된다. 아버지인 우라노스와 똑같이, 자기 자식의 손에 의해 왕좌에서 밀려날 것이라는 저주였다.

크로노스는 누이 레아(Rhea)를 아내로 삼아 아들과 딸을 각각 셋씩 낳는다. 하데스(Hades), 포세이돈(Poseidon), 제우스(Zeus)가 아들이고, 헤스티아(Hestia), 데메테르(Demeter), 헤라(Hera)가 딸이다. 크로노스가 받은 저주는 가장 어린 아들에 의해 왕위에서 쫓겨날 것이라는 내용이었는데, 실제로 나중에 제우스가 아버지인 크로노스를 폐위시킴으로써 그 저주가 이루어졌다.

그러나 제우스가 크로노스를 폐위시키는 과정은 순탄치 않았다. 아주 오랫동안 신들 사이의 전쟁과 수많은 괴물과의 싸움이 이어졌다. 가장 결정적인 싸움은 제우스와 뱀 모양을 한 티폰(Typhon) 사이에서 벌어졌다. 그 둘 사이의 싸움은 지구는 물론이고 하늘에서까지도 벌어졌으며, 마지막 싸움은 이집트와 아라비아의 경계선 부근인 시나이 반도의 카시우스(Casius) 산에서 있었다. 【그림21】

이 싸움에서 이긴 후 제우스는 최고의 신으로 인정받게 된다. 그러

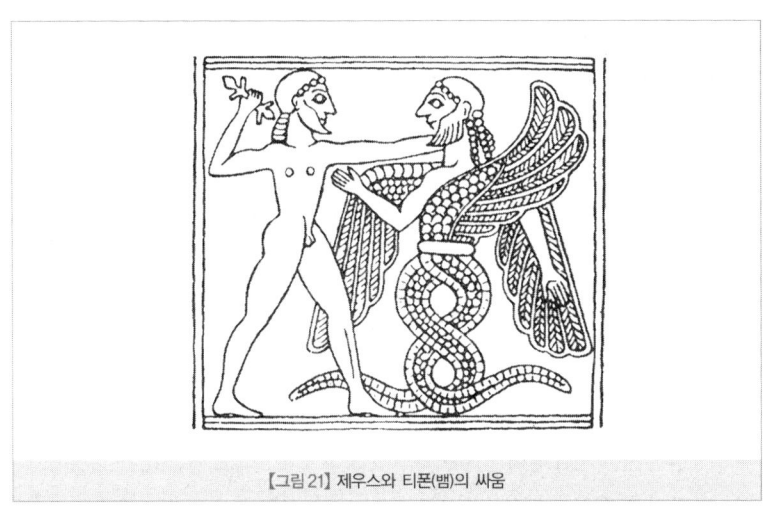

【그림 21】 제우스와 티폰(뱀)의 싸움

나 그럼에도 불구하고 제우스는 그의 형제들과 권력을 나눠 가져야만 했다. 선택에 의해 (혹은 어떤 이야기에 따르면 제비뽑기를 통해) 제우스는 하늘을 다스리게 되었고, 가장 큰 형인 하데스는 '아래 세계(Lower World)'를 다스리게 되었으며, 중간인 포세이돈은 바다를 다스리게 되었다.

시간이 지나면서 하데스가 다스리는 아래 세계가 '지옥'과 같은 의미로 받아들여지게 되었지만, 하데스가 통치하던 지역은 본래 거대한 강이 흐르는 땅과 황량한 대지, 그리고 습지로 이루어진 '아주 아래쪽' 땅을 의미했다. 하데스는 흔히 인간들의 기도에는 움직이지 않으며, '보이지 않는', 또는 금지를 주로 하는 엄격한 신으로 묘사되곤 한다.

한편 포세이돈은 주로 그의 상징인 삼지창을 든 모습으로 묘사된다. 포세이돈은 기본적으로 바다의 통치자였지만 동시에 야금술과 조각, 마술의 전문가이기도 했다. 제우스가 한때 인간들을 전멸시킬 계획을

하늘과 땅의 신들

세울 정도로 인간에 대해 아주 엄격했던 것으로 묘사되는 데 비해, 포세이돈은 인간의 친구로 그리고 인간들의 칭송을 듣기 위해 수고를 아끼지 않는 신으로 그려지고 있다.

크로노스와 레아가 낳은 3명의 아들과 3명의 딸은 12명의 위대한 신으로 구성되는 올림포스 신전의 구세대에 속한다. 나머지 6명은 모두 제우스의 자식들인데, 그리스의 신화는 주로 그들의 계보와 관계된 이야기들을 다룬다.

제우스는 여러 여신들로부터 아들과 딸을 얻는다. 제우스는 처음에 여신 메티스(Metis)와의 사이에서 위대한 여신 아테나(Athena)를 낳는다. 그녀는 지식과 수공업 등을 관장했고 흔히 지혜의 여신으로 알려져 있다. 그러나 제우스가 티폰과 싸울 때 다른 모든 신들이 도망쳤음에도 불구하고 혼자 끝까지 남아 있었기 때문에, 아테나는 군사적 성격도 부여받게 되었으며 전쟁의 여신으로도 알려지게 된다. 그녀는 '완전한 처녀'로 누구와도 결혼하지 않는다. 그러나 어떤 이야기를 보면 그녀가 삼촌인 포세이돈과 관계를 맺은 것으로 나타나기도 한다. 포세이돈의 공식적인 아내는 암피트리테(Amphitrite)였고, 아테나는 포세이돈의 정부(情婦)였다는 것이다.

제우스는 다른 여신들과도 관계했으나 거기서 낳은 자식들은 올림포스의 신이 되는 자격을 얻지 못한다.

제우스는 아들 후계자를 얻기 위해 자신의 여자형제들에게 눈을 돌린다. 그중 나이가 가장 많았던 헤스티아는 여러 가지 면에서 별로 재미없는 여자로 묘사되고 있다. 아마도 나이가 너무 많거나 몸이 아파서 부부생활을 하기에는 적합하지 않은 상대였던 것 같다. 그래서 제우스는 둘째인 '결실의 여신' 데메테르에게 접근한다. 그러나 데메테르는 아들 대신 여신 페르세포네(Persephone)를 낳는다. 페르세포네는 나중에 삼촌인 하데스의 아내가 되어 '아래 세계'를 함께 다스리게 된다.

아들을 얻지 못해 실망한 제우스는 사랑과 위안을 얻기 위해 다른 여신들을 찾는다. 하르모니아(Harmonia)에게서는 9명의 딸을 얻는다. 레토(Leto)는 제우스에게 딸과 아들을 하나씩 낳아주는데, 아르테미스(Artemis)와 아폴론(Apollo)이며 그들은 곧바로 올림포스의 12신에 속하게 된다.

제우스의 첫 번째 아들인 아폴론은 그리스 신화에서 가장 위대한 신 중 하나이며, 인간과 신들 모두로부터 두려움의 대상이 된다. 아폴론은 인간들에게 제우스의 뜻을 해석해 주는 신이었기 때문에 종교적 법규와 신전에서의 예배에 대한 권위적인 해석자가 된다. 아폴론은 또한 신의 법을 대표하면서 육체적·정신적 완벽함과 순수함을 상징하는 신이 된다.

여신 마이아(Maia)가 낳은 제우스의 둘째 아들 헤르메스(Hermes)는 목동들의 수호자이며 양떼와 소떼의 보호자였다. 형인 아폴론보다는 덜 중요하고 힘도 약했지만 헤르메스는 인간의 삶에 보다 가까웠으며, 인간의 모든 행운은 그의 덕분인 것으로 여겨졌다. 좋은 일을 가져다주는 신으로 불리는 헤르메스는 상업을 관장했으며, 여행자와 상인들의 수호신이기도 했다. 신화와 서사시에서 그의 주된 역할은 제우스의 전령, 즉 최고신의 사자(使者)였다.

그러나 오래전부터 내려온 왕조의 전통에 따라 제우스는 여전히 자신의 여자형제로부터 낳은 아들이 필요했다. 그래서 그는 헤라에게로 눈을 돌린다. 신성한 결혼식을 통해 헤라와 결혼한 제우스는 헤라를 '모든 신의 여왕' 즉 '모신(母神, Mother Goddess)'으로 선언한다. 그들은 아레스(Ares)라는 아들과 두 명의 딸을 얻는다. 그러나 그들의 결혼 생활은 제우스의 끊임없는 부정(不貞)과 그에 맞선 헤라의 부정으로 늘 위태위태했다. 헤라가 바람을 피웠을 가능성 때문에 또 다른 아들인 헤파이스토스(Hephaestus)는 정말로 제우스의 아들인지 의심을 받곤 했다.

아레스는 곧 올림포스의 12신에 포함되었으며, 제우스의 오른팔이 되어 '전쟁의 신'으로 임명된다. 아레스는 흔히 '학살의 신'으로 불리곤 하지만 무적(無敵)이었던 것은 아니다. 트로이 전투에서 아레스는 트로이 사람들의 편에 서서 싸우다가 심각한 부상을 입어 제우스가 직접 치료해 주기도 한다.

헤파이스토스는 올림포스의 12신에 포함되기 위해 어려운 과정을 겪어야 했다. 그는 '창조의 신'이었는데, 대장간의 불과 야금술을 관장했다. 그는 아주 뛰어난 장인으로, 인간과 신들에게 유용한 다양한 물건들을 만들어 냈다. 전설에 따르면 그는 태어날 때부터 발을 절어서 헤라에 의해 내버려졌다고 한다. 또 보다 믿을 만한 다른 이야기에 따르면 그를 내버린 것은 헤라를 의심한 제우스였다고 한다. 그러나 헤파이스토스는 자신의 마술과 같은 창의력을 이용해 제우스로 하여금 자신에게 위대한 12신의 자리 중 하나를 내주도록 만든다.

헤파이스토스는 또 만약 다른 남자가 자기 아내의 침대에 들면 그 침대를 자동으로 덮는 보이지 않는 그물을 만들었다고도 한다. 헤파이스토스에겐 정말 그런 보호 장치가 필요했을 법도 하다. 그 이유는 그의 아내가 '사랑과 아름다움의 여신'인 아프로디테(Aphrodite)였기 때문이다. 당연히 아프로디테에 관한 수많은 사랑 이야기가 있으며 그중에는 남편 헤파이스토스의 형제인 아레스와의 사랑 이야기도 있다.

'사랑의 신'인 에로스(Eros)는 아레스와 아프로디테 사이에서 태어난 신들 중 하나다.

아프로디테는 올림포스의 12신에 포함되었는데, 그녀가 12신에 포함된 상황이 이 책에서 다루고자 하는 주제와 관련이 있다. 아프로디테는 제우스의 여자형제도 아니었고 딸도 아니었지만 무시할 수 없는 존재였음이 분명하다. 아프로디테는 그리스를 마주보고 있는 지중해 쪽 아시아 해안에서 왔는데 (그리스의 시인 헤시오도스에 따르면 아프로디테는 키프로스를 통해 왔다고 한다) 자신이 우라노스의 성기로부터 태어난 원로 신이라는 것을 강조했다. 자신은 신들의 조상인 우라노스의 화신으로 제우스보다 한 항렬 높은 위치에 있다는 주장이었다. [그림22]

그런 이유로 아프로디테는 올림포스의 12신 안에 포함되어야만 했

【그림22】 그리스 신화에 등장하는 아프로디테

다. 그러나 알려지지 않은 이유로 인해 올림포스 신의 수는 12를 초과할 수 없었다. 해결책은 아주 독창적인 것으로, 하나를 넣는 대신 하나를 빼는 방법이었다. 하데스가 '아래 세계'를 지배하게 되면서 더 이상 올림포스 산에서 다른 신들과 함께 있지 않게 되어 빈 자리가 생겼으므로 그 자리에 아프로디테를 대신 집어넣은 것이다.

위대한 신들의 수효인 12라는 숫자는 넘어서도 안 되며 동시에 부족해서도 안 되는 숫자였다. 이것은 디오니소스(Dionysus)가 12신에 포함되는 상황에서도 잘 드러난다. 디오니소스는 제우스가 자신의 딸인 세멜레(Semele)를 임신시켜 낳은 아들이었다. 헤라의 분노를 피하기 위해 디오니소스는 멀리 떨어진 땅으로 보내졌는데(심지어는 인도까지), 그는 가는 곳마다 포도나무를 심고 포도주 담는 방법을 가르쳤다고 한다. 그 사이에 올림포스에는 빈 자리가 하나 생겼다. 제우스의 가장 큰 누나인 헤스티아가 너무 늙고 병약해져서 12신의 자리에서 완전히 제외되었던 것이다. 디오니소스는 이때 그리스로 돌아와 그 빈 자리를 메우도록 허락받는다. 다시 한번 올림포스 산의 12신이 채워진 것이다.

비록 그리스 신화가 인간의 기원에 대해서 분명히 밝히고 있지는 않지만, 영웅과 왕에 대해서만큼은 그들이 신의 혈통임을 분명히 주장하고 있다. 이런 반신(半神)들은 순수하게 인간적인 운명(노동의 고통과 환경, 역병, 죽음 따위에 대한 종속 등)과 지구에 신들만이 존재하던 황금 시대를 연결해 주는 역할을 한다. 지상에서 수많은 신들이 태어나기는 했지만 올림포스의 12신들만이 하늘과 연결되어 있다. 또 『오디세이아 Odyssey』에 따르면 원래의 올림포스 산은 '깨끗한 높은 하늘'에 존재하는 것으로 묘사된다. 최초의 12신은 지구로 내려온 '하늘의 신들'이며, 그들은 모두 '하늘'의 12천체를 나타낸다.

로마인들이 그리스 신화를 받아들였을 때 붙인 그리스 신들의 로마어 이름들은 하늘과 12신의 그런 관계를 더욱 명백하게 나타낸다. 헤르메스는 메르쿠리우스(Mercury, 수성), 아프로디테는 베누스(Venus, 금성),

【그림 23】제우스의 번개와 황소

아레스는 마르스(Mars, 화성), 크로노스는 사투르누스(Saturn, 토성), 제우스는 유피테르(Jupiter, 목성)가 된다. 또 그리스의 전통에 따라 로마인들은 유피테르(제우스)를 '번개'라는 무기를 지닌 전쟁의 신과 황소에 연결시켰다. 【그림23】

그리스 문명의 기초는 크레타 섬에서 시작되었다는 것이 통설로 되어 있으며 크레타 섬에서는 기원전 2700년경에서 기원전 1400년경 사이에 미노아 문명이 발달했다. 미노아의 신화와 전설을 보면 미노타우로스(Minotaur)의 이야기가 지배적이다. 미노타우로스는 반은 인간이고 반은 소인 괴물이었는데, 미노아 왕의 아내인 파시파에(Pasiphae)와 황소 사이에서 태어났다고 한다. 고고학적 발굴로 드러난 유물들을 통해 미노아인은 황소를 숭배했다는 것을 알 수 있다. 많은 원통형 인장들에서 황소를 십자형 상징과 함께 신성한 존재로 묘사하고 있다. 십자형 상징은 정체불명의 어떤 행성이나 별을 뜻하는 것이었다. 따라서 미노

【그림 24】 미노아의 신성한 황소와 십자 문양

아인이 숭배하던 황소는 단순한 지상의 황소가 아니라 하늘의 황소, 즉 황소자리(Taurus)가 아니었을까 추측해 볼 수 있다. 또 어쩌면 미노아인은 기원전 4000년경에 황소자리에서 춘분이 있었을 때 일어난 '어떤 사건'을 기념하기 위해 황소를 숭배했는지도 모를 일이다. 【그림 24】

그리스의 신화에 따르면 제우스는 크레타를 거쳐 그리스로 왔다고 한다. 또 제우스는 지중해 연안 페니키아의 도시 국가 티레(Tyre)의 아름다운 공주 에우로파(Europa)를 납치한 후 헤엄쳐 지중해를 건너다가 크레타에 도착했다고 한다. 고든(H. Gordon)이 초기 미노아 문자를 해독해 내면서, 미노아 문자가 '동부 지중해 연안 지역으로부터 건너온 셈족의 방언'이라는 사실이 입증되었다.

다시 말해 그리스의 신들은 하늘에서 그리스로 곧바로 내려온 것이 아니었다. 제우스는 지중해를 건너다 크레타를 거쳐 그리스로 왔다. 아프로디테는 근동으로부터 바다를 통해 키프로스를 거쳐 그리스로 왔다. 로마인들이 넵투누스(Neptune, 해왕성)라고 부른 포세이돈은 소아시아 지방으로부터 말을 가져왔다. 아테나는 성서의 땅으로부터 '열매가 많이 열리는 올리브나무'를 그리스에 가져왔다고 한다.

따라서 그리스의 종교와 신화가 근동으로부터 소아시아와 지중해 섬들을 통해 그리스로 전해졌다는 데에는 의심의 여지가 있을 수 없다.

근동이야말로 그리스 신들의 고향인 것이다. 따라서 그리스 신들의 기원이나 하늘과의 관계, 그리고 신비스러운 숫자 12에 담겨 있는 의미를 해독하기 위해서는 근동 지역을 살펴야만 한다.

| 힌두의 신화와 신들 |

인도의 고대 종교인 힌두교는 찬송과 예배 그리고 신들에 대한 다양한 내용으로 이루어진 『베다Vedas』를 '인간이 만든 것이 아닌 신이 쓴 기록'으로 여긴다. 힌두 전통에 따르면 『베다』는 신들이 직접 기록한 것으로 아주 오래전에 씌어졌다고 한다. 그러나 세월이 지나면서 처음에는 100,000개도 넘었던 시구들이 많이 사라지고 혼란스러워졌다. 결국 한 성자가 남은 시구들을 정리하고 네 권의 책으로 나누어 만든 후 자신의 제자 네 명에게 한 권씩 보관하도록 맡겼다.

19세기에 학자들이 이 신비한 경전을 해석하기 시작하면서, 그들은 『베다』가 인도의 산스크리트어, 그리스어, 라틴어 등의 기원이 되는 고대의 '어떤 인도-유럽어'로 씌었다는 사실을 알게 된다. 그리고 마침내 학자들이 『베다』를 읽고 분석할 수 있게 되었을 때, 그들은 『베다』가 이야기하는 신들과 그리스 신들 사이의 엄청난 유사성에 대단히 놀라게 된다.

『베다』는 신들이 모두 하나의 커다란, 그러나 반드시 늘 평화롭지만은 않았던 가족에 속한다고 말한다. 『베다』에는 또 신들이 하늘에서 땅으로 내려가거나 땅에서 하늘로 올라가는 이야기, 그 사이에서 공중전을 벌이는 이야기, 신기한 무기, 우정, 경쟁, 사랑, 부정(不貞) 등에 관한 많은 이야기가 등장한다. 그러나 『베다』가 가장 중요하게 생각했던 것은 누가 누구를 낳았고, 누가 누구의 장자인가 하는 신들의 계보 문제였던 것으로 보인다. 지상의 신들은 모두 하늘에서 내려온 것이고 그 중 중요한 신들은 비록 지상에 있기는 하지만 모두 천체를 대표한다.

태초에는 리쉬(Rishi, 태초의 떠다니는 자)들이 엄청난 힘을 지니고 떠다녔다고 한다. 그중에서 7명의 위대한 창조자들이 나타났다. 라후(Rahu, 사악한)와 케투(Ketu, 끊어진)는 원래 하나의 천체였는데 허락 없이 신들을 모으려고 시도하다가 폭풍의 신이 불을 뿜는 무기로 쳐서 둘로 나뉘었다. '용의 머리'가 된 라후는 그 후 복수를 하기 위해 끊임없이 하늘을 돌아다니고, 케투는 '용의 꼬리'가 되었다. 마르이쉬(Mar-Ishi)는 태양 왕조의 창조자였는데, 카시야파(Kash-Yapa, 왕위에 앉은 자)를 낳는다. 『베다』는 카시야파가 많은 자손을 낳은 것으로 전한다. 그러나 태양 왕조는 카시야파와 프리트히비(Prit-Hivi, 하늘의 어머니) 사이에서 태어난 10명의 자식들을 통해서만 이어진다.

왕조의 수장으로서 카시야파는 동시에 데바(Deva, 반짝이는 것)들의 대장이기도 하여, 디아우스피타르(Dyaus-Pitar, 빛나는 아버지)라는 호칭으로도 불렸다. 카시야파는 자신의 아내 및 10명의 자식들과 함께 12명의 아디트야(Aditya)들을 구성하는데, 아디트야만이 각각 12궁의 상징과 천체를 부여받는다. 카시야파의 천체는 '빛나는 별'이었고, 프리트히비의 천체는 지구로 상징된다. 그리고 다른 신들은 각각 태양, 달, 화성, 수성, 목성, 금성, 토성의 상징이 된다.

시간이 지나 12신의 지배권이 무한한 하늘의 신인 바루나(Varuna)에게로 넘어간다. 그는 편재(遍在)하며 모든 것을 보는 신이었는데, 그에 대한 한 찬송은 마치 성서의 「시편」을 읽는 듯한 착각을 불러일으킨다.

그가 하늘에서 해를 빛나게 하며,
부는 바람은 그의 숨결이다.
그가 강의 길을 만들었으며,
강은 그의 명령에 따라 흐른다.
그가 깊은 바다를 만들었다.

그러나 바루나의 지배도 오래지 않아 끝이 난다. 하늘의 '용'을 물리친 인드라(Indra)가 아버지를 죽이고 왕좌를 차지하기 때문이다. 인드라는 하늘의 새로운 왕이며 폭풍의 신이었다. 그의 무기는 번개와 천둥이었으며 그의 별명은 '만물의 주인'이었다. 그러나 인드라는 다른 두 형제와 지배권을 나눠 가져야만 했다. 하나는 비바쉬바트(Vivashvat)였는데 그가 최초의 인간인 마누(Manu)를 만들었다. 다른 하나는 아그니(Agni, 불붙이는 자)였는데 하늘에서 땅으로 불을 가져와 인간이 사용할 수 있도록 한 신이다.

『베다』에 나타난 신들과 그리스 신들의 유사성은 아주 명백하다. 『베다』의 중요한 신들은 물론이고 그들의 아내, 자식, 정부 들에 대한 이야기들은 그리스 신화의 복사판(혹은 원형)인 것이다. 카시야파(즉 디아우스피타르)는 제우스로 목성에 해당하며 바루나는 천왕성에 해당하는 식이다. 또한 『베다』의 중요한 신들이나 그리스의 중요한 신들은 승계에 어떤 일이 일어난다고 해도 항상 반드시 12신으로 유지되었다.
시간적으로나 공간적으로 그렇게 멀리 떨어진 두 장소에서 일어난 이 유사성을 어떻게 설명할 수 있을까?
학자들은 기원전 2000년경에 이란 북부 혹은 카프카스 산맥 지역을 중심으로 살면서 인도-유럽어계의 언어를 사용하던 종족이 대규모 이주를 시작했다고 믿는다. 그중 한 집단은 남쪽, 즉 인도 쪽으로 이동했다. 힌두 사람들은 그들을 아리아인(Aryan, 고귀한 사람들)이라고 불렀다. 아리아인들은 기원전 1500년경에 『베다』이야기를 인도에 구전으로 전했다. 또 다른 이주민들은 서쪽으로 이동해 유럽으로 갔다. 일부는 흑해를 돌아 러시아 평야지역을 거쳐 유럽으로 갔다. 그러나 이 이주 민족과 그들의 전통, 종교가 그리스에 전파된 것은 가장 짧은 경로인 소아시아를 통해서였다. 실제로 그리스의 가장 오래된 도시들은 그리스 본토에 있는 것이 아니라 소아시아 지역의 서쪽 끝에 있었다.

그렇다면 소아시아의 아나톨리아(Anatolia) 지역을 주거지로 삼고 인도-유럽어를 사용하던 이 사람들은 과연 누구였는가?

그들의 존재는 오랫동안 수수께끼로 남아 있었다. 여기서 다시 한번 구약이 유일하게 믿을 수 있는 기록으로 등장한다. 학자들은 구약의 여러 곳에서 아나톨리아 산악지역에 거주하던 사람들을 '히타이트(Hittite)족'이라고 부르는 것을 발견했다. 구약에서는 가나안 사람들이나 다른 이웃 사람들을 '혐오스러운' 풍습을 가진 사람들로 여겨 적대시하는 경향이 있는데, 유독 히타이트 사람들에 대해서만은 이스라엘 사람들의 친구이자 동지로 여기고 있다. 다윗 왕이 선망하던 밧세바(Bathsheba)는 다윗 왕의 군대에 속해 있던 히타이트 왕 우리아(Uriah)의 아내였다. 또한 외국 왕의 딸과 결혼해 동맹을 강화하곤 했던 다윗 왕은 이집트 파라오와 히타이트 왕의 딸들을 아내로 맞아들였다. 또 침략하던 시리아 군인들이 '이스라엘의 왕이 히타이트의 왕과 이집트의 왕을 고용했다'는 소문을 듣고 도망쳤다는 이야기도 구약에 나온다. 히타이트 사람들에 대한 이런 이야기들은 고대 근동의 다른 민족들이 히타이트 사람들의 군사적 능력을 높이 평가했음을 보여 주는 예다.

| 히타이트의 신화와 신들 |

이집트의 상형문자가 해독되고 또 후에 메소포타미아 문자들이 해석되면서, 학자들은 수많은 기록이 아나톨리아에 있는 거대하고 강력한 왕국으로 '하티(Hatti)의 땅'을 언급하고 있음을 발견하게 된다. 그렇게 중요한 강대국이 아무런 흔적도 없이 사라질 수는 없는 것이다.

이집트와 메소포타미아의 기록들에 나타난 실마리들을 토대로 학자들은 아나톨리아 지방의 험난한 지역에서 히타이트의 고대 도시를 찾기 시작했다. 그들의 노력은 곧 성과를 거뒀다. 히타이트의 도시들과 왕궁, 왕가의 보물들, 왕릉, 신전, 종교적 상징물들, 도구들, 무기들, 예술품들이 발견되었던 것이다. 무엇보다도 학자들은 그림문자와 설형문자로 기록된 수많은 기록들을 발견했다. 성서에서 말하는 히타이트 사람들의 실체가 실제로 발견된 것이다.

고대 근동이 우리에게 남긴 아주 특이한 유물 중 하나가 고대 히타이트의 수도 외곽 유적지에서 발견된 석조 조각물이다. 그 조각물이 발견된 장소는 현재 야질리카야(Yazilikaya)라고 불리는데, 터키어로 '새겨진 돌'이라는 뜻이다. 야질리카야 유적에는 반원형으로 된 돌에 히타이트의 신들이 행진하는 모습이 새겨져 있다.

왼쪽에서는 남자 신들이 12명씩 짝을 지어 행진해 들어오고 있는데, 그 중 맨 끝쪽을 보면 모두 같은 무기를 든 똑같은 모습의 12신들을 볼 수 있다. 【그림25】

중간 집단에는 다양한 무기를 든 다소 늙어 보이는 신들의 모습이 보이는데, 그중 두 명은 신성한 상징을 통해 강조되어 있다. 【그림26】

【그림 25】 히타이트의 신들(1)

【그림 26】 히타이트의 신들(2)

    세 번째 집단은 보다 중요한 남녀 신들로 구성된 것처럼 보인다. 그들의 무기와 상징들이 보다 다양하고, 그중 네 명은 신성한 천체의 상징을 지니고 있으며, 또 그들 중 두 명은 날개도 달려 있기 때문이다. 이 집단에는 신이 아닌 참가자들도 있다. 황소 두 마리가 공 모양의 물건을 받쳐 들고 있는가 하면, 히타이트 왕은 사발을 엎은 모양의 모자를 쓰고 날개 달린 원반 아래 서 있다.【그림27】

    오른쪽에서 행진해 들어오는 여신들의 두 집단도 볼 수 있다. 이 부분은 너무 많이 훼손되어서 원래의 정확한 수를 확인하기는 어렵다. 그러나 그 여신들 역시 12명으로 구성된 2개의 집단이었을 거라고 추측해도 크게 틀리지는 않을 것이다.

    왼쪽에서 행진해 오는 집단들과 오른쪽에서 행진해 오는 집단들은

【그림 27】 히타이트의 신들(3)

【그림 28】 히타이트의 위대한 신들

석판의 가운데에서 만나는데, 그곳에는 '위대한 신들'이 새겨져 있다. 석판의 가운데 새겨진 이 신들은 모두 산이나 동물, 새, 심지어는 신성한 수행자들을 딛고 서 있다. 【그림 28】

많은 학자들이 야질리카야의 부조에 새겨진 그림과 상형문자를 통해, 행진에 참여하고 있는 신들의 이름과 칭호 그리고 역할을 해석해

【그림 29】 히타이트의 12신

내려고 노력했다. 한 가지 분명한 사실은 히타이트의 중요한 신들도 그리스의 신들과 마찬가지로 12신으로 되어 있다는 것이다. 군소 신들조차도 12명씩 짝지어져 있었고, 위대한 신들은 12개의 천체들과 각각 연결되어 있었다.

히타이트의 위대한 신들이 '성스러운 숫자'인 12로 구성되어 있었다는 것은 현재의 베이트제히르(Beit-Zehir) 근처에서 발견된 히타이트 석조 신전에서도 확인할 수 있다. 거기에는 부부로 보이는 2명의 신이 다른 10명의 신들에게 둘러싸인, 모두 12명의 신들의 모습이 새겨져 있다. 【그림29】

고고학적 발굴을 통해 히타이트인들이 분명한 계보를 지닌 '하늘과 땅'의 신들을 숭배했음을 분명하게 알 수 있다. 그중의 일부 신들은 하늘로부터 온 '고래(古來)'의 신들이다. 그들의 상징은 일종의 고글(goggles, 눈을 보호하기 위한 안경)처럼 보이는 것인데, 히타이트의 그림문자로는 '신성한 것' 또는 '하늘의 신'을 뜻했다. 【그림30】

또 그 상징은 자주 로켓처럼 보이는 물체의 일부로 나타났다. 【그림31】

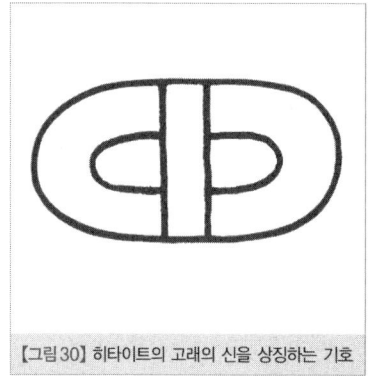

【그림 30】 히타이트의 고래의 신을 상징하는 기호   【그림 31】 로켓 모양을 한 신의 상징

또 다른 신들은 히타이트인들 사이에 실제로 존재하면서 최고의 지도자로 군림했고 왕을 임명했으며 왕들에게 전쟁이나 협정 또는 다른 국제적 문제들에 대한 지시를 내렸다.

이렇게 히타이트인들과 함께 실제로 존재했던 신들을 이끌던 지도자는 테슙(Teshub)이었는데, '바람의 신'을 뜻했다. 따라서 테슙은 학자들이 말하는 '폭풍의 신' 혹은 '기후의 신'이었으며 바람·천둥·번개와 연관되어 있었다. 테슙의 별명은 타루(Taru, 황소)였다. 그리스인과 마찬가지로 히타이트인은 황소를 숭배했다. 로마 신화의 유피테르(그리스 신화의 제우스)와 마찬가지로 테슙은 천둥과 번개의 신으로서 황소를 타고 있는 것으로 묘사되곤 했다. 【그림 32】

고대 히타이트의 기록들은 훗날의 그리스 신화에서와 마찬가지로 테슙이 최상의 자리에 오르기 위해 괴물과 싸워야 했다고 전한다. 학자들이 「용 퇴치 전설」이라고 부르는 기록에 따르면, 테슙의 적은 얀카(Yanka)라는 신이었다고 한다. 테슙은 전투에서 그를 물리치는 데 실패하여 다른 신들에게 도움을 요청한다. 그러나 여신 한 명만이 그를

[그림32] 황소를 탄 폭풍의 신 테슙

도와, 잔치에서 얀카를 술에 취하게 만들어 없애 버린다.

이런 전설 속에서 '성 조지와 용 이야기'의 원형을 발견한 학자들은 흔히 '좋은' 신이 물리친 적을 '용'이라고 말하곤 한다. 그렇지만 사실

【그림 33】 히타이트의 사악한 신(뱀)

안카는 '뱀'을 의미하는 것으로, 히타이트의 한 부조에서 확인할 수 있는 것처럼 고대 사람들은 '사악한' 신을 흔히 뱀으로 묘사하곤 했다.
【그림 33】

앞에서 본 것처럼 제우스도 '용'과 싸운 것이 아니라 '뱀(티폰)'과 싸웠다. 앞으로 살펴보겠지만 바람의 신과 뱀 모양의 신 사이의 갈등이라는 고대 이야기의 전통에는 아주 깊은 의미가 숨겨져 있다. 그러나 여기서는 신들 사이에 최고의 자리를 놓고 다툼이 있었다는 고대의 기록들이 사실을 알려주고 있다는 것만 기억하도록 하자.

오래되었지만 비교적 잘 보존된 「하늘의 왕권」이라는 히타이트의 서사시는 신들이 하늘로부터 왔다는 이야기를 담고 있다. 사람이 생겨나기 전의 이야기를 하기 위해 화자(話者)는 먼저 12명의 '위대한 고래(古來)의 신들'을 불러 자신의 이야기를 듣고 그 정확성을 확인해 달라고 부탁한다.

하늘에 있는 신들이시여 들으소서.
그리고 검은 지구에 계신 신들도 들으소서!
위대한 고래의 신들이여 들으소서.

이렇게 고래의 신들이 하늘과 땅에 있다는 것을 말하고, 모든 신들의 조상인 그들을 열거하면서 그들의 주목을 끈 다음, 어떻게 '하늘의 신'이 '검은 지구'로 내려왔는가를 진술하기 시작한다.

이전에, 아주 오래전에, 알랄루(Alalu)가 하늘의 왕이었다.
알랄루는 왕좌에 앉아 있었다.
신들 중의 첫째인 위대한 안(An)은 그 앞에 서 있었다.
알랄루의 발 아래 절하면서 손으로 잔을 바치고 있었다.
아홉 번의 기간이 지난 후에 안은 알랄루에게 대항했다.
알랄루는 패해서 안을 피해 도망쳤다.
알랄루는 검은 지구로 내려왔다.
검은 지구로 알랄루가 내려온 것이다.
하늘의 왕좌에는 안이 앉았다.

이처럼 '하늘의 왕'이 지구로 내려온 이유는 왕위를 찬탈당했기 때문이다. 알랄루라는 신은 하늘의 어딘가에 있는 그의 왕좌에서 무력으로 쫓겨나 목숨을 구하기 위해 '검은 지구로 내려온' 것이다. 그러나 그것이 이야기의 끝이 아니다. 서사시는 계속해서 이번에는 안이 어떻게 쿠마르비(Kumarbi)라는 신에 의해 왕좌에서 쫓겨나게 되는지를 설명한다. (어떤 해석에 따르면 쿠마르비는 안의 동생이었다고 한다.)

그리스 신화보다 1,000년 정도 앞선 시기에 씌어진 이 서사시가 크로노스에 의해 쫓겨나는 우라노스와 다시 제우스에 의해 쫓겨나는 크로노스 이야기의 원형이라는 것은 분명하다. 심지어는 제우스가 크로노스를 거세했다는 세부적인 이야기까지도 이 서사시에 그대로 나타난다. 쿠마르비가 안에게 똑같은 일을 한 것이다.

다시 아홉 번의 기간 동안 안이 하늘의 왕좌에 앉아 있었다.
아홉 번째 기간에 안은 쿠마르비와 싸워야 했다.
안은 쿠마르비의 손아귀에서 빠져나와 도망쳤다.
안은 도망쳐 하늘로 올라갔다.
쿠마르비는 안을 쫓아 올라가 발을 붙잡았다.
쿠마르비는 안을 하늘에서 끌어 내렸다.
쿠마르비는 안의 허리를 물어뜯었고 안의 '남성'을 물어뜯었다.
그것이 쿠마르비의 몸 안에서 섞여 청동을 만들어 냈다.

계속되는 이야기에 따르면 안과 쿠마르비의 전투는 한쪽의 완전한 승리로 끝나지는 않았던 것 같다. 거세를 당하기는 했지만 안은 자신의 왕좌로 돌아갔으며 쿠마르비가 지구를 통치하도록 남겨 두었기 때문이다. 그 사이에 안의 '남성'은 쿠마르비의 몸속에서 몇 명의 신을 만들어 냈다고 한다. 쿠마르비는 그리스 신화의 크로노스처럼 그 신들을 몸 밖으로 내보낼 수밖에 없었다. 그중 하나가 히타이트의 주신인 테슙이었다.

그러나 테슙은 최고신의 위치에 완전히 오르기 전에 결정적인 전투를 치러야만 했다.

안에게 쿰미야(Kummiya, 하늘의 거처)를 물려줄 후계자 테슙이 생기자, 쿠마르비는 '폭풍의 신에게 대항할 자를 키우려는' 계획을 세운다. 쿠마르비는 '손에는 막대기를 들고 발에는 바람처럼 빠른 신을 신고' 자신이 다스리던 우르키시(Ur-Kish)를 떠나 '거대한 산의 여신'이 있는 곳으로 간다. 그곳에 도착한 후 쿠마르비는,

> 욕망을 일으켰다.
> 그는 산의 여신과 동침했다.
> 그의 남성이 여신의 몸 안으로 들어갔다.
> 그는 다섯 번 여신을 취했다.
> 그는 열 번 여신을 취했다.

쿠마르비가 그저 욕정을 이기지 못한 것이었을까? 그보다는 더 중요한 목적이 있었다고 믿을 만한 이유가 있다. 만약 쿠마르비가 '거대한 산의 여신'에게서 아들을 얻으면, 신들의 승계 법칙에 따라 그가 하늘의 왕좌를 이을 합법적인 승계자임을 주장할 수 있었던 것으로 보인다. 그래서 쿠마르비는 여신을 확실하게 임신시키기 위해 '다섯 번' '열 번' 취했던 것이다. 그리고 실제로 여신은 임신을 했다. 여신은 아들을 낳았는데, 쿠마르비는 그 아들의 이름을 상징적으로 '울리쿰미(Ulli-Kummi, 쿰미야를 진압할 자)'라고 불렀다. 쿰미야는 다름아닌 테슙의 거처였다.

쿠마르비는 승계를 위한 전쟁에 하늘에서의 싸움이 포함될 것이라고 예측했다. 아들에게 쿰미야의 통치자를 물리칠 운명을 부여한 다음, 쿠마르비는 다음과 같이 명령한다.

하늘로 올라가 왕권을 차지하라!
아름다운 도시, 쿰미야를 정복하라!
폭풍의 신을 공격해
그를 인간처럼 조각내 버려라!
모든 신들을 하늘로부터 떨어뜨려라.

테슙과 울리쿰미의 이 전쟁이 기원전 4000년경 '황소자리'의 시대가 시작되었을 때 하늘과 지구에서 실제로 벌어진 것이 아니었을까? 그런 이유 때문에 승자가 황소의 상징을 얻게 된 것은 아닐까? 그리고 그 사건이 바로 같은 시기에 일어난 수메르 문명의 시작과 연관된 것은 아니었을까?

히타이트의 신들과 그들의 이야기가 수메르의 신들과 문명에 그 기원을 두고 있다는 것에는 의심의 여지가 없다. 신들의 이름이나 지명을 통해 이를 확인할 수 있다. 히타이트 신들의 전쟁 이야기를 좀더 읽어 보자.

울리쿰미의 왕권 도전에 대한 이야기는 영웅적인 전투 장면들로 이어지지만 쉽게 승부가 나지 않는다. 한때는 테슙이 울리쿰미를 물리치지 못한 것에 실망한 테슙의 아내 헤바트(Hebat)가 자살을 시도하기도 한다. 결국 신들에게 싸움의 중재를 부탁하게 되고 신들의 회의가 소집되기에 이른다.

이 회의는 '고래(古來)의 신' 엔릴(Enlil)과 엔키(Enki)가 주관하게 된다. 회의에서 엔키는 '운명이 적힌 고대의 기록'을 내놓으라는 요청을 받는데, 아마도 왕권 승계를 둘러싼 갈등을 마무리지을 수 있는 내용이었던 것으로 보인다.

그러나 그 '기록'마저도 분쟁을 해결하지 못하자 엔릴은 테슙에게 고대로부터 내려오는 어떤 무기의 도움을 받아 도전자와 다시 한번 싸우라고 충고한다. 엔릴은 '고래의 신들이여, 고래의 말을 아는 자들이여'라고 신들에게 말하기 시작한다.

아버지와 조상들로부터 이어진
고래의 창고를 열어라.
전에 하늘과 땅을 가른
구리창을 꺼내라.
그것으로 울리쿰미의 발을 잘라라.

도대체 이 '고래의 신들'은 누구였을까? 그들의 이름을 보면 누구인지 쉽게 알 수 있다. 안(An, 혹은 아누Anu), 안투(Antu), 엔릴(Enlil), 닌릴(Ninlil), 엔키(Enki, 혹은 에아Ea), 이시쿠르(Ishkur) 등 그들은 모두 수메르의 이름을 갖고 있다. 심지어 테슙을 비롯한 다른 히타이트 신들의 이름조차도 그들의 신원을 분명히 표시하기 위해 수메르의 문자로 표현되곤 했다. 그리고 전투 장면에 등장하는 지명들도 거의 모두가 고대 수메르의 지역들이다.

따라서 히타이트인이 실제로는 수메르에 기원을 둔 신들을 숭배했고, '고래의 신들'의 이야기가 만들어진 장소가 수메르라는 사실이 학자들에게 인식되기 시작했다. 그러나 이것은 더 큰 발견의 일부분일 뿐이었다.

히타이트어는 몇 개의 인도-유럽어 방언들에 기초하고 있었을 뿐만 아니라, 말과 문자 모두가 아카드어의 영향 아래 있었다는 사실도 알려졌다. 아카드어는 기원전 2000년대에 고대 세계의 국제어로 통용됐기 때문에 아카드어가 히타이트어에 영향을 미쳤다는 것은 외견상으로는 당연해 보인다.

그러나 사실은 그렇게 간단치 않다. 학자들은 히타이트어를 해석하는 과정에서 히타이트어에 수메르의 그림기호들, 음절들 그리고 낱말들이 폭넓게 사용되었음을 알게 되었다. 더 나아가 수메르어는 히타이트의 상류층 언어였다는 사실도 밝혀졌다. 거니(O.R.Gurney)의 말에 따르면 수메르어는 '히타이트의 수도였던 하투샤시(Hattu-Shash)에서 집중적으로 연구되었으며, 「수메르어-히타이트어 단어집」도 발견되었다'고 한다. 또한 '히타이트 시대에 설형문자로 표기되었던 많은 음절들은 히타이트인이 뜻을 잊어버린 수메르어였으며, 히타이트 기록에서 평범한 히타이트 단어들이 그에 상응하는 수메르어나 바빌로니아어로 기록된 경우도 많았다'는 것이다.

히타이트인이 바빌론에 도착한 것은 기원전 1600년 이후의 일이었다. 그때는 수메르인이 이미 오래전에 근동에서 사라진 뒤였다. 그렇다면 도대체 어떻게 해서 수메르의 언어, 문학, 종교가 1,000년이 지난 후에 완전히 다른 곳에 존재했던 왕국에 영향을 미칠 수 있었던 것일까? 학자들이 최근 발견한 바에 따르면 그 가교 역할을 한 것은 '후르리인(Hurrian)'이라고 불리는 종족이었다.

| 수메르 문명의 전달자 후르리인 |

구약에서 '호리(Horite, 자유인)'라고 칭한 후르리인들은 메소포타미아와 히타이트 왕국 사이의 지역을 지배하던 사람들이다. 그들의 땅은

북쪽으로는 고대의 '삼목나무 지역'에 이르렀고 많은 나라들이 그곳에서 최상의 목재를 구해 갔다. 동쪽으로는 현재 이라크의 유전지대에 중심지를 두고 있었는데, 누지(Nuzi)라는 한 유적지에서만 엄청난 가치를 지닌 대량의 법률 문서들과 사회적 문서들이 건축물들과 함께 발견되었다. 서쪽으로는 후르리인들의 영향력이 지중해 연안에까지 미치고 있었으며, 그 안에는 카르케미시(Carchemish)와 알랄라크(Alalakh) 같은 고대의 중요한 교역·산업·교육 중심지들도 포함돼 있었다.

그러나 후르리의 권력 중심지와 고대 교역로의 중심지, 가장 존경받는 성지들은 하나같이 모두 '두 강의 사이'에 있는 구약의 '나하라임(Naharayim)' 지역에 있었다. 후르리인들의 가장 오래된 수도는 아직 발견되지 않았는데, 카부르(Khabur, 성서의 그발) 강 유역에 있었던 것으로 보인다. 후르리인의 최대 교역 중심지는 발리크(Balikh) 강 유역의 하란(Haran)이었다. 하란은 아브라함이 남부 메소포타미아의 우르에서 가나안 땅으로 가는 도중에 머물렀던 곳이기도 하다.

이집트와 메소포타미아의 왕실 기록들에서 후르리 왕국은 미탄니(Mitanni)라고 불렸는데, 그 영향력이 멀리 퍼져 있던 강력한 국가로 대접받고 있었음을 확인할 수 있다.

한편 히타이트인들은 후르리 사람들을 '후리(Hurri)'라고 불렀다. 그러나 어떤 학자들은 그 단어가 '하리(Harri)'라고 읽힐 수도 있다고 지적한다. 또 일부는 하리라는 단어가 '아리(Ary)'로 읽힐 수도 있고, 따라서 사람을 나타낼 때는 '아리안(Aryan, 즉 아리아 사람)'으로 읽힐 수 있다는 가능성을 제기하기도 했다.

이 주장에 따르면 후르리 사람들은 그 기원으로 보아 인도-유럽어계의 아리아 사람들일 가능성이 크다. 후르리인의 기록에도 신들의 이름이 『베다』에 등장하는 '아리아' 언어로 표기되어 있으며, 후르리 왕들도 인도-유럽어 계통의 이름을 갖고 있고, 군사나 기마 용어도 인도-유럽어 계통이었다. 히타이트와 후르리 문화 연구를 주도한 호로즈니(B. Hrozny)는 후르리 사람들을 '가장 오래된 인도인들'이라고까지 불렀다.

이들 후르리인들은 문화적으로나 종교적으로 히타이트인들에게 지대한 영향을 미쳤다. 히타이트의 신화적 기록들은 후르리인의 이야기에 근거를 두고 있으며, 영웅에 대한 서사시들까지도 후르리인의 이야기에서 기원한다. 히타이트인이 자신들의 우주론과 신화, 신들, 12신으로 구성되는 신전을 후르리인으로부터 가져왔다는 것에는 이제 의심의 여지가 없어 보인다.

아리아인들로부터 기원해서 후르리인을 거쳐 히타이트로 건너온 신들에 대한 믿음은 병에 걸린 남편의 목숨을 구하고자 하는 한 여인의 기도문에도 잘 드러나 있다. 여인은 테숩의 아내인 헤바트 여신에게 다음과 같이 기도한다.

> 아린나(Arynna, 아리아)의 떠오르는 원반의 여신이여.
> 하티 땅의 여주인이시여.
> 하늘과 땅의 여왕이시여.
> 하티 땅에서 당신의 이름은
> '아린나의 떠오르는 원반'의 여신입니다.
> 그러나 당신이 만드신 땅에서
> '삼목나무'의 땅에서
> 당신의 이름은 '헤바트'이십니다.

그러나 후르리인이 채택해서 전파한 문화와 종교는 인도-유럽어 계통의 것이 아니었다. 또 후르리인의 언어도 실제로는 인도-유럽어 계통의 것이 아니었음은 쉽게 알 수 있다. 후르리의 언어, 문화, 전통에는 의심의 여지가 없는 아카드 제국의 요소들이 더 많이 들어 있기 때문이다. 후르리의 수도였던 와슈게니(Washugeni)는 셈어의 레시에니(Resh-Eni, 물이 시작되는 곳)에서 파생된 말이다. 티그리스 강은 아란자크(Aranzakh)라고 불렸는데, 그 말은 '순수한 삼목나무의 강'이라는 아카드 말에서 기원한 것으로 여겨진다. 또 아카드의 샤마시(Shamash) 신과 타쉬메툼(Tashmetum) 신은 후르리의 시미키(Shmiki)와 타쉼메티시(Tashimmetish)가 되었다.

아카드의 문화와 종교는 수메르의 전통과 신앙 체계를 발전시킨 것에 불과했기 때문에 후르리인이 실제로 계승하고 전파시킨 것은 당연히 수메르의 문화와 종교였다. 이런 사실은 후르리인이 수메르에서 기원한 신 이름과 신에 대한 형용사, 그리고 상징을 자주 사용했다는 것에서도 확인할 수 있다.

따라서 후르리의 서사시들은 원래 수메르에서 온 이야기들임이 분명해졌다. 또 고래(古來)의 신들이 '거주하던 곳'도 수메르의 도시들이었으며 '오래된 언어'도 수메르의 언어였던 것이다. 심지어 후르리인의 예술까지도 수메르 예술의 형식과 주제, 상징들을 모방하고 있다.

그렇다면 도대체 언제 어떻게 후르리인이 수메르의 영향을 받았던 것일까?

남아 있는 증거를 살펴보면, 기원전 2000년대에 수메르와 아카드의 북쪽 이웃이었다고 알려진 후르리인은 실제로는 아주 오래전부터 수메르인과 어울렸던 것으로 보인다. 후르리인은 실제로 기원전 3000년경 수메르가 마지막 전성기를 누리던 우르 제3왕조 시기에 수메르 지역에 살았고 활발한 활동을 했던 것으로 밝혀지고 있다. 후르리인이 수메르의 도시 우르가 자랑하던 의류 산업을 운영했다는 증거가 있으며, 우르의 유명한 상인들은 대부분 후르리 사람들이었던 것으로 여겨진다.

기원전 1300년경 대규모의 이주와 침략 행위로 인해(이때 이스라엘 사람들도 이집트에서 가나안으로 이주했다) 후르리인들도 북쪽에 위치한 자신들의 왕국으로 돌아간다. 그리고 반(Van) 호수 부근에 새로운 수도를 세운 후 자신들의 국가를 우라르투(Urartu, 아라라트Ararat)라고 불렀다. 거기서 그들은 테셰바(Tesheba, 테숩)를 최고신으로 하여 여러 신들을 섬겼는데, 그는 뿔이 난 모자를 쓰고 자신의 상징인 황소 위에 서 있는 용감한 신으로 묘사된다. [그림34] 후르리인은 가장 중요한 성지를 비타누(Bitanu, 안 또는 아누의 집)라고 불렀으며, 자신들의 왕국을 '안(아누)의 계곡을 지키는 요새'로 만드는 데 정성을 다했다.

그런데 안(아누)은 뒤에서 보게 될 것처럼 수메르 신들 중에서 최고의 위치에 있던 신이다.

가나안의 신화와 신들

신들의 이야기가 지중해의 동쪽 해안에서 크레타와 키프로스를 거쳐 그리스에 도달하는 또 다른 경로에서는 어떤 일이 벌어졌을까?

고대의 비옥한 초승달 지역의 서남부에 해당하는 오늘날의 이스라엘, 레바논, 남부 시리아 지역은 당시에 가나안 사람들의 주거지였다. 아주 최근까지도 그들에 대해 알려진 사실은 구약에 적힌 다소 비판적인 내용과 페니키아의 부분적인 기록에만 의존하고 있었다. 고고학자들이 가나안 사람들에 대해 조금이나마 알게 된 것은 이집트의 럭소

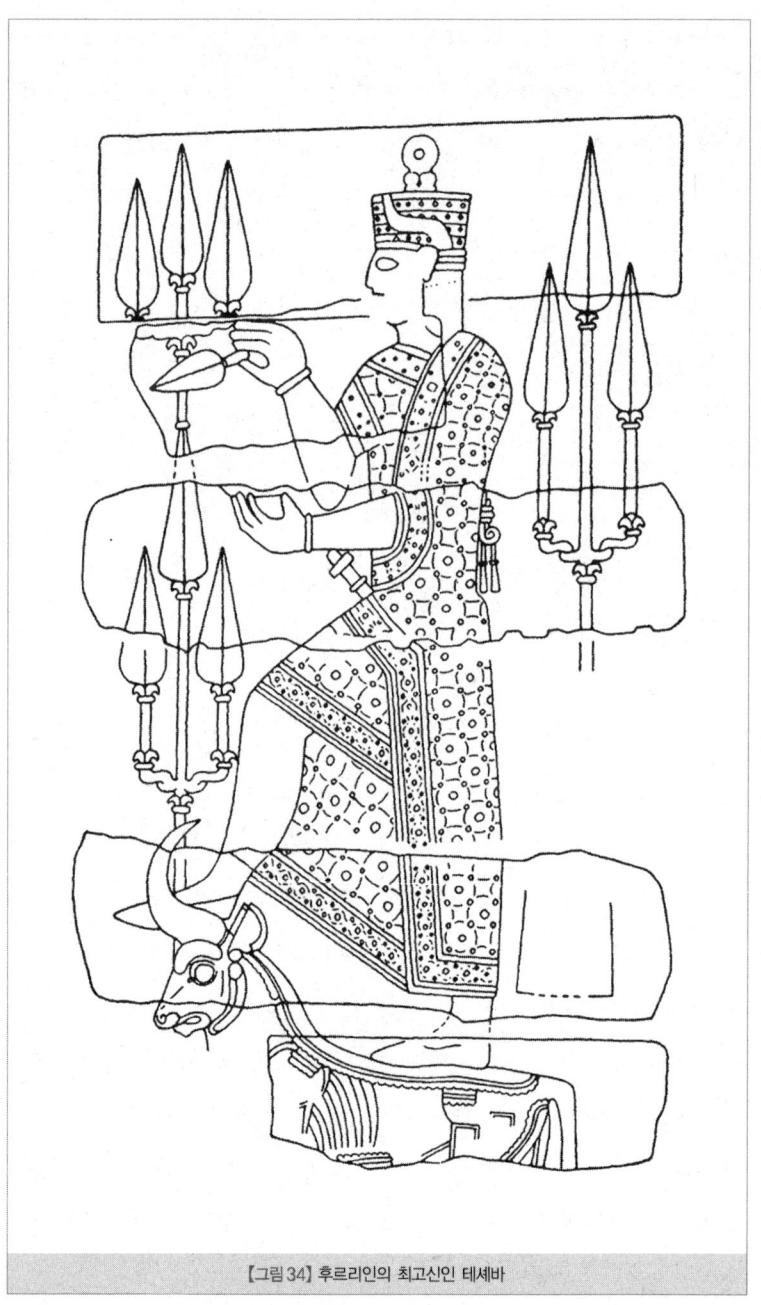

【그림 34】 후르리인의 최고신인 테셰바

(Luxor)와 사카라(Saqqara) 지역에서 발견된 문서들과 가나안 유적지에서 발견된 역사, 문학, 종교 관련 기록들을 통해서였다. 지금은 라스 샴라(Ras-Shamra)라고 불리는 시리아 해변의 이 도시는 고대에는 우가리트(Ugarit)라고 불렸던 곳이다.

우가리트의 비문들에 새겨진 가나안어는 학자들이 서부 셈어라고 부르는 것인데, 초기 아카드어와 오늘날의 히브리어를 포함하는 언어군의 한 지류다. 실제로 히브리어를 아는 사람이라면 우가리트의 비문들을 어렵지 않게 읽을 수 있다. 가나안 사람들의 언어와 용어들도 구약의 그것과 아주 비슷하다.

가나안의 문서들에서 발견된 신들의 목록은 나중에 나타나는 그리스 신들의 목록과 아주 유사하다. 가나안에도 신들 중 최고의 위치에 있는 신이 있어 엘(El)이라고 불렸으며, 그것이 그 신의 이름이자 동시에 '높은 신'이라는 의미의 일반명사였다. 엘은 인간과 신에 대한 모든 일의 최종 결정자였다. 아브아담(Ab-Adam, 인간의 아버지)이 그의 또 다른 직함이었으며 그를 형용하는 말들은 '은혜로운'이나 '친절한' 같은 것들이었다. 그는 또한 '존재하는 모든 것의 창조자이며, 왕권을 부여할 수 있는 유일한 자'였다.

대부분의 학자들이 신화라고 여기는 가나안의 기록을 보면 엘은 현자이며 일상사에는 관여하지 않는 연로한 신이었다. 그의 거처는 멀리 떨어진 티그리스와 유프라테스 '두 강의 원류' 지역에 있다. 거기서 그는 자신의 왕좌에 앉아 사신들을 맞이하고, 다른 신들이 가져오는 분쟁과 문제들에 대해 판결을 내린다.

팔레스타인에서 발견된 석판에는 어떤 연로한 신이 왕좌에 앉아 젊은 신으로부터 음료수를 받는 모습이 묘사되어 있다. 자리에 앉은 신은 뿔이 달린 원뿔형 모자(이것은 앞에서 본 것처럼 고대로부터 신을 뜻하는 상징이었다)를 쓰고 있으며, 날개 달린 별의 상징도 볼 수 있다. 이 날개 달린 별의 상징은 앞으로 매우 자주 등장하게 된다. 학자들은 이 부조가 가나안의 최고신이었던 엘을 나타낸 것이라고 보고 있다. 【그림35】

그렇지만 엘이 늘 연로한 신으로 묘사되는 것은 아니다. 그의 명칭 가운데 하나는 '토르(Tor, 황소)'였는데, 이것은 그의 성적 능력과 신들의 아버지라는 그의 역할을 의미하는 것으로 여겨진다. 「자비로운 신들의 탄생」이라는 가나안의 한 서사시에는 엘이 벌거벗고 해변에 누워 있을 때 두 명의 여성이 그의 성기 크기를 보고 완전히 반했다는 내용이 들어 있다. 엘은 해변에서 두 여인과 성교한다. 그렇게 해서 '샤하

【그림35】 가나안 최고신인 엘과 날개 달린 별의 상징

르(Shahar, 새벽)'와 '샬렘(Shalem, 황혼)'이 태어났다는 것이다.

그러나 그들은 엘이 낳은 일곱 명의 아들 중 최고의 신은 아니었다. 엘의 가장 중요한 아들은 바알(Baal)이다. 엘과 마찬가지로 바알도 신의 이름이면서 동시에 '주인'이라는 뜻의 일반명사였다. 그리스인들이 그랬듯이, 가나안 사람들도 아버지 신의 권위와 지배에 도전하는 아들을 묘사하고 있다. 자기 아버지 엘처럼 바알도 '폭풍의 신'이었으며 번개와 천둥의 신이었다. 바알의 별칭은 하다드(Hadad, 영리한 자)였고 그의 무기는 전부(戰斧)와 불을 뿜는 창이었다. 그를 상징하는 동물은 엘과 마찬가지로 황소였으며, 엘처럼 뿔이 달린 원통형 모자를 쓰는 것으로 묘사된다.

바알은 또 엘리욘(Elyon, 주권을 지닌)으로 불리기도 했다. 이것은 그가 정식으로 인정된 왕자이며 분명한 후계자라는 것을 의미한다. 그러나 바알 또한 아무런 투쟁 없이 후계자의 위치를 차지한 것은 아니었다. 바알은 자신의 두 형제와 싸워야 했는데, 첫 상대는 '바다의 왕자'인 얌(Yam)이었고 다음 상대는 모트(Mot)였다. 조각난 채로 발견된 명판에 새겨진 이들의 전쟁 이야기는 엘이 '최고의 장인'을 '두 강의 원류에 위치한 물의 원천에 자리잡고 있는' 자신의 거처로 부르는 것으로부터 시작된다.

엘의 영지를 거쳐 그는 갔다.
그는 세월의 아버지가 사는 궁전으로 들어갔다.
엘의 다리 밑에 절하고 그는 엎드렸다.
엎드려 존경을 표했다.

엘은 '최고의 장인'에게 얌의 힘을 인정하는 궁전을 지으라고 명령한다. 이에 고무된 얌은 신들의 회합에 자신의 사자를 보내 바알에게 자신에게 항복할 것을 요구한다. 나아가 얌은 회합에 모인 모든 신들에게도 굴복할 것을 명령한다. 심지어는 엘까지도 얌을 승인한다. 엘은 '얌이여, 바알은 너의 종이니라'라고 선언한다.

그러나 얌의 승리는 오래가지 못했다. 두 개의 '신성한 무기'로 무장한 바알은 얌과 싸워 그를 물리친다. 그러나 곧 모트(괴롭히는 자)가 바알에게 도전한다. 이 싸움에서 바알은 패배한다. 그러나 바알의 여자형제인 아나트(Anat)는 바알의 패배를 받아들이지 않는다. '아나트는 엘의 아들인 모트를 사로잡아 그를 칼로 쪼갰다'고 한다. 모트가 사라지자마자 바알이 기적적으로 회생한다.

학자들은 가나안 사람들의 이런 이야기를 합리화시키기 위해 이것이 모두 비유라고 해석한다. 즉, 비가 오지 않아 모든 작물들을 말라 죽게 하는 무더운 여름과 식물들을 '회생'시키는 우기의 가을이 반복되는 근동 지역에서 해마다 반복되는 자연 현상을 이야기로 만든 것이라는 해석이다.

그러나 가나안 사람들의 이야기는 결코 비유가 아니라 그들이 진실이라고 믿는 이야기를 그대로 전한 것임이 분명하다. 그들은 신들이 어떻게서로 싸웠으며, 그중 하나가 패배해 사라졌다가 다시 나타나 진정한 후계자가 되었는지에 대해 말하고 있는 것이다. 바알이 다시 나타나자 엘도 기뻐한다.

은혜롭고 친절한 엘이 기뻐한다.
발을 발판에 편히 올려놓고

소리 높여 웃는다.
큰 소리로 외친다.
이제 편히 앉아 쉬어야겠다.
내 영혼도 가슴속에서 쉴 것이다.
위대한 바알이 살아 있으니,
땅의 왕자가 살아 있으니!

가나안의 이야기에 따르면 아나트는 바알이 모트와 생사의 갈림길에 선 싸움을 하고 있을 때 바알을 도왔다. 이 이야기는 그리스 신화에서 제우스가 티폰과 생사가 걸린 싸움을 할 때 제우스를 도운 아테나(Athena)의 이야기와 너무나 명백하게 유사하다. 앞에서 본 것처럼 아테나는 '완전한 처녀'라고 불렸지만 실제로는 많은 부정한 관계를 가졌다. 그와 비슷하게 가나안 이야기에서도 아나트는 '처녀'로 불렸지만 동시에 남자형제인 바알을 포함한 많은 신들과 사랑을 한 것으로 전해지고 있다. 그중 한 이야기는 아나트가 자폰(Zaphon) 산에 있는 바알의 거처에 도착하면서 시작된다. 바알은 곧 자기 아내를 내보내고는 아나트의 발 아래 앉아 그녀의 눈을 쳐다본다. 그들은 서로의 '뿔'에 기름을 바른다. 그리고,

바알은 아나트의 자궁을 잡는다.
아나트는 바알의 '돌'을 잡는다.
처녀 아나트가 수태를 한다.

투구를 쓴 바알이 다른 신과 싸우고 있는 장면을 묘사한 인장에 새

【그림 36】 나체로 묘사된 여신 아나트

겨진 그림에서, 때때로 아나트의 성적 매력을 강조하기 위해 그녀가 완전히 나체로 묘사되는 것도 그리 놀라운 일만은 아니다. 【그림 36】

그리스 종교나 다른 지역의 종교에서와 마찬가지로, 가나안의 신들 중에도 최고신의 공식적인 배후자인 '모신(母神)'이 있었다. 가나안 사람들은 그녀를 아쉬에라(Ashera)라고 불렀는데, 그리스 신화의 헤라(Hera)와 유사하다. 또 다른 신인 아스타르테(Astarte)는 그리스 신화의 아프로디테(Aphrodite)와 유사하며, 빛나는 행성과 연관되는 그녀의 연인 아트타르(Athtar)는 아프로디테의 남자형제인 아레스(Ares)와 유사하다. 다른 많은 가나안의 젊은 신들도 그리스의 신들과 아주 흡사하다.

그러나 이런 젊은 신들뿐만 아니라, 가나안에도 역시 엘과 같은 '고래(古來)의 신들'이 있었으며, 그들은 평소에는 세상사에 관여하지 않다가 신들 사이에 어려운 문제가 생기면 나타나곤 했다. 그들을 묘사한

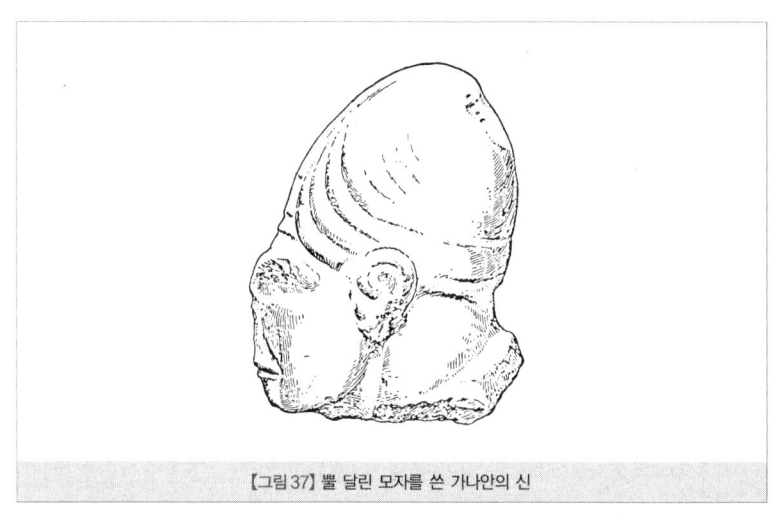

【그림 37】 뿔 달린 모자를 쓴 가나안의 신

인물상을 보면 (비록 약간 훼손된 상태이기는 하지만) 뿔이 달린 모자로 보아 아주 중요한 위치였음을 알 수 있다. 【그림37】

그렇다면 가나안 사람들은 대체 어디서 이런 문화와 종교를 가져온 것일까?

| 이집트의 신화와 신들 |

구약에서는 가나안 사람들을 함족(Hamitic)의 한 부류로 여기면서 아프리카의 더운 지방에 기원을 둔(Ham이라는 말이 뜨겁다는 뜻이다) 이집트 사람들의 친척 정도로 보고 있다. 실제로 고고학자들이 발굴한 유물과 기록들은 가나안 사람들과 이집트 사람들의 연관성을 보여 주고 있으며, 가나안 신들과 이집트 신들 사이의 유사성도 발견된다.

이집트의 신들은 너무 많고, 이름과 상징물도 복잡하고 역할도 다양해서, 언뜻 보면 이상한 나라의 불가해한 집단처럼 느껴진다. 그러나

하늘과 땅의 신들 127

자세히 들여다보면 이집트의 신들도 고대 세계의 다른 나라들에 존재하던 신들과 그다지 다르지 않다는 것을 알 수 있다.

이집트인들도 '하늘과 땅의 신들'을 믿었으며 위대한 신들은 다소 덜 중요한 신들과 분명히 구분되었다. 웨인라이트(G. A. Wainwright)는 여러 가지 증거들을 제시하면서 하늘에서 땅으로 내려온 하늘의 신들에 대한 이집트인들의 믿음은 '아주 오래된 것'이라고 말한다. 또 이집트 신들을 묘사하는 데 사용되는 '가장 위대한 신' '하늘의 황소' '산의 신·여신' 같은 말들도 매우 눈에 익다.

이집트인들은 10진법을 사용했지만 종교적인 일에 관해서만큼은 수메르인의 60진법에 기초한 60이라는 숫자가 주로 나타나며, 하늘과 관련된 표현에서는 성스러운 숫자인 12가 주로 사용되었다. 하늘은 세 부분으로 나뉘는데 각 부분에는 12개씩의 천체가 있다. 사후세계도 12세계로 나뉜다. 밤과 낮은 각각 12시간으로 나누어진다. 그리고 이런 모든 구분에는 그에 해당하는 12신들이 존재한다.

이집트 신들 중 최고의 자리에는 라(Ra, 창조자)가 자리잡고 있다. 라는 12명으로 된 신들의 회합을 주관한다. 라는 태초에 창조의 위업을 달성했는데, 먼저 게브(Geb, 지구)와 누트(Nut, 하늘)를 만들었다. 그리고 지구에 식물과 땅을 기는 동물들을 만들고 마지막으로 인간을 만들었다. 라는 간헐적으로만 모습을 나타내는 보이지 않는 하늘의 신이었다. 그가 현현(顯現)한 모습은 날개 달린 구로 묘사되는 하늘의 원반, 즉 아텐(Aten)이었다. 【그림38】

이집트의 이야기들에 따르면 지구에서의 라의 활동은 이집트의 왕권과 관련되어 있다. 이집트 최초의 왕들은 인간이 아닌 신이었으며 이집트 최초의 지배자는 바로 라 자신이었다고 한다. 라는 후에 이집트를

【그림38】 이집트 최고신인 라의 원반 상징

【그림39】 오시리스의 아들 호루스의 모습

둘로 나누어 하(下) 이집트는 오시리스(Osiris), 상(上) 이집트는 세트 (Seth)로 하여금 통치하도록 한다. 그들 둘은 모두 라의 아들이었다. 그러나 세트는 오시리스를 무너뜨릴 계획을 세워 결국 오시리스를 익사시킨다. 그러나 오시리스의 여자형제이자 아내인 이시스(Isis)가 절단된 오시리스의 시체를 건져 그를 부활시킨다. 그 후 오시리스는 '비밀의 문'을 지나 하늘의 길에 있는 라에게 돌아간다. 이집트에서 오시리스가 차지하고 있던 왕좌는 그의 아들인 호루스(Horus)에게 대물림되는데, 호루스는 흔히 뿔이 나고 날개가 달린 모습으로 표현된다. 【그림39】

【그림40】배를 타고 이집트에 도착하는 신들

라는 하늘에서는 최상의 신이 었지만 지구에서는 프타(Ptah) 신의 아들로 묘사된다. 프타라는 말은 '개발자' 혹은 '사물을 만든 자'라는 뜻이다. 이집트 사람들은 프타가 나일 강이 범람하는 곳에 제방을 쌓아 홍수로부터 이집트를 구했다고 믿었다. 또 이 위대한 신은 다른 곳으로부터 왔으며, 이집트뿐만 아니라 '산악지대와 멀리 있는 땅들'도 건설했다고 믿었다. 실제로 이집트 사람들은 모든 '고래(古來)의 신들'이 남쪽에서 배를 타고 왔다고 생각했다. 선사 시대의 많은 바위그림에는 뿔이 달린 머리 장식으로 상징되는 오래된 신들이 배를 타고 이집트에 도착하는 모습이 그려져 있다. 【그림40】

남쪽으로부터 배로 이집트에 올 수 있는 유일한 통로는 홍해인데, 이집트인들은 의미심장하게도 홍해를 '우르의 바다(Sea of Ur)'라고 불렀다. 이집트 상형문자에서 우르라는 지명의 뜻은 '동쪽에 있는 먼 땅'이기 때문에 이집트인들이 실제로 수메르의 우르를 상징하여 표현한 것일 수도 있다.

이집트어로 신(神)이라는 말은 '엔트르(NTR)'이며 그 말의 뜻은 '지켜보는 자' 즉 '주시자(注視者)'이다. 그런데 놀랍게도 그것은 수메르라는 단어의 뜻이기도 하다. 수메르는 '주시자들의 땅'이라는 의미이기 때문이다.

이집트에서 인류 최초의 문명이 시작되었을 것이라는 가정은 사실이 아닌 것으로 밝혀졌다. 이집트 사회와 문명은 수메르보다 500년이나 더 나중에 이루어진 것으로 이집트 문명이 이룬 문화, 건축, 기술, 문자 등은 모두 수메르 문명에 빚지고 있는 것이다. 또한 여러 가지 증거들로 보아 이집트의 신들도 수메르에서 유래된 것이 분명하다.

이집트인들과 문화적으로, 그리고 혈통적으로 이웃인 가나안 사람들은 이집트인들과 같은 신을 갖고 있었다. 그러나 아주 오래전부터 아시아와 아프리카를 잇는 땅을 차지하고 있던 가나안 사람들은 메소포타미아로부터도 커다란 영향을 받았다. 북쪽의 히타이트인이나 북동쪽의 후르리인, 그리고 남쪽의 이집트인과 마찬가지로, 가나안 사람들도 자신들만의 독창적인 신들을 갖고 있었다고 말하기는 어렵다. 그들 역시도 우주론과 신들, 그리고 전설적인 이야기들을 다른 곳으로부터 받아들인 것이다. 더 구체적으로, 이들 가나안 사람들이 수메르의 문명을 받아들인 것은 아모리인(Amorite)들을 통해서였다.

| 아모리의 신화와 신들 |

아모리인의 땅은 메소포타미아와 서아시아의 지중해 쪽 땅 사이에 있었다. 아모리라는 명칭은 아카드어의 아무르루(Amurru)와 수메르어의 마르투(Martu, 서쪽 사람들)에서 유래된 것이다. 그들은 이방인이 아니라 수메르와 아카드의 서쪽 지방에 거주하던 이웃으로 여겨졌다.

수메르 신전 관리들의 이름을 보면 아모리인의 이름을 가진 사람들을 찾아볼 수 있다.

기원전 2000년경 우르가 엘람인들의 공격으로 함락되었을 때 이쉬비-이르라(Ishbi-Irra)라는 아모리 사람은 라르사(Larsa) 지역에 수메르 왕조를 재건하고, 우르를 다시 찾아 그곳에 위대한 수호신 신(Sin)의 사원을 다시 짓기로 결의한다. 아모리인들 스스로 독립적인 왕조를 세운 것은 기원전 1900년경 아시리아 땅에서였다. 기원전 1800년경 바빌론에 영광을 가져다준 함무라비는 아모리인이 세운 이 최초 왕조의 여섯 번째 승계자였다.

1930년대에 고고학자들이 아모리인의 수도이자 중심지였던 마리(Mari)라는 곳을 발굴했다. 현재 시리아 국경이 유프라테스 강을 가로지르는 곳에 위치한 마리에서는 기원전 3000년에서 2000년경 사이에 수없이 세워지고 그 위에 다시 세워진 건축물들이 발견됐는데, 그 건축물들은 그보다도 훨씬 앞서 만들어진 토대 위에 건설되었던 것으로 밝혀졌다. 마리의 유적지에서는 또 지구라트와 수메르의 신들인 인안나(Inanna), 닌후르쌍(Ninhursag), 엔릴(Enlil) 등에게 바쳐진 신전들도 발견되었다.

마리에서 발굴된 왕궁은 그 면적만 6,000평 정도가 되며, 아주 인상적인 벽화들로 장식된 알현실과 300여 개의 방들, 필사실들, 그리고 역사학자들에게는 가장 중요한 20,000점이 훨씬 넘는 설형문자 기록들이 발견되었다. 그 기록에는 당시의 사회, 정치, 경제, 문화, 군사에 대한 일들뿐만 아니라 당시 사람들의 종교에 대해서도 적혀 있다. 마리의 왕궁에서 발견된 한 벽화는 여신 인안나(아모리 사람들은 이시타르Ishtar라고 불렀다)가 지므리리프(Zimri-Lim) 왕에게 왕위를 부여하는 모습을 보여 주고 있다. [그림 41]

다른 고대 제국들과 마찬가지로 아모리인들 사이에 실제로 존재하던 가장 중요한 신은 '기후의 신' 혹은 '폭풍의 신'이었다. 아모리인들은 그를 아다드(Adad)라고 불렀고 별칭으로 하다드(Hadad)라고도 했는데, 가나안 땅의 바알(주인)과 같은 역할을 했다. 아다드의 상징은,

【그림 41】 왕권을 부여하는 여신 인안나

눈치 빠른 독자라면 이제 짐작할 수 있듯이, 불을 뿜는 삼지창이었다.

가나안의 기록에서는 또 바알이 '다곤(Dagon)의 아들'로 언급되곤 했는데, 아모리인들의 기록에서도 다간(Dagan)이라는 연로한 신이 등장한다. 다간은 '풍요의 신'이자 가나안의 엘과 같이 은퇴한 신으로 묘사되며, 한번은 다른 신들이 전쟁에 대해 자신의 의견을 묻지 않았다고 불평했다는 기록까지도 찾아볼 수 있다.

아모리인들의 신전에는 '달의 신'도 있었는데, 그 신은 가나안의 예라흐(Yerah), 아카드의 신(Sin), 수메르의 난나르(Nannar)에 해당된다. 또 샤마시(Shamash)라는 '태양의 신'도 있었다. 그 외 다른 신들의 이름과 역할을 보아도, 아모리인들이 메소포타미아의 문화를 지중해 동부 연안의 사람들에게 전한 지리적·역사적 가교라는 것을 분명히 알 수 있다.

【그림 42】 기도하는 인물상들(마리)

다른 수메르 유적지들에서와 마찬가지로 마리에서도 왕, 귀족, 사제, 가수 등 사람들의 모습을 그대로 본뜬 인물상들이 많이 발견되었다. 그들은 하나같이 두 손을 기도하는 것처럼 모으고 있으며 마치 신을 바라보다가 굳어진 듯한 눈매를 하고 있다. 【그림42】

우리는 이 장에서 그리스인, 아리아인, 히타이트인, 후르리인, 가나안인, 이집트인, 아모리인들이 숭배하던 신들을 살펴보았다. 그리고 또한 대륙과 바다를 넘나들면서 수천 년의 시간을 뛰어넘는 실마리들을 추적해 보았다.

그 결과 고대의 모든 신전의 회랑에서 우리가 발견한 것은 하나의 기원, 즉 수메르였다!

4

수메르, 모든 신들의 고향

수메르 신들의 계보

여러 증거로 보아 후대의 필경사들이 복사했다고 알려진 '고대의 기록들'은 수메르어로 되어 있었음이 분명하다. 또한 '고래(古來)의 신들'도 수메르의 신들이었음에 틀림없으며 아직까지 수메르의 신들보다 더 오래된 신들에 대한 기록은 발견되지 않고 있다.

수메르뿐만 아니라, 그 뒤를 이은 아카드, 바빌로니아, 아시리아 등지에서 숭배되던 신들의 수는 수백에 이른다. 그러나 그 신들을 분류해 놓고 보면 그것이 결코 아무렇게나 의미 없이 만들어진 것이 아님을 알 수 있다. 전체 신들을 지배하는 위대한 신들도 있었고 신들 사이의 중요한 일을 결정하는 회합에 반드시 참가하는 신들도 있었는데, 그들은 서로 가족관계로 얽혀 있었다. 그러나 그중에서 별로 중요하지 않은 조카와 손자손녀 들을 제외하고 나면 적은 수의 정말 중요한 신들이 모습을 드러내게 된다. 중요한 신들에게는 모두 각자의 역할이 있었고, 각각의 특별한 능력과 의무가 있었다.

먼저 수메르인이 '하늘의 신들'이라고 믿었던 신들이 있다. '만물이 창조되기 이전'의 시대를 기록한 문서들에 따르면 그런 하늘의 신들에는 압수(Apsu), 티아마트(Tiamat), 안샤르(Anshar), 키샤르(Kishar) 등이 있다. 이런 신들이 지구에 나타났었다는 기록은 어디에서도 찾아볼 수 없다. 따라서 지구가 생기기 전에 존재했던 것으로 보이는 이런 신들은 태양계를 이루고 있는 천체들임을 알 수 있다. 또 앞으로 밝히게 되겠지만, 이런 천체들에 대한 수메르의 신화가 사실은 태양계의 형성 과정에 대한 아주 정확하고도 과학적인 우주론이었다는 것도 알 수 있다.

또한 수메르인에게는 그 중요성이 다소 떨어지던 '지구의 신들'도 있었다. 그들은 대개 일정한 지역에 거주하는 지역 신 정도라고 보면 된다. 그들에게 주어진 임무도 아주 한정적인 경우가 많아서, 예를 들어 닌카시(NIN.KASHI)라는 여신은 음료를 관장하는 신으로, '맥주 부인'이라고 불렸다. 그들에 대해서는 어떤 영웅담도 전해지지 않는다. 그들은 두려움의 대상이 될 만한 무기를 갖고 있지도 않았고 다른 신들도 그들의 말에 별로 신경 쓰지 않았다. 그들은 앞에서 본 히타이트의 야질리카야(Yazilikaya)의 바위에 새겨진 신들 중 맨 끝에서 행진하던 신들 정도의 위치였을 것이다.

'하늘의 신들'과 '지구의 신들' 사이에는 '하늘과 땅의 신들'이 위치하는데, 그들이야말로 많은 고대 서사시에서 '고래의 신들'이라고 불렸던 신들이며 수메르인이 하늘로부터 땅으로 내려왔다고 믿은 신들이었다.

그들은 우선 단순한 지역 신이 아니었다. 그들은 국가적 신이었으며 더 나아가 국제적인 신이었다. 그들 중 일부는 지구상에 인간이 나타나기 훨씬 전부터 지구에서 활동했다. 아니 인간의 존재 자체가 그 신들의 의도적인 창조 행위의 결과였다. 그들은 아주 강력했으며 인간의 능력이나 인식을 훨씬 뛰어넘는 재주를 가지고 있었다. 그러나 그 신들은 인간처럼 생겼을 뿐만 아니라 인간처럼 먹고 마셨으며 사랑, 증오, 충성, 부정(不貞) 같은 인간적 감정도 갖고 있는 존재들이었다.

비록 일부 중요한 신들의 역할이나 계보상에서의 위치가 수천 년이라는 세월이 흐르는 동안 다양하게 변하기는 했지만, 그들 중 일부는 한 번도 그 중요성을 잃은 적이 없으며 국가적인 그리고 국제적인 존경을 잃은 적도 없었다. 이 핵심적인 신들을 자세히 살펴보면 서로 아주 가깝게 연결되었으면서도 극단적으로 분열된 신들의 왕조, 즉 '신성(神聖) 가족'을 만나볼 수 있다.

| 신들의 아버지, 안(아누) |

하늘과 땅을 모두 아우르는 신성 가족의 우두머리는 안(AN)이었다. 안은 후에 바빌로니아와 아시리아의 기록에서는 아누(Anu)로 불린다. (수메르인이 부르던 신의 이름과 그 후의 다른 고대 제국들에서 같은 신을 부르던 이름이 다른 경우가 많은데, 이 책에서는 가능하면 수메르의 명칭으로 통일하고자 한다.) 안은 모든 신들의 위대한 아버지였으며 신들의 왕이었다. 그의 영토는 '광활한 하늘'이었으며 그의 상징은 별이었다. 수메르의 그림문자에서 별은 안(An), 하늘, 신성한 존재, 안의 후예들인 신(神) 일반을 상징하는 기호였다. 별 모양 기호의 이런 네 가지 뜻은

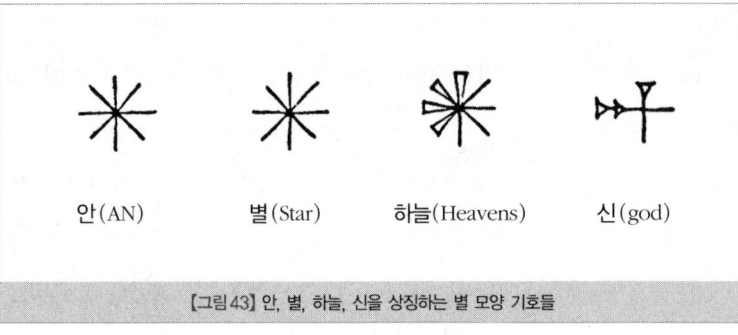

【그림43】 안, 별, 하늘, 신을 상징하는 별 모양 기호들

수메르의 그림문자가 아카드의 설형문자, 그리고 바빌로니아와 아시리아의 보다 더 형식화된 문자로 전승되면서도 사라지지 않고 계속 남아 있었다. 【그림43】

아주 초기부터 후에 설형문자가 사라질 때까지, 즉 기원전 4000년경부터 거의 예수의 시대에 이르기까지 별 모양 기호는 신들의 이름을 장식했는데, 문서에 기록된 이름이 인간의 것이 아니라 하늘에서 온 신을 지칭한다는 것을 분명히 하기 위한 것이었다.

안의 거처와 옥좌는 하늘에 있었다. 안이 거처하는 곳은 '하늘과 땅의 신들'이 개인적인 충고나 부탁이 있을 때 가는 곳이었으며, 그들 사이의 분쟁을 해결하거나 중요한 문제를 결정하기 위한 회의가 열리는 곳이기도 했다. 많은 기록이 안의 궁전을 묘사하고 있는데, 그 입구는 '진실의 나무'를 지키는 신과 '생명의 나무'를 지키는 신이 지킨다고 한다. 그 밖에도 안의 옥좌에 대한 기록과 다른 신들이 안을 만날 때 어떻게 처신했는가에 대한 기록들도 남아 있다.

신들뿐만 아니라 선택된 인간들이 (주로 영생을 얻고자 하는 목적으로) 안의 거처에 갔던 일들도 수메르의 기록에 남아 있다. 그런 이야기

중 하나가 아다파(Adapa, 모범적 인간)라는 사람에 대한 것이다. 그는 아주 완벽했고 또 자신의 창조자인 엔키(EN.KI)에게 충성스러웠기 때문에 엔키는 아다파가 안을 만날 수 있도록 주선한다. 엔키는 아다파에게 일어날 일들을 이렇게 설명한다.

> 아다파여,
> 너는 이제 왕이신 안에게로 가게 된다.
> 하늘로 오르는 길을 가게 될 것이다.
> 안의 문에 이르게 되면
> '생명의 사자(使者)'와 '진실의 양육자(養育者)'가
> 안의 문 앞에 서 있을 것이다.

아다파는 엔키의 인도에 따라 '하늘로 올라가 안의 문에 도착한다'. 그러나 아다파는 영원히 살 수 있는 생명의 빵을 먹지 않는다. 안이 화가 나서 자신에게 독이 든 음식을 줄지도 모른다는 두려움 때문이었다. 결국 아다파는 신에 의해 임명된 신관이 되어 지구로 돌아오지만 영생을 얻지는 못한다.

이렇게 신뿐만 아니라 인간들도 선택적으로 신성한 하늘의 거처에 올라갈 수 있었다는 수메르인의 기록은 구약에 나오는 에녹(Enoch)과 예언자 엘리야(Elijah)의 이야기에서도 되풀이되고 있다.

안의 거처가 하늘이기는 했지만 수메르 기록들을 보면 그가 지구로 내려온 적도 있었는데, 큰 위기를 해결하거나 제의적 방문을 위해서(이때는 아내인 안투ANTU를 동반했다) 또는 자신의 증손녀인 인안나(IN.ANNA)와 지구에서 바람을 피우기 위해서였다.

안이 지구에 항상 머무는 것이 아니었기 때문에 전적으로 안을 위한 도시나 예배 중심지를 둘 필요는 없었다. 그 대신에 '높은 집'이 안을 위해 마련되었는데, 그것은 증손녀이자 정부였던 인안나의 영지인 우루크(Uruk, 성서의 에렉Erech)에 지어졌다. 우루크의 유적지에는 오늘날까지도 거대한 인공 언덕이 남아 있으며 그곳에 안을 위한 높은 신전이 여러 차례에 걸쳐 건축되고 재건되었던 것으로 밝혀졌다. 최소한 열여덟 번 이상의 재건축이 이루어진 것으로 보아 그곳은 반드시 유지되어야 할 신성한 신전이 있었던 자리가 분명하다.

안을 위한 신전은 에안나(E.ANNA, 안의 집)라고 불렸다. 이름은 간단하지만 그 건축물은 당대에 상당한 볼거리였음이 분명하다. 수메르의 기록에 따르면 그곳은 '신성한 안의 집이며 고귀한 신전'이었다. 또 위대한 신들도 신전의 일부를 '직접' 지었다고 한다. 그 '신전의 처마 장식은 구리로 만든 것 같았고' '거대한 벽이 구름에 닿을 정도로 높다란 처소'였다. '매력이 넘치고 유혹의 끝을 알 수 없는 집'이었다. 그 집의 목적은 아주 분명했다. 안이 '하늘로부터 내려오기 위한 것'이었던 것이다.

우루크의 문서 보관소에 있는 한 기록에는 안과 그의 아내가 '귀빈 방문'을 할 때의 장관이 잘 묘사되어 있다. 기록이 일부 유실되었기 때문에 우리가 읽을 수 있는 것은 행사가 이미 한밤중에 이르렀을 때부터인데, 안과 그의 아내 안투는 이미 신전의 궁정(宮庭)에 앉아 있다. 신들은 '이전과 똑같은 순서에 따라' 홀(笏)을 든 사람의 앞뒤로 대열을 만들어 행진한다. 그 후에는 다음과 같은 행사가 이어진다.

> 그 후에 신들은 높은 궁정으로 간다.

그리고 안에게로 방향을 돌린다.

정화의 사제가 홀에 술을 붓고 나면

홀의 보호자가 들어가 앉는다.

그 다음 팝수칼(Papsukal), 누스쿠(Nusku), 샬라(Shala) 신이

안의 궁정에 앉는다.

그동안에 '안의 성스러운 후예들이자 우루크의 성스러운 딸들'인 여신들은 그 이름이나 목적이 분명치 않은 어떤 물체를 '여신 안투의 황금 침대가 있는 집'인 에니르(E.NIR)로 나른다. 그리고 줄을 지어 안이 앉아 있는 궁정으로 돌아온다. 엄격한 절차에 따라 저녁식사가 준비되는 동안, 특별히 선발된 신관이 '좋은 기름'과 포도주의 혼합물을 안과 안투가 나중에 잠을 자게 될 방의 문고리에 바른다. 아마도 두 신이 잠을 자는 동안 삐걱거리는 소리가 나지 않도록 하기 위한 세심한 준비였던 것으로 보인다.

여러 가지 음료와 전채(前菜)가 바쳐지는 동안 천문을 담당하는 신관이 '신전의 가장 높은 탑에 올라가' 하늘을 관측한다. 그는 하늘의 특정한 곳에서 '하늘의 위대한 안'이라는 이름이 붙은 행성이 뜨는가를 살핀다. 신관은 '밝게 빛나는 주인인 안의 행성'에 대한 시를 낭송하면서 '창조자의 형상이 떠오른다'고 읊조린다.

행성이 관측되고 시가 낭송되면 안과 안투는 금으로 된 대야에 담긴 물로 손을 씻고, 비로소 축제의 첫 번째 부분이 본격적으로 시작된다. 일곱 명의 위대한 신들이 커다란 금 대야에 담긴 물로 손을 씻으면서 축제의 두 번째 부분이 시작된다. '입을 씻는 예식'이 행해지고, 신관들은 '하늘의 영웅인 안의 행성'이라는 축가를 부른다. 횃불이 밝혀지고

신과 신관, 가수, 음식을 나르는 사람들이 열을 지어 안과 안투를 밤을 지낼 성소로 인도한다.

네 명의 중요한 신이 날이 샐 때까지 궁정을 지키기 위해 머문다. 다른 신들도 각자 맡은 위치에서 망을 본다. 그 사이에 수메르 전체가 횃불을 밝히고 이들 두 위대한 신의 방문을 경축한다. 주 신전의 신호에 따라 우루크의 다른 모든 신전에서도 '커다란 화톳불을 피우고' 다른 도시에 있는 신관들도 우루크의 화톳불을 보고 역시 불을 피운다. 그리고,

> 수메르 땅의 사람들은 모두 자기 집에 불을 밝히고,
> 신들에게 음식을 바친다.
> 도시를 지키는 경계병들도 길거리와 광장에
> 불을 밝힌다.

두 신이 떠나는 것은 일자와 시간뿐만 아니라 분까지도 정확하게 계산돼 진행된다.

> 열일곱 번째 날,
> 해가 뜬 지 40분 후에,
> 안과 안투 앞에 문이 열려
> 두 신의 하룻밤 방문이 끝날 것이다.

우리가 살펴본 기록의 마지막 부분은 훼손되어 사라졌지만 다른 기록을 통해 안과 안투의 출발 모습을 살필 수 있는데, 아침식사와 기도

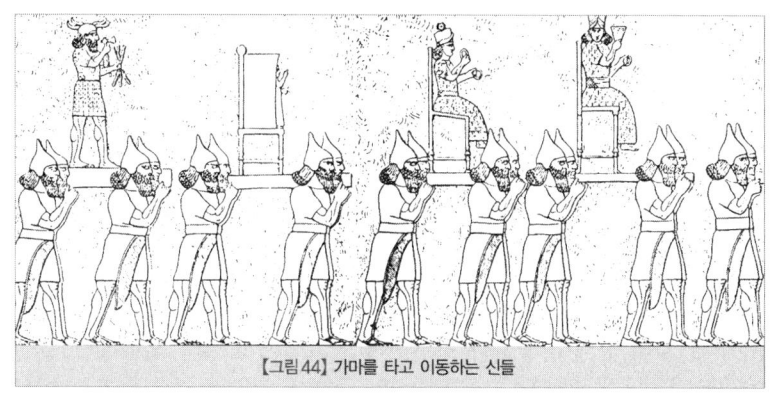

【그림 44】 가마를 타고 이동하는 신들

그리고 다른 신들과의 악수('손을 맞잡는 행사') 순으로 진행된다. 두 위대한 신은 신전의 일꾼들이 어깨에 메고 나르는 옥좌처럼 생긴 가마를 타고 출발 장소로 이동한다. 비록 아주 나중의 것이기는 하지만 신들의 이동 모습을 기록한 아시리아의 그림을 보면 우루크에서 있었던 안과 안투의 출발 행렬이 어떤 모습이었을지 짐작할 수 있다. 【그림 44】

행렬이 '신들의 거리'를 지날 때에는 다시 특별한 기도가 행해진다. 또 행렬이 '성스러운 부두(埠頭)'에 가까워졌을 때와 '안의 배가 있는 둑'에 이르렀을 때에도 특별한 찬송을 부른다. 그리고 작별인사가 행해지고, 또 한 차례의 기도가 행해진 후 '손을 흔들면서' 노래를 부른다.

그리고 신들을 수행한 모든 신관과 신전 일꾼들이 특별한 '출발의 기도'를 드린다. 그들은 일곱 번에 걸쳐 '위대한 안이여, 하늘과 지구가 당신을 축복하소서'라고 읊조린다. 또 하늘에 있는 일곱 신에게 축복을 구하고, 하늘과 땅의 신들에게도 축복을 호소한다. 마지막으로 모두가 안과 안투에게 작별을 고한다.

깊은 곳에 있는 신들과
성스러운 처소의 신들이
두 분에게 축복을 내리시기를!
두 분을 매일 축복하시기를,
매일, 매달, 매년 축복하시기를.

수천 개의 고대 신상이 발견되었지만 그중에서 안의 모습을 묘사한 것은 발견되지 않았다. 그렇지만 안은 고대로부터 오늘날에 이르기까지 존재했던 모든 왕의 인물상과 초상화 안에서 우리를 바라보고 있다. 왜냐하면 안은 신들의 왕이었을 뿐만 아니라 모든 왕에게 왕권을 내리는 신이었기 때문이다. 수메르의 전통에 따르면 왕권은 오직 안으로부터 나오는 것이었다. 그래서 '왕권'이라는 말도 수메르어로는 '아누투(Anutu, 안의 권리)'라고 표현됐다. 안의 표식은 관(신성한 머리 장식), 홀(권력의 상징), 그리고 지팡이(목자의 상징)였다. 지팡이의 경우 현재는 왕보다 주교의 상징으로 흔히 사용되고 있지만, 왕관과 홀은 왕좌에 앉은 거의 모든 왕들이 여전히 소유하고 있다.

| 만왕의 왕, 엔릴 |

수메르 신화에서 두 번째로 강력한 신은 엔릴(EN.LIL)이다. 엔릴이라는 이름은 '영공의 왕'을 뜻하는데, 고대의 다른 나라에 나타나는 신들의 우두머리인 '기후의 신' 혹은 '태풍의 신'의 원형에 가까운 신이라고 할 수 있다.

엔릴은 안의 큰아들로 하늘의 거처에서 태어났다. 그러나 엔릴은 아주 일찍부터 지구로 내려왔으며 그런 이유로 '하늘과 땅의 신' 중에서 가장 중요한 신이 되었다. 신들이 하늘의 성스러운 거처에서 모임을 가질 때면 엔릴은 아버지 안과 함께 회의를 주관했다. 또 신들이 지구에서 모임을 가질 때는 다들 니푸르(Nippur)에 있는 엔릴의 성스러운 왕궁에 모였다. 니푸르는 엔릴에게 바쳐진 도시였으며 그를 위한 신전인 에쿠르(E.KUR, 산처럼 높은 집)가 있던 곳이다.

수메르 사람들뿐만 아니라 수메르의 신들까지도 엔릴의 권력을 인정하고 있었다. 엔릴은 '모든 땅의 지도자'로 불렸고 '하늘에서는 왕자이며 지구에서는 우두머리'였다. '높은 곳에서의 그의 말은 하늘을 진동시켰고, 낮은 곳에서의 그의 말은 지구를 들썩였다'고 기록은 전하고 있다.

> 엔릴이여,
> 당신의 명령은 널리 미치고
> 당신의 말은 높고 신성하며
> 당신의 말은 바뀔 수 없으며
> 당신은 아주 먼 미래까지 점지하십니다.
> 지구의 신들은 당신 아래 무릎을 꿇습니다.
> 지구로 내려온 하늘의 신들은
> 당신 앞에서 양순합니다.
> 충성스럽게 서서 당신의 명령을 기다립니다.

수메르인들은 지구에 사람도 문명도 없던 시기에 엔릴이 하늘에서 지구로 내려왔다고 믿었다. 「자비로운 엔릴 신을 위한 찬송」은 '그의 명령을 멀리 넓게 시행하도록 한' 엔릴의 인도가 없었다면 문명이나 사회라는 것 자체가 없었을 것이라고 말한다.

도시는 지어지지 않았을 것이고, 집도 없었을 것이다.
마구간은 지어지지 않았을 것이고, 양의 우리도 없었을 것이다.
왕도 옥좌에 오르지 못했을 것이고, 신관도 태어나지 않았을 것이다.

수메르의 기록은 또 엔릴이 '검은 머리들(Black-Headed)'이 창조되기 이전에 지구에 도착했다고 말한다. '검은 머리들'이란 사람을 가리키는 수메르 말이다. 엔릴은 사람이 창조되기 이전에 지구로 내려와 니푸르에 하늘과 땅을 특별한 '유대(紐帶)'로 연결시키는 자신의 중심지, 즉 '통제 센터'를 건설했다. 수메르 기록은 그런 '유대'를 두르안키(DUR.AN.KI, 하늘과 땅의 유대)라고 부르며, 엔릴이 지구에서 행한 이 첫 번째 사업에 대해 아주 시적으로 표현하고 있다.

엔릴이여,
당신이 지구에 신성한 처소를 마련했을 때,
니푸르를 당신의 도시로 만들었습니다.
높다란 지구의 도시
물까지도 향기로운 당신의 성소였습니다.
당신은 두르안키를 지으셨습니다.
지구의 중심지에 두르안키를 지으셨습니다.

지구에 신들만이 거처하고 인간이 아직 존재하지 않던 그 시기에 엔릴은 나중에 그의 아내가 될 여신을 만난다. 어떤 이야기에 따르면 엔릴이 먼저 니푸르의 냇가에서 옷을 벗고 목욕하던 그 여신을 보았다고 한다. 엔릴은 첫눈에 반했지만 꼭 결혼을 하겠다는 생각은 아니었던 것으로 보인다.

> 운명을 결정하는 목자(牧者) 엔릴이,
> 밝은 눈을 가진 엔릴이 그녀를 보았다.
> 엔릴은 성교를 요구했다.
> 그녀는 망설였다.
> 엔릴은 성교를 요구했다.
> 그녀는 망설였다.
> '제 성기는 너무 작고
> 경험이 없습니다.
> 제 입술은 너무 작고
> 입맞춤도 모릅니다.'

그러나 엔릴은 집요했다. 엔릴은 시종인 누시쿠(Nushku)에게 어머니와 함께 에레시(E.RESH, 향기로운 집)에 산다는 수드(SUD, 간호사)라는 이름의 그 '처녀'에 대한 욕망을 털어놓는다. 누시쿠는 배를 가져와 물놀이를 권한다. 엔릴은 수드를 유혹해 배를 타고 나간다. 배 안에서 엔릴은 수드를 겁탈한다.

　엔릴이 신들 중에서 우두머리의 위치에 있기는 했지만 이 일은 다른 신들을 분노하게 만들었다. 신들은 엔릴을 잡아 '아래의 땅'으로 귀양을 보낸다. 신들은 '엔릴, 부도덕한 자여!'라고 소리치며 '도시를 떠나라!'고 명령한다. 이 이야기에는 그 후 엔릴의 아이를 갖게 된 수드가 엔릴을 따라가 결혼하는 것으로 되어 있다. 그러나 또 다른 이야기에 따르면 잘못을 깨달은 엔릴이 자기의 시종을 수드의 어머니에게 보내 청혼을 했다고 한다. 과정이야 어쨌든 간에, 수드는 결국 엔릴의 아내가 되었고 닌릴(NIN.LIL, 영공의 귀부인)이라는 새 이름을 얻게 된다.

그러나 엔릴은 물론이고 그에게 벌을 준 신들조차 몰랐던 사실이 하나 있다. 엔릴이 닌릴을 유혹한 것이 아니라 오히려 그 반대였다는 것이다. 사실 닌릴은 냇가를 산책하는 습관이 있던 엔릴을 의도적으로 유혹하기 위해 자기 어머니의 지시에 따라 옷을 벗은 채 그 냇가에서 목욕을 하고 있었던 것이다.

두 사람이 맺어지게 된 다소 비정상적인 과정에도 불구하고 닌릴은 엔릴로부터 '귀부인의 옷'을 받은 후 최상의 존경을 받게 된다. 엔릴도 왕위 승계와 관련된 이유 때문이었음이 분명해 보이는 단 한 번의 외도를 제외하고는 부정을 저지르지 않는다. 니푸르에서 발견된 한 유물에는 엔릴과 닌릴 부부가 신전에서 음식을 대접받는 모습이 묘사되어 있다. [그림45]

엔릴은 신들의 우두머리였을 뿐만 아니라 수메르(보통은 그냥 '땅'이라고 불렸다)와 그곳에 사는 '검은 머리들'의 최고신이기도 했다. 수메르의 한 찬가는 엔릴을 다음과 같이 찬양한다.

이 땅의 운명을 아시는
맡은 바 일을 잘 처리하시는 주인이시여.
수메르의 운명을 아시는
맡은 바 일을 잘 처리하시는 엔릴이시여.
아버지 엔릴이시여

【그림 45】 엔릴과 닌릴

모든 땅의 주인이시여.
아버지 엔릴이시여
정의로운 지배의 주인이시여.
아버지 엔릴이시여
검은 머리 사람들의 목자시여.
해가 뜨는 산으로부터
해가 지는 산까지
이 땅에 다른 주인은 없습니다.
당신만이 유일한 왕이십니다.

수메르인은 엔릴에게 감사와 두려움의 감정을 동시에 갖고 있었던 것으로 보인다. 엔릴은 신들이 인류에 대해 결정한 일을 확실하게 집행하는 책임을 맡은 신이었다. 그에게는 대항하는 적들에게 사용하는 '모든 것을 없애 버리는 바람'이라는 무기도 있었다. 또 '대홍수'의 때에 인류의 멸종을 계획한 것도 엔릴이었다. 그러나 사람들과 잘 지낼 때의 엔릴은 은혜를 베푸는 친절한 신이기도 했다. 수메르 기록에 따르면 쟁기와 곡괭이, 그리고 농업 기술은 엔릴이 인간에게 베푼 것이라고 한다.

엔릴은 또 인간을 지배할 왕을 선택하는 신이었다. 수메르에서 왕은 지배자가 아니라 신이 내린 정의로운 법을 집행하는 의무를 부여받은 신의 종이었다. 실제로 수메르, 아카드, 바빌로니아의 왕들은 모두 자신의 업적을 새긴 글에서 자신이 어떻게 엔릴로부터 왕의 자리로 '부름'을 받았는지 묘사하고 있다. 엔릴의 이런 '부름'은 엔릴 자신에 의해 혹은 안을 대신해 행해졌는데, 그것이 없이는 왕의 지배나 행동에 정당성이 부여되지 않았다. 국가 신으로 마르둑(Marduk)을 섬기던 함무라비 왕조차도 법률을 공포하면서는 '안과 엔릴이 내게 인간의 복지를 증진시키고 이 땅에 정의가 자리잡게 할 것을 명했다'고 말하고 있다.

'하늘과 땅의 신', '안의 장자(長子)', '왕권의 수여자', '신들의 우두머리', '신과 인간의 아버지', '농업의 전수자', '영공의 주인' 등이 엔릴을 형용하는 말들이었으며 모두 그의 권력을 잘 보여 주고 있다. 그의 '명령은 멀리 퍼졌으며' 그의 '말은 바뀔 수 없었으며' 그는 '운명을 결정했다'고 기록은 전하고 있다. 그는 또한 '하늘에 이르는 유대'를 소유하고 있었으며 그의 '위대한 도시 니푸르'에 '모든 땅을 살필 수 있는 빛'과 '모든 땅을 볼 수 있는 눈'을 갖고 있었다.

그러나 엔릴도 다른 보통의 청년과 마찬가지로 벌거벗은 여인에게 유혹당했으며 다른 신들에 의해 도덕적 심판을 받았고, 심지어는 인간들에게 불평의 대상이 되기도 했다. 전해지는 한 기록에는 우르(Ur)의 어떤 왕이 신들의 모임에서 엔릴에 대한 불평을 직접 말하는 장면이 묘사되어 있다. 그 왕은 우르와 그곳 사람들에게 지속되는 고난이 '엔릴 신이 수메르인이 아닌 자격 없는 자에게 왕권을 부여했기 때문에' 생긴 것이라고 불만을 토로한다.

앞으로 엔릴이 지구에서 신과 인간에게 일어난 일들에서 얼마나 중요한 역할을 했고 엔릴의 아들들이 엔릴의 자리를 계승하기 위해 서로 어떻게 싸웠으며 그것이 어떻게 신들 사이의 전쟁으로 이어졌는지를 살펴보게 될 것이다.

| 엔키와 닌후르쌍 |

수메르에서 세 번째로 위대한 신은, 안의 또 다른 아들인 엔키(EN.KI)였으며 에아(E.A)라고도 불렸다. 엔릴과 마찬가지로 엔키 역시 본래는 '하늘의 신'이었는데 땅으로 내려와 '하늘과 땅의 신'이 되었다.

수메르 기록에 따르면 그가 지구에 도착했을 때는 페르시아 만의 물이 현재보다 훨씬 더 내륙까지 들어올 때여서, 수메르 남부 대부분의 땅이 습지대였다고 한다. 엔키(그의 또 다른 이름인 에아는 문자 그대로 해석하면 '물의 집'이라는 뜻이 된다)는 아주 뛰어난 기술자로 운하와 강둑을 건설하고 습지의 배수를 계획하고 감독했다. 엔키는 자신이 만든 습지의 수로를 따라 배를 타고 다니는 것을 특히 좋아했다. 그의 이름이 나타내듯 물은 그의 집이었던 것이다. 그는 자신이 세운 '하아키(HA.A.KI, 물고기의 집)'라는 습지대 옆의 도시에 '거대한 집'을 짓기도 했다. 하아키는 흔히 에리두(E.RI.DU, 멀리 가는 출발지)로 알려진 곳이다.

엔키는 '짠물의 신' 즉 바다와 대양의 신이었다. 수메르에는 세 명의 위대한 신이 각자의 영토를 나누던 태고의 시기에 대한 기록들이 많이 남아 있다. 그 가운데 '바다를 지구의 왕자 엔키에게 주었다'는 내용도 있다. 즉 엔키에게 '압수(Apsu, 깊은 곳)'를 지배하게 했다는 것이다. 바다의 신으로서 엔키는 먼 바다를 항해할 수 있는 배를 만들었고, 먼 곳으로부터 귀금속과 보석들을 수메르로 가져왔다.

초기 수메르의 원통형 인장을 보면 엔키는 물고기들이 헤엄치고 있는, 흐르는 물 모양의 상징과 함께 나타나곤 한다. 또 '그림 46'에 보이는 것처럼 엔키는 달(주로 초승달)과 연관되기도 했는데, 그 이유는 달이 바다의 조석(潮汐)을 만들어 내기 때문이었던 것으로 보인다. 달과의 이런 연관 때문에 엔키는 닌이기쿠(NIN.IGI.KU, 빛나는 눈의 주인)라는 명칭으로도 불렸다.

【그림 46】 엔키를 상징하는 초승달과 흐르는 물

엔키가 직접 쓴 훌륭한 자서전을 포함한 수메르의 기록들에 따르면 엔키는 하늘에서 태어나 지구에 문명이 있기 전에 지구로 내려왔다고 한다. 엔키는 '내가 지구에 왔을 때 지구는 물에 덮인 곳이 많았다'고 술회한다. 그리고 엔키는 자신이 어떻게 지구의 땅을 거주할 만한 곳으로 만들었는지를 설명한다. 엔키는 티그리스 강을 '신선하고 생명을 주는 물'로 채웠다. 또 하급 신들에게 티그리스와 유프라테스 강에 배가 다닐 수 있는 운하를 건설하도록 했으며, 습지를 막고 물고기를 풀어 온갖 새의 보금자리로 만들었으며, 좋은 건축 재료가 되는 갈대를 자라게 했다.

바다와 강을 거슬러 육지로 들어온 엔키는 자신이 '농지를 개간했으며, 신성한 밭고랑을 열었고, 마구간을 지었으며, 양의 우리를 만들었다'고 말한다. 엔키는 자화자찬이 심한 글(학자들이 「엔키와 세계질서」라고 부르는 글이다)을 통해 계속해서 자신이 지구에 벽돌 만드는 법과 주거지와 도시의 건축법, 야금술 등을 전했다고 말한다.

실제로 많은 수메르의 기록들은 엔키를 인류의 가장 위대한 후원자이며 인류에게 문명을 가져다준 신으로 묘사하고 있다. 또한 엔키는 신들의 모임에서 인간을 가장 옹호한 신으로도 묘사된다. 수메르와 아카드의 대홍수에 대한 기록을 보면, 엔키는 다른 신들의 결정에 불복해 자신을 따르는 인간(메소포타미아의 '노아'라고 할 수 있는)이 재앙을 피할 수 있도록 도운 신이라고 한다.

수메르와 아카드의 기록들을 보면 (구약에서도 그렇듯이) 신 혹은 신들이 의도적으로 인간을 만들었다고 되어 있는데, 거기서 가장 중요한 역할을 한 것도 엔키였다. 신들 중 최고의 과학자였던 엔키는 인간 창조의 방법과 과정을 설계했다. 인간에게 '영생'을 주지 않겠다는 다른 신들의 결정에도 불구하고 아다파(엔키의 지혜로 만들어진 모범적 인간)를 인도해 하늘로 보냈던 엔키의 행동도 그가 인간의 '창조'에 밀접하게 관련되었기 때문인 것으로 여겨진다.

그러나 엔키가 단순히 인간의 창조에 관여했다는 이유만으로 인간의 편에 섰던 것인지, 아니면 보다 이기적인 동기를 갖고 있었던 것인지는 더 생각해 볼 문제다. 왜냐하면 엔키에 대한 기록을 자세히 살펴보면 그의 인간을 위한 대부분의 행동이 이복형제인 엔릴의 결정이나 계획을 좌절시키기 위한 것에 지나지 않는다는 점이 여실히 드러나기 때문이다.

수메르 기록에는 엔키가 이복형제인 엔릴을 얼마나 질투하고 있었는지 잘 드러나 있다. 엔키라는 이름은 문자 그대로 '지구의 주인'을 뜻하기 때문에 본래 지구의 주인은 엔키였음을 알 수 있다. 그런데 엔키는 제비뽑기에서 순전히 운이 나빠 엔릴에게 지구의 지배권을 넘겨준 것으로 보인다.

> 신들은 손을 하나로 모았다.
> 그리고 제비뽑기로 땅을 나누었다.
> 안은 하늘로 올라갔다.
> 엔릴에게는 지구가 주어졌다.
> 고리처럼 막힌 바다는
> 지구의 왕자인 엔키에게 주어졌다.

엔키에게는 이러한 제비뽑기의 결과도 견디기 어려운 것이었겠지만 그가 엔릴에게 지닌 원한은 더 뿌리 깊은 이유에서 비롯된 것으로 보인다. 그 이유는 엔키의 자서전에서 드러난다. 엔키는 엔릴이 아니라 자신이 안의 장자(長子)라고 주장한다. 따라서 엔릴이 아닌 자신이 분명한 안의 승계자라는 것이다.

우주의 왕이신 나의 아버지가
나를 이 우주에 태어나게 하셨다.
나는 위대한 야생 황소에 의해 창조된
다산(多産)의 씨다.
나는 위대한 신들의 형제다.
신성한 안의 장자로 태어난,
바로 그가 나다.

고대 근동의 사람들이 삶을 살아가며 지켰던 법들이 신들로부터 주어진 것이라면, 사람들이 따랐던 사회와 가족에 대한 규범도 신들의 것을 따른 것이라고 추정할 수 있다. 마리(Mari)와 누지(Nuzi) 등지에서 발견된 법정 기록과 가족 기록들에 따르면 히브리의 족장들이 지켰던 성서의 관습과 법률은 고대 근동 지역 전체에서 왕과 귀족들이 지키며 살았던 관습이나 법률과 동일하다는 것을 알 수 있다. 따라서 히브리 족장들의 장자 승계 관습은 시사하는 바가 많다.

히브리 최초의 족장 아브라함은 아내 사라(Sarah)가 아이를 낳지 못하자 하녀에게서 첫아들(이스마엘Ishmael)을 얻는다. 그러나 그 아들은 후에 사라가 이삭(Isaac)을 낳자 곧바로 장자 승계의 권리를 잃는다.

이삭의 아내인 레베카(Rebecca)는 쌍둥이를 낳는다. 시간적으로 먼저 태어난 것은 '살결이 붉고 온 몸이 털투성이인' 에서(Esau)였다. 뒤

이어 에서의 발뒤꿈치를 잡고 '차분한' 야곱(Jacob)이 태어나며, 레베카는 야곱을 더 사랑한다. 늙어 눈도 잘 보이지 않게 된 이삭이 죽기 전에 유언을 하려고 할 때 레베카는 계략을 써서 에서가 아닌 야곱에게 장자 승계의 '축복'을 받게 한다.

마지막으로 야곱 또한 장자 승계 문제에 부딪히게 된다. 야곱은 라반(Laban)의 둘째딸인 라헬(Rachel)과 결혼하기 위해 라반의 집에서 20년 동안이나 일을 하지만, 라반은 야곱에게 맏딸 레아(Leah)를 먼저 준다. 그 결과 레아가 야곱의 맏아들 르우벤(Reuben)을 낳는다. 야곱은 그 후 레아와 다른 많은 첩들로부터 더 많은 자녀를 얻는다. 그러나 나중에 라헬로부터 아들 요셉(Joseph)을 얻게 되자, 야곱은 다른 모든 아들들을 제치고 요셉을 선택한다.

이런 관습과 승계의 법률을 놓고 보면 엔릴과 엔키 사이에 벌어지는 혼란스러운 승계 다툼을 이해할 수 있다. 엔릴은 모든 기록으로 보건대 안과 그의 정식 아내인 안투의 아들이며 법적인 장자임이 분명하다. 그런데도 엔키는 자신이 '신성한 안의 장자로 태어난, 바로 그가 나다'라고 고통스럽게 외치고 있다. 이 절규로 미루어보건대 엔키 역시 일종의 진실을 말하고 있음에 틀림없어 보인다. 그렇다면 엔키는 안이 다른 여신이나 정부로부터 엔릴보다 먼저 얻은 아들이 아니었을까? 이스마엘과 이삭의 이야기, 쌍둥이 에서와 야곱의 이야기는 지상보다 먼저 신성한 하늘에서 이미 벌어진 일이었는지도 모른다.

엔키가 결국 엔릴의 승계권을 인정한 것으로 보이기는 하지만, 어떤 학자들은 이 두 신 사이에 지속적인 권력 투쟁이 있었다고 추측할 만한 근거를 제시하기도 한다. 나중에 확인하게 되겠지만, 구약에 나오는 에덴동산의 이브와 뱀 이야기나 대홍수 이야기 같은 것들은 엔릴의 명령에 엔키가 대항한 사건을 기록한 수메르 이야기들을 변형한 것이다.

그러나 언제부터인가 엔키는 신성한 왕권을 놓고 엔릴과 다투는 것을 포기하고, 그 대신 아들을 낳아 그 아들로 하여금 엔릴의 아들 대신 안의 자리를 승계하게 하려는 계획을 세웠던 것으로 보인다. 이런 목적을 이루기 위해 엔키는 자신의 여자형제인 닌후르쌍(NIN.HUR.SAG, 산 정상의 귀부인)에게 접근한다.

닌후르쌍 역시 안의 딸이었지만 안투의 딸은 아니었기 때문에 승계 문제를 더욱 복잡하게 한다. 아주 오랫동안 학자들은 왜 아브라함과 이삭이 자기의 아내들이 곧 자기의 여자형제이기도 하다는 점을 공공연히 밝히고 있는지 의아하게 생각했다. 왜냐하면 여자형제와의 근친상간은 구약에서 엄격하게 금하는 것이었기 때문이다. 그러나 마리와 누지에서 법률 문서들이 발견되면서 이복 여자형제와는 결혼할 수 있었다는 사실이 드러났다. 더욱 중요한 것으로, 모든 아내들에게서 낳은 모든 아들들 중에서 이복 여자형제가 낳은 아들은 태어난 순서에 관계없이 합법적인 장자 승계권자로 인정되었다는 점이 밝혀졌다. 왜냐하면 그런 아들은 전혀 피가 섞이지 않은 아내가 낳은 아들보다는 더 '순종(純種)'에 가까운 것으로 인정되었기 때문이다. 이런 법률 때문에 마리와 누지에서는 승계자의 권리에 대해 아무도 이의를 제기하지 못하도록 여자형제를 아내로 삼는 경향도 있었다.

엔키가 이복 여자형제인 닌후르쌍에게 접근해 아들을 얻으려고 한 이유도 그것이었다. 닌후르쌍 역시 아주 초기에 하늘에서 땅으로 내려온 여신이었다. 신들이 지구의 지배권을 서로 나눌 때 닌후르쌍은 딜문(Dilmun, 순수한 장소, 순수한 땅, 가장 밝은 곳)이라는 땅을 받았다고 한다. 학자들이 「엔키와 닌후르쌍-에덴동산 신화」라고 부르는 기록에 따르면, 엔키는 닌후르쌍과 동침하기 위해 딜문으로 간다. 닌후르쌍은 '짝이 없는 노처녀'였다고 한다. 비록 나중에는 나이가 지긋한 노부인으로 주로 묘사되곤 했지만, 젊은 시절의 닌후르쌍은 아주 매력적이었던 것으로 보인다. 왜냐하면 닌후르쌍을 본 엔키의 성기가 '수로를 채울 정도로 물을 뿜었다'고 기록되어 있기 때문이다.

엔키는 '닌후르쌍의 자궁에 정자를 부었다. 닌후르쌍은 그의 정자를 받았다. 그리고 아홉 달의 여성스러움 후에 강둑에서 아이를 낳는다'. 그러나 불행하게도 딸이었다.

아들을 얻는 데 실패한 엔키는 자신의 딸과 동침한다. 엔키는 '딸을 안고 입맞춤을 했다. 엔키는 그녀의 자궁에 정자를 부었다'. 그러나 그녀 역시 딸을 낳고 만다. 그러자 엔키는 손녀와 동침해 임신시킨다. 그 결과도 역시 딸이었다. 이런 광적인 행동을 중지시키겠다고 마음먹은 닌후르쌍은 엔키에게 저주를 걸었고 그로 인해 엔키는 독초를 먹고 아주 심각한 병에 걸린다. 그러나 다른 신들이 나서서 엔키에게 건 저주를 풀도록 닌후르쌍을 설득한다.

[그림47] 의술을 관장하던 여신 닌후르쌍(닌티)

이런 이야기들은 물론 신들 사이의 일일 뿐이다. 그러나 엔키와 닌후르쌍과 관련된 다른 이야기들은 인간의 운명과 밀접한 관계를 맺고 있다. 수메르의 기록에 따르면 인간은 엔키가 고안한 방법에 따라 닌후르쌍에 의해 창조되었다고 한다. 닌후르쌍은 의술을 관장하는 우두머리 간호사였으며 그런 이유로 닌티(NIN.TI, 생명의 부인)라고도 불렸다. 【그림47】

어떤 학자들은 엔키가 만든 모범적 인간의 이름이었던 아다파(Adapa)라는 단어에서 구약의 아다마(Adama) 혹은 아담(Adam)이 유래되었다고 본다. 또한 티(TI)라는 수메르어에 담긴 이중적 의미도 구약에서 다시 찾아볼 수 있다. 티라는 말은 수메르어로 '생명'과 '갈비뼈'의 두 가지 의미를 갖기 때문에 닌후르쌍의 닌티라는 별칭은 '생명의 부인'과 '갈비뼈의 부인'이라는 두 가지 뜻을 동시에 갖는다. 구약의 이브(Eve)라는 이름도 '생명'을 뜻하며, 또한 이브는 아담의 갈비뼈로 탄생되었다. 따라서 이브도 '생명의 부인'이면서 동시에 '갈비뼈의 부인'인 것이다.

닌후르쌍은 신들은 물론이고 인간에게도 생명을 주는 신으로 '모신(母神)'의 역할을 하고 있다. 그녀의 별명은 '맘무(Mammu)'로 어머니, 엄마라는 뜻의 'mom', 'mamma'라는 현대어의 기원이며, 그녀의 상징은 고대의 산파들이 출산 후에 신생아의 탯줄을 자르는 데 사용하던 절단 칼이었다. 【그림48】

【그림48】 닌티의 절단칼

| 엔릴의 아들 닌우르타와 신들의 전쟁 |

앞에서 살펴본 것처럼 이복 여자형제인 닌후르쌍에게서 아들을 얻으려던 엔키의 노력은 실패로 돌아갔다. 그녀에게서 아들을 얻은 것은 엔키가 아니라 오히려 엔릴이었다. 엔키의 이복형제였던 엔릴은 운좋게도 여자형제인 닌후르쌍으로부터 '정당한 승계자'를 얻는데, 그의 이름은 닌우르타(NIN.UR.TA, 토대를 완성한 주인)였다. 그는 '엔릴의 용감한 아들로, 빛의 그물과 빛의 줄로 무장하고' 엔릴을 위해 싸웠으며, '번개를 일으키는 보복의 아들'이었다. 【그림49】 그의 아내인 바우(BA.U)는 의사 또는 간호사였던 것으로 보인다. 왜냐하면 그녀의 별칭이 '죽은 자의 목숨을 살리는 귀부인'이었기 때문이다.

닌우르타에 대한 수메르의 묘사를 보면 그가 아주 특이한 무기를 들고 있는 것을 볼 수 있는데, '번개'를 일으키는 무기였음에 틀림없다. 고대의 기록들이 닌우르타를 '위대한 사냥꾼'이라고 부르는 것을 보면 그가 군사적 능력이 뛰어난 전쟁의 신이었음을 알 수 있다.

닌우르타가 치른 가장 큰 싸움은 엔릴을 위한 것이 아니라 자기 자신을 위한 것이었다. 닌우르타는 주(ZU, 현명한)라는 사악한 신과 지구에서의 주도권을 놓고 여러 번에 걸쳐 싸웠다. 이러한 싸움은 엔릴이 신들의 우두머리로서 갖고 있던 표식과 상징물을 주가 불법적으로 탈취해 갔기 때문에 일어났다.

닌우르타와 주의 싸움을 기록한 자료의 시작 부분은 훼손돼 알아볼 수 없고, 주가 엔릴의 신전인 에쿠르에 도착한 부분부터 해독이 가능하다. 엔릴이 그를 환영하면서 '그에게 자기 신전의 입구를 지키는 임무'를 부여한 것을 보면, 주는 상당한 지위를 가진 잘 알려진 신이었음이 분명하다. 그러나 '사악한 주'는 엔릴의 이런 신뢰에 배신으로 보답하

[그림 49] 엔릴의 장자이자 전쟁의 신인 닌우르타

는데, 주의 목적은 '엔릴의 권력을 빼앗고, 신성한 힘을 가로채는 것'이었기 때문이다.

목적을 이루기 위해서 주는 엔릴로부터 마법의 힘을 지닌 '운명의 서판'과 다른 특정한 물건들을 훔쳐야만 했다. 교활한 주는 엔릴이 자신의 소지품들을 내버려 둔 채 옷을 벗고 수영하는 틈을 노렸다.

자신이 지키던

신전의 입구에서

주는 아침을 기다렸다.

엔릴은 깨끗한 물로 씻는 동안

왕관을 벗어

옥좌에 놓았다.

주는 '운명의 서판'을 움켜쥐고서

수메르, 모든 신들의 고향

엔릴의 권력을 빼앗아 달아났다.

주가 자신의 무(MU, 보통 "이름"이라고 해석되지만 여기서는 '나는 기계 flying machine'를 의미한다)를 타고 멀리 떨어진 은신처로 도망치는 사이 그의 행동이 만들어 낸 심각한 결과가 나타나기 시작한다.

성스러운 절차가 멈추고
침묵이 퍼지고, 정적이 지배했다.
신전의 찬란함은 사라졌다.

'아버지 엔릴은 말을 잃었다.' '소식을 들은 땅의 신들이 하나둘씩 모여들었다.' 문제가 너무 심각했기 때문에 하늘의 처소에 머물고 있는 안에게도 소식이 전해졌다. 안은 상황을 검토한 후에 '성스러운 절차를 회복하기 위해 반드시 주를 잡아야 한다'고 결론짓는다. 안은 '누가 주를 물리치겠는가? 그의 이름은 가장 위대한 자가 될 것이다'라고 선포한다.

평소 용감하다고 알려진 몇몇 신이 호명된다. 그러나 그들은 모두 주가 '운명의 서판'을 지니고 있기 때문에 그의 힘이 엔릴에 맞설 만한 것이라고 말하면서, '주에게 대적하는 자는 모두 진흙처럼 부서질 것'이라고 두려워한다. 이때 엔키가 기발한 제안을 한다. 조카인 닌우르타에게 그 임무를 맡기자는 것이었다.

다른 신들도 엔키의 교활한 의도를 눈치챌 수 있었다. 만약 닌우르타가 싸우다가 죽는다면 엔키의 아들이 안을 승계할 가능성이 높아지고, 그렇지 않고 주가 죽는다고 해도 엔키로서는 잃을 것이 없는 상황이었다.

그런데 놀랍게도 닌우르타의 어머니인 닌후르쌍이 엔키의 제안에 동조한다. 닌후르쌍은 닌우르타에게, 주는 엔릴뿐만 아니라 닌후르쌍 자신으로부터도 권력을 빼앗아 간 것이라고 말한다. 닌후르쌍은 '날카로운 비명과 함께 너를 낳았다'고 외치면서, 그렇게 해서 '안과 엔릴이 하늘의 왕권을 이을 수 있도록 했다'고 말한다. 닌후르쌍은 자신의 고통이 헛되지 않도록 주와 싸워 그를 물리치라고 닌우르타에게 지시한다.

> 공격을 해 도망자 주를 잡아라.
> 너의 무시무시한 힘으로 주를 공격하라.
> 주의 목을 자르라! 주를 없애 버려라!
> 일곱 개의 무서운 바람으로 주를 쳐라.
> 태풍을 몰아 주를 공격하라.
> 빛으로 주를 공격하고
> 너의 바람으로 그의 날개를 비밀의 장소로 보내라.
> 에쿠르(엔릴의 신전)에 주권이 돌아오도록 하라.
> 성스러운 절차가 회복되도록 하라.
> 너를 낳은 아버지에게로.

그 이후에 이어지는 싸움에 대해서는 여러 서사시에 흥미롭게 묘사되어 있다. 닌우르타는 주를 향해 '빛'을 쏘지만 '주가 그의 손에 운명의 서판을 쥐고 있기 때문에 주의 근처에도 가지 못한다'. '발사된 무기들은 공중에서 멈추고 만다.' 싸움이 결판 없이 계속되자 엔키는 닌우르타를 찾아가 그에게 틸룸(til-lum)이라는 무기를 주면서 그것으로 주의 '날개'에 있는 '작은 톱니바퀴'를 쏘라고 가르쳐준다. 엔키의 충고에 따라 닌우르타는 '날개에는 날개다'라고 소리치며 주의 톱니바퀴에 틸룸을 쏘아댄다. 틸룸에 맞은 톱니바퀴들은 산산이 부서지고 주의 '날개'는 소용돌이를 치며 떨어진다.

주는 패했고, '운명의 서판'은 엔릴에게로 돌아온다.

| 주는 누구인가? |

그렇다면 엔릴의 왕권을 탈취하고 닌우르타와 싸운 주(Zu)는 도대체 누구였을까? 어떤 학자들이 말하는 것처럼 주는 '신화적인 새'에 불과했을까?

물론 주는 날 수 있었다. 그러나 오늘날에도 비행기를 타면 누구라도 날 수 있으며 우주선을 탄다면 우주까지도 날아다닐 수 있다. 닌우르타 역시 주만큼이나 잘 날 수 있었다. 그러나 닌우르타는 그의 아내인 바우와 함께 묘사된 모습이나 홀로 묘사된 모습 어떤 것을 봐도 결코 새는 아니었다. 닌우르타는 라가시에 있는 자신의 성소인 기르수(GIR.SU)에 보관하고 있던 놀라운 '새'의 도움으로 날 수 있었던 것이다. 그렇다면 주도 분명히 새가 아니었으며 단지 타고 은신처로 도망칠 수 있는 '새'를 갖고 있었던 것이라고 할 수 있다. 따라서 두 신 사이의 전투는 그런 '새'를 타고 하늘에서 벌어졌던 것이다.

그리고 최종적으로 주를 퇴각시킨 무기의 실체가 무엇이었는지에 대해서도 의심의 여지가 없다. 수메르어로는 틸(til), 아시리아어로는 틸룸(til-lum)이라고 불린 그 무기는 그림문자로는 ▷▶ 로 표시된다. 따라서 그 무기는 현재 히브리어로 틸(til)이 의미하는 것, 즉 '미사일'이었던 것이다.

한편 주는 엔릴의 왕권을 탈취할 이유가 충분했던 신들 가운데 한 명이었을 것이 분명하다. 그리고 합법적인 승계자인 닌우르타가 그와 맞서 싸울 만한 이유도 충분했을 것이다. 다시 말해 닌우르타는 주를 물리쳐야만 신들의 왕권을 안정적으로 확보할 수 있었다는 얘기다.

그렇다면 주는 혹시 마르둑(MAR.DUK, 신성한 언덕의 신)이 아니었을까? 마르둑은 엔키가 자신의 공식적인 아내 담키나(DAM.KI.NA)에게서 얻은 첫 번째 아들이었는데, 혹시 그가 법적으로 자신의 것이 아닌 승계권을 탐내 벌인 일은 아니었을까?

엔릴이 닌후르쌍에게서 합법적인 승계자를 얻었기에 그에게 대항하는 것을 포기한 엔키가, 대신 자신의 아들인 마르둑이 안의 왕권을 계승할 것을 기대했다고 볼 수 있는 증거는 많다.

실제로 기원전 2000년경 고대 근동 지역이 커다란 사회·군사적 격변을 겪을 때, 마르둑은 바빌로니아에서 수메르와 아카드를 모두 통치하는 국가 신의 지위에까지 올랐다. 그때 마르둑은 엔릴을 대신해 신들의 우두머리 자리를 차지했으며, 다른 신들은 모두 그에게 충성할 것을 요구받았고, 또한 마르둑이 쉽게 감시할 수 있도록 바빌론에 와서 거주하라는 명령을 받기도 했다. [그림 50]

주의 일이 일어나고 아주 뒤의 일이기는 하지만 마르둑의 이런 왕권 탈취에 이어 바빌로니아에서는 대대적인 고대 기록 변조가 있었다. 마르둑을 안, 엔릴, 닌우르타를 대치하는 하늘의 주인, 창조자, 영웅, 후원자로 만들기 위해 아주 많은 기록들이 변조되고 다시 씌었다. 변조된 기록 중 「주의 이야기」라는 것이 있는데, 이 기록에는 닌우르타가 아니라 마르둑이 주와 싸운 것으로 되어 있다. 마르둑은 이 이야기 속

[그림 50] 수메르와 아카드의 국가 신인 마르둑

에서 '내가 주의 해골을 박살냈다'라고 허풍을 떤다. 따라서 주가 마르둑일 수는 없다.

또한 주가 마르둑이었다면 엔키가 자기 아들인 마르둑에 대항하는 닌우르타에게 결정적인 무기의 선택과 사용법을 알려주었다는 것도 이해하기 어렵다. 닌우르타를 싸움에 내보낸 것이나 닌우르타를 이용해 '주의 목을 자르도록 한' 엔키의 행동으로 볼 때, 엔키는 누가 지든 간에 덕을 볼 것으로 기대하고 있었음이 분명하다.

따라서 주 역시 엔릴의 왕권을 승계할 수 있는 법적 지위를 갖고 있던 어떤 다른 신이었다고 보는 것이 유일하게 논리적인 추론일 것이다.

| 엔릴의 또 다른 장자, 난나 |

이렇게 볼 때 주(Zu)로 볼 수 있는 유일한 가능성으로 남는 인물은 엔릴이 정식 아내인 닌릴과의 사이에서 낳은 장자(長子)인 난나(NAN.NA)다. 만약 이복형제인 닌우르타가 제거된다면 난나는 분명히 다음 승계권자가 된다.

난나(원래는 난나르NAN.NAR인데 줄여서 부르는 말이며, '빛나는 사람'이라는 뜻이다)는 우리들에게 아카드어(혹은 셈어)인 신(SIN)이라는 이름으로 더 잘 알려져 있다.

엔릴의 장자인 난나는 수메르에서 가장 잘 알려진 도시 국가 우르(UR, 그 자체로 도시라는 뜻이다)의 통치자였다. 그의 신전은 에기시누갈(E. GISH. NU.GAL, 왕권의 씨의 거처)이었다. 그곳에서 난나와 그의 아내 닌갈(NIN. GAL, 위대한 귀부인)은 우르의 사람들을 대단히 자애롭게 돌봤다고 한다. 우르 사람들도 이들의 선정에 감사하면서 '자애로운 난나'라는 애칭으로 그를 불렀다. 우르 사람들은 도시의 번영을 전적으로 난나의 덕으로 돌렸다.

기원전 3000년대 말경에 우르의 통치를 맡았던 슐기(Shulgi)는 '난나의 집'을 '풍요로 가득 찬 마구간'이며 '곡물이 관대하게 제공되는 곳'이라고 불렀다. 그곳은 '양들이 잘 자라고 소들이 희생(犧牲) 제물로 바쳐지고, 북과 탬버린의 반주와 함께 달콤한 음악이 흐르는 곳'으로 묘사되었다.

수호신 난나의 지도 아래 우르는 수메르의 곡창(穀倉)이 되었으며 다른 여러 도시의 신전에 곡식과 가축을 제공했다. 「우르의 파괴에 대한 애가哀歌」는 우르가 멸망하기 전에 어떤 곳이었는지를 역설적으로 잘 보여 준다.

난나의 곡창에는 더 이상 곡식이 없다.

신들의 만찬은 중지되었다.

그들의 훌륭한 식당에는 포도주와 꿀이 없다. (…)

신전의 커다란 화덕에는 양과 소가 없다.

난나의 위대한 왕궁에는 노랫소리가 그쳤다.

소를 가져오라는 명령이 커다랗던 그 집에

이제는 침묵만이 흐른다. (…)

절구와 공이도 버려져 있다. (…)

공물을 나르던 배는 텅 비어

니푸르의 엔릴에게 빵을 나르지 않는다.

우르의 강은 비어 있고 배도 다니지 않는다. (…)

강가를 걷는 발걸음도 없어 잡초만 길게 자란다.

또 우르의 사람들이 기록한 것이 아니라 난나와 그의 아내 닌갈이 직접 쓴 특별한 애가도 있는데, 거기서 난나와 그의 아내는 '바람과 함께 사라진 마구간'과 텅 빈 우리, 사라진 목동들을 슬퍼한다. 우르의 멸망에 대한 수많은 애가들은 아주 큰 충격을 준 특별한 사건이 그 지역에 있었음을 보여 준다. 기록에 따르면 난나와 닌갈은 우르가 완전히 파괴되기 전에 도시를 떠났다고 한다. 그들이 떠나는 모습은 다음과 같이 묘사되었다.

우르를 사랑하던 난나가

도시를 떠났다.

우르를 사랑하던 신이

더 이상 그의 집에 없다.
닌갈은
적들의 영토를 지나 우르를 떠났다.
서둘러 옷을 입고
집을 떠났다.

남아 있는 많은 애가를 보면 우르의 멸망과 신들의 탈출이 안과 엔릴의 의도적인 결정에 의한 것임을 알 수 있다. 난나는 그 두 신에게 처벌을 멈춰 달라며 이렇게 탄원한다.

안, 하늘의 왕이시여,
'이제 충분하다'고 말해 주소서.
엔릴, 땅의 왕이시여,
제발 은총을 베푸소서.

엔릴에게 직접 죄를 빌면서 '난나는 아픈 가슴으로 호소'한다. '자기를 낳아준 아버지 엔릴 앞에 절을 하면서' 난나는 빈다.

저를 낳아주신 아버지시여,
언제까지 제 속죄를 받아주지 않으시렵니까?
언제까지? (…)
불꽃처럼 흔들리는 제 상처받은 마음에
제발 다정한 눈빛을 주소서.

애가의 어느 부분에도 안과 엔릴이 왜 분노했는가는 설명되어 있지 않다. 그러나 만약 난나가 주(Zu)였다면 두 신의 처벌은 난나의 행위에 대한 충분한 이유가 되고도 남을 것이다. 그렇다면 난나가 정말로 주였을까?

난나가 주였을 가능성이 충분히 있는데, 주가 일종의 '나는 기계'를 소유하고 있었다는 점에서 특히 그렇다. 주가 '새'를 타고 은신처로 도망쳤으며 '새'를 타고 닌우르타와 싸웠다는 사실을 다시 한번 기억해 보자. 수메르의 한 기도문은 난나가 지녔던 '하늘의 배'에 대해 다음과 같이 노래하고 있다.

> 아버지 난나여, 우르의 주인이시여. (…)
> 하늘의 성스러운 배 안에 담긴 당신의 영광은 (…)
> 엔릴의 장자이신 주인이시여.
> 하늘의 배를 타고 오르실 때
> 당신은 거룩하십니다.
> 엔릴이 영원한 홀(笏)로
> 당신의 손을 장식하셨습니다.
> 신성한 배를 타고 우르를 지나 당신은
> 올라가셨습니다.

난나가 주일 수도 있다는 다른 증거도 있다. 난나의 다른 이름이었던 신(SIN)은 수엔(SU.EN)에서 파생된 말인데, 그것은 주엔(ZU.EN)을 읽는 다른 방법이기도 했다. 또한 주엔의 말 순서를 뒤집어서 엔주(EN.ZU)로 읽어도 그 뜻은 같다. 따라서 주엔으로도 알려져 있던 난나는 다름아닌 엔주(EN.ZU), 즉 '주인님이신 주(ZU)'라는 뜻이 된다. 따라서 난나가 엔릴의 왕권을 찬탈하려 했던 주(Zu)라고 보아도 큰 무리는 없을 것이다.

이렇게 보면 주를 처형하자는 엔키의 주장에도 불구하고, 주가 어떻게 처형되지 않고 귀양을 가는 데 그쳤는지도 이해할 수 있다. 수메르 기록과 고고학적 증거를 보면, 난나와 그의 아내는 강과 산으로 둘러싸인 후르리인의 도시 하란(Haran)으로 갔음을 알 수 있다. 그런데 아브라함의 아버지 데라(Terah)도 우르를 떠나 가족들을 이끌고 하란으로 갔었다는 사실은 주목할 만하다. 그들은 거기서 '약속의 땅'으로 떠나기 전까지 머물렀던 것으로 알려져 있다.

난나에게 바쳐졌던 도시는 분명히 우르였지만 난나는 하란에서도 아주 오랫동안 머물렀음이 분명하다. 왜냐하면 하란의 신전과 건축물, 도로들이 우르와 아주 똑같이 만들어졌기 때문이다. 패로트(A.Parrot)는 우르와 하란의 유사성에 대해 이렇게 말하고 있다.

'하란에서의 예배는 우르의 완전한 복사판이라는 수많은 명확한 증거가 있다.'

수천 년을 두고 건축되고 재건된 하란의 난나 신전이 50년도 넘는 기간을 거쳐 발굴·복원되었을 때 고고학자들은 아주 흥미로운 기록이 새겨져 있는 두 개의 석주를 발견했다. 그 기록은 난나 신전의 고위 신관이었던 아다드구피(Adadguppi)의 말을 받아 적은 것인데, 오래전에 화가 나서 하늘로 올라가 버린 난나가 다시 도시와 신전으로 복귀하도록 자신이 어떻게 준비하고 애원했는가에 대해 말하고 있다.

기록에 남겨진 그녀의 말에 따르면 아다드구피는 아슈르바니팔의 재위 시절에 태어났으며 그녀 역시 왕가의 직계 혈통이었던 것으로 보인다. 난나에게 기도를 드리면서 그녀는 아주 실제적인 '거래'를 제안한다. 당시 바빌로니아 군대의 사령관이던 자신의 아들 나부나이드(Nabunaid)가 수메르와 아카드의 지배자가 되도록 난나가 도와준다면 자신은 난나가 과거의 힘을 되찾도록 돕겠다는 것이었다. 역사적 기록에서도 기원전 555년에 바빌로니아 군대의 사령관이었던 나부나이드가 동료 장군들에 의해 왕위에 올랐다고 전하고 있다. 이 과정에서 나부나이드는 난나의 직접적인 도움을 받은 것으로 알려져 있다. 나부나이드가 남긴 기록에 따르면 '난나는 지상에 나타나자마자 안의 무기를 이용해 빛줄기로 하늘을 치고 땅에 있는 적을 궤멸시켰다'고 한다.

나부나이드도 약속을 지켰다. 그는 난나의 신전인 에쿨쿨(E.HUL.HUL, 큰 기쁨의 집)을 재건했고 난나를 최고의 신으로 선포했다. 그 결과 난나는 '안의 힘을 갖게 되었으며, 엔릴의 힘도 사용하게 되었고, 엔키의 권력도 넘겨받아 결국 모든 하늘의 권력을 자신의 손에 쥐게 되었다'는 것이다. 그렇게 해서 왕위를 찬탈하려던 마르둑을 물리치고 마르둑의 아버지인 엔키의 힘까지 빼앗은 난나는 '신성한 초승달'이라는 이름을 얻게 되고, 이른바 '달의 신'으로 불리게 된 것이다.

그런데 '화가 나서' 하늘로 돌아갔던 난나가 어떻게 지구로 돌아와 그런 공을 세울 수 있었던 것일까?

나부나이드는 난나가 '자신의 화난 명령을 잊고 에쿨쿨 신전으로 돌아오기로 결심한 것이야말로 기적'이라고 주장한다. 그 기적이란 '하늘에서 지구로 신들이 내려온 일'로 '아주 옛날을 제외하고는 수메르 땅에 없었던 일'이었다고도 했다.

이것은 난나의 위대한 기적이다.

그런 일은 수메르 땅에
고대 이후로 없었다.
이 땅의 사람들이
영원히 기억하기 위해 점토판 위에
쓴 적도 없던 일이다.
모든 신과 여신들의 주인
난나가
하늘에 거하시다가
하늘로부터 내려왔다.

아쉽게도 난나가 지구로 내려온 장소나 방법에 대한 기록은 남아 있지 않다. 그러나 우리는 최소한 그곳이 하란의 외곽 지역이었다는 것은 알고 있다. 재미있는 사실은 야곱이 가나안에서 '오래된 나라'로 신붓감을 찾기 위해 가는 도중에 '땅에 층계가 있고, 그 꼭대기가 하늘에 닿아 있고, 하나님의 천사들이 그 층계를 오르락내리락하고 있는 것'을 보았다고 말한 지역이 바로 그 근방이었다는 점이다(「창세기」 28 : 12).

| 난나의 장자, 우투 |

나부나이드는 난나(NAN.NA=SIN)의 신전과 권력을 부활시킴과 동시에 난나의 쌍둥이 자식인 인안나(IN.ANNA, 안의 귀부인)와 우투(UTU, 빛나는 자)의 신전도 복원했다.

인안나와 우투는 난나가 정식 아내인 닌갈과의 사이에서 낳은 자식들로 신성한 가계 출신들이었다. 엄밀히 따지면 먼저 태어난 것은 인안나였지만 여자였기 때문에 그녀의 쌍둥이 동생인 우투가 장남이자 법적인 승계권자였다. 쌍둥이로서 비슷한 상황에 있던 에서와 야곱이 갈등을 빚었던 것과는 달리 인안나와 우투는 아주 가까운 사이였다. 그들은 모든 일을 같이 했고 서로 도왔다. 인안나는 두 명의 신 중에서 신랑감을 골라야 했을 때 우투에게 조언을 구하기도 했다.

인안나와 우투는 지구 위에 신들만이 있던 시절에 태어났다. 우투의 도시였던 시파르(Sippar)는 수메르에서 신들에 의해 세워진 최초의 도시 가운데 하나였다. 나부나이드는 한 기록에서 우투의 신전인 에바브바라(E.BABBARA, 빛나는 집)를 시파르에 재건할 때의 일을 다음과 같이 말한다.

> 나는 그 신전의 원래 초석을 찾아
> 10미터쯤 땅을 파내려 갔다.
> 에바브바라의 위대한 주인인 우투가
> 초석을 직접 내게 보여 주었다.
> 그것은 사르곤의 아들인 나람신(Naram-Sin)이 세운 것으로
> 3,200년 동안 어떤 왕도 다시 보지 못했던 것이다.

수메르에서 문명이 부흥하고 인간이 두 강 사이의 땅에서 신들과 합류했을 때, 우투는 법과 정의를 다루는 신으로 자리를 잡는다. 안과 엔릴의 이름을 언급하고 있는 고대의 법전들은 동시에 '우투의 진실한 말에 따라' 만들어졌다는 점도 강조하고 있다. 바빌로니아의 함무라비 왕은 자신의 법전을 원추형 석조물에 새겼는데, 그 맨 위에는 함무라비가 우투로부터 법전을 전해 받는 모습이 새겨져 있다. 【그림 51】

시파르에서 발견된 기록들은 그곳이 고대의 법과 정의의 중심지로

【그림 51】 함무라비에게 법전을 전해 주는 우투

명성을 얻은 곳임을 보여 주고 있다. 어떤 기록들은 우투가 신과 인간 모두를 심판하는 자리에 있었다고 전하고 있다. 시파르는 수메르의 '대법원'이었다고 해도 과언이 아니다.

우투가 강조한 정의는 신약의 '산상수훈(山上垂訓)'과 비슷한 점이 많다. 「지혜의 서판Wisdom Tablet」이라는 문서는 '우투를 즐겁게 하기 위해' 다음과 같은 행동을 하라고 권하고 있다.

> 적에게 악을 행하지 않으면,
> 너의 적도 선으로 갚을 것이다.
> 적에게 정의를 베풀라. (…)
> 보시(布施)를 원하는 자에게는

수메르, 모든 신들의 고향 175

먹을 음식과 마실 음료를 주어라. (…)
남을 돕고 선을 행하라.

우투가 정의를 보호하고 억압을 막았기 때문에, 그리고 나중에 보게 될 다른 이유들로 인해, 우투는 여행자의 수호신으로도 여겨졌다.

그러나 우투에게 가장 자주 주어졌고 또 오래 지속된 형용사들은 그의 현명함에 대한 것이었다. 아주 초기부터 우투는 바브바르(Babbar, 빛나는 자)라고 불렸다. 그는 '빛을 넓게 퍼뜨리는 우투'였으며 '하늘과 지구를 밝히는' 신이었다.

함무라비는 우투를 그의 아카드어 이름인 샤마시(Shamash)로 부르고 있는데 셈어로 '태양'을 뜻하는 말이다. 그런 이유로 학자들은 우투(샤마시)가 메소포타미아의 태양신이라고 추측하고 있다. 그러나 우리는 우투가 '빛을 밝히는 신'이 된 이유는 그에게 부여된 천체가 태양이기 때문이기도 했지만, 동시에 그가 할아버지 엔릴의 명령에 따라 아주 특별한 임무를 수행했기 때문이라는 사실을 이후에 확인하게 될 것이다.

| 수메르의 아프로디테, 인안나 |

고대의 법전과 법정 기록들은 우투가 고대 메소포타미아의 사람들 사이에 실제로 존재했다는 것을 입증하고 있다. 그런데 그에 못지않은 많은 자료들이 그의 쌍둥이 누이인 인안나(IN.ANNA, 아카드어로는 이시타르Ishtar) 여신의 존재와 실체를 입증하고 있다.

메소포타미아의 한 왕은 기원전 1300년에 인안나의 신전을 우투의 도시인 시파르에 재건하면서, 그 신전의 초석이 그때 이미 800년이나 된 것이었다고 기록하고 있다. 그러나 인안나의 근거지였던 우루크에서는 그녀에 대한 이야기들이 그보다 훨씬 이전으로 거슬러 올라간다.

로마인들에게는 베누스(비너스)로, 그리스인들에게는 아프로디테로, 가나안과 히타이트 사람들에게는 아스타르테(Astarte)로, 그리고 아카드와 수메르 사람들에게는 인안나 혹은 닌니(Ninni)로 알려졌던 인안나는 시대를 불문하고 사나우면서도 아름다운 전쟁의 여신, 사랑의 여신으로 여겨졌다. 그녀는 안의 증손녀에 불과했으면서도 하늘과 땅의 신들 사이에서 중요한 위치에 스스로 올라선 불굴의 의지를 지닌 여신이었다.

젊은 여신이었던 인안나는 처음에 수메르 동쪽으로 멀리 있는 아라타(Aratta)라는 땅을 영지로 받았다. '모든 땅의 여왕이며, 고귀한 인안나'는 그곳에 그녀의 '집'을 갖고 있었다. 그러나 인안나의 야심은 그보다 훨씬 컸다. 앞에서 본 것처럼 우루크에는 안을 위한 거대한 신전이 있었는데, 그곳은 안이 지구를 공식적으로 방문할 때만 사용되었다. 인안나가 원한 것은 바로 그 우루크의 최고 권력이었다.

「수메르 왕의 연대기」에 따르면 신이 아닌 우루크 최초의 왕은 메시키아가세르(Meshkiaggasher)로 우투가 인간의 아내로부터 얻은 아들이었다고 하며, 그의 아들 엔메르카르(Enmerkar)는 그를 이어 우루크의 두 번째 왕이 되었다. 그런 연유로 엔메르카르의 대고모 격이었던 인안나는 왕에게 자신이 변방의 아라타보다는 우루크의 여신이 되어야 한다고 설득한다.

「엔메르카르와 아라타의 주인」이라는 아주 길고 흥미로운 이야기를 보면, 엔메르카르는 아라타에 사신을 보내 '인안나의 하인인 엔메르카르가 인안나를 안의 집의 여왕으로 선언했음'을 설명하고 아라타의 왕에게 이 여신을 양보해 달라고 설득했다고 한다. 비록 이야기의 끝이 분명치는 않지만 이 일은 결국 잘 끝난 것으로 보인다. 왜냐하면 인안나는 우루크로 자리를 옮겼고 또 '아라타의 집도 버리지 않았기' 때문이다. 인안나가 두 도시를 오갔을 것이라는 추측도 전혀 근거 없는 것은 아닌데, 인안나는 모험심이 아주 강한 여행자로도 알려져 있기 때문이다.

하지만 우루크에 있는 안의 집(신전)을 인안나가 접수한 것은 안의 동의 없이는 있을 수 없는 일이었다. 그리고 안이 왜 동의했는지를 짐작할 수 있는 기록도 남아 있다. 인안나는 '아누니툼(Anunitum, 안이 가장 사랑하는 사람)'이라고도 불렸던 것이다. 그 밖에도 인안나가 '안의 신성한 정부(情婦)'라는 기록도 볼 수 있다. 인안나는 안이 우루크에 올 때마다, 혹은 스스로 하늘에 있는 안의 처소로 갈 때마다 잠자리를 같이했던 것이다.

그렇게 우루크와 안의 신전 주인 자리를 차지한 인안나는 우루크의 지위와 자신의 힘을 강화하기 위해 책략을 쓰기 시작한다. 유프라테스 강을 따라 아래쪽으로 내려가면 엔키의 근거지인 에리두가 있었는데, 엔키가 문명의 기술에 대한 지식을 갖고 있다는 것을 알고 있던 인안나는 그 비밀을 어떻게든 알아내려고 계획한다. 종조부(從祖父)인 엔키에게 자신의 '매력'을 십분 활용하기로 마음먹은 인안나는 홀로 엔키를 방문한다. 엔키도 인안나가 자신에게 여자로 접근하려는 것을 눈치 채고 다음과 같이 두 사람만의 저녁을 준비시킨다.

집사 이시무드(Isimud)여, 내 말을 따르라.
내 말을 명심하여 들어라.

인안나가 압주(Abzu=압수Apsu, 깊은 땅)로 오고 있다. (…)

인안나를 에리두의 압주로 들게 하라.

그녀에게 버터 바른 보리빵을 먹게 하라.

그녀에게 가슴을 시원하게 하는 찬물을 마시게 하라.

그녀에게 맥주를 대접하라. (…)

인안나와 함께 먹고 마시며 행복해진 엔키는 인안나에게 무엇이라도 해줄 수 있는 상황이 된다. 인안나는 대담하게도 첨단 문명의 기초가 되는 성스러운 공식들을 요청한다. 엔키는 왕권과 신관들의 역할, 무기, 법적 절차, 필사법, 목공예, 악기 다루는 법을 비롯해 신전에서의 매춘에 대한 방법까지 포함된 무려 100여 가지에 이르는 문명의 지식들을 인안나에게 알려준다. 엔키가 술에서 깨어나 자신이 한 일을 깨달았을 때, 인안나는 벌써 우루크로 떠나 버린 후였다. 엔키가 자신의 '공포스러운 무기들'로 인안나를 쫓았지만, 인안나는 이미 '하늘의 배'를 타고 우루크로 피신해 버렸다.

인안나는 자신의 미를 자랑하는 나체로 자주 묘사되곤 한다. 또 심지어는 치마를 들어 올려 하반신을 드러낸 모습으로도 그려진다. [그림52]

여신과 인간 남편 사이에서 태어난 기원전 2900년경의 우루크 왕 길가메시도, 이미 남편이 있던 인안나가 자신을 어떻게 유혹했는지에 대해 증언하고 있다. 한 전투를 치른 후 길가메시는 '털이 달린 외투를 입고, 허리띠를 묶었다'. 그때,

아름다운 이시타르(인안나)가 길가메시의 모습을 올려다봤다.

'길가메시, 이리 와서 나의 연인이 되어 다오.

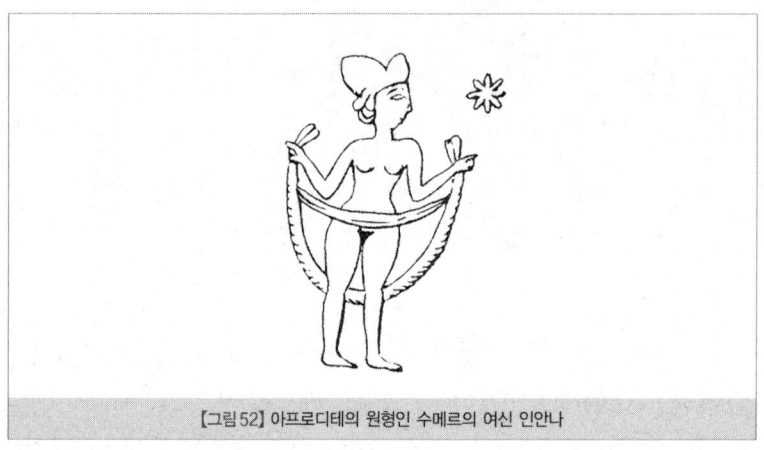

[그림 52] 아프로디테의 원형인 수메르의 여신 인안나

와서 너의 열매를 내게 다오.
너는 나의 남성이 되고, 나는 너의 여성이 되리라.'

그러나 길가메시는 인안나의 남성 편력을 잘 알고 있었다. 길가메시는 '당신의 연인 중 당신이 영원히 사랑한 사람이 있습니까? 그들 중 당신을 늘 만족시키는 사람이 있습니까?'라고 물었다. 길가메시는 인안나의 아주 복잡한 남성 편력을 예로 들면서 그녀의 청을 거절한다.

시간이 지나면서 인안나는 다른 신들보다 높은 지위에 오르고 책임도 많아지며 마침내 군사적 역량을 발휘한다. 그녀는 아주 철저하게 무장한 전쟁의 여신으로 더 잘 알려지게 된다. [그림 53]

아시리아의 왕들이 남긴 기록에는 인안나가 자신들에게 전쟁을 하라고 명령해 싸웠다는 내용뿐만 아니라, 언제 싸우고 언제 기다릴 것인가를 조언했다는 내용도 있다. 또 한번은 인안나가 자신의 모습을 직접 모든 군대 앞에 보였다는 기록도 있다.

[그림 53] 미의 여신에서 전쟁의 여신으로 변한 인안나

왕들의 충성에 대해 인안나는 장수(長壽)와 성공으로 보답했다. 인안나는 '하늘에 있는 황금의 방에서 내가 너희들을 지켜보고 있다'고 말한다.

그런데 미의 여신 인안나가 무사로 둔갑한 것은 어떤 이유에서였을까? 아마도 마르둑과 투쟁하는 과정에서 생긴 변화였을 것으로 추측된다. 나부나이드는 한 기록에서 '금으로 된 신전에 거하는 고귀한 공주인 우루크의 인안나는 일곱 마리의 사자가 끄는 전차를 타고 다녔는데, 우루크 사람들은 에르바마르둑의 통치 기간 중에 신을 바꿔 그녀의 신전을 없애고 그녀의 전차에 묶인 사자들을 풀었다'라고 말하고 있다.

그래서 인안나는 '화가 나 자신의 처소인 안의 집을 떠났으며, 그 후로는 흉한 장소에 머물렀다'는 것이다. 인안나가 새로 머문 장소가 어딘지에 대해서는 기록이 없다. 【그림54】

사랑과 권력을 모두 갖기 위해서였는지는 모르지만, 인안나는 수많은 애인 중 두무지(DU.MU.ZI)를 남편으로 삼았다. 두무지는 엔키의 막내아들이었다. 이 두 신의 사랑과 다툼에 대해서는 많은 기록이 남아 있다. 그중 일부에는 아주 아름답고 또한 아주 노골적인 성적 표현도 실려 있다. 어떤 이야기를 보면 여행에서 돌아온 인안나가 자신이 없는 사이에 두무지가 바람피운 것을 알고 두무지를 잡아 '아래 세계'로 보

【그림54】 마르둑에게 패한 후 흉한 곳에 머물게 된 인안나

낸 적도 있다고 한다. '아래 세계'는 인안나의 여자형제인 에레시키갈(E.RESH.KI.GAL)과 그녀의 남편인 네르갈(NER.GAL)이 통치하던 곳이다. 이시타르(인안나)가 다시 남편을 찾아 '아래 세계'로 여행한 이야기는 수메르와 아카드가 남긴 문학 걸작으로 꼽힌다.

| 엔릴의 막내아들, 이시쿠르 |

앞서 살펴본 것처럼 최고의 신인 안은 부인 안투와의 사이에서 합법적인 장자 엔릴을 낳았다. 또한 다른 부인과의 사이에서 아들 엔키와 딸 닌후르쌍도 낳았다.

안의 장자인 엔릴 역시 세 명의 아들을 낳았다. 엔릴은 우선 이복누이인 닌후르쌍과의 사이에서 아들 닌우르타를 낳았으며, 닌우르타는 엔릴의 합법적인 승계자가 된다. 엔릴은 또 정식 부인인 닌릴과의 사이에서 장남 난나(부인은 닌갈)를 낳았고, 막내아들 이시쿠르도 낳았다. 난나(신)는 딸 인안나와 아들 우투 쌍둥이를 낳았다.

한편 엔키(부인은 닌키)는 여섯 아들을 낳았는데, 수메르의 이야기에 등장하는 것은 셋뿐이다. 나중에 왕권을 빼앗아 최고의 자리에 오르는 마르둑과 '아래 세계'를 다스리는 네르갈, 그리고 인안나와 결혼한 두무지가 그들이다.

이상이 수메르 신화에 등장하는 주요 신들이며, 이 가운데 닌우르타는 엔릴의 승계자지만 엔릴이 살아 있는 동안에는 12신에 들어가지 못한다.

그러므로 12신의 계보를 따져 보면 다음과 같다.

1세대는 최고의 신인 안과 그의 부인 안투다.

2세대는 안의 승계자인 엔릴과 그의 부인 닌릴, 안의 또 다른 아들인 엔키와 부인 닌키, 그리고 안의 딸인 닌후르쌍이다.

3세대로는 우선 엔릴이 이복누이 닌후르쌍과의 사이에서 낳은 승계자 닌우르타가 있지만 그는 승계자일 뿐 12신에는 끼지 못한다. 닌우르타 외에 엔릴의 또 다른 아들인 난나(신)와 그 부인 닌갈, 엔릴의 막내아들 이시쿠르가 12신에 속한다. 안의 승계권자가 아닌 엔키의 자식들은 12신에 들어가지 못한다.

4세대로는 3세대의 난나와 부인 닌갈이 낳은 쌍둥이 우투와 인안나가 있다.

보다 상세한 신의 계보도를 소개하기 전에 우선 엔릴의 막내아들이자 12신 가운데 하나인 이시쿠르에 대해 좀더 살펴보기로 하자. 이시쿠르(ISH.KUR, 멀리 있는 산의 땅)는 엔릴과 정실부인 닌릴이 낳은 막내아들이며 흔히 '아다드(Adad, 사랑하는)'라는 이름으로 불리기도 했다.

난나의 친형제이자 우투와 인안나의 삼촌이기도 했던 아다드는 자신의 집보다 난나의 집에 있는 것이 훨씬 더 편했던 모양이다. 왜냐하면 수메르의 기록들은 그 네 사람을 함께 언급하는 일이 많기 때문이다. 안이 우루크를 방문했을 때를 적은 기록에서도 네 사람은 함께 언급되고 있다. 안의 신전에 들어가는 문을 묘사한 또 다른 기록에서는, 옥좌가 있는 방은 '난나, 우투, 아다드 그리고 인안나의 문'을 거쳐야 한다고 묘사하고 있다. 또 다른 기록에서는 네 사람이 함께 잠을 잤다고도 한다.

특히 이시쿠르와 그의 조카인 여신 인안나는 아주 가까웠던 것으로 보이는데, 다음의 부조를 보면 아시리아의 통치자가 반지와 번개를 든

【그림 55】 나란히 서서 아시리아의 왕을 축복하는 인안나와 이시쿠르(아다드)

이시쿠르(아다드)와 활을 든 인안나로부터 동시에 축복을 받는 모습이 묘사돼 있다. 맨 오른쪽의 세 번째 신은 너무 훼손돼 누구인지 알아보기 어렵다. 【그림 55】

인안나의 행적을 생각해 볼 때 이시쿠르와 인안나 사이가 단순히 플라토닉한 것이었는지는 대단히 의심스럽다. 구약의 「아가雅歌」를 보면 장난기 많은 여자가 자신의 애인을 '도드(dod)'라고 부르는 대목이 있는데, 도드는 '애인'과 '삼촌'을 동시에 뜻하는 말이다. 혹시 인안나도 아다드(수메르어의 다다DA.DA에서 유래한)를 삼촌이자 애인이라는 뜻으로 그렇게 부른 것은 아니었을까?

그러나 이시쿠르(아다드)는 바람둥이만은 아니었다. 그는 아주 용감한 신으로 아버지 엔릴로부터 '폭풍의 신'의 특권과 힘을 물려받았다. 그런 이유로 이시쿠르는 후르리와 히타이트에서는 테슙(Teshub, 바람

[그림 56] 폭풍의 신 이시쿠르

을 일으키는 신)으로, 아모리에서는 라마누(Ramanu, 우박의 신)로, 인도-유럽어권에서는 부리아시(Buriash, 불을 일으키는 신)로, 셈어권에서는 메이르(Meir, 하늘을 밝히는 신)로 알려졌다. [그림 56]

대영 박물관에 소장된 신들의 계보도에는 이시쿠르가 실제로 수메르와 아카드에서 멀리 떨어진 지역에서 성스러운 주인으로 활동했다고 기록되어 있는데, 수메르의 기록을 보면 이것은 결코 우연이 아니다. 엔릴이 의도적으로 막내아들인 이시쿠르를 메소포타미아의 서부와 북부에 있는 산악지대에 '상주하는 신'으로 내보냈기 때문이다.

그렇다면 도대체 왜 엔릴은 자신의 사랑하는 막내아들을 니푸르에서 그렇게 멀리 떨어진 곳으로 보냈던 것일까?

수메르의 몇몇 서사시들을 보면 젊은 신들 사이에 말다툼과 심지어는 치열한 전투가 흔했음을 알 수 있다. 또 많은 원통형 인장에는 신들끼리 싸우는 모습도 새겨져 있다. [그림 57] 엔릴과 엔키 사이의 왕위를 둘러싼 자리다툼이 그들의 아들 대로 이어져서도 계속되었고 더 심해

[그림 57] 몸싸움을 벌이는 수메르의 신들

졌던 것으로 보이는 대목이다. 또 그 과정에서 형제들끼리 싸우는 경우도 생겼으며 이런 싸움은 가인과 아벨 이야기의 원형이라고도 볼 수 있다.

그중 몇몇 싸움은 쿠르(Kur)라고 알려진 신이 다른 신들과 벌인 싸움인데, 기록으로 볼 때 쿠르는 이시쿠르(아다드)였을 가능성이 높다. 아마 그런 이유 때문에 엔릴은 이시쿠르를 위험한 승계 싸움에서 보호하려고 멀리 보냈던 것으로 생각된다.

| 수메르 신들의 계보도 |

안, 엔릴, 엔키, 그리고 그 자식들이 총망라되는 수메르 신들의 계보도는 아주 독특한 장치에 의해 각각의 신들에게 지위를 부여하고 있는데, 그것은 각 신들의 지위를 숫자로 표시하는 것이다. 이렇게 각각의 신들에게 부여된 숫자를 파악함으로써 수메르 문명이 융성할 당시에 하늘과 땅의 신들로서 중요한 자리를 차지하고 있던 신들이 누구였는

지를 알 수 있으며, 그들의 수가 정확히 12명이었다는 것도 확인할 수 있다.

중요한 신들에게 숫자가 주어졌다는 사실은 난나, 우투, 인안나가 일부 기록에서 이름 대신 30, 20, 15 등의 숫자로 표현되었다는 사실이 밝혀지면서 알려지게 되었다.

수메르의 60진법에서 최상의 숫자인 60은 당연히 안에게 주어졌다. 그리고 엔릴은 50, 엔키는 40, 이시쿠르는 10이었다. 다시 말해 10에서 60까지 0으로 끝나는 숫자는 모두 남성 신들에게 주어졌던 것이다. 또 인안나의 경우에서와 같이 5로 끝나는 숫자들은 여신들에게 주어졌던 것임을 알 수 있다. 따라서 다음과 같은 수메르 신들의 숫자표가 만들어진다.

남성 신들(6명)	여성 신들(6명)
60-안(아누)	55-안투(안의 부인)
50-엔릴	45-닌릴(엔릴의 부인)
40-엔키(에아)	35-닌키(엔키의 부인)
30-난나(신)	25-닌갈(난나의 부인)
20-우투(샤마시)	15-인안나(이시타르, 난나의 딸)
10-이시쿠르(아다드)	5-닌후르쌍(안의 딸)

여기에 포함되지 않은 엔릴의 장남 닌우르타는 당연히 엔릴과 마찬가지로 숫자 50을 받았다. 즉, 그의 승계권이 숫자로 표현되었던 것이다. 만약 엔릴이 사라진다면 닌우르타가 그 자리를 차지하게 된다. 그러나 엔릴이 숫자 50을 차지하고 있는 한 닌우르타는 12신 안에 포함

되지 못한다.

후에 엔키의 아들 마르둑이 엔릴의 왕권을 찬탈했을 때 그는 신들이 자신에게 '50의 이름'을 주었다고 주장했는데, 숫자로 신들의 지위를 표시하는 전통 안에서 승계자의 숫자인 50이 자신의 것이 되었음을 주장하기 위한 것이었다.

물론 수메르에는 위대한 신들의 다른 자식들과 손자들, 조카들 등 다른 신들도 많았다. 또 그 밖에도 아눈나키(Anunnaki)라고 불린 '평범한 일을 하는' 일반 신들도 많이 있었다. 그러나 단지 12명의 신들만이 신들의 '위대한 원(Great Circle)'에 들어갈 수 있었다. 그들 사이의 관계와 지위는 다음의 표를 통해 일목요연하게 볼 수 있다.

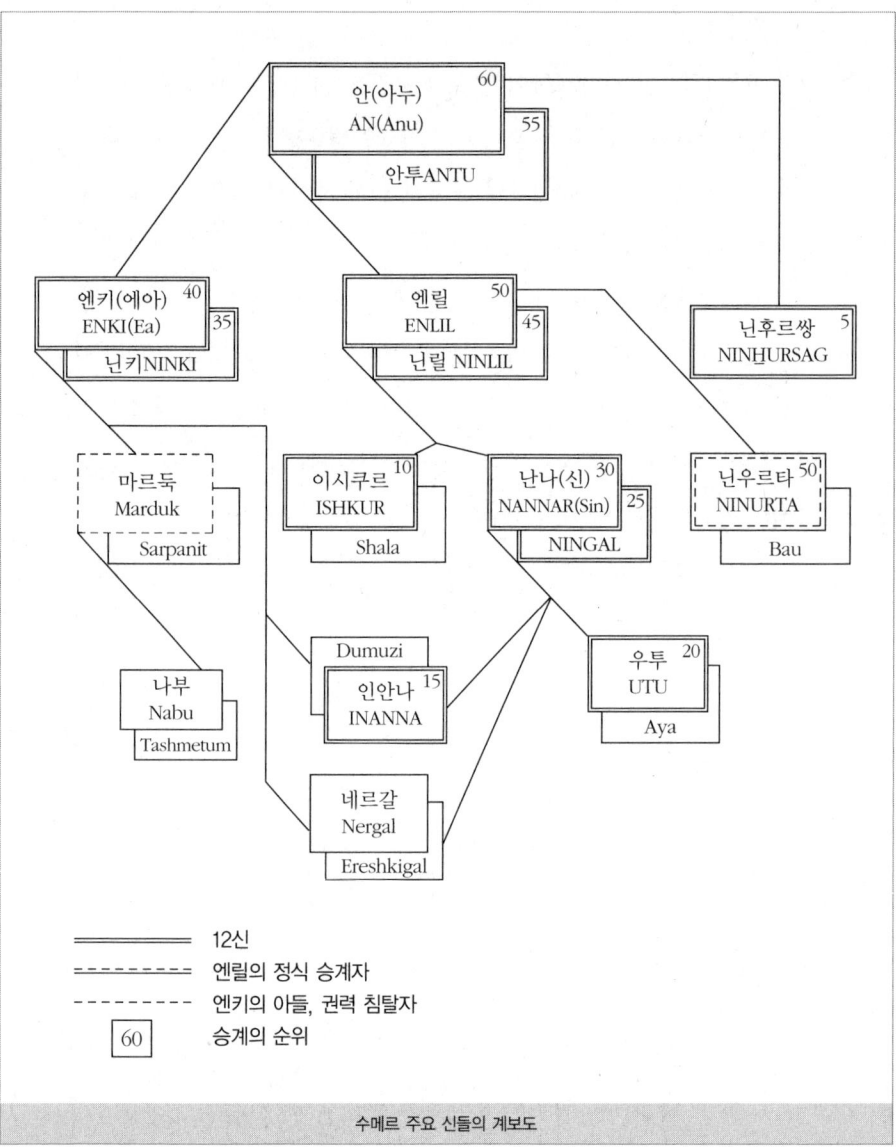

5

네필림, 불 뿜는 로켓을 탄 사람들

| **여신의 날개옷** |

수메르와 아카드의 기록에 따르면, 고대 근동의 사람들은 하늘과 땅의 신들이 지구로부터 하늘로 올라갈 수 있었다는 것과 하늘을 마음대로 날아다닐 수 있었다는 것을 확신하고 있었음을 알 수 있다. 예를 들어 살펴보자.

누군가가 여신 인안나(이시타르)를 겁탈한 적이 있는데, 그 겁탈자는 다음과 같이 자신의 행위를 정당화하고 있다.

하루는 나의 여왕이
하늘을 가로지르고 지구를 가로지른 다음,
인안나가

하늘을 가로지르고 지구를 가로지른 다음,

엘람과 슈부르를 가로지른 다음,

가로지른 다음 (…)

지친 노예는 잠이 들었다.

나는 내 정원의 가장자리에서 인안나를 보았다.

나는 그녀에게 입맞춤을 하고 성교했다.

여기서 멀리 있는 땅들의 하늘을 마음대로 날아다니는 것으로 묘사된 인안나는 (그것은 비행을 통해서만 가능한 일이었는데) 다른 곳에서 자신의 비행에 대해 언급하기도 한다. 고고학자인 랭던(S. Langdon)이 「인안나의 기도문」이라고 부른 기록을 보면, 인안나가 자신의 도시에서 쫓겨난 것을 한탄하는 대목이 나온다. 엔릴의 명령을 받은 사자가 '하늘의 말을 가지고' 인안나의 옥좌가 있는 방으로 들어와 그녀에게 '그의 더러운 손을 대는' 등의 무례를 범했다. 그 후 인안나는 다음과 같이 토로한다.

내 신전의 메(Me)를

그들은 날게 했다.

나의 도시에서 여왕인 나를

그들은 새처럼 날게 했다.

인안나뿐만 아니라 다른 신들도 갖고 있던 그런 비행 능력은 고대의 예술가들에 의해 다른 모든 점에서는 인간과 같은 모습을 지닌 신에게 날개를 붙이는 방법으로 묘사되곤 했다. 많은 그림에서 볼 수 있듯이 신들의 날개는 신체의 일부가 아니라, 즉 자연적인 날개가 아니라, 신의 옷에 붙어 있는 장식적 요소였다. 【그림58】

인안나의 장거리 여행에 대해서는 많은 기록이 남아 있는데, 그녀는 우선 최초의 영지인 아라타와 나중에 얻은 영지인 우루크를 왕래했다고 한다. 또 그녀는 에리두의 엔키를 찾아갔으며, 니푸르의 엔릴도 찾아갔고, 시파르에 본부를 둔 우투를 찾아가기도 했다.

그러나 그녀의 여동생인 에레시키갈이 엔키의 아들인 네르갈과 함께 다스리던 '아래 세계'로 찾아갔던 일이 그녀의 가장 유명한 여행이 되었다. 이 여행은 많은 서사시의 주제가 되었을 뿐만 아니라 다양한 원통형 인장에도 예술적으로 그려져 있는데, 인안나는 거기서 날개를

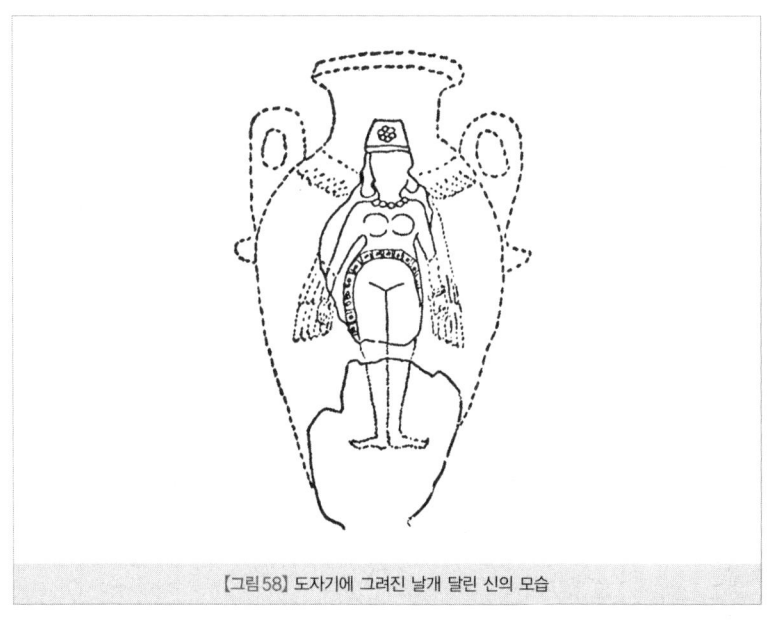

【그림58】 도자기에 그려진 날개 달린 신의 모습

[그림 59] 날개를 단 모습의 인안나(중앙)

단 모습으로 표현돼 있다. 인안나가 수메르에서 아래 세계로 '날아갔다'는 것을 강조하기 위한 표현으로 보인다. [그림 59]

이 험난한 여행을 묘사한 한 기록은 여행을 시작하기 전에 인안나가 어떻게 일곱 가지의 필요한 물건들을 준비했는지, 그리고 에레시키갈의 처소로 이어지는 일곱 개의 문들을 지나면서 어떻게 그것들을 하나씩 내려놓게 되었는지에 대해 상세히 기록하고 있다. 그 일곱 가지 물건들은 인안나의 공중 여행을 다룬 다른 기록에도 똑같이 나타난다. 일곱 가지 준비물이란 다음과 같은 것들이다.

1. 머리에는 슈가르라(SHU.GAR.RA)를 썼다.
2. 양쪽 귀에는 '측량용 귀고리'를 걸었다.
3. 목에는 조그만 푸른색 보석으로 만든 목걸이를 걸었다.
4. 양 어깨에는 두 개의 '보석'을 올렸다.
5. 손에는 '금으로 만든 원통'을 들었다.

6. 가슴을 죄는 끈을 묶었다.

7. 몸에는 팔라(PALA) 옷을 입었다.

비록 지금까지 아무도 이 일곱 가지 물건의 용도와 중요성을 설명하지 못했지만, 그것이 무엇인지는 아주 명백하다는 것이 필자의 생각이다.

1903년에서 1914년 사이에 아시리아의 수도였던 아슈르(Ashur)에서 발굴 작업을 했던 앙드레(W. Andrae)와 그의 동료들은 인안나 신전에서 심하게 훼손된 여신상 하나를 발견했는데, 가슴과 등에 다양한 '기구'들이 달려 있었다.

1934년에 마리(Mari) 유적지를 발굴하던 고고학자들은 그와 비슷하지만 완벽하게 보존된 인물상을 발견했다. 그것은 아주 아름다운 여인의 실물 크기 인물상이었다. 그녀는 두 개의 뿔이 달린 머리 장식을 쓰고 있었는데, 이것은 그녀가 여신이었음을 보여 주는 것이다. 4,000년 전에 만들어진 이 인물상을 보면서 고고학자들은 그 뛰어난 현실감에 감탄을 금할 수 없었다. 만약 사진으로 찍는다면 실제 인물과 구분하기조차 어려울 정도였던 것이다. 인물상의 여인이 원통형의 물체를 들고 있었기 때문에 고고학자들은 그 인물상을 '물병을 든 여신상'이라고 불렀다. 【그림 60】

그런데 실물 크기의 이 여신상은 그녀의 복장을 통해 상당히 흥미로운 정보를 제공하고 있다. 그녀는 머리에 보통의 여성용 모자가 아닌 특별한 헬멧 같은 것을 쓰고 있으며, 그 모자에서 양쪽으로 흘러나와 두 귀에 장착된 것은 조종사들의 이어폰을 연상시키는 물건이다. 목과 가슴 위로는 아주 많은 작은 돌(아마도 보석이었을 것으로 생각되는)로

【그림60】 '물병을 든 여신상'의 특이한 복장

만들어진 목걸이를 하고 있다. 손에는 원통형의 물체를 들고 있는데 물을 담는 물병이라고 보기에는 지나치게 크고 무거워 보인다.

속이 훤히 들여다보이는 옷 위로는 두 개의 끈이 평행으로 가슴을 지나 목 뒤까지 이어져 직사각형 모양의 상자를 고정시키고 있다. 그 상자는 여신의 목 뒤에 단단히 고정되어 있고 수직의 끈에 의해 헬멧과 연결되어 있다. 또 그 상자가 다시 두 개의 커다란 어깨심으로 받쳐지고 있는 것으로 보아 그 상자 안의 내용물이 무엇이었든지 간에 상당히 무거웠음에 틀림없어 보인다. 그 상자의 무게는 상자의 밑 부분에 원형 걸쇠로 연결된 긴 관으로 인해 더욱 무거워지고 있다. 마지막으로 여신의 헬멧, 상자, 긴 관 등은 여신의 가슴과 등을 십자형으로 가로지르는 끈들로 다시 한번 단단히 묶여 있다.

인안나가 공중 여행을 위해 준비했던 일곱 가지 물건들과 마리에서 발견된 이 여신상이 입고 있던 옷과 물체들 사이의 유사성은 쉽게 밝혀진다. (그리고 추측컨대 아슈르의 인안나 신전에서 발견된 훼손된 신상도 아마 비슷한 모습이었을 것이다.) 그녀의 귀에는 '측량용 귀고리(이어폰으로 추측되는)'가 있으며, 목에는 조그만 돌로 만든 '목걸이'를 걸고 있었고, 어깨에는 '두 개의 보석'이 올려져 있었다. 또한 손에는 '금으로 만든 원통'을 들고 있으며, '가슴에는 십자 모양으로 죄는 끈'을 묶었다. 그리고 '팔라' 옷('지도자의 옷'이라는 뜻)을 입고 있었다. 게다가 머리에는 '슈가르라(SHU.GAR.RA, 문자 그대로 번역하면 '우주로 멀리 갈 수 있도록 하는 것'이라는 뜻)'를 쓰고 있었다.

이 모든 것을 종합해 보면 인안나의 복장은 비행사 아니면 우주비행사의 복장이었음을 알 수 있다.

| 구약에 나타난 천사들의 복장 |

구약은 하나님의 천사들을 말라킴(Malachim)이라고 부르는데, 이는 성스러운 명령을 전하는 사자(使者)라는 뜻이다. 수많은 예를 통해서 알 수 있듯이 그들은 하늘을 날아다녔다. 야곱은 그들이 하늘로 이어진 계단을 오르내리는 것을 보았고, 아브라함의 첩이었던 하갈은 하늘에서 그들이 말하는 것을 들었다. 또한 소돔과 고모라를 공중에서 파괴한 것도 그들이었다.

소돔과 고모라의 파괴에 앞서서 일어난 일들에 대한 구약의 이야기들은, 이들 천사들이 모든 면에서 인간과 같았으나 나타나자마자 곧 사람들에게 천사로 인식될 수 있었던 어떤 특징을 지녔다는 것을 잘 보여준다. 그들의 등장은 우선 갑작스럽다. 아브라함이 '고개를 들고 보니, 웬 사람 셋이 자기의 맞은쪽에 서 있었다'고 한다(「창세기」 18 : 2). 아브라함은 엎드려 그들을 '주님'이라고 부르면서 '종의 곁을 그냥 지나가지 말 것'을 간청하며, 발을 씻은 후 먹고 쉬도록 그들을 설득한다.

아브라함의 요청대로 한 후에 두 천사는 소돔으로 향한다. (세 번째 천사는 바로 하나님 자신인 것으로 드러난다.) 아브라함의 조카인 롯은 소돔의 성 어귀에 앉아 있다가, 그들을 보고 일어서서 맞으며 얼굴을 땅에 대고 엎드려 청하였다.

> 두 분께서는 가시는 길을 멈추시고,
> 이 종의 집으로 오셔서,
> 발을 씻고, 하룻밤 머무르시기 바랍니다.
> _「창세기」 19 : 2

그리고 롯은 그들에게 '상을 차려 주고' 그들은 '롯이 차려 준 것을 먹는다'. 두 천사가 롯의 집에 왔다는 소식이 알려지자 '소돔 성 각 마을에서 젊은이 노인 할 것 없이 모든 남자가 몰려와서 그 집을 둘러싼다'. 그들은 롯에게 소리쳤다.

"오늘 밤에 너의 집에 온 그 남자들이 어디에 있느냐?"

먹고, 마시고, 잠자고, 피곤한 발을 씻은 그 남자들은 어떻게 나타나자마자 하나님의 천사들로 여겨질 수 있었을까? 그들의 복장이나 그들이 쓰고 있던 헬멧, 아니면 그들이 들고 다니던 것, 즉 무기가 그들의 신분을 드러냈던 것은 아닐까?

그들이 특별한 무기를 지니고 다녔다는 것은 분명해 보인다. 왜냐하면 소돔에 나타난 두 남자는 동네 사람들이 달려들자, '그 집 대문 앞에 모여든 남자들을, 젊은이 노인 할 것 없이 모두 쳐서, 그 눈을 어둡게 하여, 대문을 찾지 못하게' 했던 것이다(「창세기」 19 : 11).

그리고 기드온이 이스라엘의 판관으로 선택되었을 때 그에게 나타난 또 다른 천사는 봉으로 바위를 건드려 불을 뿜게 함으로써 기드온에게 성스러운 표식을 보여 주었다.

| 고대의 비행사와 비행체들 |

앙드레가 이끄는 발굴단은 또 아슈르의 인안나 신전에서 아주 특이한 인안나의 조각품도 발견했다. 그것은 보통의 부조라기보다는 벽면 조각에 가까운 것이었는데, 머리에는 평평한 이어폰이 달린 것처럼 보이는 헬멧을 쓰고 있으며 헬멧의 일부로 보이는 보안경도 쓰고 있다. 【그림61】 말할 것도 없이 누구라도 이렇게 차려입은 사람을 본다면 곧바로 성스러운 비행사를 만나고 있음을 알 수 있었을 것이다.

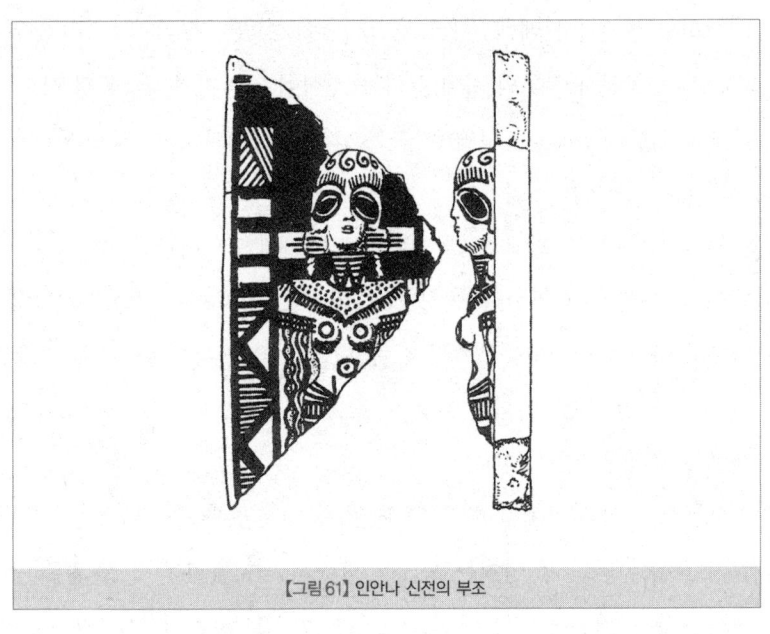

【그림 61】 인안나 신전의 부조

　수메르의 유적지에서 발견된 약 5,500년 전의 진흙 인물상들은 말라킴(구약의 천사)이 막대기 같은 물건을 들고 있는 모습을 아주 거칠게 묘사한 것일 수도 있다. 어떤 인물상은 헬멧의 안경을 통해 얼굴이 들여다보이기도 한다. 또 다른 인물상은 성스러움의 표식인 원뿔형 머리장식을 쓰고 있으며 그 기능을 알 수 없는 둥근 물체들로 장식된 옷을 입고 있다. 【그림 62, 63】

　기원전 4000년경의 근동 지역 유적에서는 원뿔형 헬멧과 타원형의 보안경을 특히 강조한 작은 점토 인형들이 대량으로 발견되고 있다. 【그림 64】 이 원뿔형 헬멧과 타원형 보안경은 신의 상징물로 여겨졌다. 카부르(Khabur) 강 유역의 선사 시대 유적지인 텔 브락(Tell Brak)에서는 그런 인형들이 엄청나게 많이 발견되었는데, 바로 그 강의 유역에서

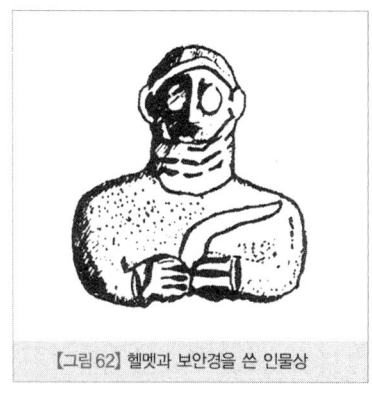

【그림 62】 헬멧과 보안경을 쓴 인물상

【그림 64】 원뿔형 헬멧과 보안경을 쓴 인물상

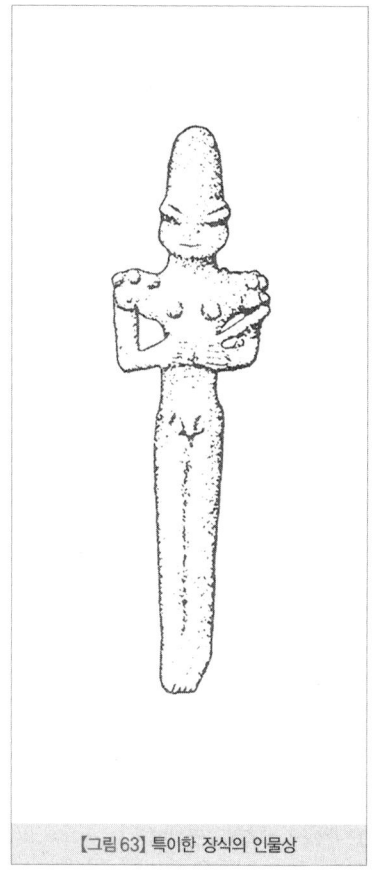

【그림 63】 특이한 장식의 인물상

에스겔이 1,000년 정도 후에 '하늘의 전차'를 보았다고 보고하고 있다.

카부르 지역을 통해 수메르와 아카드의 문명을 받아들였던 히타이트인들이 '신'이라는 말의 상징으로, 눈이 강조된 점토 인형들로부터 빌려 온 것이 분명해 보이는 다음과 같은 기호를 사용했다는 것도 결코 우연이라고 볼 수는 없다.

네필림, 불 뿜는 로켓을 탄 사람들 201

【그림65】 신을 상징하는 초기 그리스의 그림문자들

또한 '신'을 나타내는 이런 그림문자가 소아시아 지역뿐만 아니라 크레타와 미케네 시기의 초기 그리스에서도 매우 예술적인 형태로 나타난다는 것도 놀라운 일이 아니다. 【그림65】

고대 기록들은 신들이 지구 상공을 날기 위해서뿐만 아니라 하늘로 오르기 위해서도 그런 복장을 했다고 말한다. 인안나도 천상에 있는 안의 처소를 방문할 때의 일을 말하면서, '엔릴이 성스러운 메(ME) 의상을 내게 입혀 주었기 때문에' 그런 여행이 가능했다고 진술하고 있다. 엔릴은 인안나에게 다음과 같이 말했다고 한다.

너는 메를 들어 올렸다.
너는 메를 네 손에 맸다.
너는 메를 끌어안았다.
너는 메를 너의 가슴에 묶었다.
모든 메의 여왕이여, 빛나는 불빛이여.
너의 손으로 일곱 개의 메를 쥐고 있도다.

신들로부터 하늘로 오르라는 초청을 받은 한 수메르 지도자의 이름은 엔메두르안키(EN.ME.DUR.AN.KI)였는데, 그 이름을 문자 그대로 해석하면 '그의 메가 하늘과 땅을 연결하는 지도자'라는 뜻이 된다.

마르둑의 '천상의 전차'를 모시는 특별한 건물을 재건하던 일을 묘사한 네부카드네자르(Nebuchadnezzar) 2세의 기록에 따르면, 그 건물은 '하늘과 땅의 일곱 가지 메를 모시는 요새'의 일부였다고 한다.

학자들은 메(ME)를 '성스러운 힘을 지닌 물체'라고 해석한다. 그러나 메라는 단어는, '하늘의 물에서 수영을 한다'는 개념에서 나온 것이다. 인안나는 메를 자신이 하늘의 배를 타고 여행을 할 때 입던 '신성한 옷'의 일부로 묘사하고 있다. 따라서 메는 지구의 하늘과 우주를 비행할 때 입던 특수한 장비의 일부라고 보아야 할 것이다.

그리스 신화의 이카로스(Icarus)는 밀랍으로 된 날개를 몸에 붙이고 하늘을 날려고 했다. 고대 근동에서도 신들의 이런 비행을 묘사하기 위해 날개 달린 옷을 입은 신들의 모습을 그리기는 했다. 하지만 수메르의 신들이 실제로 날개를 달고 날지는 않았던 것으로 보인다. 그 대신 수메르의 신들은 비행을 위해 탈것을 사용했던 것이다.

앞에서 언급한 것처럼 구약을 보면 야곱은 하란 외곽의 들판에서 하룻밤을 보내다가, '땅에 층계가 있고, 그 꼭대기가 하늘에 닿아 있고, 하나님의 천사들이 그 층계를 오르락내리락하고 있는 것'을 보았다고 한다(「창세기」 28 : 12). 그리고 하나님이 그 층계의 끝에 서 계셨다. 놀란 야곱은 '두려워하면서' 중얼거렸다.

> 주께서 분명히 이곳에 계시는데도,
> 내가 미처 그것을 몰랐구나. (…)

이 얼마나 두려운 곳인가!

이곳은 다름아닌 하나님의 집이다.

여기가 바로 하늘로 들어가는 문이다.

_「창세기」28 : 16~17

    이 이야기에는 두 가지 흥미로운 점이 있다. 하나는 '하늘로 들어가는 문'으로 오르락내리락하던 천사들이 일종의 기계적 장치인 '층계(혹은 사닥다리)'를 이용하고 있었다는 것이다. 다른 하나는 야곱의 눈앞에 이런 광경이 아주 '느닷없이' 나타났다는 것이다. '하나님의 집'이나 '층계' 그리고 '층계를 오르락내리락하는 천사들'은 야곱이 잠들기 전에는 없었던 것들이다. 그러다가 갑자기 꿈같은 '광경'이 나타난 것이다. 그리고 다시 아침이 되자 '집'과 '층계'와 '천사들'은 바람처럼 사라져 버린다. 결국 우리는 천사들이 이용한 장치들은 일종의 비행물체로, 갑자기 나타나 잠시 머무르다가 곧 사라져 버렸다고 생각할 수밖에 없다.

    구약은 또 예언자 엘리야(Elijah)가 지구에서 죽은 것이 아니라 '회오리바람에 실려 하늘로 올라갔다'고 말한다. 이것은 결코 갑작스럽거나 예기치 못한 일이 아니었다. 엘리야의 승천은 준비된 일이었다. 엘리야는 특정한 날에 베델(Bethel, 주의 집)로 가라는 주의 명령을 듣는다. 또한 그의 추종자들 사이에서도 엘리야가 하늘로 올라갈 것이라는 소문이 퍼졌다. 추종자들이 엘리야의 대리인 엘리사(Elishah)에게 그 소문이 사실이냐고 묻자 엘리사는 '주님이 오늘 스승을 데려가실 것'이라고 확인까지 해준다. 그리고,

> 갑자기 불병거와 불말이 나타나서 (…)
> 엘리야만 회오리바람에 싣고 하늘로 올라가 버렸다.
> _「열왕기하」 2 : 11~12

엘리야의 경우보다 더 잘 알려지고 더 구체적으로 묘사된 것은 에스겔(Ezekiel)이 보았던 '하늘의 전차'다. 그때 에스겔은 북부 메소포타미아의 카부르 강가에서 유대인 포로들과 기거하고 있었다. 거기서 그는 무엇을 보았는가?

> 나는 하나님이 하늘을 열어
> 보여 주신 환상을 보았다.
> _「에스겔서 1 : 1」

더 구체적으로 말하자면, 에스겔이 본 것은 전차 안의 보석으로 만든 옥좌 위에 앉아 있는 사람의 모습과 비슷한, 광채와 같은 것이 불꽃처럼 안팎으로 둘러싸고 있는 모양이었다. 바퀴 안에 바퀴가 들어 있어 어디로든 갈 수 있고 수직으로 상승할 수도 있었던 그 탈것을 에스겔은 '폭풍'이라고 표현했다.

> 그때에 내가 바라보니
> 북쪽에서 폭풍이 불어오는데,
> 큰 구름이 밀려오고, 불빛이 계속 번쩍이며,
> 그 구름 둘레에는 광채가 나고
> 그 광채 가운데서는 불 속에서 빛나는 금붙이의

광채와 같은 것이 반짝이었다.

「에스겔서」 1 : 4

　미국 항공우주국(NASA)의 블룸리치(J.F.Blumrich) 같은 구약 연구자들은 에스겔이 보았던 '전차'는 회전 날개가 달린, 네 개의 축 위에 선실이 위치한 일종의 헬리콥터라고 생각하고 있다. '폭풍' 혹은 '회오리바람'이라는 표현이 아주 적절하게 어울리는 물체인 것이다.
　그보다 약 2,000년 앞서 수메르의 지도자였던 구데아가 닌우르타의 신전 건축을 기념하면서 쓴 글을 보면, '머리에 헬멧을 쓴 하늘처럼 빛나는 사람이 내 앞에 나타났는데, 그는 신이었다'는 내용이 있다. 닌우르타와 다른 두 신이 구데아에게 나타났을 때, 그들은 닌우르타의 '신성한 검은 바람새' 옆에 서 있었다고 한다. 구데아가 신전을 건축한 이유는 사실 신전의 내부에 안전한 특별 지대를 마련해 그 '신성한 새'를 보관하기 위한 것이었다.
　구데아는 그런 안전한 특별 지대를 만들기 위해 거대한 대들보와 멀리서 가져온 큰 돌들이 필요했다고 말한다. '신성한 새'가 신전의 특별 지대에 모셔진 다음에야 비로소 신전의 건축이 완성된 것으로 보인다. 그 '성스러운 새'는 그곳에서만 '하늘을 붙잡을 수' 있었으며, '하늘과 지구를 하나로 묶을 수' 있었다. 그 새는 너무나 신성한 것이어서 '최고의 사냥꾼'과 '최고의 암살자'라는 빛과 죽음의 광선을 내뿜는 '성스러운 무기들'로 보호되었다.
　하늘을 나는 기구와 그 안에 탄 존재들에 대한 구약과 수메르 신화의 유사성은 아주 분명하다. 또한 '새'나 '회오리바람' 등의 표현은 분명 하늘을 나는 기계를 의미한다고 볼 수밖에 없다.

【그림 66】 텔 가슐에서 발견된 벽화

사해 동쪽의 고대 유적지인 텔 가슐(Tell Ghassul)에서 발견된 이상한 모양의 벽화는 우리가 논의하고 있는 주제에 또 다른 실마리를 제공한다. 기원전 3500년경의 것으로 추정되는 이 벽화에는 여덟 개의 뾰족한 다리를 가진 컴퍼스처럼 보이는 물체가 그려져 있는데, 헬멧을 쓴 사람이 종 모양의 선실에 자리잡고 있다. 따라서 이 벽화는 고대 사람들이 '회오리바람'이라고 말한 기계 장치를 묘사한 것으로 보인다. 【그림 66】

고대의 기록들은 또 비행사를 하늘로 올려 보내기 위해 사용되는 비행 물체에 대해서도 말하고 있다. 구데아는 '신성한 새'가 하늘로 올라가 허공을 선회하다가 '높게 쌓인 벽돌 건물 위로 빠르게 지나갔다'고 말한다.

신성한 새를 보관하기 위해 특별히 보호된 지역은 무나다투르투르(MU.NA.DA.TUR.TUR, 무가 쉬는 강한 돌로 만들어진 장소)라고 불렸다.

그런가 하면 라가시의 지도자였던 우루크아기나(Urukagina)는 '신성한 검은 바람새'에 대해 이렇게 말한다.

불처럼 밝게 빛나는 무를 위해
내가 높고 튼튼한 장소를 만들었다.

그와 비슷하게 기원전 3000년대에 움마(Umma)의 지도자였던 루우투(Lu-Utu)도 '우투 신이 지정한 신전 안의 자리'에 우투 신의 '무를 위한 장소'를 만들었다고 한다.

바빌로니아의 왕이었던 네브카드네자르 2세도 마르둑을 위한 신전을 재건하면서, 구운 벽돌과 대리석으로 된 벽 안에 '나는 마르둑의 신성한 전차 이드게울(ID.GE.UL)의 머리를 세웠다'고 기록했다. 또 '하늘과 땅 사이의 위대한 여행자인 자그무쿠(ZAG.MU.KU)'가 자신이 지은 '궁전의 가운데로 날아와 한쪽을 가렸다'고도 했다.

'마르둑의 전차'라고 묘사된 이드게울은 문자 그대로 '하늘 높은 곳의, 밤에 빛나는'이라는 뜻이다. 또 '위대한 여행자' 자그무쿠는 '멀리 날아가는 빛나는 무'라는 뜻이다.

실제로 하늘과 땅의 위대한 신들을 위한 신전 안의 성스러운 장소에 머리 모양이 둥그런 원뿔형 물체인 무(Mu)가 보관되었다는 것은 입증이 가능하다. 현재 레바논의 지중해 연안인 비블로스(Byblos, 성서의 게발Gebal)에서 발견된 고대의 동전에는 인안나의 신전 모양이 새겨져 있다. 비록 후대인 기원전 1000년경의 신전 모습이기는 하지만 신전이 계속 같은 장소에서 같은 모양으로 재건되었다는 것을 생각해 보면, 이 동전에 묘사된 신전의 모습이 그보다 이전 시대의 신전 모습을 보여 주는 것이라고 해도 과언은 아니다.

동전은 신전의 두 부분을 보여 준다. 앞쪽에는 거대한 문과 함께 신전의 본관 구조가 묘사되어 있다. 그 뒤에는 안쪽의 궁정 혹은 '신성한 영역'이 있는데 높고 거대한 벽으로 보호된 숨겨진 부분이다. 상당히 많은 계단을 통해서만 갈 수 있는 것으로 묘사된 것으로 보아 의도적으로 높게 만들어졌음도 알 수 있다.

신성한 구역의 한가운데에는 특별한 단(壇)이 세워져 있는데, 대들보는 상당한 무게를 견디도록 설계된 것으로 보이며 에펠탑을 연상케 하는 모양을 하고 있다. 그리고 그 위에 이 신성한 구역이 보호하고 비밀로 유지하려는 대상이 놓여 있는데, 그것은 위에서 본 고대의 기록들과 비교했을 때 무라고밖에 볼 수 없다. 【그림 67】

【그림 67】 신전에서 발굴된 동전의 로켓 그림

다른 많은 수메르 단어들과 마찬가지로 무라는 단어도 일차적인 뜻을 갖고 있으며 그것은 '곧바로 올라가는 것'이라는 의미다. 그 밖에도 무는 약 30여 가지의 다른 뜻을 가지고 있다. 그중에는 '높음', '불', '명령', '기간'이라는 뜻도 포함되고 후대에는 '그것을 통해 누군가 기억되는 것' 등의 의미도 갖게 되었다. 아시리아와 바빌로니아의 설형 문자로부터 거슬러 올라가 원래 수메르에서 사용되던 그림문자로부터 무를 의미하던 상징들을 살펴보면 다음과 같은 변화가 있었음을 알 수 있다.

무를 상징하는 기호를 보면 원추형의 방 모양으로만 된 경우가 있고, 그 방에 무엇인가 붙어 있는 것으로 묘사된 경우도 있다. 인안나는 아시리아의 왕에게 '하늘의 금으로 된 방에서 너를 지켜볼 것'이라고 약속했다. 그렇다면 '하늘의 방'이란 바로 무를 말하는 것이 아니었을까?

인안나가 여행할 때 사용했던 '하늘의 배'라는 표현을 통해 보면, 무란 신들이 멀고 높은 곳을 여행하기 위해 사용했던 비행물체라는 것을 알 수 있다.

하늘의 귀부인이여.
그녀는 하늘의 옷을 입었다.
그녀는 용감하게 하늘로 올라갔다.
사람이 살고 있는 땅 위로
무를 타고 난다.

 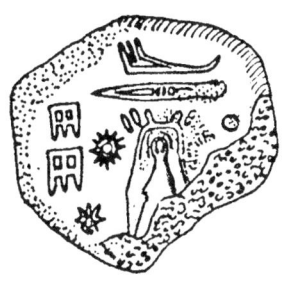

【그림 68】 발사대에 세워져 있거나 날고 있는 무의 모습

무를 탄 귀부인은 하늘 높이까지 올라가 난다.
사람이 살고 있는 땅 위로 무를 타고 난다.

동부 메소포타미아의 사람들이 그런 로켓 비슷한 물체를 신전에서 뿐만 아니라 실제로 하늘을 나는 상태에서도 보았다는 증거들이 있다. 예를 들어 히타이트의 부조들은 별이 빛나는 하늘을 배경으로 날고 있는 미사일이나 발사대의 로켓, 그리고 신이 머물고 있는 빛나는 선실 등을 묘사하고 있다. 【그림 68】

프랑크포르트(H. Frankfort) 교수는 메소포타미아의 원통형 인장 제작 기술과 인장에 묘사된 주제들이 어떻게 다른 고대 세계로 퍼져 나갔는지를 밝히면서, 크레타에서 발견된 기원전 13세기경의 한 원통형 인장을 복원했다. 그 인장을 보면 한 대의 로켓 우주선이 꼬리에서 나오는 불꽃으로 추진되면서 하늘을 나는 모습을 분명히 볼 수 있다. 【그림 69】

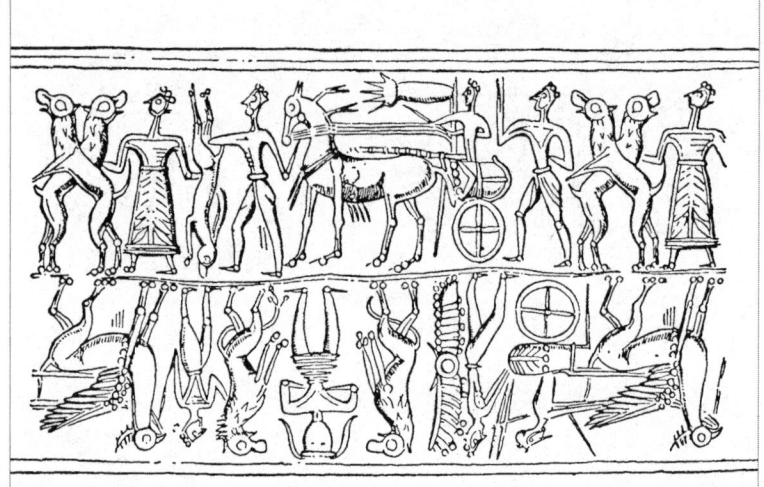

[그림 69] 꼬리에서 나오는 불꽃으로 추진되어 날아가는 로켓(상단 중앙, BC 13세기경)

이 그림의 날개 달린 말이나 뒤얽힌 동물들, 날개 달린 천체형 물체, 그리고 머리 장식에서 불거져 나온 뿔 같은 것들은 너무나 잘 알려진 메소포타미아적 주제들이다. 따라서 크레타의 인장에 묘사된 불 뿜는 로켓도 역시 고대 근동에서는 잘 알려진 주제라고 볼 수 있다.

실제로 계단을 통해 오르내릴 수 있는 '날개'나 지느러미가 달린 로켓은 예루살렘 서부의 오래된 가나안 도시 게제르(Gezer)에서 발굴된 석판에서도 찾아볼 수 있다. 또한 같은 인장으로 새겨진 다른 석판을 보면 로켓 모양의 물체가 야자수 옆에 놓여 있는 것도 볼 수 있다. 그 물체의 신성한 성격이나 목적지는 인장을 장식하고 있는 태양, 달, 그리고 12궁의 별들로 확인할 수 있다. [그림70]

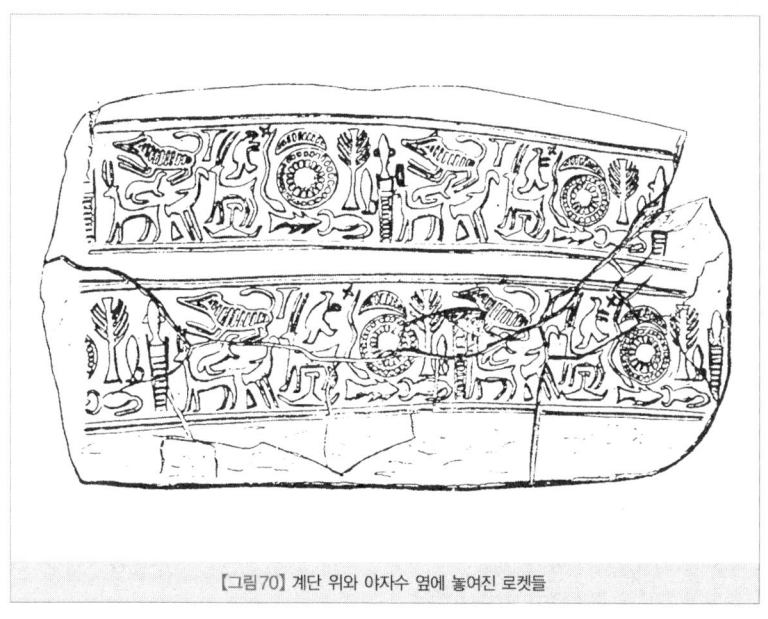

[그림70] 계단 위와 야자수 옆에 놓여진 로켓들

| 쉠, 하늘을 나는 비행물체 |

신전의 특별 구역이나 신들의 하늘 여행, 혹은 인간들이 하늘로 올라간 경우를 전하는 메소포타미아의 기록들은 모두 수메르어인 무(Mu), 혹은 그 단어에서 셈어로 파생된 슈무(Shu-mu, 무인 것), 샴(Sham), 쉠(Shem) 등의 단어를 사용하고 있다. 그 단어에는 또 '그것을 통해 누군가 기억되는 것'이라는 뜻도 있기 때문에 자연히 '이름'이라는 뜻으로도 알려지게 되었다. 그러나 이렇게 이중의 의미로 사용되던 무라는 단어를 학자들이 일률적으로 '이름'이라고 해석함으로써 수많은 고대 기록들의 진정한 뜻이 왜곡되어 왔다.

대표적인 예로 바턴(G.A.Barton)은 구데아 사원에 적힌 '그의 무는 지평선에서 지평선까지 땅을 품을 것이다'라는 구절을 '그의 이름은

[그림71] 신성한 하늘의 방과 그 안의 신

땅을 덮을 것이다'라고 번역했다. 「이시쿠르(아다드)를 위한 찬송」에서 하늘까지 닿을 수 있는 그의 '빛을 뿜는 무'를 칭송하는 내용도 비슷한 과정으로 변형된다. 즉 '당신의 이름은 빛나며, 그 이름이 하늘까지 닿는다'라고 번역되는 식이다. 심지어 일부 학자들은 무가 '이름'이라는 뜻을 지니는 단어가 아니라 번역을 필요로 하지 않는 접두사나 문법적 현상이라고 보고 아예 번역을 하지 않은 경우도 있었다.

무라는 단어의 어원을 찾아서 '하늘의 방'이라는 뜻이 '이름'이라는 뜻으로 변하게 된 과정을 살피는 것은 그리 어렵지 않다. 현재 필라델피아 대학 박물관에 보관돼 있는 '그림 71'의 고대 유물과 같이 로켓처럼 생긴 방 안에 있는 신을 묘사한 조각들이 여러 유적지에서 많이 발견되고 있다. 그 방의 신성한 성격은 그것을 장식하고 있는 열두 개의 원으로 표시되어 있다.

또 많은 원통형 인장들도 타원형의 '신성한 방' 안에 있는 신의 모습을 묘사한다. 거의 모든 경우에 신성한 타원형 방 안에 있는 신들은 경배의 대상으로 표현되었다. 고대인들은 신전뿐만 아니라 어느 곳에서든 그들의 신을 경배하기 위해서 신성한 '하늘의 방'에 머무는 신의 모습을 복제하여 곳곳에 세웠던 것이다. 특별한 지역들에는 타원형의 탈것을 모사한 석조 기둥들이 세워졌으며, 그 안에 신이 있다는 것을 표시하기 위해 신의 모습이 조각되었다.

얼마 지나지 않아 왕과 지도자들이 신들의 영원한 거처와 자신들을 연결시키는 방법의 하나로 자신들의 모습을 석조 기둥에 새겨 넣기 시작했다. 비록 자신들의 육체적 파멸을 피할 수는 없었지만 최소한 자신들의 '이름'은 기억되기를 바랐기 때문이다. 【그림72】

【그림72】 왕의 모습을 새긴 타원형 석조 기둥

석조 기념비와 기둥들이 '불을 뿜는 로켓'을 본뜬 것이라는 사실은 그런 석조 기둥들을 부르던 고대 언어에서도 엿볼 수 있다. 수메르인은 그런 기둥을 나루(NA.RU, 올라가는 돌)라고 불렀다. 아카드인과 바빌로니아인 그리고 아시리아인도 나루(naru, 빛을 뿜는 물체)라고 불렀다. 그리고 아모리인은 그것을 누라스(nuras, 불을 뿜는 물체)라고 불렀으며 히브리어에서는 지금도 네르(ner)라는 말이 불을 뿜는 기둥, 즉 '촛불'이라는 뜻으로 쓰인다. 후르리인과 히타이트인들이 사용하던 인도-유럽어에서는 그런 석조 기둥을 후우아시(hu-u-ashi)라고 불렀는데, 이는 '돌로 된 불새'라는 뜻이다.

네필림, 불 뿜는 로켓을 탄 사람들 215

성경의 기록에는 야드(yad)와 쉠(shem)이라는 두 종류의 기념비에 대한 언급이 자주 나온다. (우리나라 성서에는 '손바닥'과 '이름'으로 번역되었다.) 예언자 이사야(Isaiah)는 고통받는 유대 사람들에게 보다 더 안전하고 나은 미래에 대한 하나님의 약속을 전달한다. 흔히 '내가 네 이름(shem)을 손바닥(yad)에 새겼고, 네 성벽을 늘 지켜보고 있다'고 해석되는 구절이다(「이사야서」 49 : 16).

그러나 야드와 쉠에 대한 이런 해석은 잘못된 것이다. 다행히 우리는 팔레스타인에 아직도 남아 있는 야드라는 고대 유물을 통해 그것이 피라미드 형태의 상부 구조를 지닌 물체였음을 알 수 있게 되었다. 그에 반해 쉠은 둥그런 형태의 상부 구조를 지닌 물체였다. 두 물체 모두 '하늘의 방' 즉 영원한 거처로 올라가는 신들의 비행물체를 본뜬 것들이다. 실제로 고대 이집트에서는 독실한 신자들이 헬리오폴리스(Heliopolis)의 특별한 신전에 모셔진 벤벤(ben-ben)이라는 물체를 보고 경배하기 위해 순례를 하기도 했는데, 벤벤은 피라미드 모양의 물체로 아주 오래전에 신들이 지구에 내려올 때 타고 왔던 물체로 여겨졌다.

그리고 이집트의 왕들은 죽을 때가 되면 '입을 벌리는' 의식을 치르곤 했는데 그 의식을 통해서 야드나 쉠과 비슷한 물체에 의해 영원한 생명의 거처로 옮겨지는 것으로 여겨졌다. 【그림73】

성경을 해석하는 학자들이 성경에 적힌 모든 쉠이라는 말을 '이름'으로 번역한 것은 사실 이미 100년 전에 발표된 레즐롭(G. M. Redslob)의 훌륭한 연구를 무시한 것이다. 레즐롭은 쉠과 샤마임(shamaim, 하늘)이라는 두 단어가 모두 샤마(shamah), 즉 '높은 곳의 것'이라는 어원에서 나왔다는 것을 밝힌 바 있다. 따라서 다윗 왕이 아람 사람들을

[그림73] 이집트 파라오의 장례식 절차에 등장하는 야드와 쉠

물리치고 그의 승리를 기념하기 위해 '쉠을 세웠을 때' 다윗 왕은 '이름을 만든 것'이 아니라 '높은 하늘을 향한 기념비를 세운 것'이었다고 레즐롭은 지적했다.

메소포타미아의 기록에 등장하는 무 혹은 쉠이 '이름'이라는 뜻이 아니라 '하늘을 나는 비행물체'라는 것을 깨닫고 나면, 성서의 바벨탑 이야기를 포함한 다른 많은 고대의 이야기들을 진정으로 이해할 수 있게 된다.

| 바벨탑의 정체 |

「창세기」 11장에는 쉠을 세우려는 인간들의 시도에 대한 이야기가 등장한다. 성경은 간단하고 명료한 언어로 실제 있었던 일을 기록하고 있다. 그러나 수많은 학자들과 번역자들은 이 이야기에 상징적인 의미만을 부여해, 이를 인간이 스스로 '이름을 세우려는' 시도였다고 보았다. 그런 접근법은 이 이야기에 담긴 실제적 의미를 사라지게 만든다. 그러나 쉠의 진정한 의미를 이해하게 되면 바벨탑 이야기의 진실이 드러난다.

성경의 바벨탑 이야기는 대홍수 이후 지구에 다시 사람이 많아지면서 생긴 일이다. 그 당시에 '사람들이 동쪽에서 이동하여 오다가, 시날(Shinar, 수메르) 땅 한 들판에 이르러서, 거기에 자리를 잡았다'고 성경은 기록하고 있다(「창세기」 11 : 2).

시날 땅은 앞에서 본 것처럼 메소포타미아의 두 강 사이에 있는 평야지대인 수메르 땅이다. 이미 벽돌 만드는 기술을 가지고 있었고 도시 문명에 필요한 고층 건물의 축조 기술을 알고 있던 수메르 사람들은 다음과 같이 말한다.

> 자, 도시를 세우고, 그 안에 탑을 쌓고서
> 탑 꼭대기가 하늘에 닿게 하여,
> 우리의 이름(쉠)을 날리고
> 온 땅 위에 흩어지지 않게 하자.
> _「창세기」 11 : 4

그러나 이런 인간들의 시도는 하나님의 마음에 들지 않았다.

주께서는 사람들이 짓고 있는
도시와 탑을 보려고 내려오셨다.
주께서 말씀하셨다.
'보아라, 만일 사람들이 같은 말을 쓰는 한 백성으로서,
이렇게 이런 일을 하기 시작하였으니,
이제 그들은 하고자 하는 것은 무엇이든지
하지 못할 일이 없을 것이다.'
_「창세기」 11 : 6

그리고 하나님은 「창세기」가 분명하게 밝히지 않고 있는 자신의 동료들에게 다음과 같이 말한다.

'자, 우리가 내려가서
그들이 거기에서 하는 말을 뒤섞어서,
그들이 서로 알아듣지 못하게 하자.'
주께서 거기에서 그들을 온 땅으로 흩으셨다.
그래서 그들은 도시 세우는 일을 그만두었다.
주께서 거기에서 온 세상의 말을 뒤섞으셨다 하여,
사람들은 그곳의 이름을 바벨이라고 한다.
_「창세기」 11 : 8~9

쉠을 '이름'으로 번역한 결과 이 이야기는 오랫동안 아주 이해하기 힘든 것으로 남아 있었다. 왜 고대의 바벨 사람들은 '이름을 세우려고' 노력했는가? 도대체 왜 이름이 하늘에 닿는 탑의 꼭대기에 있어야 하

는가? 그리고 도대체 왜 '이름을 세우려는' 인간들의 시도는 결국 인간이 온 땅에 흩어지는 결과를 초래했는가?

만약 그 사람들이 정말로 원했던 것이 학자들이 해석하는 것처럼 그저 자신들을 위한 이름, 즉 명성을 세우려는 것이었다면, 도대체 왜 그 일이 하나님을 그토록 분노하게 했던 것일까? 도대체 인간들이 이름을 세우는 일이 어떻게 신들에게 '이제 그들은 하고자 하는 것은 무엇이든지 하지 못할 일이 없을 것'이라는 판단을 하게 했는가? 또한 이러한 전통적인 해석은 하나님이 왜 다른 신들까지 불러 지구로 내려와 인간들의 시도를 끝장내야 했는지도 충분히 설명하지 못하고 있다.

이런 모든 의문들에 대한 해답은 히브리어 성경에 사용된 쉠이라는 단어를 '이름'이 아닌 '하늘을 나는 물체'로 해석할 때에만 가능해진다. 그렇게 보면 바벨탑 이야기는 사방으로 흩어져 살던 인간들이 서로 교류하지 못하는 상황을 걱정하면서 시작되는 것으로 해석할 수 있다. 그래서 인간은 '비행물체'를 만들고 '발사대'를 건설해, 마치 신들처럼 '사람이 사는 모든 땅'을 무릎 타고 돌아다니기를 원했던 것이다.

「창조의 서사시」라고 알려진 바빌로니아의 한 기록에 따르면 맨 처음에 지어진 '신들의 통로'는 신들 스스로가 바빌론에 지었다고 한다.

평범한 신들이었던 아눈나키(Anunnaki)들은,

신들의 통로를 건설하도록 명령받았다.
벽돌로 모양을 만들고
쉠을 지정된 위치에 설치했다.

아눈나키들은 2년 동안이나 중노동을 하며 '기구를 사용하고 벽돌을 만들었으며' '마침내 에샤길라(Eshagila, 위대한 신들의 집)의 머리를 높이 세웠고' '하늘만큼이나 높은 지구라트를 완성'했다.

따라서 신들이 원래 '신들의 통로'를 세웠던 곳인 바빌리(babili, 이 말 자체가 '신들의 통로'라는 뜻이다)에 인간이 자신들의 발사대를 세우려고 했던 것은 상당히 건방진 일이었다.

그렇다면 성경의 이야기에 대한 우리들의 해석을 뒷받침할 만한 다른 증거도 있는가?

기원전 300년경에 인간의 역사를 집대성한 바빌로니아의 역사학자 베로수스(Berossus)에 따르면, '최초의 거주자들은 자신들의 힘을 찬양하기 위해 (…) 그 끝이 하늘에 닿을 만큼 높은 탑을 건설하려고 했다'고 한다. 그러나 그 탑은 신과 강한 바람에 의해 무너졌고, '신들이 그때까지 한 가지 말을 사용하던 인간들을 다양한 언어로 갈라놓았다'고 한다.

스미스(G. Smith)는 그리스의 역사학자인 헤스타이오스(Hestaeus)가 '고대의 기록'을 인용해, 대홍수를 벗어난 사람들이 바빌로니아의 시날(수메르) 땅에 이르렀다가 언어의 혼란으로 인해 흩어졌다고 말한 기록을 발견했다.

기원전 100년대의 역사학자인 폴리히스토르(A. Polyhistor)는 이전에는 모든 인간이 하나의 언어를 사용했다고 주장한다. 그러다가 일부 인간들이 '하늘로 올라가기 위해' 크고 높은 탑을 쌓으려고 했으며, 신이 그들의 목적을 무산시키기 위해 회오리바람을 보냈고, 각각의 부족은 서로 다른 언어를 받게 되었다는 것이다. 그런데 '그 일이 일어난 곳은 바빌론'이었다고 한다.

현재는 성경의 이야기와 2,000년 전 그리스 역사학자들의 이야기,

그리고 그보다 앞선 베로수스의 이야기가 모두 그 이전의 수메르에서 기원했다는 것이 사실로 받아들여지고 있다. 세이스(A. H. Sayce)는 대영 박물관의 한 점토판에서 '바벨탑 축조에 대한 바빌로니아의 기록'을 읽었다고 한다.

어떤 이야기에서건 가장 중요한 두 가지 요소는 하늘에 닿으려는 인간의 시도와 그로 인한 언어의 혼란이다. 그 밖에도 많은 수메르의 기록들이 화가 난 신들이 인간의 언어를 혼란스럽게 했다고 적고 있다.

| 신의 분노 |

아마 당시에는 인간은 비행을 할 만한 기술을 갖고 있지 못했을 것이다. 따라서 그에 대한 지식을 갖춘 신의 협조가 반드시 필요했을 것이다. 그렇다면 다른 신들의 반대를 무릅쓰고 그런 일을 할 만한 신이 있었을까? 수메르의 한 인장에서 지구라트를 건설하려는 인간들을 사이에 두고 싸움을 벌이는 무장한 신들의 모습을 볼 수 있다. 【그림74】

【그림74】 지구라트를 건설하려는 인간을 사이에 두고 대결하는 신들

[그림75] 쉠을 경배하는 인간들을 짓밟는 신의 모습

현재 파리의 루브르 박물관에 소장되어 있는 수메르 석판은 「창세기」에 기록된 사건을 잘 보여 주고 있다. 이것은 기원전 2300년경에 아카드의 왕이었던 나람신(Naram-Sin)에 의해 세워진 것인데, 학자들은 흔히 이것이 나람신 왕이 적군을 정벌하는 모습이라고 해석해 왔다. 그러나 가운데에 묘사된 커다란 인물은 인간이 아니라 신이다. 왜냐하면 그 인물은 신을 묘사할 때에만 사용되는 뿔 달린 헬멧을 쓰고 있기 때문이다. 또한 그 인물은 자신보다 작게 묘사된 인간들을 이끌고 있는 것이 아니라, 그들을 짓밟고 있다. 또 묘사된 인간들도 전쟁을 하고 있다기보다는 신이 바라보고 있는 거대한 원뿔형 물체를 향해 행진하거나 그것을 경배하는 모습이다. 그러나 활과 창으로 무장한 신은 그 물체를 경배하는 모습이라기보다는 적대적으로 대하고 있다. [그림75]

네필림, 불 뿜는 로켓을 탄 사람들 223

원뿔형 물체는 세 개의 천체를 향하고 있다. 만약 그 물체의 크기와 모양 그리고 목적이 모두 쉠에 부합하는 것이라면, 이 장면은 완전 무장을 한 화가 난 신이 쉠의 건설을 축하하는 인간들을 짓밟고 있는 모습을 묘사한 것이라고 이해할 수 있다.

메소포타미아의 기록과 성경의 기록은 같은 교훈을 전달하고 있다. 즉, 비행물체는 신을 위한 것이지 인간을 위한 것이 아니라는 점이다.

성경과 메소포타미아 기록들은 모두, 인간은 신이 희망할 때만 천상의 거처로 여행할 수 있었다고 전한다. 실제로도 신의 희망에 의해 이루어진 많은 인간들의 비행 기록이 남아 있다.

| 하늘로 올라간 사람들 |

구약에는 하늘로 올라간 몇몇 인간에 대한 기록이 있다.

하늘로 올라간 최초의 인간은 대홍수 이전의 족장이었으며 하나님과 친해 '하나님과 동행하던' 에녹(Enoch)이었다. 그는 아담의 계보에서 일곱 번째 족장이었으며 대홍수 시기의 영웅이었던 노아(Noah)의 증조할아버지였다. 「창세기」 5장에는 족장들의 계보와 그들이 죽은 나이가 열거되어 있는데 에녹만은 예외다. 왜냐하면 '하나님이 그를 데려갔기' 때문이다(「창세기」 5 : 24). 이 문장으로 볼 때, 그리고 유사한 다른 상황으로 볼 때 하나님이 에녹을 데려간 곳은 하늘이었으며, 그것은 지상에서의 죽음을 면하게 하기 위한 것으로 볼 수 있다.

또 다른 인간은 예언자 엘리야였는데, 앞에서 살펴본 것처럼 지구를 떠나 '회오리바람' 속에서 하늘로 올라갔다.

또 잘 알려지지는 않았지만, 신성한 거처로 올라가 그곳에서 큰 지혜를 받은 세 번째 사람이 구약에 기록되어 있다. 그는 동부 지중해 연안에 위치한 페니키아의 중심지 티레(Tyre, 성경의 두로)의 통치자였다. 「에스겔서」 28장에서 하나님은 에스겔에게, 티레의 지도자에게 가서 그가 얼마나 완벽하고 현명했으며 어떻게 신들의 땅을 방문하도록 허락받았는지를 상기시켜 주라고 명한다.

> 너는 정교하게 만든 도장이었다.
> 지혜가 충만하고
> 흠잡을 데 없이 아름다운 도장이었다.
> 너는 옛날에
> 하나님의 동산 에덴에서 살았다.
> 너는 온갖 보석으로 네 몸을 치장하였다. (…)
> 나는 그룹(Cherub, 케루빔)을 보내어
> 너를 지키게 하였다.
> 너는 하나님의 거룩한 산에 살면서
> 불타는 돌들 사이를 드나들었다.
> _「에스겔서」 28 : 12~14

이렇게 티레의 지도자는 신성한 거처에서 모든 지혜와 부를 누린다. 하지만 그는 스스로를 '신'이라고 부르는 '교만'을 부리게 된다. 이에 하나님은 그가 '이방인들의 손에 의해 할례받지 못한 사람과 같이 죽을 것'이라고 예언하면서, 그 이유를 다음과 같이 말한다.

> 너의 마음이 교만해져서 말하기를
> 너는 네가 신이라고 하고

> 네가 바다 한가운데
> 신의 자리에 앉아 있다고 한다마는,
> 그래서 네가 마음속으로
> 신이라도 된 듯이 우쭐댄다마는,
> 너는 사람이요, 신이 아니다.
> _「에스겔서」 28 : 2

수메르의 기록들도 하늘로 올라가는 특권을 누린 몇몇 사람들에 대해 전하고 있다. 그중 하나는 엔키에 의해 창조된 '모범적 인간' 아다파(Adapa)였다. 엔키는 그에게 '지혜는 주었으나, 영생을 주지는 않았다'고 한다. 그러나 시간이 지나면서 엔키는 아다파에게 쉠을 주어 그가 안이 거처하는 하늘의 처소에 올라가 생명의 물과 생명의 빵을 먹고 영생을 얻을 수 있도록 해야겠다고 결심한다. 아다파가 안이 있는 하늘의 처소에 도착했을 때 안은 그가 하늘의 처소까지 타고 온 쉠을 누가 주었는지를 캐묻는다.

성경과 메소포타미아의 기록에 등장하는 하늘로 올라간 인간들의 이야기에서는 몇 가지 중요한 실마리들을 찾을 수 있다. 그중에서도 가장 중요한 것은 모두가 하늘의 '에덴'에 도착하기 위해 쉠(불을 뿜는 돌)을 이용해야만 했다는 것이다.

| 길가메시의 여행 |

'생명의 나무를 찾고자 하는 유한한 인간의 헛된 노력'이야말로 수메르 문명이 남긴 가장 길고 강력한 서사시의 주제였다. 학자들이 「길가메시 서사시」라고 부르는 감동적인 이야기는 여신 어머니와 인간 아

버지 사이에서 태어난 우루크의 지도자 길가메시에 대한 것이다. 부모들의 사연 때문에 길가메시는 '자신의 3분의 2는 신이고 3분의 1은 인간'이라고 생각했다. 그래서 길가메시는 인간의 숙명인 죽음을 피할 수 있는 방법을 찾아 나서게 된다.

길가메시는 자신의 선조이자 대홍수 시대의 영웅이었던 우트나피시팀(Utnapishtim)이 죽음을 피해 그의 아내와 함께 하늘로 올라갔다는 이야기를 알고 있었다. 그래서 그는 우트나피시팀이 올라간 곳으로 가서 그로부터 영생에 대한 비밀을 얻고자 결심한다.

그런 그를 더욱 자극한 것은 안이 자신을 초청했다고 여길 만한 사건이었다. 서사시에 묘사된 장면은 마치 사용이 끝난 로켓이 하늘에서 지구로 떨어지는 것처럼 보인다. 길가메시는 그 광경을 자신의 어머니인 여신 닌순(NIN.SUN)에게 다음과 같이 말한다.

어머니여,

지난밤 저는 무척 기분이 좋아서

다른 귀족들과 거닐고 있었습니다.

별들이 하늘에 모여 있었습니다.

안의 물건이 제게로 떨어졌습니다.

들어 올리려고 했지만 너무 무거웠습니다.

움직여 보려고 했지만 움직여지지 않았습니다.

귀족들이 그 발치에 입을 맞추는 동안

우루크의 사람들이 몰려들었습니다.

저도 고개를 숙이려고 했지만 사람들이 격려해서

제가 그것을 들어 여기 가져왔습니다.

이 일에 대한 여신의 해석은 기록이 훼손되어 분명치 않다. 그러나 분명한 것은 '안의 물건'이라고 길가메시가 부른 그 낙하 물체를 본 것에 고무되어 길가메시가 모험을 시작했다는 점이다. 서사시의 서두에서 고대의 기록자는 길가메시를 '모든 것을 경험한 현명한 자'라고 부르고 있다.

그는 비밀스러운 일들을 보았고
인간에게 숨겨진 일들도 알고 있다.
심지어 그는 대홍수 이전의 일들도 알고 있다.
그는 지루하고 어려운 긴 여행을 했다.
그는 돌아와 그의 여정을 석주에 기록했다.

길가메시가 행한 긴 여행은 물론 신의 처소를 향한 여행이었다. 길가메시는 자신의 친구인 엔키두(Enkidu)와 함께 떠났다. 그들의 첫 목적지는 길가메시가 자신을 위해 쉠을 세울 수 있는 틸문(Tilmun)이라는 곳이었다. 현재의 번역본들은 수메르어의 무(mu)나 아카드어의 슈무(shumu)가 등장할 때마다 '이름'이라는 뜻으로 풀었기 때문에, 여기서는 그 대신 쉠이라는 단어를 사용해 그 단어의 진정한 뜻인 '하늘을 나는 물체'라는 의미가 살아나도록 옮겨 보겠다.

지도자 길가메시는
틸문 땅에 가기로 결심했다.
길가메시는 친구 엔키두에게 말했다.
'엔키두여, (…)

나는 그 땅에 가서 나의 쉠을 세우려고 한다.
쉠이 세워져 있는 그 땅에
나의 쉠을 세우려고 한다.

길가메시를 말릴 수 없었던 우루크의 연장자들과 신들은 길가메시에게 우투(Utu)의 도움과 동의를 먼저 얻으라고 충고한다. 그들은 '그 땅에 가야 한다면 먼저 우투에게 알리라'고 길가메시에게 말한다. 그들은 '그 땅이 우투의 관리 아래 있다'는 것을 몇 번이고 강조한다. 그 충고에 따라 길가메시는 우투에게 허락을 청한다.

그 땅에 들도록 해주십시오.
저의 쉠을 세우도록 해주십시오.
쉠들이 세워져 있는 곳에
저의 쉠을 세우도록 해주십시오.
(…)에 있는 그 발사 기지에 저를 데려다 주십시오.
저를 보호해 주십시오.

불행하게도 기록이 훼손돼 발사 기지의 지명을 읽을 수는 없다. 그러나 그곳이 어디였건 간에 길가메시와 그의 친구는 마침내 그 근방에 도착한다. 그곳은 '제한 구역'으로 무시무시한 경비들이 지키고 있었다. 피로하고 지친 몸을 달래기 위해 그들은 하룻밤을 쉬기로 한다.

그러나 잠이 들자마자 무엇인가가 그들을 깨운다. '자네가 나를 깨웠나?'라고 길가메시는 친구에게 물었다. 그리고 '내가 지금 깨어 있는 것인가?' 하고 자문한다. 왜냐하면 길가메시는 아주 이상한 것을 보았기 때문에 자신이 꿈을 꾸고 있는 것인지 깨어 있는 것인지조차 분간할 수 없었던 것이다. 길가메시는 엔키두에게 자신이 본 것을 설명한다.

친구여, 꿈에서 말이지,
높은 구릉이 뒤집어졌다네.
나를 덮더니 내 발이 거기 갇혔지. (…)
너무도 눈부신 빛이 비쳤네.
한 남자가 나타났지.
이 땅 위에서는 가장 깨끗한 사람이었네.
그의 우아함은 (…)
땅에 갇힌 나를 꺼내 주고
그는 내게 마실 물을 주었네.
내 가슴은 진정되었다네.

길가메시를 땅에서 꺼내 주고 물을 주고 그의 놀란 가슴을 진정시켜 준 '가장 깨끗한 사람'은 누구였을까? 그리고 땅의 뒤집힘과 함께 나타난 '눈부신 빛'은 무엇이었을까?
꿈 때문에 심란해하던 길가메시는 다시 잠이 들었지만 곧 다시 깨고 만다.

부스럭거리던 길가메시는 잠에서 깼다.
일어나서 친구에게 물었다.
'친구여, 자네가 나를 불렀나?
내가 왜 깨어 있지?

내가 왜 놀랐지?
혹시 어떤 신이 지나가지 않았나?
왜 내 몸에 아무런 감각이 없지?'

다시 잠에서 깬 길가메시는 누가 자기를 건드렸는지 궁금해한다. 만약 친구가 그런 것이 아니라면 혹시 지나가던 '어떤 신'이 아니었을까? 길가메시는 다시 잠을 청했지만 이번에도 역시 또 깨고 만다. 그리고 친구에게 다시 자신이 본 것을 설명한다.

내가 본 것은 정말 놀라운 것이라네!
하늘이 떨고 땅이 울었다네.
태양이 사라지고 어둠이 왔지.
번개가 번쩍이고 불꽃이 솟구쳤네.
구름이 솟아오르더니 죽음의 비가 내렸네!
그러더니 광채와 불꽃이 사라졌네.
그리고 땅에 떨어진 것들은 모두 재로 변하더군.

이것이 로켓 발사에 대한 고대의 목격담이라는 것을 깨닫는 데는 별다른 상상력이 필요할 것 같지 않다. 먼저 로켓이 분사를 시작하면서 엄청난 굉음이 들리고(하늘이 떨고) 지축이 흔들린다(땅이 울었다). 배출된 연기와 먼지구름이 발사 기지를 뒤덮는다(태양이 사라지고 어둠이 왔다). 그리고 로켓이 하늘로 올라가면서(불꽃이 솟구치면서) 불붙은 엔진의 광채가 나타난다(번개가 번쩍였다). 구름과 먼지가 사방으로 솟아오르다가 '죽음의 비'가 되어 내려온다. 이제 로켓은 하늘 높이 올라간다(광채와 불꽃이 모두 사라졌다). 로켓이 눈에서 사라지면서 땅에 떨어진 먼지들은 모두 재로 변한다.

비록 자신이 본 광경에 놀라기는 했지만, 목적지로 가려는 결심만은 더욱 강해진 길가메시는 다시 한번 우투에게 지원과 보호를 부탁한다. 그리고 그의 보호 덕분에 '무시무시한 파수꾼'을 제압하고 마침내 길가메시는 마슈(Mashu) 산에 도착한다. 마슈 산은 우투가 '하늘로 오르는 것'을 볼 수 있는 장소다.

이제 길가메시는 그의 첫 번째 목적지인 '쉠이 세워진 곳'에 이른다. 그러나 산으로 가로막힌 그곳은 사나운 파수꾼들이 지키고 있다.

그들의 힘은 가공할 만한 것이고, 그들의 눈빛은 죽음을 의미한다.
그들의 번쩍거리는 빛은 산 전체를 감시하고 있다.
그들은 우투가 오르내리는 동안
그를 보호하고 있다.

한 원통형 인장에서 발견된 그림에는 길가메시(왼쪽으로부터 두 번째)와 그의 친구인 엔키두(가장 왼쪽)가 보이고, 어떤 신이 번쩍이는 빛과 죽음의 광선으로 산 전체를 감시할 수 있는 로봇처럼 보이는 파수꾼과 협상을 시도하고 있는 것으로 보인다. 【그림76】 또 길가메시의 묘사는 「창세기」에 하나님이 에덴동산의 입구에 '빙빙 도는 불칼'을 두어 생명나무에 이르는 길을 막았다는 이야기를 생각나게 한다(「창세기」 3 : 24).

길가메시가 자신의 부분적이지만 신성한 태생과 '우트나피시팀에게 삶과 죽음에 대해 물으려 한다'는 여행의 목적, 그리고 우투의 동의에

【그림76】 쉠을 지키는 감시자와 길가메시

의해 여행을 하고 있다는 것을 파수꾼들에게 밝히자, 마침내 그들은 길가메시에게 길을 내준다.

그러나 '우투의 길'을 따라가던 길가메시는 완전한 어둠 속에 갇히게 된다. 길가메시는 공포에 질려 '앞뒤가 하나도 보이지 않는다'고 소리친다. 꽤 오랜 베루(beru, 시간이나 거리의 단위)가 지났지만 길가메시는 여전히 암흑 속에 있다. 그러다가 마침내 '12베루가 지났을 때 사방이 밝아지기 시작한다'.

훼손된 기록을 다시 읽을 수 있는 부분은 길가메시가 보석으로 만들어진 나무와 과일이 있는 화려한 정원에 도착하는 장면부터다. 그곳이 바로 우트나피시팀이 사는 곳이었다. 우트나피시팀에게 그토록 알고 싶었던 질문을 했지만 길가메시는 실망스러운 답변만 듣는다. 인간은 결코 죽음의 운명에서 벗어날 수 없다는 것이다.

그러나 우트나피시팀은 길가메시에게 죽음을 미룰 수 있는 '청춘의 나무'가 있는 위치를 알려준다. 그 나무는 '인간을 노년에도 젊어지게 하는 나무'라고 불린다. 길가메시는 기쁨에 넘쳐 그 나무를 얻는다. 그러나 운명의 장난으로, 길가메시는 돌아오는 길에 그 나무를 잃어버리고 결국 빈손으로 우루크로 돌아온다.

우리의 관심사는 「길가메시 서사시」의 문학적이고 철학적인 내용들이 아니라 이 이야기에 나타나는 '비행'과 관련된 요소들이다. 신들의 거처로 가기 위해 길가메시가 얻어야 했던 쉠은 분명히 로켓이었다. 그리고 길가메시는 그 로켓 중 하나의 발사 장면을 '발사 기지' 근처에서 직접 목격하게 된다. 로켓은 산의 안쪽에 보관되어 있었으며 그곳은 아주 엄격히 감시되는 제한 구역이었다.

길가메시가 본 것이 무엇이었는지를 정확히 보여 주는 그림은 아직 발견되지 않았다. 그러나 한 이집트 지도자의 무덤에서 발견된 그림에는 대추야자나무들과 함께 로켓의 머리 부분이 그려져 있다. 로켓의 본체는 관(棺)처럼 생긴 인공의 보관소 안에 들어 있으며 표범가죽으로 장식되어 있다. 【그림77】

고대의 예술가는 마치 현대의 설계사처럼 지하 보관소의 단면도를 보여 주고 있다. 로켓의 본체는 다시 몇 개의 방들로 나뉘어 있다. 가장 아래의 방에는 두 사람이 구부러진 관(管) 같은 것들로 둘러싸여 있다. 그들의 머리 위에는 세 개의 구형 판들이 보인다. 로켓의 머리(수메르어로 '무'라고 불리는 '신성한 방') 크기와 두 사람이 들어 있는 로켓의 방을 비교해 보면, 로켓의 머리 부분 역시 한두 사람의 조종사나 승객을 쉽게 수용할 수 있는 크기임을 짐작할 수 있다.

길가메시가 가려고 했던 장소의 이름은 틸문(TIL.MUN)이었다. 틸문은 문자 그대로 '미사일의 땅'이라는 뜻이다. 그곳은 쉠이 발사되는 곳

[그림 77] 이집트 지도자의 무덤에서 발견된 로켓 보관소의 단면도

이자 신들이 '하늘로 올라가는 것'을 볼 수 있는 곳이었으며, 그곳을 다스리는 신은 우투였다.

우투에 해당되는 천체는 태양이었지만 우투라는 이름은 태양을 의미하는 것이 아니라 그의 또 다른 기능과 책임을 설명하는 것이다. 우투란 수메르어로 '빛을 내며 가는 자'라는 뜻이다. 또한 그의 아카드어 이름인 쉠에시(Shem-Esh)는 그 뜻이 더욱 분명하다. 에시는 불을 의미하며, 쉠이라는 말의 뜻은 앞에서 이미 살펴본 바와 같다.

따라서 우투는 '불을 뿜는 로켓의 사람'이다. 우투는 신들의 우주 기지를 총괄하는 임무를 맡고 있었던 신임을 알 수 있다.

| 하늘에서 본 지구의 풍경 |

하늘에 있는 신들의 거처로 여행하는 일에 있어서 우투와 그 부하들이 행한 역할은 한 인간의 하늘 여행에 대한 또 다른 수메르 이야기에 보다 상세하게 소개되어 있다.

「수메르 왕의 연대기」에 따르면 키시의 열세 번째 지도자는 '하늘로 올라간' 에타나(Etana)였다고 한다. 에타나는 다른 왕들과 마찬가지로 인간에게 안정과 번영을 보장하라는 신의 명령을 받았다. 그러나 에타나는 자신의 왕위를 이을 아들을 낳지 못했다. 유일한 해결책은 에타나가 '탄생의 나무'를 얻는 것뿐이었는데, 그것은 하늘에서 가져와야 하는 것이었다.

훗날의 길가메시와 마찬가지로 에타나는 우투에게 허가와 협조를 요청한다. 이야기가 진행됨에 따라 에타나가 우투에게 쉠을 요청하고 있음이 아주 분명해진다!

신이여, 입으로 약속해 주소서!
제게 탄생의 나무를 주소서.
제게 탄생의 나무를 보여 주소서.
제 한계를 없애 주소서.
제게 쉠을 드러내 주소서.

그의 기도에 감동하고 재물로 바쳐진 양까지 배불리 먹은 우투는 에타나에게 쉼을 주기로 약속한다. 그러나 우투는 쉼이라고 말하지 않고 '독수리'가 에타나를 그가 원하는 하늘의 장소로 데려다 줄 것이라고 말한다.

에타나에게 독수리가 있는 구덩이를 말해 주는 한편, 우투는 독수리에게도 임무에 대해 지시한다. '주인이신 우투'는 독수리에게 암호로 된 통신으로 '내가 너에게 사람을 보낼 것이다. 그의 손을 잡고 안내하라. 그가 원하는 대로 하라. 내가 명하는 대로 하라'고 말한다.

우투가 알려준 산에 도착한 에타나는 '구덩이를 발견'했고, 그 안에 '독수리'가 있었다. '용감한 우투의 명령에 따라' 독수리는 에타나와 교신한다. 다시 한번 에타나는 자신의 의도와 목적지를 설명한다. 독수리는 에타나에게 '독수리를 구덩이로부터 세울 수 있는' 절차를 설명한다. 처음 두 번의 시도는 실패하지만 세 번째 시도에서 독수리가 제대로 세워진다. 새벽이 되자 독수리는 에타나에게 '친구여, 안의 하늘로 당신을 데려가겠소'라고 말한다. 꽉 붙잡으라고 지시하면서 독수리는 아주 빨리 하늘 높이 올라간다.

마치 현대의 우주인이 하늘로 높이 올라갈수록 점점 멀어지는 지구를 로켓에서 관찰하며 보고하듯이 고대의 이야기꾼도 에타나가 높이 올라감에 따라 지구가 어떻게 점점 더 작아 보이는지를 설명한다.

하늘로 1베루만큼 올라갔을 때
독수리는 에타나에게 말했다.
'친구여, 땅이 어떻게 보이는가!
산의 집의 양쪽으로 바다를 내려다보니

땅은 그저 조그만 언덕처럼 보이고
거대한 바다는 한 통의 물처럼 보이네.'

독수리가 하늘로 높이 올라갈수록 지구는 점점 더 작게 보인다. 하늘로 2베루 정도 올라갔을 때 다시 독수리가 말한다.

'친구여, 땅이 어떻게 보이는지 보게.
땅은 이제 밭고랑처럼 변했네.
거대한 바다는 빵 광주리처럼 보이네.'
하늘로 3베루 정도 올라갔을 때
독수리가 에타나에게 말했다.
'친구여, 땅이 어떻게 보이는지 보게.
이제는 땅이 정원의 도랑처럼 보이네.'

그리고 하늘로 더 올라가자 갑자기 지구가 시야에서 사라진다.

내가 주변을 둘러보았지만 땅은 사라졌다.
넓은 바다도 눈에서 사라졌다.

이 서사시의 다른 판본에 따르면 독수리와 에타나는 실제로 안의 하늘에 도착했다고 한다. 그러나 또 다른 판본에서는 에타나가 지구가 보이지 않자 너무 겁이 나서 독수리에게 지구로 돌아갈 것을 명령했고, 그들은 지구로 '서둘러 돌아왔다'고 한다. 아주 높은 곳에서 지구를 바라보는 이런 진기한 묘사는 구약에서도

【그림78】 날개 달린 거대한 구조물과 그 위의 독수리(왼쪽)

찾아볼 수 있다. 예언자 이사야는 하나님을 찬송하면서, '땅 위의 저 푸른 하늘에 계신 분께서 세상을 만드셨다. 땅에 사는 사람들은 하나님 보시기에는 메뚜기와 같을 뿐이다'라고 말한다(「이사야서」 40 : 22).

에타나 이야기에서 우리는 에타나가 구덩이 안에 있는 독수리와 교신하는 것을 보았다. 한 원통형 인장에 새겨진 그림을 보면 날개가 달린 거대한 구조물(발사대가 아닐까?) 위로 독수리 한 마리가 날아오르는 것을 볼 수 있다. 【그림78】

| 독수리의 정체 |

그렇다면 에타나를 싣고 하늘로 높이 올라간 독수리는 도대체 무엇이었을까?

우리는 1969년 아폴로 11호의 함장이었던 암스트롱(N. Armstrong)이 지구로 보낸 말을 고대의 기록과 비교하지 않을 수 없다.

'휴스턴! 여기는 평온의 기지. 독수리가 착륙했다!'

암스트롱은 인간 최초의 달 착륙을 이렇게 보고했다. '평온의 기지'란 착륙 지점의 명칭이었고, 독수리는 우주선에서 분리돼 두 사람의 우주인을 싣고 달에 착륙한 달 착륙선을 말하는 것이었다. 우주선에서 달 착륙선이 분리돼 비행을 시작할 때, 우주인들은 휴스턴의 본부에 '독수리가 날개를 폈다'고 보고했다.

그러나 독수리란, 우주선을 조종하는 우주비행사들을 일컫는 말일 수도 있다. 아폴로 11호의 경우 독수리는 우주비행사들의 상징으로 우주복에 새겨졌다. 에타나의 이야기에서와 같이 아폴로 우주인들도 날고 말하고 의사소통이 가능한 독수리들이었던 것이다. [그림79]

고대 사람들은 신의 우주선을 조종하는 사람들을 어떻게 묘사할 수

[그림79] 아폴로 11호의 비행사들이 사용한 독수리 마크

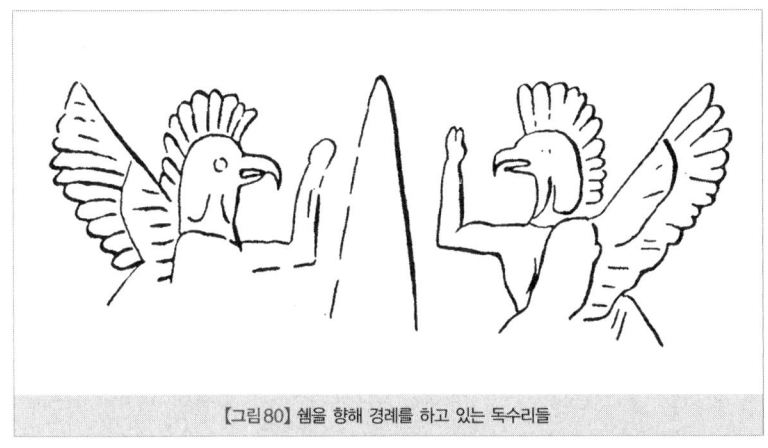

【그림 80】 쉠을 향해 경례를 하고 있는 독수리들

있었을까? 혹시 독수리로 묘사하지는 않았을까?

고대인들이 정말 그렇게 했다는 증거가 남아 있다. 기원전 1500년경에 만들어진 아시리아의 원통형 인장에는 쉠을 향해 경례를 하는 두 마리의 독수리가 묘사되어 있다. 【그림 80】

학자들이 '새-인간(鳥人, bird-men)'이라고 부르는 그런 독수리들에 대한 묘사는 많은 유물에 남아 있다. 대부분의 묘사에서 그들은 '생명의 나무'와 함께 나타나는데, 그들이 쉠을 통해 생명의 빵과 생명의 물이 있는 하늘의 거처에 이르는 통로를 안내한다는 사실을 강조하기 위한 것으로 보인다. 실제로 독수리들에 대한 묘사를 보면 그들은 흔히 한 손에는 생명의 과일을 들고 있고 다른 한 손에는 생명의 물을 들고 있는데, 이는 아다파, 에타나, 길가메시 이야기의 내용을 입증하는 것이다. 【그림 81】

독수리에 대한 많은 묘사를 보면 그들은 결코 괴기스러운 새-인간은 아니었으며 그저 독수리를 연상시키는 복장을 입은 인간과 비슷한

[그림 81] 생명의 과일과 생명의 물을 든 독수리들

존재였음을 알 수 있다.

히타이트에서 전해 내려오는 텔레피누(Telepinu) 신의 이야기에 따르면, 어느 날 그가 사라지자 '높고 낮은 모든 신들이 그를 찾아 나섰는데' 우투가 그를 찾기 위해 '빠른 독수리를 보냈다'고 했다.

「출애굽기」에서 하나님은 이스라엘의 자손들에게 '어미 독수리가 그 날개로 새끼를 업어 나르듯이, 내가 너희를 인도하여 나에게로 데려온 것도 보았다'고 말하는데(「출애굽기」 19 : 4), 에타나의 이야기에 나타나듯이 성소에 이르는 길은 독수리의 날개를 통해야 한다는 것을 보여 준다.

또한 성서의 많은 구절에서는 신을 날개 달린 존재로 묘사하고 있다. 보아스(Boaz)는 룻(Ruth)이 유대 땅에 온 것을 환영하면서 룻의 행동을 야훼의 '날개 밑으로 보호를 받으러 온 것'으로 표현한다(「룻기」

【그림 82】 쉠과 우주 기지를 총괄하던 독수리의 우두머리 우투

2 : 12). 「시편」의 작가들은 '주의 날개 그늘'에서 피신처를 얻었으며 (「시편」 57 : 1), 하늘에서 하나님이 내려오는 모습을 '주께서 그룹(Cherub)을 타고 날아오셨다. 바람 날개를 타고 오셨다'고 묘사한다 (「시편」 18 : 10).

신의 명칭이나 신에 대한 일반용어로 사용되던 엘(El)이라는 성서의 표현과 가나안어 엘(El)의 유사성을 연구한 랭던(S.Langdon)은 그 두 단어가 기록이나 동전 등에서 날개 달린 신으로 묘사되었다는 공통점을 밝혀냈다.

한편 메소포타미아의 기록들은 예외 없이 우투를 솀과 독수리들의 발사 기지를 총괄하는 신으로 묘사하고 있다. 그리고 그 부하들과 마찬가지로 우투 자신도 때때로 독수리의 복장을 한 모습으로 표현된다. 【그림82】

그런 자격으로 우투는 왕들에게 '새의 날개 위에서 날거나' '낮은 하늘에서 높은 하늘로 오를 수 있는' 특권을 부여할 수 있었다. 그리고 그가 '불을 뿜는 로켓을 타고 오를 때' 그는 '오랫동안 아주 먼 곳까지' 여행할 수 있었다. '그의 그물은 지구였으며, 그의 올가미는 먼 하늘'이었다.

| 네필림, 불 뿜는 로켓을 탄 사람들 |

하늘을 여행하는 것과 관련된 수메르의 용어들은 신들이 입었던 메(me)나 신들이 타고 다녔던 원뿔 모양의 무(mu)에 국한되지 않는다.

수메르의 기록에 따르면 시파르(Sippar)에는 거대한 벽으로 둘러싸인 숨겨진 비밀 장소가 있었다고 한다. 그 벽 안에는 우투의 신전이 있었는데 그것은 '하늘의 집처럼 생긴 집'이었다. 그 신전의 안쪽에는 역시 높은 벽으로 둘러싸인 '하늘로 솟아 있는 거대한 아핀(APIN)'이 있었다. 흔히 학자들은 아핀을 '누비고 나가는 물체'라고 번역한다.

우루크에 있던 안의 신전에서 발견된 그림에는 그런 물체가 좀더 구체적으로 묘사돼 있다. 불과 몇십 년 전만 해도 그 물체가 무엇인지 짐작하기가 쉽지 않았을 것이다. 그러나 이제는 그 물체가 맨 위에 통제실

격인 원뿔형의 무가 달린 다단계 로켓이라는 것을 쉽게 눈치챌 수 있다.
【그림83】

수메르의 신들이 지구 상공을 비행하는 '나는 방(flying chamber)'들뿐만 아니라 우주 여행에 필요한 다단계 로켓도 갖고 있었다는 증거는 시파르(Sippar)의 우투 신전에 있었던 성스러운 물체를 묘사한 기록에서도 찾아볼 수 있다. 기록을 보면 수메르의 대법원에 출석하는 증인들은 세 개의 '신성한 물체'를 볼 수 있는 신전 궁정의 문 옆에 서서 서약을 했다고 한다. 그 세 물체의 명칭은 각각 '황금의 구(球)'와 '기르(GIR)', 그리고 '알리크마흐라티(Alikmahrati)'였다. 여기서 '황금의 구'는 승무원들의 선실로 추정되며, '알리크마흐라티'는 문자 그대로 '배를 나아가게 하는 추진체', 즉 모터나 엔진이었다.

이 묘사가 보여 주는 것은 맨 위에 선실이나 통제실이 있고 아래쪽

【그림83】 우루크의 신전에서 발굴된 다단계 로켓 그림

에 엔진이 있고 가운데에 '기르(gir)'가 있는, 세 부분으로 이루어진 로켓의 모양이다. 기르라는 용어는 특히 우주 여행과 관련해 광범위하게 사용되던 단어다. 길가메시가 우투가 관리하는 이륙장의 입구에서 만난 파수꾼은 '기르사람(gir-men)'이라고 불렸다. 또한 닌우르타 신전에서 가장 신성하고 엄하게 보호되던 지역은 기르수(GIR.SU), 즉 '기르가 오르는 곳'이라고 불렸다.

기르는 흔히 뾰족한 물체를 지칭하는 용어로 사용되었다. 기르라는 말의 상형문자를 자세히 살펴보면 이 말이 담고 있는 '신성한' 의미를 더 잘 알 수 있다. 기르라는 말의 상형문자는 다음과 같이 긴 화살 모양의 물체가 여러 개의 방으로 나뉜 모습이다.

무가 그 자체로 지구 상공을 날아다닐 수 있었고, 또 기르와 합쳐져서도 비행할 수 있었으며, 다단계 아핀과 합쳐지면 일종의 통제실 역할을 했다는 것은 수메르 신들의 과학적 창의성을 잘 보여 주는 것이다. 수메르의 상형문자를 종합적으로 살펴보면 그것을 그린 사람들은 불을 뿜는 로켓의 꼬리와 미사일 모양의 선체, 그리고 하늘의 방의 모양과 기능에 대해 아주 잘 알고 있었다는 것을 알 수 있다.

 우선 카기르(KA.GIR, 로켓의 입)라는 용어가 있는데 이는 수직 안전판을 갖춘 기르, 즉 로켓이 원통형의 지하 보관소에 있는 모습을 보여 준다.

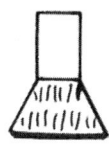
에시(ESH, 신성한 거처)라는 용어는 우주선의 방 혹은 통제실을 의미한다.

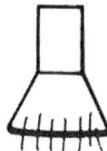
지크(ZIK)라는 용어는 이륙 중인 통제실의 모습을 보여준다.

그리고 마지막으로 수메르어로 '신(神)'을 뜻하는 상형문자를 살펴보자. 수메르어로 신을 뜻하는 말은 딘기르(DIN.GIR)다. 이미 기르가 수직 안전판이 달린 다단계 로켓이라는 것을 확인했다. 딘은 '정의로운', '순수한', '밝은' 등의 뜻을 가진 말이다. 이 두 단어가 합쳐져 '신'이나 '신성한 존재'를 의미했는데, 그 뜻은 '밝고 뾰족한 물체의 정의로운 사람들' 혹은 보다 분명하게 '불을 뿜는 로켓의 순수한 사람들'이다.

딘(DIN)의 상형문자는 다음과 같다.

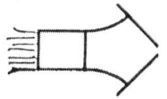

이는 끝부분에서 화염을 뿜어내는 강력한 제트엔진과 앞부분이 이상하게 벌어진 물체를 연상시킨다. 그러나 이런 의문은 딘의 상형문자를 기르와 합쳐 보면 놀라움으로 변한다. 기르의 수직 안전판의 꼬리 부분이 딘의 앞부분에 완벽하게 맞아떨어지기 때문이다. 【그림 84, 85】

그 놀라운 결합의 결과는 착륙선이 결합되어 있는 로켓 추진 우주선

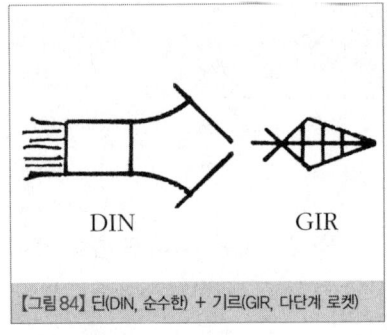
【그림 84】 딘(DIN, 순수한) + 기르(GIR, 다단계 로켓)

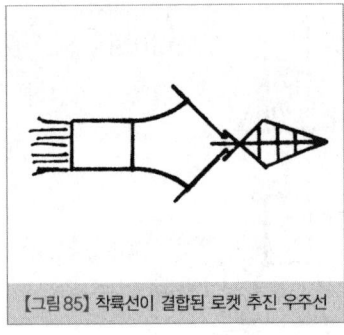
【그림 85】 착륙선이 결합된 로켓 추진 우주선

인 것이다. 아폴로 11호의 경우에도 달 착륙선을 이런 식으로 옮겼다! 실제로 그것은 서로 잘 연결된 세 부분으로 구성된 로켓인데, 엔진을 포함하고 있는 추진부와 각종 보급품과 장비가 들어 있는 중간 부분, 그리고 딘기르라고 불렸으며 고대의 우주선 조종사인 신들이 타고 있었던 원뿔형의 '하늘의 방'이 그것들이다.

이제 고대 사람들이 자신들의 신을 '하늘과 땅의 신들'이라고 부를 때 문자 그대로 하늘로부터 지구로 내려온 사람들을 지칭했다는 것을 의심할 여지는 없는 것 같다. 성경을 유일신에 바쳤던 구약의 기록자들조차도 그런 존재들이 지구상에 존재했다는 것을 감출 수는 없었다.

많은 신학자들과 번역자들을 괴롭혔던 이상한 구절이 「창세기」 6장에 등장한다. 그 내용은 아담에서 시작된 인간의 후예들이 지구상에 퍼져 나가는 모습과 대홍수 이전에 신들이 인간에게 실망하게 되는 내용 사이에 들어 있다. 그 당시에 분명히 다음과 같은 일이 있었다고 구약은 적고 있다.

하나님의 아들들이

사람의 딸들의 아름다움을 보고,

저마다 자기들의 마음에 드는 여자를 아내로 삼았다.

_「창세기」 6 : 2

그 뒤의 구절들을 더 읽어 보면 성경의 내용이 수메르 신화에 나타나는 신과 인간의 결합으로 생겨난 신들과 그 자손들의 이야기와 얼마나 유사한지를 더 잘 알 수 있다.

그 무렵에 땅 위에는

네피림이라고 하는 사람들이 있었고,

하나님의 아들들이 사람의 딸들에게로 와서 자식들을 낳으니,

그들은 옛날에 있었던 용사들로서

유명한(쉠의) 사람들이었다.

_「창세기」 6 : 4

아주 오랫동안 '땅 위에는 네피림(Nefilim, 네필림)들이 있었다'는 구절은 '땅 위에는 거인들이 있었다'로 해석돼 왔다. 그러나 최근의 번역자들은 그것이 잘못된 것임을 깨닫고 히브리어인 네필림을 그대로 두는 방법을 택하기 시작했다. 그러나 여전히 '쉠의 사람들'은 앞에서 살펴본 이유들로 해서 이름을 가진 사람들, 즉 '유명한 사람들'로 번역되고 있다. 그러나 쉠은 앞서 말한 것처럼 문자 그대로의 뜻, 즉 로켓으로 해석되어야만 한다.

그렇다면 네필림은 무슨 뜻일까? 셈어의 NFL(떨어지는 것)에서 나온 이 말은 '지구로 내려온 자들'이라는 뜻이다.

현재의 신학자들과 성서 연구자들은 골치 아픈 구절이 나오면 비유라는 구실을 들거나 혹은 완전히 무시함으로써 회피하는 경향이 있다. 그러나 2차 성전 당시의 유대 저자들은 네필림에서 '타락한 천사'라는 고대 전통의 흔적을 읽어 낸 바 있다. 심지어 몇몇 고대 저술에서는 '예전에 하늘에서 땅으로 떨어진' 성스러운 자들의 이름까지도 기록하고 있다. 그들의 이름은 샴하즈자이(Sham-Hazzai, 쉠의 파수꾼), 우즈자(Uzza, 강력한), 우지엘(Uzi-El, 신의 힘) 등이었다.

19세기의 유명한 유대 성서 연구자였던 말빔(Malbim)은 이런 고대의 전통을 잘 알고 있었으며 '고대의 지도자들은 하늘로부터 땅으로 내려온 신의 아들들이었으며, 그들은 지구를 지배했고 인간의 딸과 결혼했으며 그들의 자손이 영웅과 왕이 되었다'고 주장했다. 말빔은 이런 이야기들이 이교도의 신들에 대한 것으로 '아주 오래전에 하늘로부터 땅으로 내려온 이런 신의 아들들은 스스로를 네필림, 즉 지구로 내려온 자들이라고 불렀다'라고도 주장했다.

신학적 해석과는 무관하게 성경의 문자적이고 원래적인 뜻은 사라지지 않는다. 즉 하늘로부터 땅으로 내려온 신의 아들들이 바로 네필림이었던 것이다.

그리고 네필림은 쉠의 사람들, 즉 로켓의 사람들이었다. 따라서 앞으로 우리는 그들을 성경에 나타난 그대로의 이름, 곧 네필림으로 부를 것이다

6

12번째 행성

| 수메르에서 찾아낸 태양계의 모습 |

 지성을 갖춘 생명체가 지구를 방문했었다고 주장하기 위해서는, 그런 생명체가 지구보다 훨씬 앞선 문명을 건설한 다른 '천체'가 존재했다고 가정해야만 한다.

 그동안 지구를 방문했을지도 모르는 지성적 존재의 기원으로 흔히 화성이나 금성이 제시돼 왔다. 그러나 이제는 화성이나 금성에 지적인 생명체도 없고 지구보다 발달한 문명도 없다는 것이 명백해졌다. 그래서 지구를 방문했던 외계 생명체의 존재를 믿는 사람들은 금성이나 화성보다 훨씬 더 멀리 떨어져 있는 다른 별들을 외계인의 고향으로 제시하곤 한다.

 그런 주장의 장점은 입증될 수는 없지만 부정될 수도 없다는 점이다. 그러나 그런 별들은 광속으로 여행해도 오랜 시간이 걸릴 정도로 아주 멀리 떨어져 있기 때문에 현실성이 떨어진다는 것이 이 주장의 치명적인 단점이다. 그래서 그런 주장을 하는 사람들은 우주인들이 되돌아갈 수 없는 일방 여행을 했다거나, 항로를 이탈했거나 고장난 우주선이 지구에 불시착한 경우들을 가정하기도 한다.

그러나 그것은 수메르인들이 생각했던 신들의 거처와는 완전히 다른 것이다.

수메르인들은 신들이 실제로 사는 '천상의 처소'가 존재한다고 믿었다. 또 엔릴, 엔키, 닌후르쌍과 같은 신들은 지구에 살았지만 그들의 아버지인 안은 계속해서 천상의 처소를 다스리며 그곳에 머물렀다고 생각했다. 또 안 이전에 천상의 처소를 다스린 스물한 쌍의 신의 이름도 자세하게 알고 있었다.

안은 화려하게 장식된 천상의 처소에 살았다. 길가메시가 보고한 것처럼, 그리고 구약의 「에스겔서」에 적혀 있는 것처럼, 하늘에 있는 안의 처소는 보석으로 장식된 정원이 있는 곳이었다. 거기서 안은 자신의 정부인 안투와 여섯 명의 첩, 여든 명의 자식, 한 명의 수상, 무(MU, 로켓)를 관리하는 세 명의 사령관, 두 명의 무기 사령관, 두 명의 위대한 학자, 한 명의 재정 담당관, 두 명의 대법관과 함께 살고 있었다.

메소포타미아의 기록들은 안이 거처하는 곳의 화려함과 그 입구를 경비하는 무기나 신들에 대해 자주 언급하고 있다. 예를 들어 아다파의 이야기에는 엔키로부터 쉠을 얻은 아다파가 안의 처소에 도착하는 장면이 이렇게 묘사되어 있다.

(엔키는) 아다파에게 하늘로 이르는 길을 따르게 하였고,

아다파는 하늘로 올라갔다.

하늘로 올라가

아다파는 안의 문에 도착했다.

탐무즈(Tammuz)와 기지다(Gizzida)가

안의 문을 지키고 있었다.

샤르우르(SHAR.UR, 왕실의 사냥꾼)와 샤르가즈(SHAR.GAZ, 왕실의 살인자)라는 신성한 무기가 지키고 있는 안의 옥좌가 있는 방은 신들의 회의 장소이기도 했다. 회의가 열릴 때면 회의장에 입장하고 앉는 것에 대해서까지도 엄격한 절차가 지켜졌다.

엔릴이 안의 옥좌가 있는 방으로 들어와서

안의 오른쪽에 있는, 오른쪽 권좌에 앉는다.

엔키가 안의 옥좌가 있는 방으로 들어와서

안의 왼쪽에 있는, 왼쪽 권좌에 앉는다.

고대 근동 사람들이 믿던 '하늘과 땅의 신들'은 하늘에서 내려왔을 뿐만 아니라 하늘의 처소로 돌아갈 수도 있었다. 안은 가끔 지구를 방문했고 인안나는 최소한 두 번 이상 하늘에 머물고 있는 안을 방문했다. 그런가 하면 니푸르에 있던 엔릴의 기지는 '하늘과 땅의 유대(紐帶)'를 상징하는 곳이었다. 우투는 독수리를 책임지고 있었고 로켓의 발사 기지를 관리했다. 길가메시는 영원한 삶의 장소로 갔다가 우루크로 돌아왔으며, 아다파 역시 같은 곳으로 여행을 갔다가 돌아와서 그곳에 대한 이야기를 남겼다. 그리고 구약에 나오는 티레의 왕도 하늘에

갔다가 돌아왔다.

많은 메소포타미아의 기록에 압칼루(Apkallu)라는 말이 등장하는데, 압칼루는 수메르어의 아브갈(AB.GAL, 인도하는 위대한 자 혹은 길을 지시하는 스승)에서 유래한 말이다. 구테르보크(G. Guterbock)는 이것이 우리가 앞에서 살펴본 '독수리'로 묘사된 '새-인간(bird-men)'을 뜻한다고 해석한다. 그런 새-인간 중 하나가 '인안나를 하늘에서 데려왔으며, 안의 거처인 에안나로 그녀를 데리고 올라갔다'는 것이다. 이런 기록들을 볼 때 압칼루는 네필림의 우주선을 조종하던 조종사였음을 알 수 있다.

이렇게 하늘과 땅의 왕복 비행은 가능했을 뿐만 아니라 처음부터 의도된 것이기도 했다. 수메르 땅에 신들을 위한 통로인 바빌리(Babili)를 건설하기로 결정하면서 신의 지도자들은 다음과 같이 말하고 있다.

> 원래의 근거지로 모이기 위해 올라갈 때
> 너희 모두를 받아 밤을 쉴 수 있는 휴식처가 있을 것이다.
> 하늘에서 아래로 내려와 모일 때
> 너희 모두를 받아 밤을 쉴 수 있는 휴식처가 있을 것이다.

하늘과 땅의 왕복 여행이 가능했고 또 실행되었다는 것을 알았던 수메르인들은, 신의 거처를 현재의 공상과학 작가들이 생각하는 것만큼 멀리 떨어진 곳이라고는 생각하지 않았다. 앞으로 살펴볼 것처럼 수메르인들은 신의 거처가 '태양계 안에 있다'고 분명히 밝히고 있다.

앞에서 우투 신이 독수리들의 사령관 복장을 하고 있는 것을 보았다. 그런데 우투는 양손에 금속 버클이 달린 시계처럼 보이는 물건을 차고 있다. 【그림82 참조】 다른 독수리들을 묘사한 것을 봐도 중요한 독수리들은 모두 그런 물건을 차고 있는 것을 알 수 있다. 물론 그것이 단순히 장식품에 불과했는지, 아니면 어떤 중요한 기능을 했는지를 정확히 밝히기는 어렵다. 그러나 대부분의 학자들은 그 물건이 꽃잎무늬가 중심 원을 둥그렇게 둘러싸고 있는 로제트(rosettes) 문양을 갖고 있다는 데 의견의 일치를 보이고 있다. 【그림86】

로제트 문양은 메소포타미아와 서아시아, 아나톨리아, 사이프러스, 크레타, 그리스 등 고대

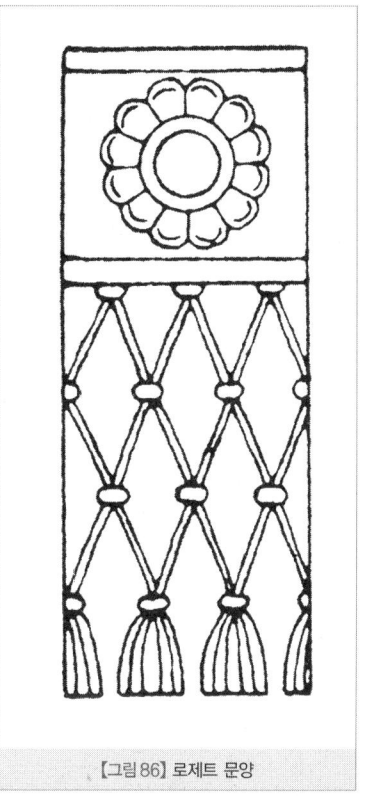

【그림86】 로제트 문양

세계의 신전 장식에서 가장 흔히 볼 수 있는 것이다. 그런데 로제트 문양이 이렇게 신전 장식에 많이 쓰이게 된 이유는, 그것이 행성들이 태양을 돌고 있는 태양계의 모습을 형상화했기 때문이라는 것이 일반적인 해석이다. 고대의 비행사들이 이 문양이 새겨진 물체를 차고 있었다는 것도 이런 해석에 신빙성을 더한다.

천상에 있는 안의 거처 입구를 묘사한 아시리아의 한 부조를 보면 고대인들이 태양과 다른 행성들로 이루어진 태양계에 대해 잘 알고 있었다는 것을 확인할 수 있다. 성문의 좌우에는 두 마리의 독수리가 그

[그림 87] 태양계의 모습이 그려진 안의 거처 입구

려져 있는데 독수리의 도움을 받아야만 천상의 거처에 이를 수 있다는 것을 의미하는 것으로 보인다. 성문 위에는 최고의 성스러움을 나타내는 상징물인 날개 달린 구형의 물체가 장식되어 있다. 그 구형 물체의 양옆에는 천체로 보이는 7개의 상징물과 초승달이 있는데, 이것은 최고신인 안이 그의 두 아들, 엔릴과 엔키에 의해 보좌됨을 상징하는 것으로 보인다. [그림87]

그렇다면 이 그림에 나타난 천체들은 무엇이었으며, 안의 거처는 도대체 어디에 있었던 것일까? 역시 그림 속에 실마리의 일부가 들어 있다. 그림의 오른쪽 상단을 보면 주변에 있는 11개의 물체에 빛을 발하고 있는 커다란 천체가 있는데 이것은 11개의 행성을 갖고 있는 태양을 나타낸다.

이런 상징이 예외적인 묘사가 아니라는 것은 베를린 박물관의 고대

[그림88] 태양계를 묘사한 원통형 인장

[그림89] 태양계 부분 확대도

근동실에 소장된 한 원통형 인장에 새겨져 있는 그림에서도 확인할 수 있다. [그림88]

이 원통형 인장에 새겨진 가장 중요한 신, 혹은 천체를 확대해 보면 그것이 11개의 행성으로 둘러싸인, 빛을 발하는 거대한 별을 묘사하고 있다는 것을 알 수 있다. [그림89] 또한 24개의 조그만 구형 물체들이 그 11개의 행성을 받치고 있다. 태양계에 존재하는 행성들이 갖고 있는 위성의 수가 모두 24개라는 사실이 이 그림이 묘사하는 것과 무관하다고 볼 수 있을까?

그런데 태양과 11개의 행성을 묘사하고 있는 아시리아 부조와 베를린 박물관의 원통형 인장에 새겨진 그림이 태양계를 나타낸다고 주장하는 데에는 한 가지 문제점이 있다. 왜냐하면 모두가 아는 것처럼 현대의 천문학자들은 지구가 속한 태양계가 태양, 수성, 금성, 지구, 달,

12번째 행성 257

화성, 목성, 토성, 천왕성, 해왕성, 명왕성으로 이루어져 있다고 말하기 때문이다. 즉 우리들의 태양계에는 달을 하나의 행성으로 친다고 해도 태양과 10개의 행성만이 존재한다는 것이다.

그러나 수메르인들은 그렇지 않다고 말한다. 수메르인들의 기록에 따르면 태양계에는 태양 외에, 지구와 달을 포함해서 총 11개의 행성이 있다고 주장한다. 즉 우리가 오늘날 알고 있는 것 외에 네필림의 고향인 태양계의 12번째 구성원이 있다고 생각한 것이다.

우리는 그것을 태양계의 12번째 행성이라고 부를 것이다.

| 천문 지식의 역사 |

수메르인의 이런 주장이 사실인가를 구체적으로 살펴보기 전에, 지구와 태양계의 다른 행성들에 대한 지식의 역사를 먼저 간략히 살펴보자.

오늘날 우리는 거대한 목성과 토성 너머로, 우주의 크기와 비교하자면 아주 가깝지만 인간의 눈에는 엄청나게 먼 거리에 천왕성과 해왕성이 존재하고 있으며, 그보다 더 바깥쪽에 태양계의 마지막 구성원인 명왕성이 존재한다는 것을 알고 있다. 그러나 태양계에 대한 이런 우리의 지식은 아주 최근에야 형성된 것이다.

천왕성은 1781년에 망원경의 발달로 발견되었다. 천문학자들은 천왕성을 약 50년 동안 관찰한 후에야 천왕성의 궤도가 다른 천체의 영향을 받고 있다는 결론을 얻었다. 1846년에 천문학자들은 일련의 수학적 계산을 통해 그 새로운 천체, 즉 해왕성을 발견했다. 그리고 19세기 말에 이르러서 해왕성 역시 또 다른 천체의 인력으로부터 영향을 받는다는 사실이 드러났다. 그렇다면 태양계에 또 다른 행성이 존재하는 것이었을까? 이런 수수께끼는 1930년에야 명왕성이 관측되고 그 위치가 밝혀지면서 풀렸다.

따라서 1780년까지 인간은 태양계에 태양, 수성, 금성, 달, 화성, 목성, 토성의 7개 천체만이 존재한다고 생각했던 것이다. 또한 지구는 행성으로 간주되지 않았는데, 지구는 신이 창조한 것들 중 가장 중요한 인간이 살고 있는 천체로 다른 모든 천체들이 지구를 중심으로 돌고 있다고 여겼기 때문이다.

교과서적인 설명에 따르면, 지구도 태양을 도는 행성들 중 하나에 불과하다는 사실을 처음 발견한 것은 코페르니쿠스(N. Copernicus)였다. 그러나 코페르니쿠스는 지구중심설을 부정했을 때 예상되는 기독교의 분노가 두려워 자신의 이론을 1543년 죽음에 임박해서야 발표한다.

이른바 '발견의 시대'가 요구하던 항해학적 지식에 대한 욕구가 커지고 콜럼버스(C. Columbus), 마젤란(F. Magellan) 등의 탐험가에 의해 지구가 평평한 것이 아니라 둥글다는 사실이 발견되면서, 수세기 동안 유지되던 천문학적 지식에 대한 전면적인 재평가가 필요해졌다.

코페르니쿠스는 주로 수학적 계산과 고대의 저서들에 의존해 지구중심설에 대립되는 태양중심설을 발전시켰다. 코페르니쿠스를 지지했던 몇 안 되는 종교인 중 한 사람이었던 숀베르크(Schonberg) 주교는 1536년 코페르니쿠스에게 다음과 같은 내용의 편지를 보냈다.

'당신이 고대의 수학적 원리를 이해하고 있으며, 또 지구가 움직이며 태양이 가장 중요하고 근본적인 위치에 있다는 새로운 이론을 만들어 냈다는 것을 전해 듣게 되었습니다.'

당시에 지배적이던 우주관은 그리스와 로마의 전통을 따르는 것이었는데, 평평한 지구를 아치형의 하늘이 포장처럼 둘러싸고 있으며 거기에 별이 고정되어 있다고 보는 우주관이었다. 그렇게 별이 고정된 하늘 밑에서 그리스어로 '방랑자'라는 뜻을 지닌 행성들이 지구를 돌고 있다고 생각했다. 【그림 90】

지구를 돌고 있는 천체는 모두 7개였으며, 거기에서 일주일을 부르는 이름들이 일요일(Sunday-Sun, 태양), 월요일(Monday-Moon, 달), 화요일(Mardi-Mars, 화성), 수요일(Mercredi-Mercury, 수성), 목요일(Jeudi-Jupiter, 목성), 금요일(Vendredi-Venus, 금성), 토요일(Saturday-Saturn, 토성) 하는 식으로 만들어졌다.

이런 천문학 체계는 기원후 2세기에 이집트 알렉산드리아의 천문학자였던 프톨레마이오스(C.Ptolemy)가 완성시킨 것이다. 그는 태양과 달 그리고 다른 5개의 행성이 지구를 중심으로 공전한다고 주장했다.

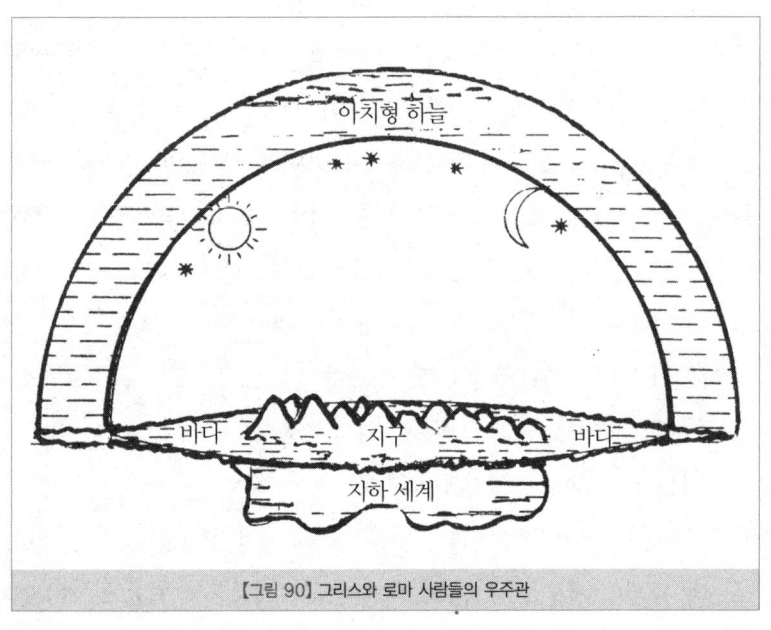

【그림 90】 그리스와 로마 사람들의 우주관

프톨레마이오스의 천문학은 코페르니쿠스가 태양을 중심에 놓기 전까지 약 1,300여 년간 정설로 받아들여졌다.

대부분의 사람들은 코페르니쿠스를 '근대 천문학의 아버지'라고 부르지만, 일부에서는 그를 고대 지식의 연구자나 재발견자라고 생각한다. 실제로 코페르니쿠스는 프톨레마이오스 이전 시대의 그리스 천문학자인 히파르코스(Hipparchus)나 사모스(Samos) 섬의 아리스타르코스(Aristarchus) 같은 사람들의 저작을 탐독했던 것으로 알려져 있다. 아리스타르코스는 기원전 3세기에 이미 지구가 아닌 태양을 중심에 놓는다면 천체들의 운동이 보다 잘 설명될 수 있다고 보았다. 또 그리스의 천문학자들은 코페르니쿠스보다 무려 2,000년이나 앞서서 태양계의 중심에 태양을 놓고 그에 따라 다른 행성들의 정확한 위치를 배열하기도 했다.

다시 말해 코페르니쿠스의 태양 중심적 천문학은 발견되었다기보다는 재발견된 것에 불과하다. 기원전 5세기경의 천문학자들이 기원후 5세기나 16세기의 천문학자들보다 오히려 더 많은 것을 알고 있었던 것이다!

현재의 역사학자들은 후기 그리스나 로마의 천문학자들보다 훨씬 더 전의 사람들이 이미 정확한 지식을 확보하고 있었음에도 불구하고, 도대체 왜 그 천문학자들이 지구는 평평하고 그 아래에는 하데스(Hades)라고 부르는 지옥이 감춰져 있다는 식의 엉터리 같은 우주관을 믿게 되었는지를 설명하는 데 오히려 더 큰 어려움을 겪고 있다.

기원전 2세기에 소아시아 지방에 살았던 히파르코스는 현대 천문학에서 '세차운동(歲差運動, precession)'이라고 부르는 것에 대해 이미 논한 바 있다. 세차운동은 '구면 천체학' 즉 구형의 우주가 구형의 지구를 둘러싸고 있다는 가정에 근거한, 천문학적 지식이 없이는 이해될 수도 없고 설명될 수도 없는 현상이다.

그렇다면 히파르코스는 당시에 이미 지구가 구형이라는 사실을 알고 있었고 또 구면 천체학적인 계산을 할 수 있었던 것일까? 또 세차운동을 실제로 관측하기 위해서는 최소한 하나의 궁(宮)이 다른 궁으로 바뀌는 2,160년이라는 시간이 필요한데, 그렇게 오래 살지 못했던 것이 분명한 히파르코스가 상당히 오랜 세월이 필요한 관측 정보를 도대체 어디에서 얻었던 것일까?

히파르코스보다 2세기 전에 소아시아에 살았던 수학자 겸 천문학자, 에우독소스(Eudoxus)는 천구의 모형을 만들었는데 현재 로마에 있는 아틀라스 상이 짊어지고 있는 천구가 그것을 본뜬 것이다. 그 천구에는 12궁이 그려져 있다. 에우독소스가 하늘을 구형으로 생각했다면 지구는 어떤 모양으로 생각했을까? 평평한 지구에 구형의 하늘이 얹혀 있는 아주 이상한 모양을 생각했던 것일까? 아니면 구형의 지구가 구형의 우주에 둘러싸인 모습을 생각했던 것일까? 【그림91】

비록 에우독소스가 남긴 글의 원본은 사라졌지만 그의 생각은 기원전 3세기의 시인인 아라토스(Aratus)의 글을 통해 전해지고 있다. 사도 바울도 인용한 적이 있는 이 시에서 아라토스는 별자리들을 '과거의 기록들에 근거해서' 상세하게 묘사하고 있다. 또 별자리의 구분과 명칭도 고대로부터 내려온 것이라고 말하면서 '오래전의 사람들에 의해 (별자리의) 명명법이 고안되었고, 형태가 발견되었다'고 덧붙이고 있다.

그렇다면 별자리에 이름을 붙인 '오래전의 사람들'은 도대체 누구였을까? 현재의 천문학자들은 시에 나타난 내용을 토대로 이 시가 기원전 2200년경 메소포타미아 지역에서 관측된 하늘을 묘사하고 있다는

【그림91】 천구를 짊어지고 있는 아틀라스 상

것을 밝혀냈다.

  히파르코스와 에우독소스가 소아시아 지방에 살았다는 사실을 고려해 보면 그들이 히타이트로부터 지식을 얻었을 가능성을 생각해 볼 수 있다. 어쩌면 그들은 히타이트의 수도를 방문해 바위에 새겨진 신들의 행렬 모습을 보았는지도 모른다. 신들의 행렬 속에는 두 명의 황소인간이 구형의 천체를 들고 있는 모습이 새겨져 있는데, 그것이 에우독소스에게 구형의 우주에 대한 영감을 주었을지도 모르기 때문이다. 【그림92】

  소아시아 지방에 살았던 그리스 천문학자들은 혹시 메소포타미아로부터 지식을 얻었기 때문에 후대의 천문학자들보다 더 정확한 사실을

[그림 92] 구형의 천체를 들고 있는 황소인간

알고 있었던 것은 아닐까?

실제로 히파르코스는 자신의 글을 통해 자신의 연구가 수천 년 동안 축적되고 입증된 지식에 의존한 것이라고 밝히고 있다. 그는 '에렉, 보르시파, 바빌론 지역의 바빌로니아인 천문학자들'이 자신의 선구자라고 말한다. 또 로도스(Rhodes) 섬의 제미노스(Geminus)는 고대의 바빌로니아 사람들인 '칼데아인들'이 달의 정확한 움직임을 발견했다고 전한다. 역사학자인 디오도로스 시쿨로스(Diodorus Siculus)는 기원전 1세기경의 글에서 메소포타미아 천문학의 정확성에 대해 다음과 같이 말하고 있다.

'칼데아 사람들은 행성의 이름을 지었으며, 가장 위대하게 빛나는 태양이 중심에 있고 그 자식들인 행성들이 태양빛을 받아 빛난다고 보았다.'

따라서 그리스 천문학 지식의 원천은 칼데아라는 것이 분명하다. 이처럼 칼데아인은 후대의 사람들보다 훨씬 더 정확하고 풍부한 천문학 지식을 가지고 있었다. 실제로 '칼데아 사람'이라는 말은 아주 오랫동안 '별을 바라보는 사람들' 혹은 '점성가' 등과 같은 뜻으로 사용되었다.

칼데아의 우르 지방 출신인 아브라함은 히브리 민족의 장래에 대해 신과 이야기하면서 신으로부터 별을 바라보라는 말을 듣는다. 구약에는 실로 매우 다양한 천문학적 정보들이 등장한다. 요셉은 자신과 형제들을 12개의 천체와 비교했고, 야곱은 자신의 12후손들을 12궁과 비교하며 축복하고 있다. 「시편」과 「욥기」에서는 다양한 천문 현상과 12궁, 플레이아데스 산개성단과 같은 별자리에 대해 말하고 있다. 따라서 그리스보다 훨씬 이전 시대의 고대 근동에는 12궁을 포함한 별자리의 과학적 구분은 물론이고 다른 많은 천문학적 정보들이 알려져 있었다고 확신할 수 있다.

그리스 천문학자들이 차용했던 메소포타미아의 천문학 지식은 그 폭이 매우 넓었던 것으로 보이는데, 고고학자들이 발굴한 천문학적 자료만 해도 기록, 명문, 인장에 남겨진 글씨, 부조, 그림, 천체들의 이름, 예언, 달력, 태양과 다른 행성들의 출몰 시간표, 일식과 월식의 예측 등 다양한 분야에 걸쳐 있다.

물론 상당수의 자료들, 특히 후기의 자료들은 천문학적이라기보다는 점성술적인 것들이다. 하늘과 천체의 움직임은 왕, 사제, 그리고 보통 사람들 모두의 주요 관심사였으며, 그들은 하늘을 보고 지상에서 일어나는 전쟁, 평화, 풍년, 기근에 대한 설명을 얻으려고 했다.

기원전 약 1,000년 동안의 고대의 다양한 기록들을 분석한 톰슨(R.C.Thompson)은 이 당시의 '점성술사'들이 자신의 땅과 민족, 지도자들의 운명을 국가적인 관점에서 점치려고 했다는 것을 밝혀냈다. 이는 요즘 유행하는 개인적 차원의 점성술과는 아주 다른 것이다.

달이 계산된 시간에 보이지 않는다면, 적국의 침범이 있을 것이다.

혜성이 태양의 궤도를 침범하면, 땅의 물이 마르고 큰 소요가 두 번 일어날 것이다.

목성이 금성에 가까이 가면, 땅의 기도가 신들의 가슴에 닿을 것이다.

태양이 달의 위치에 서게 되면, 왕의 자리는 견고할 것이다.

그러나 이런 점성술조차도 정확하고 폭넓은 천문학적 지식을 필요로 하는 것이었고 그것이 없다면 예언도 불가능한 일이었다. 메소포타미아인은 그런 지식으로 '고정된' 별과 '방랑하는' 행성을 구분했고, 태양과 달은 고정된 별이나 방랑하는 행성들과는 다르다는 것을 알고 있었다. 그들은 혜성이나 유성 그리고 다른 천체 현상에 대해서도 잘 알고 있었으며 태양과 달, 지구의 움직임을 계산해 일식이나 월식도 예측했다. 그들은 천체의 움직임을 관찰해 그것을 지구의 궤도와 연결시켰으며 천체의 출몰 시각을 계산하기도 했다.

천체의 움직임을 관찰하고 그것의 위치를 지구나 다른 천체와 비교하면서 관측하기 위해 바빌로니아와 아시리아 사람들은 대단히 정교한 천체력을 사용했다. 이 천체력에는 또 천체의 미래 위치도 예측되어 있었다.

사턴(G. Sarton) 교수는 메소포타미아 천체력이 두 가지 모델에 기초하고 있다는 것을 밝혀냈다. 하나는 바빌론에서 사용되던 것이고 다른 하나는 우루크에서 사용되던 것이다. 그런데 놀라운 것은 보다 오래된 우루크의 모델이 나중에 나타난 바빌론의 것보다 훨씬 더 정교하고 정확하다는 사실이다. 사턴 교수는 바빌론에서는 이미 세계를 기하학적인 용어로 설명하려는 그리스와 로마식 철학적 사고로의 전환이 일어났기 때문에 잘못된 천문학적 개념들이 사용되었고, 우루크의 칼데아 사람들은 수메르의 전통 과 공식에 따랐기 때문에 보다 정확한 천체력을 만들 수 있었을 것이라는 설명을 제시했다.

지난 100여 년에 걸친 메소포타미아 문명의 발굴 결과, 다른 많은 분야에서와 마찬가지로 천문학에서도 우리들의 지식이 메소포타미아에서 비롯됐다는 것이 명백해졌다. 이 분야에서도 현대인들은 다시 한번 수메르의 유산에서 배우고 그것을 이어가고 있는 것이다.

사턴의 설명은 노이게바우어(O. Neugebauer) 교수의 또 다른 매우 광범위한 연구에 의해 실증되었다. 노이게바우어 교수는 우루크의 것보다는 다소 떨어지지만 나름대로 정확했던 바빌론의 천체력들도 사실은 당시 천문학자들의 관찰에 근거한 것이 아니라는 사실을 밝혀냈다. 관찰하는 방법 대신 그들은 '변형이 허락되지 않는, 이미 주어진 확정된 계산법'에 근거해 천체력을 만들었던 것이다.

'확정된 계산법'은 천체력에 붙어 있는 일종의 '지침서'에 따라 자동적으로 적용되었는데, 그 지침서에는 '엄정한 수학적 이론'에 따라 '순서대로 천체력을 계산해 내는 규칙들'이 적혀 있었다. 노이게바우어 교수는 바빌로니아의 천문학자들이 천체력이나 수학적 계산법의 기초가 되는 이론에 대해서는 무지했을 것으로 보았다. 그는 또 천체력의 '경험적이고 이론적인 기초들'은 현대 과학의 범위조차 벗어나는 것이라고 인정한다. 그럼에도 불구하고 고대의 천문학적 이론은 '존재했음이 분명한데, 아주 정교한 기초가 없이는 천체력에 필요한 고도로 복잡한 계산법을 만들어 내는 것이 불가능했을 것이기 때문'이라고 말한다.

제레미아(A. Jeremias) 교수는 자신의 저서에서 메소포타미아의 천문학자들이 천체의 역행 현상을 잘 알고 있었다고 말한다. 역행 현상이란 지구가 다른 행성보다 더 빠르거나 느리게 태양을 돌기 때문에 생기는 것으로, 그 결과 지구에서 보기에 다른 행성이 마치 뱀이 기어가는 것처럼 불규칙하게 움직이는 것으로 보인다. 여기서 생각해야 할 것은 역행 현상에 대한 지식은 아주 장기간의 관측을 통해서만 얻을 수 있다는 사실이다.

도대체 누가 이렇게 복잡한 천문학적 이론 체계를 정립하고 그런 이론 체계를 가능하게 한 장기간의 관찰을 했던 것일까? 노이게바우어 교수는 '지침서에서 그 의미를 추측할 수 있으나 상당히 낯선 기술적 용어들이 많이 나타난다'고 말한다. 따라서 바빌로니아, 아시리아, 이집트, 그리스, 로마의 사람들보다 훨씬 앞서서 뛰어난 천문학적·수학적 지식을 갖고 있었던 사람들이 존재했다는 것이다.

바빌로니아와 아시리아의 천문학적 활동 대부분은 정확한 달력을 기록하기 위한 것이었다. 오늘날의 유대 달력과 마찬가지로 그 달력은 태음태양력, 즉 1년을 365일로 하고 윤달을 끼워 넣는 방식을 기초로 한 것이었다. 달력의 정확성은 상업적 활동이나 다른 일상적인 일들을 위해서도 중요했지만, 더 근본적으로 새해의 첫날이나 축제일, 신을 위한 제사의 정확한 날짜를 계산하기 위해서도 매우 중요했다.

태양, 지구, 달, 그리고 다른 행성들의 복잡한 움직임을 측정하고 연결하기 위해 메소포타미아의 천문학자 겸 사제들은 고도로 세련된 천체 천문학적 지식을 필요로 했다. 그들에게 지구는 적도와 양극을 지닌 구형의 물체였고, 하늘 역시 가상의 적도와 양 극점을 지닌 천구로 받아들여졌다. 다른 천체들의 궤도는 천구에 투영된 지구의 공전궤도인 황도와 연관지어 파악했으며, 태양이 천구의 적도를 1년에 두 번 지날 때를 춘분과 추분으로, 태양이 천구의 적도와 남북으로 가장 멀리 떨어져 있을 때를 동지와 하지로 파악했다. 이런 천문학적 개념들은 지금까지도 그대로 사용되고 있다.

그러나 누차 말했지만 바빌로니아나 아시리아의 천문학자들이 직접 달력과 독창적인 계산법을 만들어 낸 것은 아니었다. 그들이 만든 달력은 수메르에서 기원한 것이다. 근동 학자들은 수메르에서 후대 모든 달력의 기원이 된 초기 달력들을 많이 발굴했다. 그중에서도 엔릴 신의 도시였던 니푸르에서 발견된 달력이 가장 중요한데, 현재 우리들이 사용하는 달력도 니푸르 달력의 원리에 기초한 것이다.

| 수메르 천문학의 수준 |

수메르인은 태양이 춘분점을 통과하는 시점을 새해가 시작되는 때로 보았다. 랭던(S.Langdon) 교수는 기원전 2400년경 우르의 지도자였던 둥기(Dungi)가 남긴 기록에 근거해, 니푸르인들이 태양이 지는 시점에 어떤 특정한 천체가 뜨는 것을 보고 새해가 시작되는 정확한 시점을 결정하여 달력을 만들었다는 사실을 발견했다. 랭던 교수는 이런 방법이 '둥기의 시대보다 무려 2,000년이나 앞선 기원전 4400년경부터 이미 시작되었다'고 말한다.

그렇다면 수메르인들은 정교한 관측 기구의 도움도 없이 정말로 천체 천문학과 기하학이 필요로 하는 고도의 천문학적·수학적 지식을 갖고 있었던 것일까? 그들이 사용했던 용어들을 보면 이런 의문들이 자연히 해소된다.

수메르인은 두브(DUB)라는 용어를 사용했는데, 이것은 360도를 의미하는 것이자 지구의 둘레를 의미하는 것이며, 그것을 통해 천구의 원주각도 표현했다. 또 수메르인은 천문학적, 수학적 계산을 위해 천구에 가상의 수평선을 그어 그것을 안우르(AN.UR)라고 불렀으며 이것으로 천체의 출몰을 측정했다. 이 수평선에 수직으로 누부사르다(NU.BU.SAR.DA)라는 가상의 수직선을 그어 천구의 천정(天頂)을 찾아냈고 그것을 안파(AN.PA)라고 불렀다. 수메르인은 자오선을 '경사진 가로대'라고 불렀으며, 위도선은 '하늘의 중간선'이라고 불렀다. 하지를 나타내는 위도선, 즉 북회귀선은 '하늘의 불타는 지점'이라는 뜻의 안빌(AN.BIL)이라고 부르기도 했다.

수메르 원전을 번역한 아카드, 후르리, 히타이트 시대 근동 지역의 문학적 고전들에는 수메르에서 차용한 천체와 천문 현상에 대한 용어들이 가득 차 있다. 바빌로니아와 아시리아의 학자들은 별의 목록을 작성하거나 천체의 움직임을 계산하면서 자신들이 번역하거나 모사한 수메르 원전에 대해 언급하고 있다. 또한 아슈르바니팔의 니네베 도서관에 소장돼 있던 것으로 알려진 25,000종의 천문학 관련 서적에도 수메르 원전에 대한 기록이 많이 남아 있었다고 한다.

바빌로니아 사람들이 「주님의 날」이라고 불렀던 중요한 천문학적 기록을 작성한 기록자들은 그것이 기원전 3000년경 아카드의 사르곤 왕 당시에 만들어진 수메르 기록을 복사한 것이라고 말하고 있다. 역시 기원전 3000년경이었던 우르 제3왕조 당시의 한 명판에는 별자리 목록과 각 별자리에 대한 묘사가 담겨 있는데, 그것은 아주 생생해서 지금 보아도 그 명판에 언급된 것이 북반구의 큰곰자리·용자리·거문고자리·백조자리 ·세페우스자리·삼각형자리, 남반구의 오리온자리·큰개자리·바다뱀자리·까마귀자리·센타우루스자리, 그리고 황도대의 12궁임을 쉽게 알 수 있을 정도다.

고대 메소포타미아에서는 천문학자 겸 사제들이 천문학적 지식을 연구·보존하고 전수했다. 따라서 이미 오래전에 사라진 '칼데아'의 과학을 우리에게 다시 전해 준 사람들이 에핑(J. Epping), 슈트라스만(J. Strassman), 쿠글러(F. X. Kugler)와 같은 예수회 수도사들이었다는 것이 그렇게 놀라운 일은 아니다. 특히 쿠글러는 그의 저서에서 수없이 많은 문서와 별자리 기록을 해석하고 분석하고 정리해서 설명했는데, 수학적 계산을 통해 시간을 거꾸로 돌려 수메르인들이 기원전 1800년의 바빌로니아 하늘에서 본 33개의 천체들을 현재 우리가 알고 있는 것과 똑같이 설명했다는 사실을 밝혀내기도 했다.

어떤 별자리가 중요한 것이고 어떤 것이 부수적인 것인가에 대한 오랜 연구 끝에 세계 천문학계는 1925년에 지구에서 보이는 하늘을 황도대, 북반구, 남반구의 세 구역으로 정하고 모두 88개의 별자리 집단을 확정했다. 그러나 이것은 결코 새로운 일이 아니다. 이미 수메르인들이 천구를 세 개의 구역 혹은 '길'로 나누어 놓았다. 수메르인들은 북반구 하늘을 '엔릴의 길'이라고 불렀고, 남반구 하늘을 '엔키의 길', 황도대의 하늘을 '아누(안)의 길'이라고 불렀다. 그리고 각각의 길에 다양한 별자리를 배치시켰다. 오늘날 12궁이 위치하는 황도대는 수메르인들이 '아누의 길'이라고 부르는 것과 정확하게 일치하며, 수메르인들도 그곳의 별들을 12개의 집단으로 나누었다.

현재와 마찬가지로 고대에도 많은 현상들을 황도 12궁과 연결해 설명했다. 태양을 도는 지구의 공전궤도는 30도씩 12부분으로 나눌 수 있다. 그 각각의 부분, 즉 '궁'에서 보이는 별들을 묶어 별자리를 만들고 그것이 만들어 내는 모양에 이름을 붙인 것이 황도 12궁이다.

별자리 이름은 물론이고 그 별자리에 속하는 별 이름들이 그리스 신화에서 빌려 온 이름과 설명을 통해 서구 문명에 전해졌기 때문에, 지난 2,000년 동안 서양인들은 12궁도를 그리스인들이 만들었다고 믿었다. 그러나 사실은 초기 그리스의 천문학자들이 수메르에서 이미 만들어 놓은 천문학에 자신들의 언어와 신화를 덧씌운 것에 불과하다. 앞에서 이미 히파르코스와 에우독소스, 그리고 다른 초기 그리스 천문학자들이 어디서 지식을 얻었는지 살펴보았다. 기원전 585년 5월 28일, 일식을 예언해 리디아(Lydia)와 메디아(Media) 사이의 전쟁을 끝낸 것으로 알려진 그리스의 가장 중요한 천문학자 탈레스(Thales)조차도 자기 지식의 근원이 수메르에 있다고 말했을 정도다.

'황도대(zodiac)'라는 명칭은 그리스어의 'zodiakos kyklos'라는 말에서 유래한 것인데, 황도대의 다른 명칭이기도 한 '수대(獸帶, 동물의 원)'라는 뜻을 지닌다. 왜냐하면 별자리의 이름을 사자나 양과 같은 동물에 비유했기 때문이다. 그러나 이런 상상의 형상과 명칭조차도 사실은 수메르에서 기원한 것이다. 수메르인은 12개의 별자리를 울헤(UL.HE, 빛나는 가축떼)라고 불렀다. 수메르인이 정한 12궁은 다음과 같다.

1. 구안나(GU.AN.NA, 하늘의 황소, 황소자리)
2. 마시타브바(MASH.TAB.BA, 쌍둥이, 쌍둥이자리)
3. 두브(DUB, 집게, 게자리)
4. 우르굴라(UR.GULA, 사자, 사자자리)
5. 아브신(AB.SIN, 그녀의 아버지는 신sin, 처녀자리)
6. 지바안나(ZI.BA.AN.NA, 하늘의 운명, 천칭자리)
7. 기르타브(GIR.TAB, 할퀴고 자르는 것, 전갈자리)
8. 파빌(PA.BIL, 수호자, 궁수자리)

9. 수후르마시(SUHUR.MASH, 염소-물고기, 염소자리)

10. 구(GU, 물의 주님, 물병자리)

11. 심마흐(SIM.MAH, 물고기, 물고기자리)

12. 쿠말(KU.MAL, 들판에 거처하는 자, 양자리)

수메르인에 의해 처음 정해진 후 황도 12궁의 상징과 그것을 나타내는 그림은 거의 변하지 않고 지금까지 전해지고 있다. [그림93]

망원경이 도입되기 전까지 유럽의 천문학자들은 프톨레마이오스의 견해에 따라 북반구 하늘에서 19개의 별자리만을 인정했다. 현재 쓰이고 있는 별자리 구분이 확정된 1925년에는 모두 28개의 별자리들이 북반구에서 밝혀졌다. 그런데 수메르인들은 프톨레마이오스보다 훨씬 앞

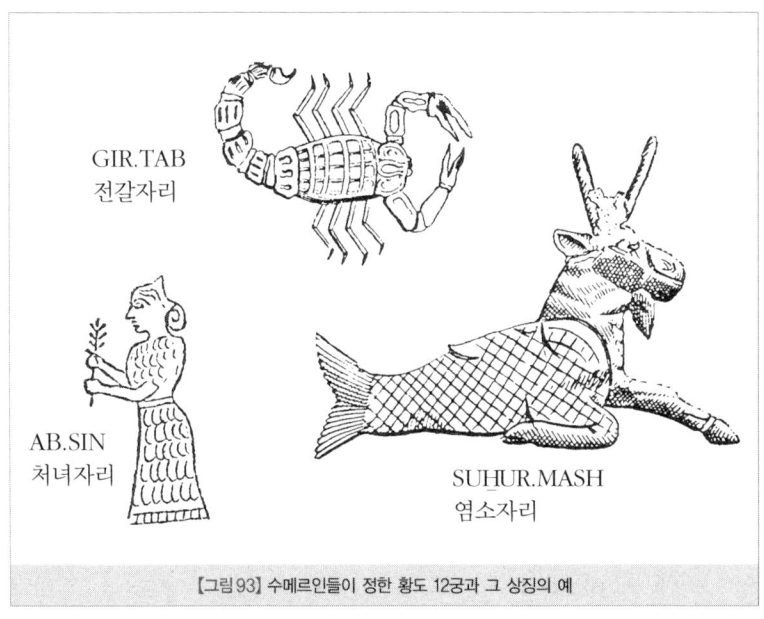

[그림93] 수메르인들이 정한 황도 12궁과 그 상징의 예

서, 그들이 '엔릴의 길'이라고 부르던 북반구 하늘의 별자리 28개를 모두 알고 있었을 뿐만 아니라 이름까지 지었다는 사실을 밝혀도 독자들은 이제 더 이상 놀라지 않을 것이다.

엔릴의 길(북반구의 하늘)에 있는 별자리 중에서 특별히 12개가 엔릴 신에 속하는 것으로 받아들여졌다. 이것은 아누의 길(황도대)에 있는 12궁과 균형을 맞추기 위한 것으로 보인다. 또한 엔키의 길(남반구의 하늘)에서도 특별히 12개의 별자리가 단순히 남반구에 존재한다는 의미를 넘어 엔키 신에 속하는 것으로 거론되고 있다. 특히 엔키의 길에서는 12개의 중요한 별자리 외에도 다른 많은 별자리들이 언급되고 있는데, 그것들 중에는 오늘날 별자리로 인식되지 않는 것들까지 포함되어 있다.

엔키의 길, 즉 남반구 하늘은 현대의 천문학을 동원해 고대 수메르의 천문학적 지식의 범위를 파악하려고 시도하는 학자들에게 어려운 문제를 제기한다. 지구 북반구에 위치한 우르와 바빌론에서 남반구의 하늘을 관측하면 남반구의 약 절반밖에 보이지 않으며, 나머지는 수평선 아래에 있을 수밖에 없기 때문이다. 그럼에도 불구하고 수메르인은 명백히 수평선 아래 존재하는 별자리들도 엔키의 길에 포함시키고 있다.

더 어려운 문제도 있다. 즉 학자들의 주장과 같이 수메르인들이 훗날 그리스인들이 믿었던 것처럼 지구가 평평한 판과 같은 모양이고 하늘이 그 위를 반구 형태로 둘러싸고 있다고 믿었다면, 그들에게는 남반구 하늘이라는 것 자체가 존재할 수 없었던 것이다!

많은 현대의 학자들은 메소포타미아 사람들이 지구가 평평한 모양이라고 믿었다는 가정에 너무 집착한 나머지 남반구 하늘에 대한 고대의 지식을 완전히 무시하곤 했다. 그러나 수메르인들이 말하는 세 개의 길에서 드러나듯이 그들은 지구를 평평한 것으로 생각하지 않았다. 그들은 이미 지구가 구형이라는 사실을 명백히 알고 있었던 것이다!

1900년에 핀치(T.G.Pinches)는 메소포타미아에서 사용되던 것과 똑같은 천체 관측용 모델을 완벽하게 복원했다고 왕립 아시아학회에 보고했다. 그가 복원한 것은 원형의 판이었는데, 피자 조각처럼 12조각으로 나눈 후에 다시 3개의 동심원으로 나누었다. 결국 그것은 총 36개의 조각으로 나뉘어 있다. 원판 전체는 12개의 꽃잎을 가진 로제트 문양과 같은 모양으로 각 부분에는 그에 해당되는 달[月]의 이름이 적혀 있다. 편의상 핀치는 메소포타미아 달력에서 첫 번째 달인 니산누(Nisannu)에서 시작해 각 부분에 I에서 XII까지의 기호를 붙였다. 【그림94】

또 원판 내부의 36개 부분도 모두 각각 이름을 갖고 있으며 그 밑에는 특정한 천체를 의미하는 조그만 동그라미가 그려져 있다. 거기 적힌 이름들은 다른 기록들을 통해 행성, 별, 별자리의 이름이라는 것이 밝혀졌다.

36개 조각에 각각 기록된 천체들의 이름 아래에는 숫자도 적혀 있다. 가장 안쪽 원의 조각들에 적힌 숫자는 30에서 60 사이이며, 중간 원의 조각들에 적힌 숫자들은 60(60진법에서는 1이라고 적는다)에서 120(60진법에서는 60×2=120이므로 2라고 적는다) 사이의 숫자들이고, 가장 바깥쪽 원의 조각에 적힌 숫자들은 120에서 240 사이이다. 이 숫자들은 도대체 무엇을 의미하는 것일까?

핀치가 원판을 복원한 뒤 50년이 지난 후에도 유명한 천문학자이며 아시리아 연구자인 노이게바우어조차, 그것이 '일종의 도식적인 별자리 지도이며 36개 각각의 부분에 적힌 것은 별자리 이름이지만 숫자의 의미는 알 수 없다'고 설명하는 것이 고작이었다. 또 다른 전문가인 반

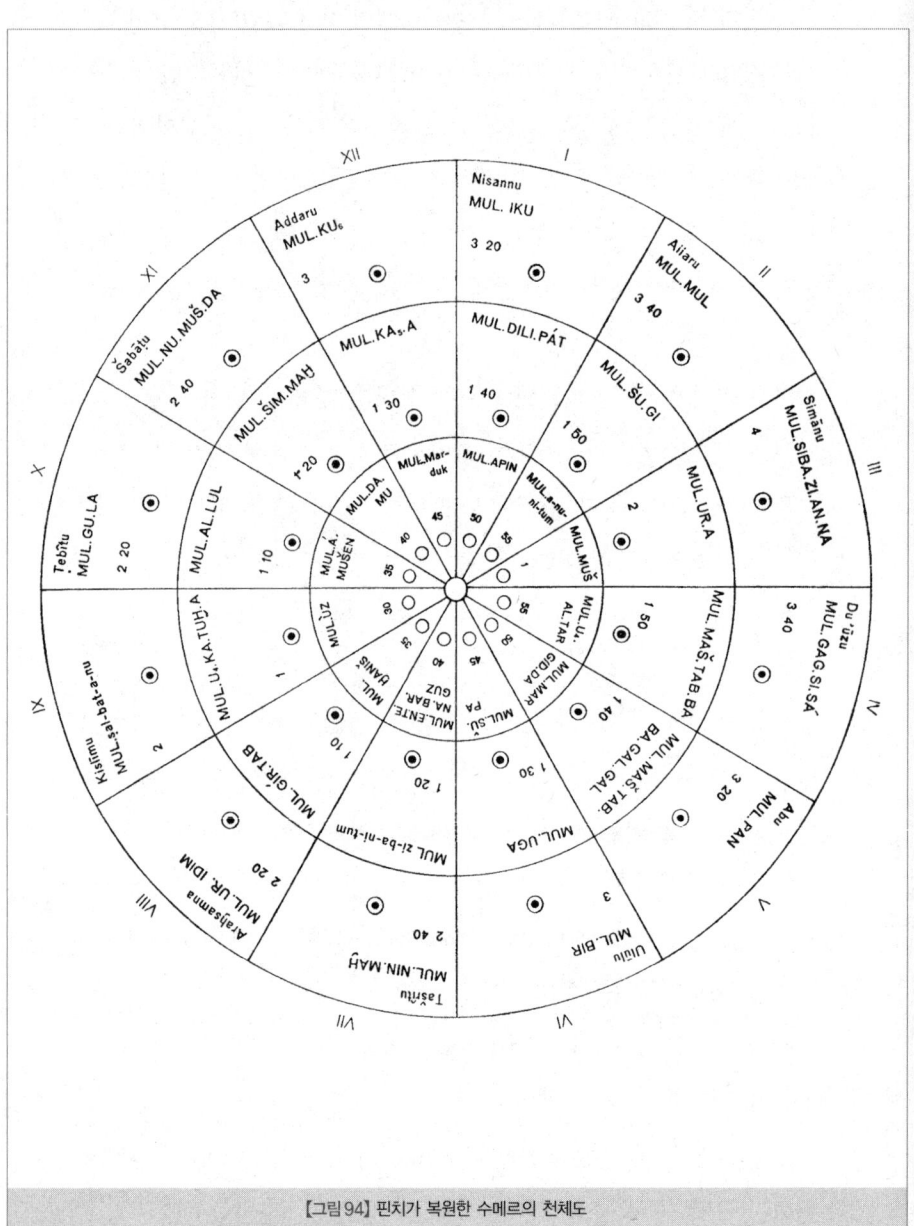

[그림94] 핀치가 복원한 수메르의 천체도

데어 배르덴(Van der Waerden)도 원판에 적힌 숫자들이 일종의 리듬을 갖고 있다는 사실에 착안해 '원판에 적힌 숫자들은 (천체들의 서로 다른) 낮 시간의 길이와 관련되었을 것'이라고 추측하는 정도에 그쳤다.

숫자에 담긴 의문은 우리가 메소포타미아 사람들이 지구가 평평하다고 믿었다는 생각을 버리고, 그들이 우리와 같은 수준의 혹은 우리보다 뛰어난 수준의 천문학적 지식을 갖고 있었다고 생각할 때에만 해결할 수 있다. 물론 그들이 훌륭한 천문학 관측 기구를 갖고 있었기 때문이 아니라, 그들이 그런 지식을 네필림(Nefilim)으로부터 전수받았기 때문이다.

이 원판은 구형 물체를 평면에 펼쳐 놓은 평면 천체도이며, 원판에 쓰인 숫자들은 북극을 시작점으로 해서 천구상에서 각 천체들이 위치한 각도를 나타낸다.

각 조각에 적힌 숫자들은 서로 다르지만 맨 가운데 원인 엔릴의 길에서 마주보는 조각들에 적힌 숫자들을 합쳐 보면 언제나 90이다(예를 들어 니산누Nisannu는 50이고 맞은편의 타시리투Tašrîtu는 40이다). 그리고 중간 원인 아누의 길에서 서로 마주보는 조각들의 합은 언제나 180이다. 또한 맨 바깥쪽 원인 엔키의 길에서 서로 마주보는 조각들의 합은 항상 360이다. 이런 숫자들은 완전한 360도, 그것의 절반인 180도, 그리고 그것의 4분의 1인 90도 등과 같이 모두 구면체의 원주의 각도와 연관이 있다.

엔릴의 길에 나타나는 부분들의 합인 90은 북반구의 하늘에 나타나는 별자리들이 북극으로부터 60도 아래까지, 즉 적도 위의 30도까지 펼쳐진다는 것을 보여 주기 위한 것이다. 아누의 길은 적도에서 양쪽으로 같은 거리에 있으며 적도 북쪽의 30도에서 남쪽의 30도까지 펼쳐진

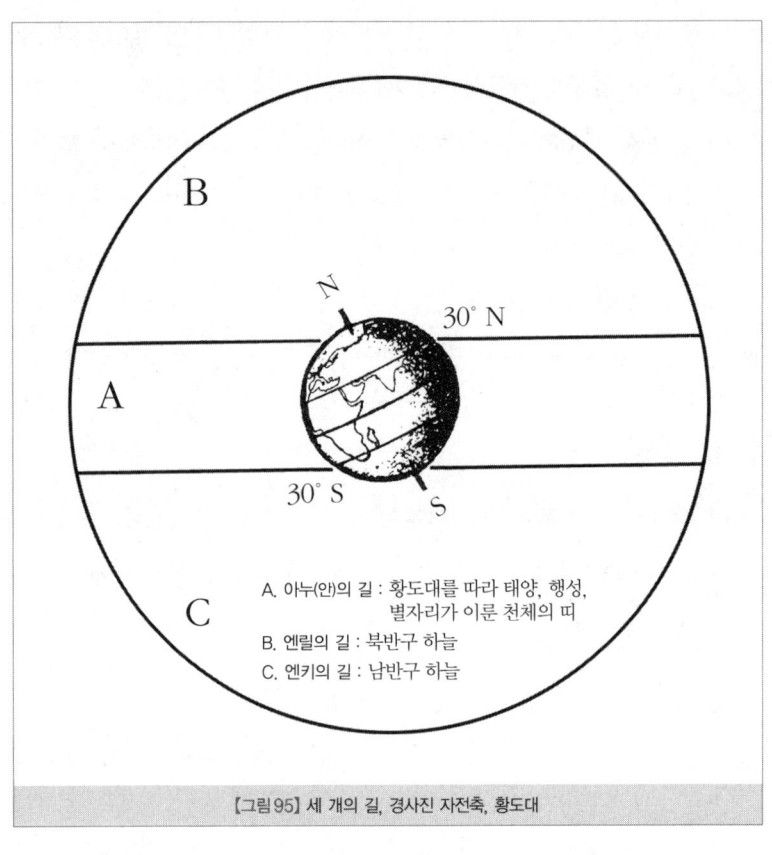

【그림95】 세 개의 길, 경사진 자전축, 황도대

다. 그리고 그 아래 남쪽으로 북극에서 가장 먼 곳에 엔키의 길이 있으며 남반구의 30도에서 남극까지의 천구 부분이 그에 해당한다.【그림95】

엔키의 길을 자세히 보면 아드다루(Addaru, 2월과 3월)와 울룰루(Ulūlu, 8월과 9월)라는 부분이 각각 180도(60×3=180)를 나타내는 것을 알 수 있는데, 북극으로부터 180도 떨어진 곳은 어느 쪽으로 움직이건 남극밖에 없다. 물론 이것은 구면체를 대상으로 말할 때만 가능하기 때문에 수메르인들은 명백히 지구가 구면체임을 알았다고 할 수 있다.

세차운동이란 지구축의 흔들림 때문에 생기는 현상으로 그 결과 북극성을 가리키는 북극과 남극의 축이 하늘에 거대한 가상의 원을 그리게 된다. 때문에 지구는 1년에 약 50초 정도의 각도로 별자리들보다 늦게 돌게 되며, 72년에 1도 정도의 역행을 보인다. 결국 지구의 북극의 축이 다시 북극성을 가리키게 되는 이른바 '대주기(grand circle)'는 25,920년에 한 번 돌아온다(72×360=25,920). 이것을 천문학자들은 '대년(大年)' 혹은 '플라톤의 해'라고 부르는데, 이러한 명칭이 붙은 것은 플라톤도 이 현상을 알고 있었기 때문이다.

　별이 뜨고 지는 것은 고대 세계에서 아주 중요한 일로 여겨졌으며, 특히 새해의 시작을 여는 것으로 알려졌던 춘분은 그것이 일어나는 12궁 중 하나의 별자리와 연결되어 그 정확한 시점이 결정되었다. 세차운동의 결과 춘분을 비롯한 다른 천문 현상들은 매년 조금씩 늦어져 하나의 궁에서 다른 궁으로 넘어가는 데 2,160년이 걸린다. 예를 들면, 다가오는 서기 2100년부터는 춘분이 물병자리에서 일어나게 되지만 기원전 60년부터 오늘날까지 춘분은 물고기자리에서 일어났다. 흔히 앞으로는 물병자리의 시대로 들어간다고 말하는 것은 이런 사실을 표현한 것이다. 【그림96】

　이처럼 하나의 궁에서 다른 궁으로 넘어가는 데 걸리는 시간이 무려 2,000년이 넘는데, 기원전 2세기에 살았던 히파르코스는 도대체 어떻게 세차운동을 알고 있었던 것일까? 히파르코스가 수메르로부터 지식을 전수받았다는 것은 이제 더 이상 의심의 여지가 없는 것으로 보인다.

　랭던 교수는 기원전 4400년경 황소자리의 시대에 니푸르에서 제작된 달력에 세차운동에 대한 지식은 물론이고 그보다 2,160년 먼저 일어난 궁 이동에 대한 지식도 담겨 있다는 것을 밝혀냈다. 또 히타이트

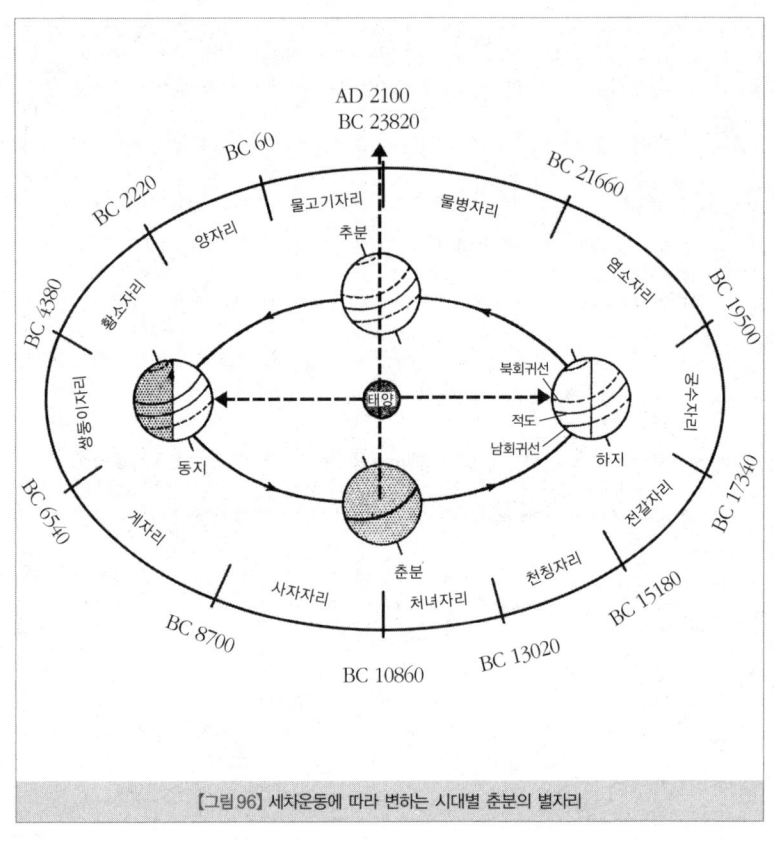

【그림 96】 세차운동에 따라 변하는 시대별 춘분의 별자리

의 천문학 자료들과 메소포타미아의 천문학 자료들을 비교 연구한 제레미아 교수는 그들이 남긴 많은 기록에 황소자리에서 양자리로의 궁 이동에 관한 내용들이 있으며, 동시에 양자리에서 물고기자리로의 궁 이동도 예측되어 있다고 밝힌 바 있다.

하트너(W. Hartner) 교수는 이런 사실을 뒷받침할 만한 많은 그림자료들을 찾을 수 있다고 주장한다. 황소자리에서 춘분이 일어날 때 하지는 사자자리에서 일어난다. 하트너 교수는 아주 초기부터 수메르 그림에 등장하는 황소와 사자의 싸움이라는 주제에 주목하면서, 이것이 기원전 4000년경(황소자리의 시대)에 우르와 같은 북위 30도에 위치한 지역의 관찰자에게 나타나는 황소자리와 사자자리의 중요성을 대변하는 것이라고 주장한다. 【그림97】

많은 학자들은 수메르인이 황소자리를 중요하게 생각했던 이유가 단순히 그것이 기원전 4000년경에 시작된 유서 깊은 별자리였다는 사실 때문만이 아니라, 그때가 수메르 문명이 시작된 시기임을 입증하기 때문이라고 해석한다. 제레미아 교수는 수메르에서 사용되던 12궁도의 시작점이 쌍둥이자리와 황소자리의 정확한 분기점에 위치한다는 사실과 다른 몇 가지 사실들을 근거로, 12궁이 수메르 문명이 시작되기 훨씬 이전인 쌍둥이자리의 시대에 고안된 것이라고 결론지었다. 그러나 베를린 박물관에 소장돼 있는 또 다른 수메르 점토판에는 12궁의 시작점이 사자자리로 잡힌 12궁도가 그려져 있는데, 사자자리에서 춘분

【그림97】 수메르 서사시의 주요 주제인 사자와 황소의 싸움

이 일어난 것은 기원전 11000년경으로 이는 인간이 농업을 막 시작했을 때의 일이다!

힐프레흐트(H.V. Hilprecht) 교수는 그보다 더 급진적인 의견을 제시한다. 수학적 계산식들을 담고 있는 수천 개의 점토판들을 연구한 그는 '니푸르와 시파르 그리고 니네베의 아슈르바니팔 도서관에 있는 대부분의 점토판에 나타난 곱셈과 나눗셈 수식들은 모두 12,960,000이라는 숫자와 관련이 있다'는 결론을 얻었다. 그 숫자의 의미와 중요성을 연구한 끝에 그는 그 숫자가 세차운동과 연관된 것이며 수메르인이 대년의 숫자인 25,920년을 알고 있었다고 주장한다.

어떻게 고대의 수메르인들이 그런 정교한 천문학적 지식을 소유할 수 있었던 것일까?

| 네필림과 수메르의 천문학 |

수메르의 천문학자들이 결코 그들 스스로 발견할 수 없었던 지식을 갖고 있었다는 것이 분명한 것만큼이나, 그들이 소유하고 있던 지식의 상당한 부분이 그들에게는 아무런 실용적 가치가 없었던 것도 분명하다.

예를 들어, 고대 수메르에 살던 사람들 중에 누가 천구에 황도를 그리거나 별들 사이의 거리를 측정할 필요가 있었겠는가?

「AO.6478」이라고 알려진 한 기록에는 현재 북회귀선(하지선)이라고 부르는 선을 따라 보이는 26개의 중요한 별들이 열거돼 있고, 세 가지 서로 다른 방법으로 별의 거리를 측정한 기록이 남아 있다.

첫 번째 방법은 별 사이의 거리를 '마나 슈쿨투(mana shukultu, 측량하고 무게를 단다)'라는 단위를 사용해 측정한 것이다. 이것은 별에서 유출되는 물의 무게를 시간의 흐름과 연결시킨 매우 독창적인 방법으로 추정되는데, 그에 따라 별 사이의 거리를 시간의 흐름으로 나타냈던 것으로 보인다.

두 번째 방법은 별 사이의 거리를 하늘의 각도를 이용해 측정한 것이다. 먼저 하루를 2시간 단위로 12개로 나눈다. 하늘의 각도는 360도이므로 2시간, 혹은 1베루(beru)에 해당하는 하늘의 각도는 30도다. 이런 방법으로 지구에서의 시간의 흐름을 통해 측량의 대상이 되는 별 사이의 각도를 재고 그것으로 별 사이의 거리를 측정한 것이다.

세 번째 방법은 '베루 이나 샤메(beru ina shame, 하늘에서의 거리)'라는 것이다. 수로당긴(F.Thureau-Dangin)은 앞의 두 방법이 다른 현상과의 연관 속에서 거리를 측정하는 상대적인 측량법인 데 비해 이 세 번째 방법은 별 사이의 절대 거리를 측정하는 것이라고 지적한다. 이렇게 측정된 하나의 '하늘의 베루'는 오늘날 사용하는 미터법으로 보자면 10,692미터에 해당되며, 이렇게 측량된 26개의 별들 사이의 거리는 무려 655,200 '하늘의 베루'나 된다.

별 사이의 거리를 측량하는 방법이 세 가지나 된다는 것은 그것이 얼마나 중요한 문제였는지를 간접적으로 보여 주는 것이다. 그러나 동시에 도대체 어떤 수메르 사람이 그런 지식을 필요로 했으며, 어떻게 그런 지식을 얻을 수 있는 정확한 방법을 고안했는지에 대한 의문만 커질 뿐이다. 이에 대해 가능한 답은 한 가지뿐이다. 즉 네필림이 정확한 측정을 할 필요가 있었으며, 그들이 그런 지식을 갖고 있었다는 것이다.

인류 문명의 초기인 당시에 인간으로서는 수천 년이 걸려야 터득할 만한 천문학적 지식을 이미 소유하고 있었고 고등 천문학에 필요한 수학적 개념들을 가질 수 있었던 존재는 오직 그들뿐이다. 우주 여행이 가능했던, 그래서 다른 행성에서 지구로 왔던 네필림이 바로 그들이다. 네필림은 또 인간 필경사(筆耕士)들에게 하늘의 거리, 별의 위치, 별자리, 태양-달-지구의 관계 그리고 수많은 다른 천체에 대한 지식들을 자세하게 기록으로 남기도록 했다.

이런 배경 지식을 갖고 본다면 네필림으로부터 지식을 전수받은 메소포타미아의 천문학자들이 토성보다 멀리 떨어진 천왕성, 해왕성, 명왕성을 모르고 있었다고는 생각하기 어렵다. 또 지구의 주변에 있는 태양계에 대한 그들의 지식이 멀리 떨어진 별자리에 대한 지식보다 불완전한 것이었다고 생각하기도 어렵다.

수메르 기록에 담긴 천문학적 정보는 많은 천체들을 그것의 위치나 그것에 부여된 신, 달, 지역 혹은 그것들이 속한 별자리 등에 따라 대단히 자세하게 분류하고 있다.

바이드너(E.F.Weidner)는 그중에서 「위대한 별 목록」이라는 기록을 분석했다. 그 기록은 수천 개의 천체들을 특정한 달이나 국가 신과 연결시키고 있다. 또 다른 기록은 12궁에 속하는 별들을 정확하게 열거하고 있다. 「B.M.86378」이라는 기록은 71개의 천체를 위치에 따라 분류하고 있다. 이런 예는 끝없이 많이 찾아볼 수 있다.

그런데 이런 기록들을 해석하면서, 특히 그 안에서 태양계의 행성들을 찾아내려고 노력하는 과정에서, 현대의 수많은 학자들은 혼란스러운 결과를 얻곤 했다. 학자들의 이런 혼란은 오히려 당연한 결과였는데, 그들은 수메르 사람들이 태양계를 태양 중심으로 보지 않았고 지구를 하나의 행성으로 취급하지 않았으며 토성 너머의 행성들에 대해서도 모르고 있었다는 잘못된 가정에서 출발했기 때문이다.

수메르인의 별 목록 중 하나가 지구에 적용될 수도 있다는 가능성은 무시한 채, 동시에 수많은 별 이름 중에서 수메르인이 알았다고 생각되는 태양계의 다섯 행성을 찾아내려고 노력한 결과, 학자들은 혼란스러운 결론에 이를 수밖에 없었던 것이다. 심지어 어떤 학자들은 이런 혼란을 자신들의 탓이 아니라 칼데아인의 착오라고까지 주장했다. 즉, 칼데아 사람들이 어떤 알려지지 않은 이유 때문에 알려진 다섯 행성의 이름을 자주 바꿔 불렀다는 식이다.

수메르인은 모든 천체(행성, 별, 별자리)를 물(MUL, 높은 곳에서 빛나는 자)이라고 불렀다. 아카드어인 카크카브(kakkab)도 바빌로니아와 아시리아에서 모든 천체를 통칭하는 용어로 사용됐다. 이런 관행이 고대 천문학 기록을 해석하려는 학자들의 시도를 더욱 어렵게 만든 것도 사실이다. 그러나 루바드(LU.BAD)라는 명칭이 붙은 '물'들은 명백히 태양계 안의 행성을 지칭하는 것이었다.

행성을 지칭하는 그리스어가 '방랑자'라는 것을 알고 있던 학자들은 수메르어에서 루(LU)가 '양처럼 보살핌을 받는'이라는 뜻을 지니고 있고 바드(BAD)가 '높은 곳에 있는'이라는 뜻을 지니고 있다는 점에서 유추해 루바드(LU.BAD)를 단순히 '방황하는 양'이라고 해석했다. 그러나 수메르인이 태양계의 구조를 완벽하게 알고 있었다는 사실을 고려해 보면, 바드의 다른 뜻인 '오래된', '기초가 된', '죽음이 상주하는'이라는 의미가 더 중요하다는 것을 알 수 있다.

'오래된', '기초가 된', '죽음이 상주하는'이라는 표현은 태양에 적합한 것으로, 수메르인들이 사용한 루바드라는 명칭은 단순히 '방황하는 양'을 의미한 것이 아니라 '태양에 의해 보살핌을 받는 양들' 즉 태양계의 행성을 의미했던 것이다.

각 루바드의 위치와 서로간의 관계에 대해서는 많은 메소포타미아 기록에 남아 있다. 루바드는 '위쪽에 있는 것'과 '아래쪽에 있는 것'으로 나뉘곤 했는데, 쿠글러가 올바르게 지적했듯이 그 기준점은 지구였다.

또 루바드라는 말은 물물(MUL.MUL)이라는 용어가 등장하는 천문학적 기록들에서 주로 나타난다. 물물이라는 용어도 수많은 해석을 낳았다. 별다른 대안이 없는 상황에서 대부분의 학자들은 물물을 바빌론에서 볼 때 기원전 2200년경에 춘분의 축이 통과한 황소자리의 플레이아데스 산개성단을 칭하는 것이라고 해석했다. 메소포타미아의 기록은 흔히 물물이 7개의 '루마시(LU.MASH, 친숙한 방랑자들)'를 거느리고 있는 것으로 묘사하고 있는데, 학자들은 이것이 육안으로 관찰이 가능한 플레이아데스 산개성단 중 특히 빛나는 별들을 지칭하는 것이라고 보았던 것이다. 그러나 플레이아데스 산개성단에는 7개가 아니라 분류하기에 따라서는 육안으로도 식별할 수 있는 별이 6개에서 9개에 이른다는 사실은 별다른 대안이 없다는 이유로 무시되곤 했다.

쿠글러 역시 물물이 플레이아데스 산개성단이라는 것을 마지못해 받아들이기는 했지만, 다른 메소포타미아 기록에 물물 안에는 행성뿐만 아니라 태양과 달이 포함되어 있다는 사실이 명백하게 적혀 있는 것을 보고 놀라지 않을 수 없었다. 플레이아데스 산개성단에는 태양과 달이 포함될 수는 없었던 것이다. 그는 또 '물물 울슈 12(mulmul ul-shu 12, 물물은 12로 이루어진 떼이다)'라는 기록과 '그 12 중 10은 별개의 집단을 이룬다'는 기록을 발견했다.

따라서 물물은 태양계를 지칭하는 것이며, 물이라는 단어를 두 번 사용한 이유는 이것이 어떤 특정 집단 즉 '특정한 천체들로 이루어진 별개의 천체'라는 뜻을 분명히 드러내기 위한 것으로 봐야 할 것이다.

비롤로(C. Virolleaud)는 「K. 3558」이라는 메소포타미아의 기록을 번역하면서 '물물 혹은 카크카브/카크카브'라는 집단의 구성원들을 묘사한 내용을 찾아냈다. 그 기록의 마지막 줄의 의미는 아주 명백하다.

카크카브/카크카브
여기 속한 천체의 수는 12개다.
여기 속한 천체의 정거장들은 12개다.
모두 12달이 있다.

이 기록의 의미는 우리의 태양계인 물물에는 12개의 천체가 있다는 것이다. 실제로 이런 기록이 아주 새로운 것도 아니다. 그리스의 학자인 디오도로스(Diodorus)도 칼데아 사람들이 말하던 '하늘의 세 길'과 거기 속하는 36개의 천체를 논하면서 '그중에서 12개가 가장 중요한 것이었고, 칼데아 사람들이 그 각각에 12달과 12궁의 상징을 부여했다'고 적은 바 있다.

바이드너는 아누(안)의 길과 거기 속하는 12궁에 12와 연관된 한 가지 길을 더 추가했다. 일부 기록에 등장하는 '태양의 길'이라는 것인데, 그것 역시 태양과 달 그리고 행성들을 모두 더했을 때 12개의 천체로 구성되어 있다고 한다. 또한 흔히 「TE 점토판」이라고 불리는 점토판의 20번째 줄에는, '결국 모두 12개의 구성체가 있으며, 그 안에 태양과 달 그리고 다른 행성들이 속한다'고 기록돼 있다.

이제 우리는 고대 세계에서 숫자 12가 왜 그토록 중요했는지를 진정으로 이해할 수 있다. 수메르의 위대한 신의 수, 그리스의 올림포스 산에 거하던 신의 수가 모두 12였으며, 젊은 신은 늙은 신 가운데 하나가 나가야만 이 위대한 12신에 속할 수 있었다. 또 만약 빈 자리가 생기면 숫자 12를 맞추기 위해 반드시 누군가를 다시 채워야만 했다. 12개의 천체를 지닌 태양의 길을 따라 다른 하늘의 길들도 12개의 부분이나 12개의 중요한 별자리로 나뉘었다. 또 1년에는 12달이 있었으며 하루는 12개의 2시간 단위로 구분되었다. 수메르의 지방들도 각기 12개의 천체 중 하나를 행운의 상징으로 부여받았다.

랭던과 다른 많은 사람들의 연구에서 밝혀진 것처럼 1년을 12달로 나눈 것도 12명의 위대한 신들과 연관된 것이다. 호멜(F. Hommel)과 그를 따른 다른 연구자들은 12달이 12궁과 연결되어 있으며 그 두 가지 모두 가장 중요한 12개의 천체에서 비롯된 것으로 보았다. 장(C.F. Jean)은 24개의 천체를 다룬 수메르의 기록을 복원했는데, 그것은 황도 12궁과 태양계의 12천체를 짝지은 것이었다.

수로당긴은 바빌론 신전에서 새해 예식에 사용되던 긴 기록을 분석했는데, 그 내용을 보면 12라는 숫자의 신성한 뜻이 잘 드러난다. 기록에 따르면 우선 에사길라(Esagila)에 있던 거대한 신전에는 12개의 문이 있었다. 하늘에 있는 모든 신의 힘은 '나의 주인이시여, 그가 나의 주인이 아니신가' 하는 주문을 12번 외침으로써 부여된다: 신의 자비를 비는 기도문이 12번 낭독되고, 신의 부인에게도 12번 자비를 빈다. 결국 황도 12궁의 숫자와 태양계의 12천체를 합친 24번의 기도가 행해지는 셈이다.

수사(Susa) 왕에 의해 세워진 경계석에는 24개 천체의 상징이 새겨져 있는데, 눈에 익은 황도 12궁의 상징들과 태양계 12천체의 상징물들이다. 그것은 또 메소포타미아, 후르리, 히타이트, 그리스 그리고 고

대의 다른 신전들에서 섬기던 천체의 신들과 일치한다. 【그림 98】

인간의 셈법으로는 숫자 10이 더 자연스러움에도 불구하고 숫자 12는 수메르인이 사라진 후 지금까지도 성스러운 것 혹은 천상의 것들과 연결되고 있다.

그리스 티탄(Titan) 신들이 12명이었고, 이스라엘 부족도 12지파(支派)였으며, 이스라엘 최고 제사장이 입던 가슴받이는 12부분으로 나뉘

【그림 98】 황도 12궁과 태양계의 12천체를 상징하는 수사 왕의 경계석 그림

어 있었다. 하늘과 연결된 숫자 12의 이런 힘은 예수의 12제자로 이어졌다. 심지어 10진법을 사용하면서도 1에서 12까지는 특별한 이름을 부여하고 13부터는 다시 열과 셋, 열과 넷 하는 식으로 숫자를 세고 있다. (물론 이것은 영어의 경우를 말한다. 즉 one에서 twelve까지는 각각 고유한 이름이 있고, 그 다음부터는 thirteen, fourteen 하는 식으로 센다는 뜻이다.)

그렇다면 어디서 이런 강력하고 결정적인 숫자 12가 유래한 것일까? 물론 하늘로부터다.

물물이라고 불린 태양계에는 우리에게 알려진 행성들 이외에도 아누(안)의 것으로 알려진 행성이 하나 더 있다. 이 행성의 상징은 빛을 뿜는 구형 물체였는데, 수메르 기록에서는 최고신 안(An)의 상징물이나 '신성하다'는 의미로 사용되었다. 어떤 기록에는 '위대한 홀을 지닌 천체는 물물 가운데 하나의 양이었다'고 적혀 있다. 그리고 마르둑이 안의 권위를 찬탈한 후 안을 대신해 모든 신의 왕좌에 올랐을 때는 이 행성과 연관되기도 했으며, 바빌로니아에는 '마르둑의 행성이 물물 안에 나타났다'고 적힌 기록도 남아 있다.

네필림은 인간에게 지구와 하늘의 진정한 모습을 보여 주면서, 고대의 천문학자 겸 사제들에게 토성을 넘어서 더 멀리 떨어진 행성들의 존재뿐만 아니라 자신들이 출발한 가장 중요한 행성에 대한 지식도 함께 전해 주었던 것이다.

그것이 바로 우리가 살펴보게 될 12번째 행성이다!

7

창조의 서사시

| 수메르인의 태양계에 담긴 비밀 |

지금까지 발견된 거의 모든 고대의 원통형 인장에서 태양계에 속하는 천체나 다른 천체의 상징물들은 개별적으로 신이나 인간의 모습 위에 그려져 있다.

그런데 현재 베를린 박물관에서 소장 번호 「VA/243」으로 분류해 보관하고 있는 기원전 3000년경의 한 아카드 인장은 이런 통상적인 천체의 묘사법과는 다른 방법을 택하고 있다. 인장에는 개별적인 천체들이 따로따로 그려져 있지 않고 빛을 뿜는 거대한 별을 11개의 다른 천체들이 둘러싼 모습으로 표현되어 있다. 이것은 수메르인이 알고 있던 12개의 천체로 구성된 태양계의 모습이다. [그림 99]

보통 태양계를 도식적으로 나타낼 때는 태양을 중심으로 다른 행성

【그림 99】 아카드의 원통형 인장에 새겨진 태양계 모습(왼쪽 상단)

들이 일직선상에서 점차 멀어지는 모습으로 그리곤 한다. 그러나 만약 행성들을 일직선이 아니라 태양에 가장 가까운 수성에서 시작해 금성, 지구, 화성과 같은 순서로 둥그렇게 하나씩 위치시킨다면 그 결과는 '그림 100'과 아주 비슷한 모양이 될 것이다. (앞으로 독자들이 보게 될 그림들은 축척을 고려하지 않은 도식적인 것이며, 행성들의 궤도도 편의를 위해 타원보다는 원으로 그려진 것들이다.)

이제 앞에서 언급한 「VA/243」 원통형 인장에 그려진 태양계 모습을 확대해 보면, 별을 둘러싸고 있는 점들이 '그림 100'에 나타난 태양계의 행성들과 그 크기와 순서가 거의 유사하다는 것을 알 수 있다. 작은 크기의 수성 다음에 조금 큰 금성이 등장하고, 그 다음에 금성과 거의 같은 크기의 지구가 등장하고, 지구 옆에는 조그만 달이 그려져 있다. 시계 반대 방향으로 다음에 등장하는 화성은 지구보다는 작지만 달이나 수성보다는 약간 크게 그려져 있다. 【그림 101】

그런데 「VA/243」에는 화성 다음 위치에 우리에게 알려지지 않은 행

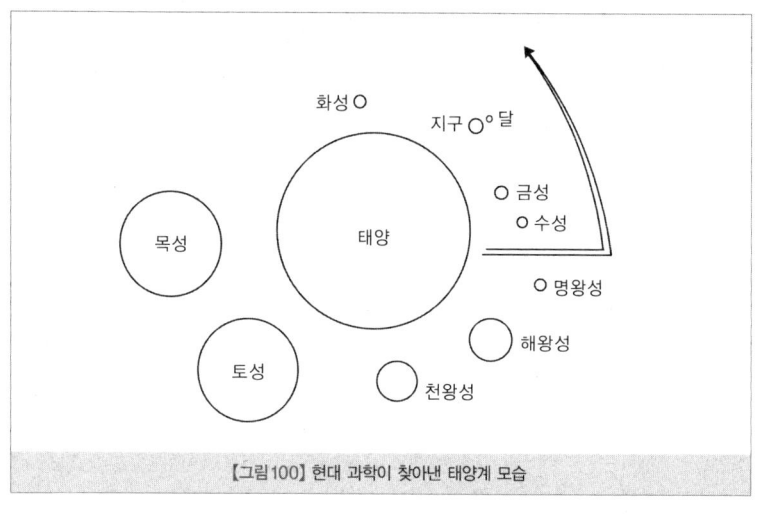

【그림100】 현대 과학이 찾아낸 태양계 모습

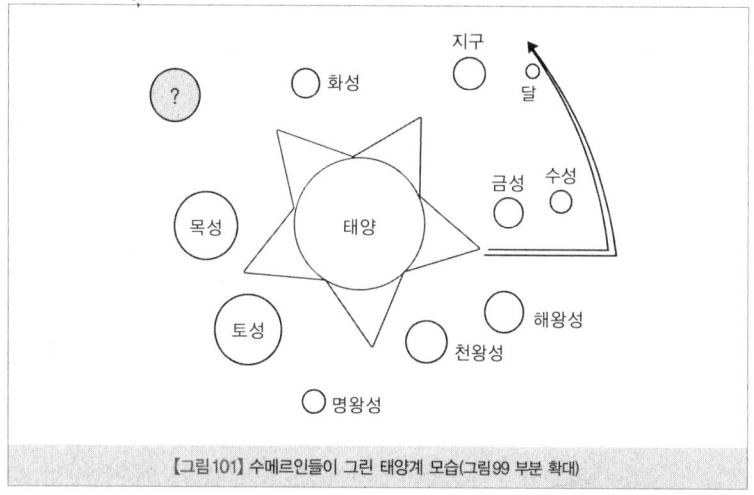

【그림101】 수메르인들이 그린 태양계 모습(그림99 부분 확대)

성이 하나 등장한다. 지구보다는 상당히 크지만 목성이나 토성보다는 작은 것이 화성 다음에 그려져 있는 것이다. 그리고 그 다음에 등장하는 것이 목성과 토성이며, 그 다음으로 거의 같은 크기의 천왕성과 해

창조의 서사시 293

왕성이 보인다. 그리고 태양계에서 가장 작은 크기의 명왕성도 분명하게 자리잡고 있다. 다만 명왕성은 현재 우리가 알고 있는 해왕성 다음의 위치가 아니라 토성과 천왕성 사이에 있다.

수메르의 그림은 달을 하나의 독자적인 행성으로 다루면서 지금까지 알려진 태양계의 모든 행성과 그것들의 정확한 위치(명왕성을 제외하고), 그리고 그 크기까지 명확히 보여 주고 있다. 문제는 화성과 목성 사이에 위치한 정체불명의(아직까지 우리가 모르는) 커다란 행성이다. 나는 그것이 네필림의 고향인 12번째 행성이었다는 사실을 밝히고자 한다.

| 달과 명왕성의 비밀 |

만약 이 수메르 그림이 2세기 전에 발견되어 연구되었다면, 천문학자들은 토성 너머에 여러 행성이 있다고 생각했던 수메르인들의 무지를 비웃었을 것이다. 그러나 현재의 우리들은 토성 너머에 천왕성과 해왕성 그리고 명왕성이 실제로 존재한다는 것을 알고 있다. 그렇다면 이 그림에 나타나는 다른 사실들, 즉 달이 태양계의 독자적인 구성원이라든가 명왕성이 토성 옆에 있다든가 화성과 목성 사이에 12번째 행성이 있다든가 하는 것은 정말로 수메르인들의 무지에서 비롯된 것이었을까? 아니면 네필림이 수메르인에게 제공한 정확한 정보에 따른 것이었을까?

수차례에 걸친 미국 아폴로호의 탐사 이전까지는 달을 '얼어붙은 골프공'과 같은 것으로 보는 이론이 오랫동안 득세했다. 또한 '달은 지구가 유동적인 상태일 때 지구에서 분리된 커다란 암석 덩어리이다'라는 주장이 달의 생성에 대한 가장 그럴듯한 이론이었던 적도 있다. 수많은 유성의 충돌로 인해 달 표면에 만들어진 분화구의 존재가 아니었다면 달은 여전히 지구를 따라 도는, 역사도 없고 죽어 있는 돌덩어리로 취급받았을 것이다.

그러나 오랜 관찰 결과 그런 생각은 의심받기 시작했다. 먼저 달의 화학적·광물학적 구성이 지구와는 아주 다르다는 점이 이른바 지구로부터의 '분리설'을 신빙성이 떨어지는 것으로 만들었다. 또한 미국의 우주인들이 달에서 행한 실험과 그들이 지구로 가지고 돌아온 흙과 광물 표본들을 분석한 결과, 현재는 불모지인 달도 한때는 '살아 있는' 행성이었다는 것이 의심의 여지없이 밝혀졌다. 지구와 마찬가지로 달에도 단층이 있는데, 그것은 달도 과거에 한때 뜨거웠다가 차츰 식었다는 것을 증명해 주는 것이다. 또 지구와 마찬가지로 달도 열을 발생시키고 있는데, 지구의 열은 지구의 엄청난 압력으로 인해 지구 내부에서 방사능을 띠게 된 물질에 의해 발생하는 것이지만, 달의 열은 표면 바로 아래에 존재하는 방사능 물질에 의해 발생하는 것이다. 그러나 그 물질들은 표면에 드러나기에는 너무 무겁기 때문에 표면 아래에 묻혀 있는 것이다. 그렇다면 그 방사능 물질들은 도대체 어떤 경로로 달의 표면 바로 아래에 묻히게 된 것일까?

달의 중력장은 상당히 불규칙적이어서 마치 철과 같은 무거운 물질의 커다란 덩어리들이 달의 중심부에 균일하게 자리잡지 못하고 여기저기 흩어져 있는 것처럼 보인다. 그렇다면 도대체 어떤 힘이나 과정에 의해 그렇게 된 것인지 궁금하지 않을 수 없다. 그 밖에도 달에서 발견된 오래된 암석들은 자성(磁性)을 띠고 있으며, 달의 자기장이 과거에 바뀌었거나 역전되었다는 증거도 있다. 이런 현상들은 알려지지 않은 어떤 내부 과정에 의한 것이었을까, 아니면 확인되지 않은 어떤 외부의 영향 때문일까?

아폴로 16호의 우주인들은 달에서 각력암(角礫巖)을 발견했는데 그것은 아주 고온의 갑작스러운 열에 의해 암석이 깨졌다가 다시 붙은 것이다. 도대체 언제 어떻게 이 돌들이 깨졌다가 다시 합쳐진 것일까? 달의 표면에서 발견되는 물질 중에는 칼륨과 인을 다량 함유한 것들도 있는데, 지구에서는 이런 물질들이 지표면보다 훨씬 더 아래쪽에서 발견된다.

이러한 발견들을 토대로 이제 과학자들은 지구와 달이 거의 같은 시기에 거의 같은 물질들로 구성되어 서로 다른 천체로 발전했다고 보고 있다. 나사(NASA)의 과학자들은 달이 최초의 약 5억 년 동안은 정상적으로 진화하다가 예기치 않은 일을 당했다고 본다. 그들이 말하는 예기치 않은 일이란 다음과 같은 것이다.

> 가장 큰 재앙은 지금으로부터 약 40억 년 전에 찾아왔다. 거대한 도시와 조그만 나라 정도의 크기를 지닌 천체들이 달에 충돌하여 그 결과 달에 거대한 분지와 높은 산이 만들어졌다. 충돌에 의해 생긴 엄청난 양의 방사능 물질이 달 표면 아래의 돌을 덥혀 녹여 버렸고, 표면의 틈을 따라 용암이 분출돼 나왔다. 아폴로 15호는 치올로프스키(Tsiolovsky) 분화구에서 지구상의 어떤 돌사태보다 여섯 배나 더 큰 돌사태의 흔적을 발견했다. 아폴로 16호는 달 표면의 넥타르(Nectar) 평원을 만들어 낸 충돌이 1,000마일이나 떨어진 곳까지 파편을 날려 보냈다는 것을 발견했다.
> 아폴로 17호는 지구상의 어떤 것보다 족히 여덟 배나 더 높은 절벽 근처에 착륙했는데, 이것은 지구 역사상의 그 어떤 지진보다 최소한 여덟 배는 더 컸던 월진(月震)의 결과였다.

이런 재앙에 따라 달이 겪은 격변은 그 후 약 8억 년간 계속되었다. 그 결과 달은 지금으로부터 약 32억 년 전에 현재와 같이 황량한 모습으로 고정된 것이다.

따라서 수메르인들이 달을 하나의 독립적인 천체(위성이 아닌 행성)로 묘사한 것은 아주 정확한 것이었다. 그리고 앞으로 보게 될 것처럼, 수메르인들은 나사의 과학자들이 말하는 것과 똑같은 내용으로 달이 겪은 재앙을 설명하고 묘사한 기록까지 남겼다.

한편 명왕성은 오랫동안 '수수께끼의 행성'으로 불려 왔다. 태양을 도는 다른 행성들의 궤도가 완전한 원에서 조금 벗어나 있는 것에 비해 명왕성의 이심률(離心率)은 아주 커서 타원에 가까운 궤도를 보이기 때문이다. 게다가 다른 행성들의 궤도가 모두 비슷한 면에 위치한 데 비해 명왕성의 궤도면은 무려 17도나 어긋나 있다. 명왕성의 궤도에 나타나는 이런 두 가지 특이점 때문에 태양계의 행성들 중에서 유일하게 명왕성은 다른 행성, 즉 해왕성의 궤도를 가로지르고 있다.

명왕성은 또한 크기에 있어서도 '위성' 정도에 불과하다. 명왕성의 지름은 고작 3,600마일에 불과한데 이것은 해왕성의 위성인 트리톤(Triton)이나 토성의 10개 위성 중 하나인 타이탄(Titan)과 비슷한 크기다. 이런 특징들 때문에 많은 사람들이 명왕성은 원래 어떤 행성의 위성이었는데 그 위성의 인력을 벗어나 스스로 태양을 도는 궤도에 들어서게 된 행성이라고 보기도 한다.

앞으로 보게 될 것처럼, 수메르 기록에 따르면 명왕성은 실제로 그런 과정을 거쳐 독자적인 행성이 되었다.

| 화성과 목성의 사이 |

이제 '12번째 행성의 존재'라는 의문에 대해 살펴보자. 대부분의 사람들에게는 놀라운 소식이겠지만, 현대의 천문학자들은 화성과 목성 사이에 실제로 행성이 존재했다는 증거를 오랫동안 찾아 왔다.

해왕성이 발견되기 전인 18세기 말경에 몇몇 천문학자들이 '행성은 일정한 규칙에 따라 태양으로부터 일정한 거리에 존재한다'는 사실을 밝혀냈다. 보데의 법칙(Bode's Law)으로 알려진 이 주장에 따라 천문학자들은 당시까지는 아무것도 존재하지 않는 것으로 알려진 화성과 목성 사이에도 행성이 반드시 존재해야 한다고 믿게 되었다.

수학적인 계산에 힘입어 천문학자들은 하늘의 그 지역에서 '사라진 행성'을 찾기 시작했다. 19세기의 첫째 날, 이탈리아의 천문학자 피아치(G. Piazzi)가 보데의 법칙이 예견했던 정확한 지점에서 둘레가 약 485마일 정도 되는 행성을 발견해 세레스(Ceres)라고 명명했다. 1804년에는 이 지역에서 발견된 소행성의 수가 네 개로 늘어났고, 오늘날에는 이 지역에 약 3,000개의 소행성들이 태양을 돌며 존재한다는 것이 밝혀졌다. 현재는 이것을 소행성대(the Asteroid Belt)라고 부른다. 의심의 여지없이 이것들은 모두 어떤 행성이 파괴되어 조각난 파편들이다. 러시아 천문학자들은 그 행성을 파이톤(Phayton, 전차)이라고 부르고 있다.

이처럼 화성과 목성 사이에 행성이 존재했다는 것에는 확신을 갖게 되었지만, 천문학자들은 그것이 왜 파괴되어 소행성으로 전락했는지에 대해서는 설명하지 못하고 있다.

그 행성은 스스로 폭발한 것일까? 그러나 만약 그랬다면 그 행성의 조각들은 사방으로 흩어져 현재와 같이 소행성대를 형성하지는 못했을 것이다.

그렇다면 외부의 다른 어떤 것과 충돌한 것일까? 만약 충돌로 인해 행성이 사라졌다면 그 행성과 부딪친 물체는 도대체 무엇일까? 그것 역시도 부서졌을까? 그러나 태양을 돌고 있는 파편들을 모아 보면 두 개의 행성은 고사하고 하나의 행성을 만들기에도 부족하다. 또 만약 그 소행성들이 두 개의 행성에서 나온 파편들이라면 그것들은 서로 다른 두 개의 회전축 방향을 갖고 있어야 정상인데, 현재의 모든 소행성들은 동일한 회전축 방향을 갖고 있다. 다시 말해 현재의 소행성들은 모두 과거에 하나의 행성에서 나온 파편들인 것이다. 그렇다면 사라진 행성은 도대체 어떻게, 무엇에 의해 파괴된 것일까?

현대의 천문학은 아직 이런 의문에 답하지 못하고 있다. 그런데 수메르인들은 이미 그 답을 알고 있었다.

| 창조의 서사시 제1막 |

지금으로부터 약 100년 전에 메소포타미아에서 발견된 기록들이 해독되기 시작하면서, 메소포타미아의 많은 기록들이 성경보다 앞서 존재했다는 사실이 명백해졌다. 1872년 슈레더(E. Schräder)의 연구 이후 엄청난 양의 책과 논문, 강연, 논쟁이 반세기 동안이나 계속 이어졌다. 고대의 어느 시기에 바빌론과 성경 사이에 연관이 생긴 것일까? 이처럼 바벨과 바이블(Babel and Bible)이라는 주제가 최대의 논쟁거리로 등장했다.

레야드(A. H. Layard)가 니네베의 아슈르바니팔 도서관에서 발견한 기록 중에는 구약의 「창세기」와 크게 다르지 않은 창조 이야기를 담은 것도 있었다. 1876년에 스미스(G. Smith)가 조각난 파편들을 모아 『칼데아의 창세기*The Chaldean Genesis*』라는 책을 출판했고, 이것으로 고대 바빌로니아 방언으로 쓰어진 아카드의 창세 이야기가 존재한다는 것이 분명해졌다. 『칼데아의 창세기』에는 하늘과 지구, 인간의 창조에 대한 이야기가 담겨 있었다.

현재는 『칼데아의 창세기』와 구약의 「창세기」를 비교한 많은 문헌들이 존재한다. 『칼데아의 창세기』에서는 신의 작업이 6일 동안이 아니라 6개의 점토판에 적힌 이야기들을 통해 이루어졌다. 구약 「창세기」의 신이 마지막 7번째 날을 자신의 창조에 대한 기쁨과 휴식으로 보냈듯이, 『칼데아의 창세기』에서도 7번째 점토판은 신의 업적에 대한 찬양으로 채워져 있다. 킹(L. W. King)은 이 주제에 대한 자신의 연구서 제목을 「창조의 일곱 점토판」이라고 붙이기도 했다.

현재는 『창조의 서사시*The Creation Epic*』로 더 잘 알려진 『칼데아의 창세기』는 고대 세계에서는 서사시의 도입부 문장을 딴 이름, 「에누마 엘리시*Enuma Elish*(그때 높은 곳에는)」로 알려져 있었다. 구약의 「창세기」는 하늘과 지구의 창조에서 시작되지만 메소포타미아의 「에누마 엘리시」는 그 이전의 사건, 즉 시간의 시발점으로 우리를 인도한다.

> 그때 높은 곳에는 아직 하늘의 이름이 없었고
> 아래에는 딱딱한 땅(지구)의 이름이 없었다.

그때 두 개의 태곳적 천체가 수많은 천상의 '신(=천체)'들을 낳기 시작한다. 그런데 천체들의 수가 늘어나면서 소란이 일어나고 결국 태고의 아버지를 불편하게 만든다. 그의 충실한 전령이 태고의 아버지에게 젊은 신들의 버릇을 가르치기 위해 엄하게 다스릴 것을 충고하지만,

오히려 젊은 신들이 힘을 합쳐 태고의 아버지로부터 창조적인 힘을 빼앗아 버린다. 이에 태고의 어머니는 복수를 다짐한다. 한편 젊은 신들의 반란을 주도했던 한 신이 다른 젊은 신들에게 하나의 제안을 한다. 자신의 아들을 신들의 회의에 참석시켜 패권을 부여한다면 그를 태고의 어머니인 '괴물'과 싸우도록 내보내겠다는 것이었다.

결국 그는 패권을 부여받고(바빌로니아인들은 그가 마르둑이었다고 주장한다) 괴물(태고의 어머니)과 맞서게 된다. 격렬한 전투 끝에 그는 괴물을 물리치고 두 동강 낸다. 그리고 나서 그중 하나로 하늘을 만들고 다른 하나로 지구를 만든다.

그 후에 그는 하늘에 질서를 부여해 각각의 천신들에게 영원한 위치를 정해 준다. 지구 위에는 땅과 바다와 강을 만들고, 사계절과 식물과 인간을 창조한다. 또 하늘의 처소를 본떠 바빌론과 높은 탑을 세운다.

신과 인간은 모두 각자에게 맞는 임무와 명령을 받았고 따라야 할 의식도 받았다. 이제 신들은 마르둑을 최고의 신으로 떠받들고 마르둑에게는 '50이라는 이름'이 주어진다. (앞에서 본 것처럼 50은 수메르에서 안의 장남인 엔릴에게 주어진 숫자였다.)

보다 많은 점토판이 발견되고 해석되면서 「에누마 엘리시」가 단순한 문학적 기록이 아니라는 사실이 분명해졌다. 그것은 바빌론의 가장 성스러운 역사적·종교적 서사시였으며 새해 첫날에 행해지던 의식의 일부로 낭독되던 것이었다.

「에누마 엘리시」의 바빌로니아 판에서는 당시 국가 신이었던 마르둑의 우월성을 확립하기 위해 마르둑에게 하늘과 땅을 창조한 영웅의 자리가 부여되었다. 그러나 원래의 이야기에서는 그렇지 않았다. 이 바빌로니아 판 「에누마 엘리시」에는 안이나 엔릴, 닌우르타 등이 영웅으로 등장했던 본래의 수메르 이야기를 아주 정교하게 변형한 것이라는 증거가 수없이 많이 나타난다.

「에누마 엘리시」에 등장하는 진짜 주인공이 누구였는지에 관계없이 분명한 한 가지는 그 기록이 수메르 문명만큼이나 오래된 것이라는 사실이다. 대부분의 학자들은 「에누마 엘리시」를 선과 악의 영원한 싸움을 다룬 일종의 철학 작품으로 보거나 아니면 여름과 겨울, 일출과 일몰, 죽음과 재생 같은 자연 현상을 비유적으로 다룬 이야기로 풀이한다.

그러나 이 이야기를 문자 그대로 받아들인다면 어떨까? 다시 말해 수메르인들에게 알려진 우주론적 사실 그대로, 그리고 네필림이 수메르인들에게 알려준 그대로 말이다. 그런 대담하고 새로운 접근법으로 「에누마 엘리시」를 해석해 본다면, 그것이 태양계에 일어났던 사건을 아주 완벽하게 설명하고 있다는 사실을 깨닫게 된다.

「에누마 엘리시」에 등장하는 우주적 드라마의 무대는 태고의 우주다. 이 우주 드라마의 주인공들은 창조하는 자들과 창조된 자들이며, 그 1막은 다음과 같이 시작된다.

> 그때 높은 곳에는 아직 하늘의 이름이 없었고
> 아래에는 딱딱한 땅(지구)의 이름이 없었다.
> 아무것도 없었고 단지 태고의 압수(APSU), 그들의 아버지와
> 뭄무(MUMMU), 그리고 모든 것을 품고 있던 티아마트(TIAMAT)만이 있었고
> 그들의 물은 하나로 섞여 있었다.
>
> 갈대도 없었고, 습지도 없었다.
> 어떤 신도 나타나지 않았다.

아무도 이름이 없었고, 운명도 정해지지 않았다.

그때 그들 중에서 신들이 태어났다.

고대의 기록자는 첫 번째 점토판의 단 몇 줄을 통해 태양계의 창조라는 거대한 서사시의 시작을 우리에게 열어 보이고 있는 것이다.

아직 '신들' 즉 행성들은 나타나지도 않았고 이름도 없었으며 운명(궤도)도 정해지지 않았다. 단지 세 개의 천체만이 존재하고 있었다. '태고의 압수(AP.SU, 처음부터 존재했던 자)'와 '뭄무(MUM.MU, 태어난 자)' 그리고 '티아마트(TIAMAT, 생명의 처녀)'가 그들이다. 압수와 티아마트의 물은 하나로 섞여 있었으며 그 물은 갈대가 자라는 그런 종류의 물이 아니라 태고의 물, 즉 우주의 원초적인 생명 물질이었다.

따라서 압수는 '처음부터 존재했던' 태양이다.

태양에 가장 가까운 것은 뭄무였다. 「에누마 엘리시」는 뭄무가 압수의 가장 가까운 보좌관이자 전령이었다고 분명히 밝히고 있다. 거대한 주인(태양)의 옆을 재빨리 돌아다니는 조그만 행성인 수성에 아주 잘 어울리는 표현이다. 실제로 고대 그리스와 로마 사람들도 수성의 신이 다른 행성 신들의 전령 역할을 했다고 믿었다.

그리고 티아마트가 조금 멀리 떨어진 곳에 있었다. 티아마트는 마르둑이 나중에 파괴한 '괴물'이자 '사라진 행성'이다. 그러나 태초에 티아마트는 최초의 삼위일체에서 최초의 성모 마리아 역할을 맡았었다. 티아마트와 압수의 공간은 비어 있지 않았다. 그 공간에는 압수와 티아마트의 물(즉, 원초적인 생명 물질)이 가득 차 있었다. 그들의 '물'이 하나로 섞여 압수와 티아마트 사이의 공간에 두 개의 천신(행성)이 생겨났다.

그들의 물이 하나로 섞여 있었다.

그 안에서 신들이 태어났다.

라흐무(LAHMU)와 라하무(LAHAMU)가 태어났고

그 이름이 불렸다.

어원학적으로 이 두 행성의 이름은 라흠(LHM, 전쟁을 일으키는)이라는 어근에서 나온 것이다. 고대로부터 화성은 전쟁의 남신으로, 금성은 사랑과 전쟁의 여신으로 여겨졌다. 또 라흐무와 라하무는 각각 남성과 여성의 이름이기도 하다. 따라서 '라흐무와 라하무'라는 이름과 '화성과 금성'의 동일성은 신화학적 관점에서나 어원학적 관점에서 모두 확인된다. 또한 천문학적으로도 입증되는데, '사라진 행성'인 티아마트가 화성의 바깥쪽에 있었기 때문에 라흐무와 라하무는 화성과 금성처럼 압수(태양)와 티아마트 사이에 존재했던 것이다. 이것을 수메르인들의 방식에 따라 도식적으로 표현해 본다면 '그림 102, 103'과 같이 된다.

태양계의 형성 과정은 계속된다. 라흐무(화성)와 라하무(금성)가 태어난 후,

그것들의 나이가 얼마 되지 않아

그리고 제대로 크기도 전에

안샤르(ANSHAR)와 키샤르(KISHAR)가 태어나

그들보다 더 커진다.

날이 가고 해가 지난 후에

아누(ANU)가 그들의 아들이 되었고, 그는 자기 조상들의 경쟁자가 된다.

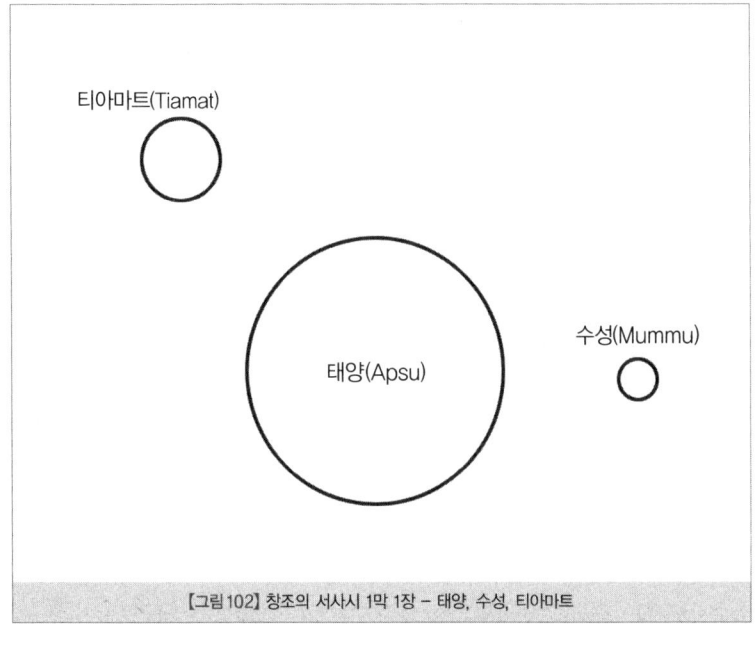

【그림102】 창조의 서사시 1막 1장 - 태양, 수성, 티아마트

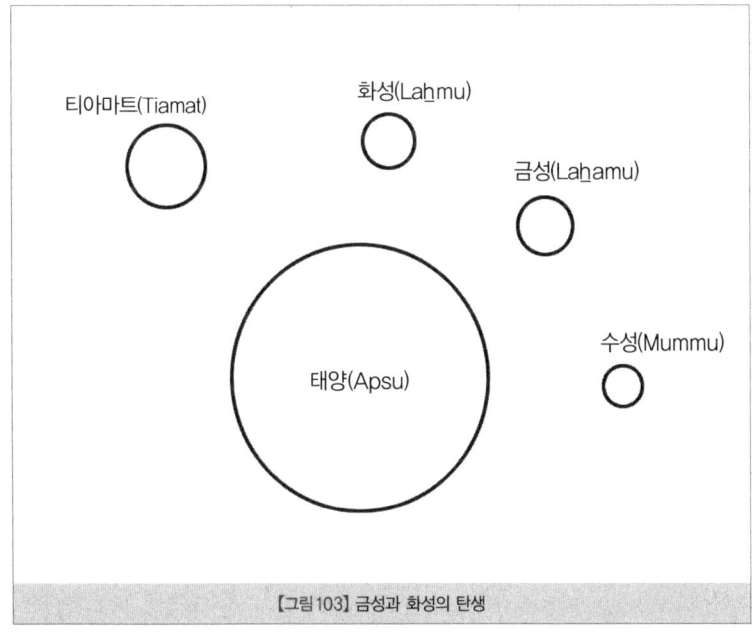

【그림103】 금성과 화성의 탄생

창조의 서사시 305

안샤르의 장남인 아누는

자기와 같은 누딤무드(NUDIMMUD)를 낳았다.

이제「창조의 서사시」1막의 본격적인 이야기가 시작된다. 화성과 금성은 한정된 크기로밖에 자라지 못했다는 사실을 알 수 있다. 그리고 그것들이 채 완성되기도 전에 두 개의 행성이 또 만들어진다. 그 두 개는 각각의 이름에서 드러나듯이(안샤르AN.SHAR는 '왕자' 혹은 '하늘에서 가장 중요한 것'이라는 뜻이고, 키샤르KI.SHAR는 '딱딱한 땅에서 가장 중요한 것'이라는 뜻이다) 아주 크고 중요한 행성들이다. 그것들은 곧 처음 두 행성보다 크게 자라났으며 지위도 높아졌다. 이 두 행성에 대한 묘사나 형용하는 말 그리고 위치를 볼 때 그것들이 토성(안샤르)과 목성(키샤르)이라는 것을 쉽게 알 수 있다.【그림104】

어느 정도 시간이 지난 후에 두 개의 행성이 더 등장한다. 먼저 아누가 생겨나는데, '그들의 아들이 되었고'라는 표현에서 드러나듯이 안샤르나 키샤르보다는 작지만 '자기 조상들의 경쟁자가 된다'라는 표현을 통해 그 이전의 행성들보다는 크다는 것을 알 수 있다. 그 후 아누는 다시 '자기와 같은' 행성을 만들어 낸다.「에누마 엘리시」바빌로니아 판에서는 누딤무드가 에아(Ea = 엔키Enki)의 행성이라고 말한다. 다시 한번 그것들의 크기와 위치는 우리가 지금 알고 있는 천왕성(아누)과 해왕성(누딤무드=엔키·에아)에 부합된다.

이제 마지막으로 명왕성이 남았다.「창조의 서사시」에서는 아누(천왕성)를 안샤르(토성)의 장남이라고 칭하는데, 그것은 안샤르에게는 다른 아들, 즉 다른 행성도 있다는 것을 암시한다. 서사시의 뒷부분에 안샤르의 이 다른 아들에 대한 이야기도 등장한다. 안샤르로부터 여러 가

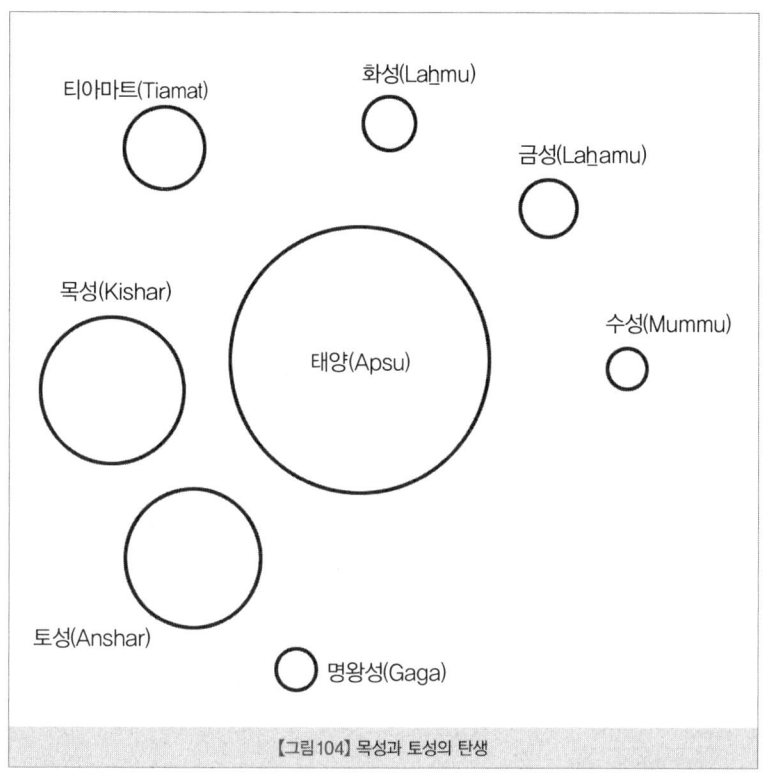

【그림104】 목성과 토성의 탄생

지 임무를 부여받아 다른 행성들에 전령으로 돌아다니는 가가(GAGA)가 바로 그 아들이다. 가가는 그 기능과 위치로 보아 압수(태양)의 전령인 뭄무(수성)와 아주 비슷하다.

그런데 수메르인들은 명왕성을 해왕성 다음이 아닌 토성 다음에 위치시키고, 명왕성이 토성의 사자 혹은 위성 역할을 한 것으로 묘사하고 있다. 【그림105】

「창조의 서사시」 1막은 이렇게 막을 내리게 되는데, 이에 따르면 태양계에는 태양과 9개의 행성이 있는 것으로 파악된다.

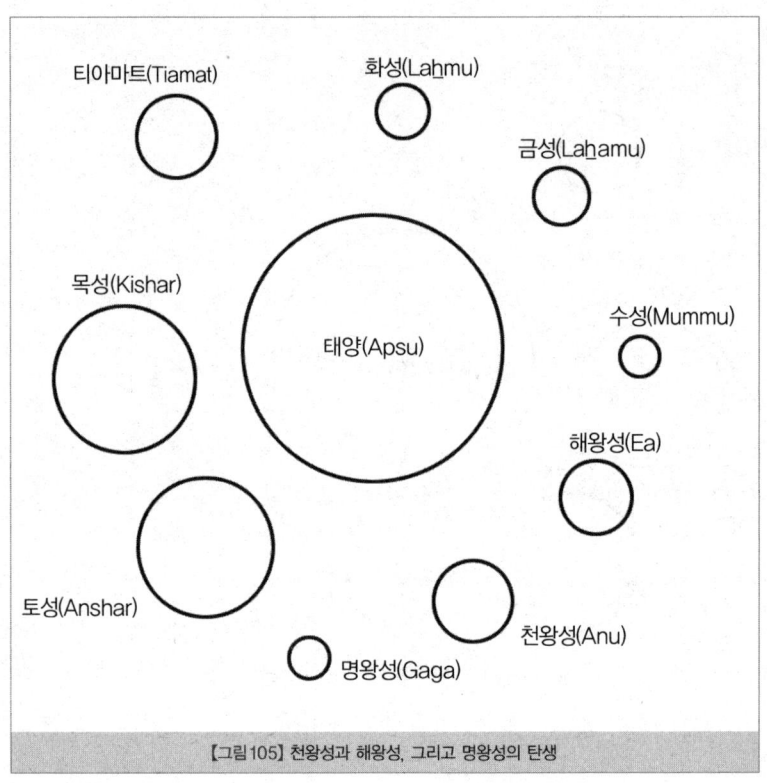

[그림105] 천왕성과 해왕성, 그리고 명왕성의 탄생

태양 - 압수(Apsu, 처음부터 존재했던 자)

수성 - 뭄무(Mummu, 압수의 보좌관 겸 전령)

금성 - 라하무(Lahamu, 전쟁의 여신)

화성 - 라흐무(Lahmu, 전쟁의 남신)

 ? - 티아마트(Tiamat, 생명의 처녀)

목성 - 키샤르(Kishar, 딱딱한 땅에서 가장 중요한 것)

토성 - 안샤르(Anshar, 하늘에서 가장 중요한 것)

명왕성 - 가가(Gaga, 토성의 보좌관 겸 전령)

천왕성 - 아누(Anu, 하늘의 존재)

해왕성 - 누딤무드(Nudimmud = 엔키·에아, 재주 좋은 창조자)

그렇다면 지구와 달은 도대체 어디에 있는가? 그것은 앞으로 다가올 대규모의 충돌에 따라 만들어지게 된다.

| 창조의 서사시 제2막 |

행성들의 탄생으로 1막을 마친 후 「창조의 서사시」의 작가는 이제 거대한 소란이 일어나는 2막을 시작한다. 새롭게 만들어진 행성들은 안정과는 거리가 멀었다. 행성들은 서로를 끌어당기다가 결국 티아마트를 향해 모여들면서 티아마트를 불편하고 위태롭게 만든다.

> 신성한 형제들이 모두 모였다.
> 그들은 왔다갔다 요동치면서 티아마트를 불안하게 했다.
> 그들은 기괴한 행동으로 하늘의 거처에 있는
> 티아마트의 '배(belly)'를 불편하게 했다.
> 압수도 그들의 소란을 잠재울 수 없었다.
> 티아마트는 그들의 길 앞에서 말을 잃었다.
> 그들의 행동은 불쾌한 것이었다. (…)
> 그들의 길은 위험한 것이었다.

여기서 우리는 행성들의 불규칙한 궤도에 대한 명백한 언급을 읽을 수 있다. 새로운 행성들은 '왔다갔다 요동'쳤다. 그들은 서로 너무 가까이 있었다(모두 모였다). 그들은 티아마트의 궤도를 방해했다. 그들은

'티아마트의 배를 불편하게 했다'. '그들의 길은 위험한 것이었다.' 가장 위험한 것은 티아마트였지만 압수(태양) 역시 행성들의 행동을 '불쾌한 것'으로 받아들였다. 압수는 '그들의 길을 파괴하고 부술 것'이라고 밝힌다. 압수는 뭄무(수성)와 비밀스럽게 상의한다. 그러나 '그들 사이에 계획한 것'이 다른 신들에게도 알려지게 되고, 다른 신들은 자신들을 파괴하려는 계획에 할 말을 잃는다.

그중에서 유일하게 당황하지 않은 것이 에아(누딤무드, 해왕성)였다. 에아는 오히려 '압수를 잠재우겠다는 계획'을 세운다. 다른 신들이 그의 계획을 마음에 들어하자 에아는 '우주의 진정한 지도'를 그린 후에 태양계의 태곳적 물에 신성한 주문을 건다.

태양계의 가장 바깥쪽에 위치해 태양과 다른 행성들을 모두 도는 에아(해왕성)가 걸었다는 이 '주문' 혹은 힘은 무엇이었을까? 태양을 도는 해왕성의 공전궤도가 태양의 자기장에 영향을 미쳐 태양의 방사능을 유출시킨 것일까? 혹은 해왕성 스스로가 그 생성 과정에서 엄청난 양의 방사능 에너지를 분출한 것일까? 그것이 무엇이었든 간에 서사시에서는 그것이 태양을 '잠재우는' 효과를 갖고 있었다고 말한다. 심지어 '압수의 전령인 뭄무(수성)도 움직일 힘이 없었다'고 한다.

구약의 삼손과 데릴라 이야기에서처럼 잠에 의해 무력화된 압수는 쉽게 힘을 빼앗겼다. 에아는 곧바로 압수에게서 창조의 힘을 빼앗는다. 에아는 태양으로부터 빠져나오는 엄청난 양의 태고 물질을 소멸시켜, '압수의 관을 빼앗고, 후광의 옷을 벗긴다'. 압수는 '정복당했다'. 뭄무도 더 이상 돌아다니지 못한다. 뭄무는 태양 옆에 생명 없는 행성으로 '묶인 채 남겨진다'.

해왕성이 태양의 창조력을 빼앗아 태양이 추가로 행성을 만들어 낼 에너지를 없애고 물질을 방출하는 과정을 멈추게 함으로써, 태양계에는 일시적인 평화가 찾아왔다. 이런 승리는 압수의 위치와 의미가 바뀌는 것에서도 명백하게 드러난다. 이제 압수라는 형용사는 '에아의 거처'에 적용되는 말이 된다. 따라서 새로운 행성은 새로운 압수, 즉 태양계의 맨 끝쪽에 위치하는 해왕성이 바라보고 있는 태양계 바깥쪽의 '깊은 곳'에서만 생겨날 수 있게 된 것이다.

| 창조의 서사시 제3막 |

이런 태양계의 평화는 얼마나 지속되었을까? 서사시는 이에 대해 특별히 언급하지는 않았다. 그러나 평화는 계속됐고 잠시 동안의 막간 후에 「창조의 서사시」 3막이 열린다.

> 운명의 방에서, 신의 뜻의 장소에서
> 신들 중에 가장 현명하고 유능한 신이 태어났다.
> 깊은 곳의 가슴에서 마르둑이 태어난 것이다.

새로운 신, 다시 말해 새로운 행성이 또 등장한 것이다. 그는 깊은 곳, 즉 태양계의 가장 바깥쪽에서 태어났다. 그는 태양계의 가장 바깥쪽에 있는 해왕성에 의해 태양계로 끌려 들어왔다('그를 낳은 것은 에아였다'). 새로운 행성의 모습은 아주 볼 만한 것이었다.

> 그의 모습은 매력적이었고 그가 눈을 뜨면 번쩍였다.
> 그의 걸음걸이는 군주 같았으며, 오래된 것처럼 권위를 갖추었고 (…)
> 다른 신들 위에 우뚝 섰으며, 누구보다 위에 있었고 (…)

모든 신들 중에 가장 높았으며, 그의 높이는 말로 다 할 수 없었다.
그의 무리는 수도 없었으며, 그의 키는 엄청나게 컸다.

태양계의 가장 바깥쪽에서 나타난 마르둑은 생겨난 지 얼마 되지 않은 행성이어서 불과 방사능을 뿜어대고 있었다. '그가 입술을 움직이면 불이 튀어나왔다.'

마르둑이 다른 행성에 다가서면 '다른 행성들은 섬광을 뿜어냈고' 그는 '다른 10신들의 후광을 입어' 밝게 빛났다. 이는 마르둑의 접근으로 인해 다른 행성들이 전기와 다른 물질들을 파생시킨 것이라고 볼 수 있다. 그리고 10신들이라는 말을 통해 우리가 「창조의 서사시」를 제대로 이해하고 있음을 확인해 준다. 그것은 태양과 다른 9개의 행성인 것이다.

서사시는 이제 우리를 마르둑의 궤도로 안내한다. 마르둑은 먼저 자신을 '낳은' 행성, 즉 자신을 태양계로 끌어들인 행성인 에아(해왕성)를 지난다. 마르둑이 해왕성에 가까이 가자 해왕성의 인력이 마르둑을 더욱 강렬하게 끌어당긴다. 그것은 마르둑의 궤도를 보다 둥글게 해서 '그 목적에 맞도록' 만든다.

마르둑은 여전히 아주 유동적인 상태였음이 분명하다. 마르둑이 에아를 통과할 때 인력에 의해 마르둑의 한쪽편이 마치 '두 번째 머리처럼' 튀어나왔기 때문이다. 그러나 이 단계에서는 마르둑의 어떤 부분도 떨어져 나가지 않았다. 하지만 아누(천왕성)의 근처에 이르렀을 때 마르둑에게서 네 개의 덩어리가 떨어져 나와 마르둑의 위성이 된다. '아누가 네 개의 가장자리를 만들어 내고, 그들의 힘을 무리의 주인에게 맡겼다.' '바람'이라고 불린 이 네 위성은 마르둑의 주변 궤도를 아주 빠르게 '회오리바람처럼 돌았다'.

먼저 해왕성을 지나고 다음에 천왕성을 지난 마르둑의 진로로 보아, 마르둑은 태양계의 정상 궤도 방향과는 반대인 시계 방향으로 태양계에 진입한 것으로 보인다. 태양계 안쪽으로 계속 들어오면서 마르둑은 곧 거대한 안샤르(토성)와 키샤르(목성)의 인력과 자기장에 사로잡히게 된다. 그 결과 마르둑의 궤도는 더욱더 태양계의 중심을 향해 휘어졌고 이윽고 티아마트를 향해 곧바로 진행하게 된다.【그림106】

마르둑의 접근은 곧 티아마트와 다른 내행성들(수성, 금성, 화성)의 동요를 일으킨다. '그는 파도를 일으켜 티아마트를 동요시켰다. 신들은 쉬지 못하고 태풍 속에 있는 것처럼 흔들렸다.'

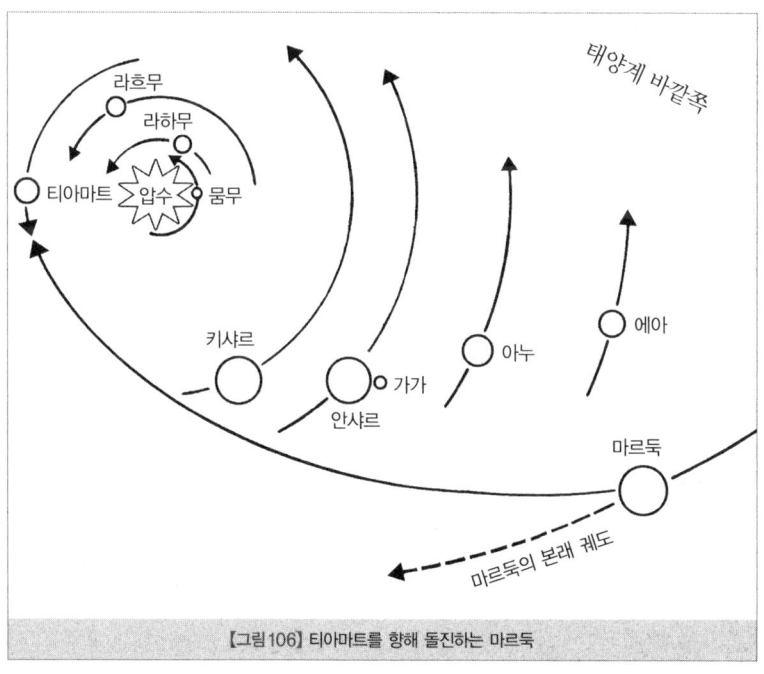

【그림106】 티아마트를 향해 돌진하는 마르둑

창조의 서사시 313

고대의 기록이 이 부분에서 일부 훼손되기는 했지만 해독이 가능한 부분들을 통해 마르둑이 여전히 '그들의 생명력을 약화시켰고 (…) 그들의 눈을 쑤셨다'는 것을 알 수 있다. 티아마트도 '혼란에 빠져 돌아다녔다'는 것으로 보아 티아마트의 궤도도 급작스럽게 변했음을 알 수 있다.

마르둑의 거대한 인력은 곧 티아마트의 일부분을 떼어 냈다. 그러자 티아마트 안에서 11개의 '괴물'이 생겨났다. '으르렁거리며 사납게 날뛰는' 여러 개의 위성이 티아마트의 몸에서 '떨어져 나와' '티아마트의 옆에서 함께 행진했다'. 다가오는 마르둑을 상대할 준비를 하면서 티아마트는 그 위성들에게 '후광을 입혔고' '신(행성)'의 모양을 주었다.

메소포타미아 우주론에서 아주 중요한 역할을 한 것 중 하나가 킨구(KINGU)라는 이름을 가진 티아마트의 위성인데, 그것은 '티아마트를 둘러싼 신들 중 첫 번째 태어난 것'이었다.

> 티아마트는 킨구를 높이 세웠다.
> 그들 중에서 킨구를 가장 위대하게 만들었다. (…)
> 전쟁의 총사령관 자리를
> 그의 손에 쥐어 주었다.

티아마트와 마르둑의 인력이 서로 경쟁하는 속에서 티아마트의 가장 큰 위성인 킨구는 마르둑 쪽으로 움직이기 시작한다. 킨구에게 이런 '운명의 서판(스스로의 궤도)'이 주어졌다는 사실이 소행성대 바깥쪽의 외행성들을 특히 분노하게 만든다. 도대체 누가 티아마트에게 새로운 행성을 창조할 권리를 주었느냐고 에아(해왕성)는 묻는다. 에아는 이 문제를 안샤르(토성)에게 제기한다.

에아는 안샤르에게 티아마트가 준비한 모든 것을 거듭 말했다.
'(…) 그녀는 모임을 만들었고 분노에 가득 차 있습니다. (…)
그녀는 무적의 무기를 더했고 괴물 신들을 만들었습니다. (…)
그것도 11명이나 되는 것들을 만들었습니다.
그녀의 모임에 속한 신들 중에서
그녀는 장남인 킨구를 높이 세워 대장으로 만들었습니다. (…)
그녀는 킨구에게 운명의 서판을 주어 가슴에 매달았습니다.'

그렇게 말하는 에아에게 안샤르는 그가 킨구를 없앨 수 있겠느냐고 묻는다. 에아의 답은 기록이 상실돼 알 수 없다. 그러나 에아의 답은 만족스럽지 못했던 것이 분명하다. 안샤르가 이번에는 아누(천왕성)에게 '티아마트에게 대항할 수 있겠는지'를 묻는 장면이 이어지기 때문이다. 하지만 아누는 '티아마트를 대적할 수 없어 돌아섰다'.

심한 동요를 겪으면서 태양계는 긴장에 휩싸인다. 신들은 하나둘씩 물러섰다. 티아마트에 맞설 자가 아무도 없는 것일까?

그때 천왕성과 해왕성을 지난 마르둑은 안샤르의 고리에 가까이 다가가고 있었다. 안샤르는 한 가지 꾀를 낸다. '힘센 그가 우리들의 복수자가 될 것이다. 전투에 능한 그는 영웅 마르둑이다!' 토성의 고리 안에 들어오면서('마르둑은 안샤르의 입술에 입을 맞췄다') 마르둑은 답한다.

만약 내가 너희들의 복수자로서

티아마트를 부수고 너희들의 생명을 구하면

회의를 열어 나의 운명을 최고의 것으로 만들라!

마르둑의 제안은 무례했지만 아주 단순한 것이었다. 마르둑과 그의 '운명(태양을 따라 도는 마르둑의 궤도)'을 다른 모든 신들보다 높은 곳에 두라는 것이었다. 이때 안샤르의 위성인 가가(훗날의 명왕성)가 원래의 위치에서 벗어나게 된다.

안샤르가 입을 열었다.
그의 조언자인 가가에게 안샤르가 말했다. (…)
'가가여 떠나라.
다른 신들에게로 가서
지금 내가 말하는 것을
그들에게 말하라.'

가가는 다른 신(행성)들에게 '마르둑에 대한 결정'을 내리라고 요청한다. 다른 신들의 반응은 예상대로였다. 모두들 누군가가 자신들 대신 티아마트에게 복수해 주기를 기대하고 있었던 것이다. 신들은 '마르둑이 왕이다'라고 외친 후, 더 이상 시간을 지체하지 말고 '가서 티아마트의 생명을 끊어 달라'고 요청했다.

이제 바야흐로 「창조의 서사시」 제4막, 태양계의 전쟁이 시작된다.

| 창조의 서사시 제4막 |

신들은 마르둑의 '운명'을 인정했다. 그들은 모두 함께 인력을 끌어 모아 마르둑의 궤도를 결정했으며, 그것은 '전쟁' 즉 마르둑을 티아마트와 충돌하도록 만드는 것이었다.

용사의 모습답게 마르둑은 다양한 무기로 무장하고 있었다. 그의 몸은 '불길'로 채워져 있었으며, '활을 만들고 (…) 화살을 그 옆에 붙였으며 (…) 앞에는 번개를 세웠다'. 그리고 '티아마트를 덮을 그물을 만들었다'. 이런 표현들은 두 행성이 가까워질 때 생기는 전기 벼락이나 다른 행성에 작용하는 인력 같은 현상을 말하는 것이 분명하다.

그러나 마르둑의 가장 중요한 무기는 마르둑이 천왕성을 지날 때 만들어진 동서남북, 네 방향에 위치한 네 개의 바람이다. 또 마르둑은 토성과 목성을 지나면서 행성들의 엄청난 인력 덕분에 사악한 바람, 회오리바람, 무적의 바람이라는 세 개의 바람을 더 갖게 된다.

마르둑은 자신의 위성들을 '폭풍의 전차'로 사용해, '자신이 만든 일곱 개의 바람을 보냈다'. 적들도 물론 전투 준비를 갖추고 있었다.

주님(마르둑)이 자신의 길을 따라 앞으로 나아갔다.
분노하는 티아마트에게 얼굴을 향했다. (…)
주님은 티아마트의 안을 살피기 위해 다가갔다.
티아마트의 협력자 킨구의 계획을 보기 위해.

그러나 두 행성이 가까워짐에 따라 마르둑의 궤도는 혼란스러워졌다.

그가 바라보자, 그의 행로가 엉망이 되었다.

그의 방향은 빗나갔고 그의 행동은 혼란스러워졌다.

심지어 마르둑의 위성들까지도 방향을 잡지 못했다.

마르둑의 협력자들이
마르둑의 옆에서 행진하던 자들이
용감한 킨구를 보자 눈이 어두워졌다.

두 행성은 결국 서로 비껴갔을까? 그러나 운명은 이미 정해져 있었고 그들의 궤도는 충돌할 수밖에 없었다. '티아마트가 커다란 소리를 냈다.'
 '마르둑은 그의 강력한 무기인 홍수를 일으키는 폭풍을 세웠다.' 마르둑이 더 가까워짐에 따라 티아마트의 '분노'는 더욱 커졌다. '그녀의 발이 앞뒤로 흔들렸다.' 티아마트는 마르둑에게 '주문'을 걸려고 했다. 이것은 예전에 에아(해왕성)가 압수(태양)와 뭄무(수성)에게 걸었던 것과 같은 일종의 우주파로 추측된다. 그러나 마르둑은 계속해서 티아마트 쪽으로 다가갔다.

가장 현명한 신들인 마르둑과 티아마트는
서로 다가갔다.
그들은 거대한 전쟁을 향해 달려갔다.
그들은 전투를 앞두고 있었다.

「창조의 서사시」는 이제 그 결과로 하늘과 지구를 만들어 내게 되는 우주 전쟁을 묘사한다.

> 마르둑은 티아마트를 사로잡기 위해 그물을 던졌다.
> 가장 뒤에 있던 사악한 바람을 티아마트의 얼굴에 던졌다.
> 티아마트가 사악한 바람을 삼키려고 입을 열자
> 마르둑은 티아마트가 입을 다물지 못하도록 사악한 바람을 몰아넣었다.
> 엄청난 폭풍의 바람이 티아마트의 배를 향해 돌진했다.
> 티아마트의 몸은 부풀어 오르고 그녀의 입은 크게 벌어졌다.
> 마르둑은 활을 쏘아 티아마트의 배를 갈랐다.
> 화살은 티아마트의 안으로 들어가 자궁을 갈랐다.
> 이렇게 진압된 티아마트는 생명의 숨을 잃었다.

여기에 묘사된 것은 지금까지도 수수께끼로 남아 있는 태양계의 비밀을 설명하는 가장 독창적인 이론이다. 태양과 9개의 행성으로 구성된 태양계에 외계로부터 마치 혜성과 같은 거대한 행성(마르둑)이 진입한다. 그 행성은 먼저 해왕성을 만나고, 천왕성과 거대한 토성과 목성을 지나면서 태양계의 중심을 향해 궤도를 튼다. 그 과정에서 7개의 위성이 생겨난다. 그리고 태양계의 다음 행성인 티아마트와 충돌하게 된다.【그림107】

그러나 실제로 충돌한 것은 마르둑과 티아마트가 아니었다. 이 점이 아주 중요하다. 티아마트와 충돌한 것은 마르둑의 위성들일 뿐 마르둑 자체는 아니었다. 그 위성들이 '티아마트의 몸을 부풀게 하고' 커다란 틈을 만든다. 티아마트에 생긴 이런 틈 사이로 마르둑은 '활'을 쏜다. 즉 '불꽃으로 가득 차 있던' 마르둑으로부터 엄청난 양의 번개가 티아

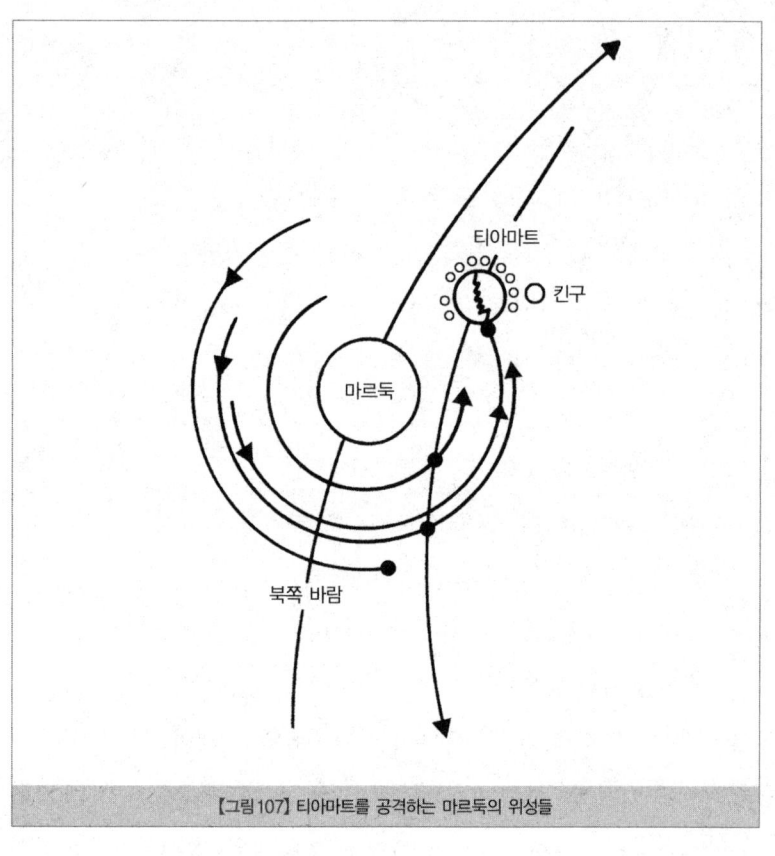

【그림107】 티아마트를 공격하는 마르둑의 위성들

마트로 옮겨 간다. 그것은 티아마트의 내부로 들어가 티아마트의 '생명의 숨'을 빼앗는다. 다시 말해 티아마트의 전기장과 자기장을 중성화시킨다.

마르둑과 티아마트의 첫 번째 만남에서 마르둑은 티아마트에 틈을 만들고 생명을 빼앗는다. 티아마트의 운명은 마르둑과의 다음번 만남에서 최종적으로 결정된다. 또한 티아마트의 위성 중 가장 큰 킨구의 운명도 마르둑과의 다음번 만남에서 결정된다. 그러나 티아마트의 다른 10개 위성들의 운명은 첫 번째 충돌에서 결정되었다.

> 마르둑이 대장인 티아마트를 살해하자
> 티아마트의 무리들은 흩어지고 깨졌다.
> 티아마트 옆에서 행진하던 협력자들은
> 두려움에 떨었다.
> 등을 돌려 자신들의 목숨을 건지려고 했다.

흩어지고 깨진 무리가 '등을 돌렸다'는 것은 그들의 궤도가 역전되었다는 뜻은 아닐까?

그렇게 해석하면 태양계의 또 다른 수수께끼인 혜성의 존재가 설명된다. 공 모양의 작은 물체인 혜성은 흔히 태양계의 '이단아'로 불린다. 왜냐하면 그 궤도가 비정상적이기 때문이다. 태양을 도는 행성들의 궤도는 명왕성을 제외하고는 거의 원에 가까운데, 혜성의 궤도는 길게 늘어져 있다. 그것도 대부분이 너무 길게 늘어져 있어서 수백 년 혹은 수천 년 동안 사라졌다가 다시 나타나곤 한다. 또 명왕성을 제외한 행성들의 궤도는 거의 같은 면에 있는 데 비해 혜성의 궤도면은 아주 다양하다. 그리고 가장 이상한 것은 우리에게 알려진 태양계의 모든 행성이 시계 반대 방향으로 태양을 도는 데 반해 많은 혜성들은 시계 방향으로 태양을 돈다는 사실이다.

천문학자들은 도대체 어떤 힘 혹은 어떤 사건이 혜성을 만들어 냈으며, 혜성이 왜 그렇게 이상한 궤도로 움직이게 됐는지를 설명하지 못하고 있다. 우리가 제시하는 실마리는 마르둑이다. 독자적인 궤도를 갖고 티아마트와 반대 방향에서 날아들어 온 마르둑은 티아마트의 위성들을 조그만 혜성들로 부숴 버렸으며, 자신의 그물(인력) 안으로 끌어들였다.

> 그물에 빠져들면서 그들은 덫에 걸렸음을 알게 된다. (…)
> 마르둑은 티아마트 옆에서 행진하던 모든 괴물들에게
> 족쇄를 채우고 그들의 손을 묶었다. (…)
> 그들은 완전히 포위돼서 도망칠 수 없었다.

전투가 끝난 후 마르둑은 킨구에게서 '운명의 서판(독자적인 궤도)'을 빼앗고 킨구를 티아마트의 가슴에 붙였다. 그리고 마르둑의 궤도는 영원히 태양을 돌게 되었다. 그 이후 마르둑은 언제나 그 최초의 우주 전쟁터로 돌아오도록 운명지어졌다.

티아마트를 '살해한' 후에 마르둑은 다시 여행을 계속한다. 태양을 돌아 태양계의 바깥쪽으로 나가는 과정에서 '마르둑이 욕망을 채워 준' 에아(해왕성)와 '마르둑이 승리를 세워 준' 안샤르(토성)를 다시 만난다.

그리고 마르둑은 두 번째로 다시 자신의 승리의 장소로 돌아온다. 이번에는 자신이 살해한 티아마트와 킨구에 대해 '자신의 지배력을 더욱 강화하기 위해서' 돌아온 것이었다.

|「창세기」와 「창조의 서사시」|

「창조의 서사시」 4막이 오르면서 비로소 구약의 「창세기」와 메소포타미아의 「에누마 엘리시」가 만나게 된다. 왜냐하면 「창조의 서사시」는 4막부터 하늘과 지구의 창조 이야기를 시작하기 때문이다.

태양을 처음으로 일주한 후에 마르둑은 '자신이 복종시킨 티아마트에게로 (다시) 돌아온다'.

주님은 티아마트의 생명 없는 몸을 들여다보기 위해 쉬었다.
그리고 그는 그 괴물을 둘로 나눌 교묘한 계획을 세운다.
그리고 마치 홍합처럼 티아마트를 둘로 나누었다.

이번에는 마르둑 자신이 티아마트와 부딪쳐 그것을 둘로 나누고, 티아마트의 '해골' 즉 윗부분을 끊는다. 그리고 마르둑의 위성 중 하나인 '북쪽 바람'이 잘려 나간 티아마트의 윗부분에 충돌한다. 후에 지구가 되는 티아마트의 이 반쪽은 그 충돌의 충격으로 그때까지 어떤 행성도 돌지 않았던 새로운 궤도를 갖게 된다.

주님은 티아마트의 뒷부분을 밟아 뭉갰다.
주님은 티아마트의 해골을 무기로 쳐 잘라 냈다.
그는 티아마트의 핏줄을 끊어 버렸다.
그리고 '북쪽 바람'으로 그것을 밀게 해
지금까지 알려지지 않은 곳에 위치시켰다.

이렇게 해서 마침내 지구가 만들어진 것이다.
티아마트의 아랫부분은 다른 운명을 맞는다. 마르둑과 직접 부딪쳐 산산조각이 난 것이다. 【그림108】

티아마트의 다른 반쪽으로 마르둑은 하늘의 장막을 만들었다.

창조의 서사시 323

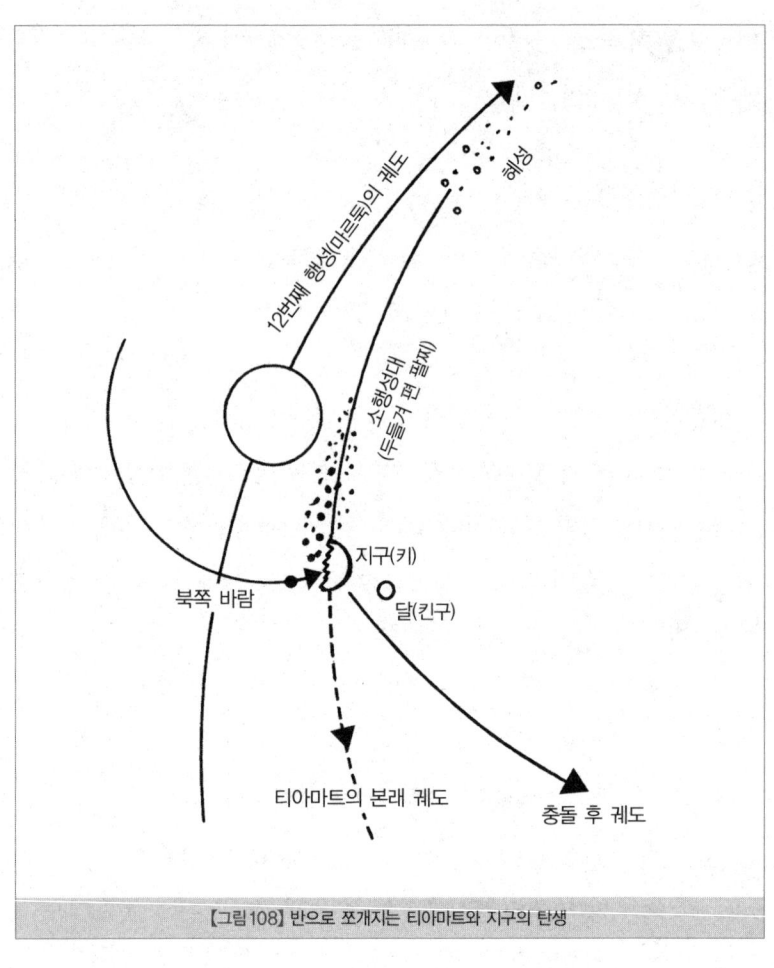

【그림108】 반으로 쪼개지는 티아마트와 지구의 탄생

그것들을 한데 묶고 문지기를 두었다. (…)
마르둑은 티아마트의 꼬리로 팔찌와 같은 거대한 띠를 만들었다.

따라서 티아마트의 부서진 반쪽은 '하늘의 팔찌'가 되었으며, 태양계의 소행성대 안쪽 행성들과 바깥쪽 행성들을 나누는 '장막'이 되었다. 그것은 '거대한 띠'를 이루었다. 바로 우리가 말하는 소행성대(the Asteroid Belt)가 만들어진 것이다.

천문학자와 물리학자들은 소행성대를 수성·금성·지구·달·화성과 같은 소행성대 안쪽 행성(혹은 지구형 행성)과 목성 너머에 존재하는 소행성대 바깥쪽 행성들을 구분하는 기준으로 사용하고 있다. 수메르의 서사시에서 우리는 고대인들이 이미 이런 사실을 알고 있었다는 것을 재발견할 수 있다.

수메르의 서사시는 우리에게 최초로 '사라진 행성(티아마트)'의 소멸 과정, 소행성대와 혜성의 탄생, 그리고 지구의 탄생에 대한 우주론적이고 과학적인 설명을 제시하고 있다. 티아마트를 둘로 나눈 후에 마르둑의 위성 하나가, 떨어져 나간 티아마트 상단의 반쪽에 부딪혀 지구를 만들었다. 또 마르둑이 티아마트 하단의 반쪽을 산산조각 내 거대한 띠(소행성대)를 만들었다.

「창조의 서사시」를 해석하는 과정에서 우리는 태양계의 의문점으로 제기됐던 모든 것들에 대한 답을 얻을 수 있다. 또한 왜 지구의 대륙이 한쪽에만 몰려 있고, 다른 쪽에는 거대한 공동(태평양의 바닥)이 존재하는지에 대한 답도 얻을 수 있다.

또한 티아마트의 '물'에 대한 지속적인 언급도 시사하는 바가 크다. 티아마트는 '물로 가득 찬 괴물'이라고 불렸는데, 원래 티아마트의 한 부분이었던 지구가 티아마트로부터 물을 물려받은 것은 당연한 결과일 것이다. 실제로 일부 학자들은 지구를 '대양(大洋)의 행성'이라고도 부르는데 태양계에서 유일하게 생명 유지를 위한 물이 풍부한 곳이기 때문이다.

이런 우주론은 우리들에게는 아주 새롭게 들리지만 구약에 등장하는 선지자와 현인들에게는 이미 사실로 받아들여졌던 내용이다. 선지자 이사야는 태곳적에 주님이 거만한 자를 베고, 물의 괴물을 어지럽게 하고, 테홈라바(Tehom-Raba)의 물을 마르게 한 일을 상기시킨다(「이사야서」 51 : 9 ~10). 「시편」에서는 주님이 그의 힘으로 물을 가르고, 물의 괴물들의 우두머리를 갈라놓았다고 말한다(「시편」 89 : 10). 또 욥은 어떻게 그의 주님이 '거만한 자의 조력자'들을 무찔렀는지를 상기하면서 주님을 찬양한다.

> 테홈이 있던 자리에 하늘을 두들겨 펴서 펼쳐 놓고
> 지구를 빈 곳에 매달아 놓으셨다.
> 그의 힘으로 물을 막고
> 그의 정력으로 거만한 자를 가르고
> 그의 바람이 팔찌를 두들겨 펴서 만들고
> 그의 손이 용을 죽였다.
> _「욥기」 26 : 7~13*

성서학자들은 이제 히브리어의 '테홈(Tehom, 깊은 물)'이 티아마트라는 말에서 파생된 것임을 알고 있다. 또한 테홈라바라는 말도 '거대한 티아마트'를 말한다. 따라서 구약은 수메르의 서사시에 근거해 태초의 사건들을 이해하고 있는 것이다. 구약과 수메르 서사시의 유사성은 구약 「창세기」의 처음 몇 장에서 가장 뚜렷하게 나타난다.

「창세기」는 하나님의 바람이 테홈의 물 위를 움직이고 있다고 말한다. 또 어떻게 주님(바빌로니아의 마르둑)의 번개가 티아마트를 가르고 어두운 허공을 밝혔는지, 지구와 '라키아(rakia, 두들겨 편 팔찌)'를 만들었는지 말하고 있다. 지금까지 '창공' 혹은 '궁창'이라고 번역된 것이 바로 '하늘의 팔찌'였던 것이다.

또한 「창세기」 1장 8절에서는 하나님이 창공(두들겨 편 팔찌)을 '하늘(shamaim)'이라고 불렀다고 명백하게 말하고 있다. 아카드의 기록에서도 우주의 이 부분을 '락키스(rakkis, 두들겨 편 팔찌)'라고 부르며, 마르둑이 어떻게 티아마트의 아랫부분을 펴서 거대한 원으로 만들었는지를 설명하고 있다. 따라서 수메르의 기록들을 보면 그들이 '하늘'이라고 부른 것은 일반적인 우주 공간이 아니라 소행성대임을 알 수 있다.

그러므로 지구와 소행성대가 수메르의 「창조의 서사시」와 성경에서 말하는 '지구와 하늘'이며, 이것은 하늘의 주님(마르둑)이 티아마트를 부술 때 동시에 만들어진 것이다.

마르둑의 위성인 '북쪽 바람'이 지구를 밀어 새로운 위치에 놓은 후, 지구는 태양을 도는 새로운 궤도를 얻었고(그 결과 지구의 계절이 생겼고) 자전축이 생겼다(그 결과 지구의 낮과 밤이 생겼다). 실제로 메소포타미아의 기록에서는 지구를 창조한 이후 마르둑이 한 일이 '지구에 태양의 날들을 정하고, 낮과 밤의 경계를 부여한 것'이라고 말한다. 구약에서도 같은 설명을 볼 수 있다.

하나님이 말씀하기를
'하늘 창공(두들겨 편 팔찌)에 빛나는 것들이 생겨서,
낮과 밤을 가르고,
(그것으로) 계절과 날과 해를 나타내는 표가 되어라.'
_「창세기」 1 : 14

| 창조의 서사시 제5막 |

현대의 학자들은 지구가 처음 행성이 될 때는 불을 뿜는 화산들로 가득 찬 거대한 불덩어리였으며, 지구의 대기 중에는 구름과 재가 가득했다고 믿고 있다. 그러다가 온도가 내려가면서 수증기가 물로 변해 지구의 표면을 대륙과 바다로 나누었다고 본다.

비록 상당히 훼손되기는 했지만 「에누마 엘리시」의 다섯 번째 점토판은 현대 과학자들이 믿는 것과 같은 과학적 사실을 전하고 있다. 「창조의 서사시」는 뿜어져 나오는 용암을 티아마트의 '침'이라고 말하면서 이것이 지구의 대기나 대양, 대륙이 만들어지기 전의 현상임을 지적한다. 그 후에 '구름의 물이 모이기 시작했고' 바다가 생겼으며 지구의 '기초들(대륙들)'이 올라왔다. 또 '차가움'이 자리잡기 시작하면서(즉 온도가 내려가면서) 비와 안개가 나타났다. 그 사이에도 '침'은 '켜켜이' 흘러나와 결국 지구의 지형을 형성했다.

「창세기」도 같은 정보를 전하고 있다.

> 하나님이 말씀하시기를
> '하늘 아래에 있는 물은 한곳으로 모이고,
> 뭍은 드러나거라' 하시니
> 그대로 되었다.
> _「창세기」1 : 9

이제 바다와 육지, 대기를 가진 지구는 산, 강, 샘, 계곡을 만들 준비가 되었다. 모든 창조의 공을 마르둑에게 돌리면서 「에누마 엘리시」는 다음과 같이 말한다.

티아마트의 머리(지구)를 자리에 놓고

그는 거기에 산들을 세웠다.

그는 샘을 열고 샘에서 시작하는 급류를 만들었다.

티아마트의 눈에서 티그리스 강과 유프라테스 강을 풀었다.

티아마트의 가슴에서 높은 산을 만들었다.

우물을 파고 샘을 만들어 물을 흐르게 했다.

현대 과학이 발견한 것처럼 구약의 「창세기」와 「에누마 엘리시」 그리고 다른 메소포타미아의 기록들은 모두 지구에서의 생명의 시작을 물과 연결시키고 있으며, 그 뒤를 '헤엄치는 생물'과 '날아다니는 새들'이 뒤따랐다고 전한다. 그런 연후에야 '가축과 기어다니는 것과 짐승들'이 생겨났고, 최종적으로 창조의 마지막 작품인 인간이 탄생하게 된다.

지구에 적용되는 새로운 우주적 현상의 하나로 마르둑은 '지구에 달을 주었으며, 밤을 지시하고, 매달의 날들을 정하도록' 했다.

지구에 주어진 달의 정체는 무엇이었을까? 「에누마 엘리시」에서는 그것을 세시키(SHESH.KI, 지구를 보호하는 하늘의 신)라고 부른다. 이 이름으로 처음 등장하는 이 천체는 '그녀의 천상의 압력(인력장)' 안에 있다고 표현되어 있다. '그녀'는 지구를 말하는 것일까, 아니면 티아마트를 말하는 것일까?

그런데 여기서 지구와 티아마트는 서로 대체시킬 수 있는 것으로 보인다. 왜냐하면 지구는 티아마트가 다시 태어난 것과 같기 때문이다. 달은 지구의 '수호자'라고 불렸는데, 티아마트도 그것의 가장 주된 위성이었던 킨구를 '수호자'라고 불렀다.

「창조의 서사시」는 혜성이 되어 태양을 반대 방향으로 돌게 된 티아마트의 무리들 안에 킨구는 포함시키지 않았다. 마르둑이 두 번째로 티아마트와의 전쟁터로 돌아왔을 때, 그가 킨구에게 다른 운명을 부여했기 때문이다.

마르둑은 무리들 중의 우두머리였던 킨구를
작게 만들었다.
마르둑은 킨구를 두그가에(DUG.GA.E) 신으로 만들었다.
마르둑은 원래 킨구의 것이 아닌
운명의 서판을 빼앗았다.

마르둑은 킨구를 파괴하지 않았다. 그 대신 티아마트가 킨구에게 준 독자적인 궤도를 빼앗는 벌을 주었다. 조그만 크기로 줄어들기는 했지만 킨구는 여전히 태양계의 한 행성, 즉 '신'으로 남았다. 그러나 독자적인 궤도를 빼앗긴 킨구는 위성이 될 수밖에 없었다. 결국 킨구는 티아마트의 상단 부분이 새로운 궤도를 얻어 지구가 될 때 그것을 따라간 것으로 보인다. 따라서 티아마트의 위성이었던 킨구는 지금 우리가 보고 있는 달이 된 것이다.

하늘의 두그가에로 변화한 킨구는 자신의 생명력(대기, 물, 방사능 물질 등)을 잃게 된다. 그리고 크기도 작아져 결국 '생명 없는 진흙덩어리'가 되고 만다. 달에 대한 이런 수메르의 설명은 킨구(위대한 사자 使者)에서 시작해 '두그가에(큰 납덩어리)'로 전락한 달의 역사에도 정확히 맞아떨어진다.

킹(L. W. King)은 마르둑과 티아마트의 전투를 묘사한 메소포타미아의 또 다른 점토판 세 개를 분석했는데, 그 안에는 마르둑이 어떻게 킨구를 처리했는지가 잘 묘사돼 있다. '마르둑은 티아마트의 남편인 킨구를 전투 무기가 아닌 것으로 잘라 냈다. 마르둑은 킨구로부터 운명의 서판을 빼앗았다.' 란데스베르거(B.Landesberger)는 킹이 분석한 점토판의 내용을 해석하고 편집하는 과정에서 '킨구(Kingu)', '엔수(Ensu)', '달(Moon)'이라는 세 가지 이름이 서로 같은 의미로 쓰이고 있다는 사실을 발견했다.

이런 기록들은 티아마트의 가장 중요한 위성이었던 킨구가 지구의 달이 되었다는 우리들의 결론을 뒷받침할 뿐만 아니라, '거대한 도시와 조그만 나라 정도의 크기를 지닌 천체들이 달에 충돌했다'는 나사(NASA)의 발견도 뒷받침한다. 나사의 과학자들이 작성한 조사 보고서와 킹에 의해 발견된 기록에서는 모두 '버려진 행성'이라는 같은 말로 달을 묘사하고 있다.

메소포타미아에서는 마르둑이 사나운 여성 신과 싸우고 있는 전투 장면을 묘사한 원통형 인장들이 많이 발견되고 있다. 그중 하나를 보면 마르둑이 티아마트를 향해 번갯불을 쏘고 있고, 달로 표현된 킨구가 자신의 창조자인 티아마트를 보호하려고 하는 모습이 그려져 있다.【그림 109】

지구의 달과 티아마트의 킨구가 같은 천체라는 것은 나중에 달의 신으로 불리는 신(SIN)이라는 신의 이름이 수엔(SU.EN, 황무지의 지배자)이라는 말에서 파생됐다는 어원학적 사실에서도 알 수 있다.

티아마트와 킨구를 평정한 다음 마르둑은 다시 한번 '하늘을 가로질러 여러 지역을 순방한다'. 마르둑은 이번에는 '안샤르(토성)의 위성으로서 전령의 임무를 띠고 있던 가가(명왕성)의 운명을 결정하기 위해

[그림109] 티아마트를 공격하는 마르둑과 중간의 킨구

누딤무드(에아, 해왕성)의 '거처'가 있는 지역에 주의를 기울인다.

「창조의 서사시」에 따르면 마르둑은 하늘에서의 그의 마지막 행위 중 하나로 가가를 '감춰진 곳'에 위치시킨다. 즉 '그에게 깊은(태양계 바깥쪽의 그때까지 알려지지 않았던) 곳'을 바라보는 궤도를 부여하고, '물처럼 깊은 곳의 고문역'을 부여한다. 명왕성은 이렇게 새로 맡은 역할을 반영해, 우스미(US.MI, 길을 안내하는 자)라는 이름으로 태양계의 맨 바깥쪽 행성이 된다.

「창조의 서사시」에 따르면 마르둑은 '나는 하늘의 신들의 길을 계획적으로 바꾸어, 두 개의 집단으로 나눴다'고 큰소리를 쳤다고 한다.

지금까지 살펴본 것처럼 마르둑은 실제로 그렇게 했다. 마르둑은 하늘에서 태양의 첫 번째 배우자인 티아마트를 제거했다. 마르둑은 지구를 만들어 태양에 가까운 궤도를 돌도록 했다. 마르둑은 하늘에 '두들겨 편 팔찌'를 걸었는데 그것이 소행성대이며, 이를 기준으로 태양계의 행성들은 소행성대 안쪽 행성과 바깥쪽 행성으로 나뉘게 되었다. 그는 또 킨구를 제외한 티아마트의 위성들을 부수어 혜성으로 만들었으며, 킨구를 지구의 궤도를 도는 달로 만들었다. 그리고 토성의 위성인 가가를 명왕성으로 만들어 마르둑 자신과 마찬가지로 특이한 궤도와 궤도면을 부여했다.

지구의 대양에 있는 깊은 해저, 초토화된 달, 거꾸로 된 궤도를 갖고 있는 혜성, 명왕성의 특이한 면모 같은 태양계의 많은 수수께끼들이 메소포타미아의 「창조의 서사시」를 통해 완전히 풀린 것이다.

그렇게 태양계 행성들의 '자리를 마련한' 마르둑은 '니비루(NIBIRU, 12번째 행성)의 자리'를 잡았고, '하늘을 지나' 새로운 태양계를 '탐색하기' 위해 떠난다. 이제 비로소 태양계에 12신과 일치하는 12개의 천체가 생긴 것이다. 【그림110】

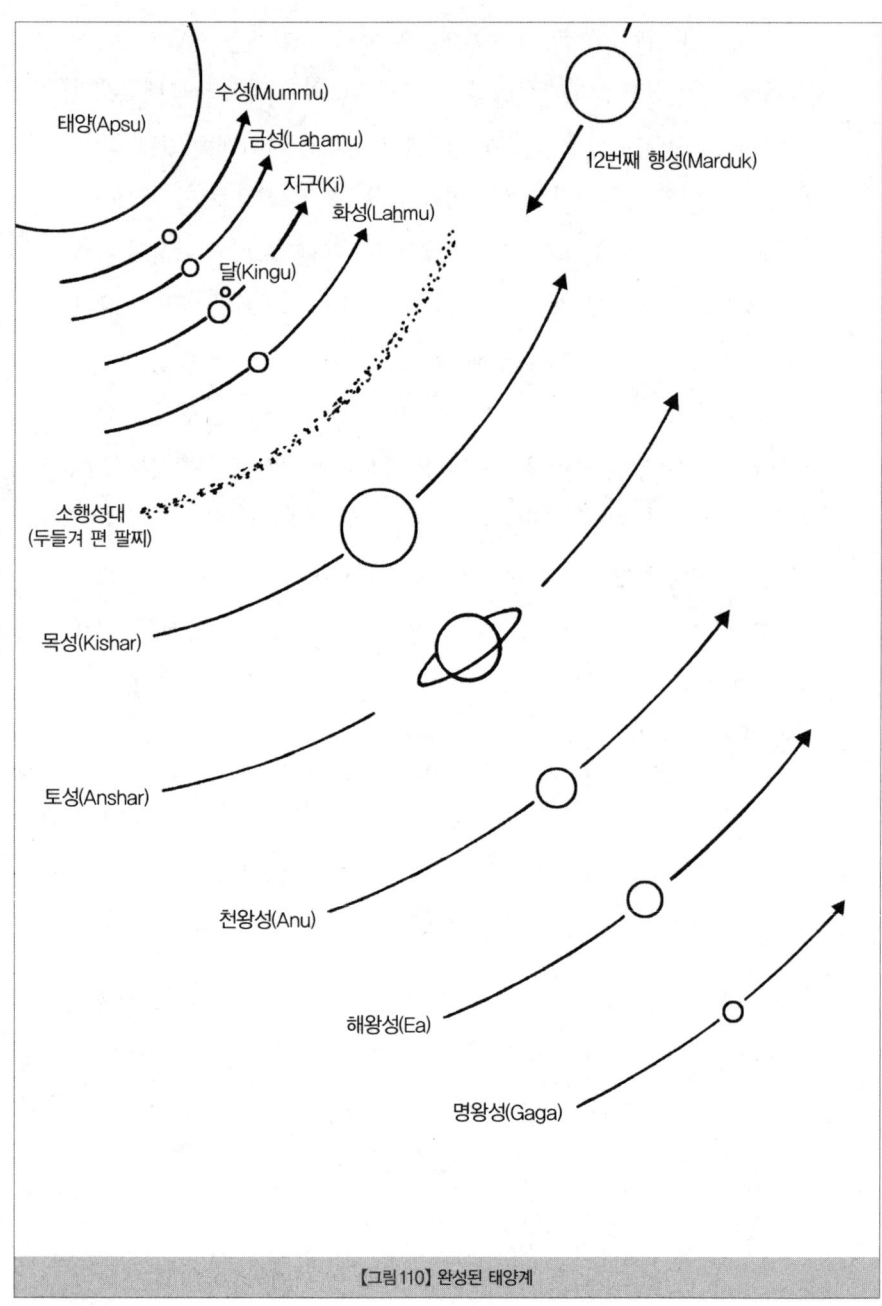

【그림 110】 완성된 태양계

8

하늘의 왕권

| 마르둑, 혹은 12번째 행성의 정체 |

「창조의 서사시」나 그것과 같은 주제를 다루고 있는 메소포타미아의 기록들을 연구해 보면, 기원전 2000년이 지난 어느 시점에 엔키의 아들인 마르둑이 엔릴의 아들인 닌우르타를 물리치고 신들 중에서 최고의 자리를 차지했다는 것을 알 수 있다. 그 후에 바빌로니아인들은 이전부터 전해져 내려온 「창조의 서사시」의 내용을 바꾸었고, 닌우르타에 대한 모든 내용과 엔릴에 대한 일부 내용을 삭제해 버렸으며, 12번째 행성의 이름도 마르둑이라고 변경했던 것이다.

지구에서 마르둑이 '신들의 왕'으로 그 위치가 격상되면서, 우주에서 신들의 왕으로 군림했던 12번째 행성도 마르둑으로 불리게 된 것이다. 마르둑은 '천신들의 주인'으로, 곧 '하늘의 왕'이 되었다.

마르둑이 '하늘의 밝은 물체'라고 표현되곤 하기 때문에, 어떤 학자들은 그것이 춘분 때 메소포타미아 지역의 하늘에 보이는 북극성이거나, 혹은 다른 빛나는 별이라고 생각했다. 그러나 쇼트(A. Schott)와 다른 학자들은 모든 고대의 천문학 기록에서 마르둑을 분명하게 태양계의 일부로 묘사하고 있다는 사실을 밝혀냈다.

또 마르둑이 '하늘의 거대한 물체' 혹은 '밝게 비추는 자'라고도 불렸기 때문에 마르둑이 이집트의 라(Ra) 신과 같은 바빌로니아의 태양신이었을 것이라는 이론도 제시됐다. 마르둑이 '경탄을 불러일으키는 빛을 뿜는 후광을 가졌고', '먼 하늘의 가장 높은 곳을 돈다'는 표현도 이런 이론을 뒷받침한다. 그러나 바로 같은 기록에 '마르둑은 마치 샤마시(Shamash, 태양)와 비슷하게 땅을 살핀다'는 표현도 나온다. 만약 마르둑이 태양과 '비슷한' 것이라면 그것이 결코 태양일 수는 없다.

마르둑이 태양이 아니라면 그것은 도대체 어떤 행성일까? 고대의 천문학적 기록만으로는 어떤 것인지 파악하기가 쉽지 않다. 어떤 학자들은 마르둑에 대한 특정한 형용구(예를 들어 '태양의 아들'과 같은)에만 주목해서, 토성을 마르둑이라고 보았다. 또 마르둑이 붉은 행성으로 표현되기도 했기 때문에 화성일 수 있다는 가능성도 제기되었다. 그러나 대다수의 학자들은 많은 기록에서 마르둑을 '마르카스 샤메(markas shame, 하늘의 한가운데)'라고 표현한 것에서 유추해, 행성들을 한 줄로 세웠을 때 한가운데에 놓이는 목성이 마르둑이라고 추정한다.

목성
수성 금성 지구 화성　　토성 천왕성 해왕성 명왕성

그러나 이 이론에는 명백한 모순이 있다. 왜냐하면 그런 생각을 하는 학자들 스스로가 칼데아인이 토성 너머에 있는 행성의 존재를 알지 못했다고 보고 있기 때문이다. 또 그들의 이론이 맞으려면 지구도 하나의 행성으로 취급되어야 하는데, 그들은 칼데아인이 지구를 태양계의 중심에 놓고 행성으로 분류하지 않았다고 본다. 거기에 더해 이들은 달의 존재를 무시하고 있는데, 메소포타미아 사람들은 달을 엄연히 '천신' 중의 하나로 여겼다. 따라서 12번째 행성이 목성이라고 볼 수는 없다.

「창조의 서사시」에 따르면 마르둑은 태양계의 바깥에서 태양계로 들어온 행성임이 분명하다. 또 마르둑은 티아마트와 충돌하기 전에 목성과 토성을 포함한 소행성대 바깥쪽의 행성들을 지났다. 수메르인은 이 행성을 '니비루(NIBIRU)'라고 불렀다. 니비루는 '횡단하는 행성'이라는 뜻인데, 바빌로니아의 변형된 「창조의 서사시」에도 니비루에 대한 다음과 같은 천문학 정보가 여전히 남아 있다.

> 그는 하늘과 땅의 교차로를 차지할 것이다.
> 그의 위와 아래로 다른 자들은 지나가지 못할 것이다.
> 다른 자들은 반드시 그를 기다려야만 한다.
>
> 하늘에서 밝게 빛나는 행성으로
> 그는 (하늘의) 한가운데에 있다.
> 다른 자들은 그에게 경의를 표할 것이다.
>
> 그는 티아마트의 한가운데를 계속 지나가는
> 지치지 않는 자이다.

'횡단'을 그의 이름으로 부르자.
그는 한가운데에 있는 자이다.

　니비루에 대한 이런 기록들은 12번째 행성이 다른 행성들을 두 개의 집단으로 나누면서 티아마트의 한가운데를 '계속 횡단한다'는 것을 분명하게 말하고 있다. 즉 12번째 행성의 궤도는 원래 티아마트가 있던 자리를 반복해서 지난다는 것이다.
　행성들의 위치와 공전주기를 자세히 다루고 있는 수메르의 천문학 기록들을 보면, 마르둑이 화성과 목성 사이에 나타난다는 것을 알 수 있다. 이것이야말로 수메르인들이 12번째 행성을 '하늘의 한가운데' 있다고 말한 진정한 의미인 것이다.

　　　　　　　　　　　　　　마르둑
수성　금성　달　지구　화성　　　　목성　토성　천왕성　해왕성　명왕성

　만약 마르둑의 궤도가 원래 티아마트가 있던 곳인 화성과 목성 사이를 지난다면 지구와 상당히 가까운 곳을 지나게 되는 셈이다. 그렇다면 왜 우리는 이 밝고 커다란 행성을 본 적이 없는 것일까?
　메소포타미아의 기록에 따르면 마르둑은 하늘의 알려지지 않은 부분과 우주의 아주 먼 곳까지 움직인다고 한다. '그는 숨겨진 지식을 살피고, 우주의 구석구석을' 본다. 마르둑은 모든 행성의 '감시자'로, 즉 다른 모든 행성들을 감싸는 궤도를 가진 것으로 묘사된다. '다른 행성들의 궤도를 움켜쥔' 마르둑은 다른 행성들에 '테'를 두르고 있다. 그의 궤도는 다른 어떤 행성보다 '높고 크다'. 그래서 쿠글러(F. X. Kugler)는 마르둑이 혜성처럼 커다란 타원을 그리며 아주 빠르게 움직이는 천

체라고 생각했다.

태양을 중심으로 해서 타원으로 도는 물체의 궤도는 태양에서 가장 먼 원일점(遠日點)과 태양에 가장 가까운 근일점(近日點)을 갖고 있다. 메소포타미아의 기록을 보면 마르둑 역시 실제로 그런 두 개의 '기지'를 갖고 있었다. 마르둑은 안우르(AN.UR, 하늘의 기지)에서 에눈(E.NUN, 위대한 거처) 사이를 오간다. 「창조의 서사시」 일부를 읽어 보자.

> 마르둑은 하늘을 횡단하며 구석구석을 살핀다.
> 그리고 깊은 곳의 구조를 측량했다.
> 에샤라(E-Shara)를 높은 처소로 세우고
> 에샤라를 하늘의 위대한 처소로 세웠다.

이 기록에 따르면 마르둑의 한 처소는 '높은' 곳에, 즉 우주 공간의 깊은 지역에 있었다. 또 다른 처소는 '하늘'에 있었는데, 이들이 말하는 하늘이란 구체적으로는 화성과 목성 사이를 말한다. 【그림111】

수메르의 우르 출신인 아브라함의 가르침에 따라, 히브리인들도 그들의 최고신과 최고의 행성을 연결시켰다. 많은 메소포타미아 기록과 마찬가지로 구약에서도 '주님'이 '하늘의 높은 곳'에 거처한다고 말한다. 그는 그곳에서 '중요한 행성들이 떠오르는 것을 본다'. 또 그는 '원을 그리며' 눈에 보이지 않게 '하늘에서 움직이고' 있다.

「욥기」에서는 마르둑과 티아마트의 충돌을 묘사하면서, 주님의 행성이 그 다음에 어디로 갔는지도 말해 주고 있다.

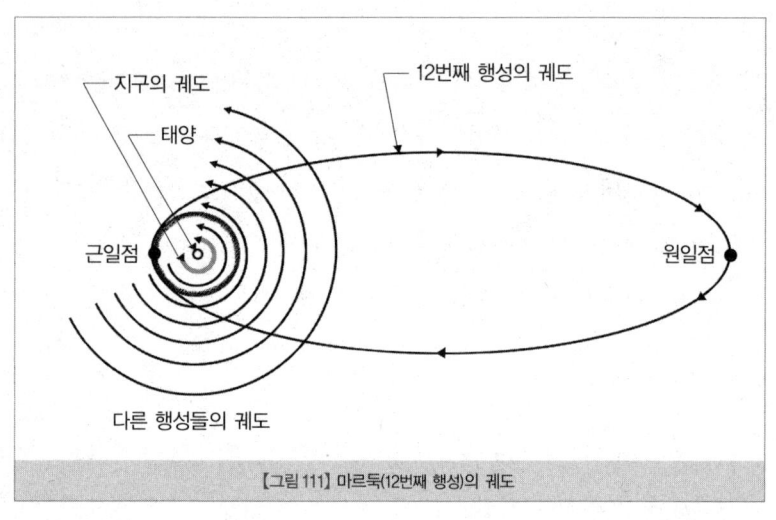

【그림 111】 마르둑(12번째 행성)의 궤도

주님은 깊은 곳으로 떠났다.
빛과 어둠이 만나는 곳이
그의 가장 먼 한계이다.
_「욥기」 26 : 9~10*

「시편」에서도 그 행성의 거대한 궤도를 명백하게 말하고 있다.

하늘은 하나님의 영광을 드러내고,
창공(두들겨 편 팔찌)은 그의 솜씨를 알려준다. (…)
해는 신방에서 나오는 신랑처럼 기뻐하고,
제 길을 달리는 용사처럼 즐거워한다.
하늘 이 끝에서 나와서
하늘 저 끝으로 돌아가니, 그 뜨거움을 피할 자 없다.

_「시편」 19 : 1~6

한편, 엄청난 높이의 원일점까지 솟아올랐다가 근일점으로 다시 내려오는 하늘의 위대한 여행자인 니비루(12번째 행성)는 날개 달린 구형으로 묘사되곤 했다.

고고학자들이 발굴한 근동 지역의 거의 모든 유적지에서는 날개 달린 구형의 상징이 벽화나 원통형 인장의 부각(腐刻), 혹은 바위에 새겨진 조소 등의 형태로 신전과 궁전을 장식하며 대단히 두드러지게 나타난다. 날개 달린 구형의 상징은 왕이나 사제와 함께 등장하고, 그들의 옥좌 위에 나타나기도 하며, 마차에 새겨져 있기도 하고, 전쟁터 위를 떠다니기도 한다. 또 진흙이나 금속, 돌, 나무로 만들어진 다양한 물건들에도 날개 달린 구형의 상징이 나타난다. 수메르 이후 모든 근동의 지배자들은 이 날개 달린 구형의 상징을 숭배했으며, 이집트의 파라오들까지도 그 상징을 가장 신성한 것으로 여겼다. 이 상징의 의미는 수천 년 동안 그대로 받아들여졌던 것이다. 【그림112】

| 주님의 날과 12번째 행성의 궤도 |

고대 세계의 천문학과 종교적 신념에서 가장 핵심적인 내용은 12번째 행성, 즉 '신들의 행성'은 태양계 안에 있다는 것과 그것이 거대한 궤도를 갖고 주기적으로 지구 근처에 돌아온다는 것이다. 12번째 행성, 즉 '횡단하는 행성'을 나타내는 그림문자는 십자가였다.

이를 설형문자로 표기하면 다음과 같다.

[그림 112] 근동과 이집트 등에서 수천 년 동안 숭배되었던 날개 달린 구형의 상징들

그런데 이것은 동시에 수메르의 최고신이었던 '안(아누)'을 의미하기도 했고, '신성하다'는 뜻 또한 가지고 있었다. 셈어에서는 이 상징이 다음과 같이 변화된다.

위의 글자는 타브(tav)라고 읽히는데 '징조'라는 뜻이었다.

실제로 고대 세계의 사람들은 12번째 행성의 주기적인 접근을 격변과 새로운 시대의 징조로 받아들였다. 메소포타미아의 기록들은 12번째 행성의 주기적인 출현을 예측 가능하고 관측 가능한 것으로 보고하고 있다.

위대한 행성 :
그는 검붉게 나타난다.
그는 하늘을 둘로 가르며
니비루(횡단하는 행성)로 선다.

행성의 도착을 다루고 있는 기록들은 대개 그것이 지구와 인류에 미칠 영향을 예언하는 예언서들이다. 톰슨(R.C.Thompson) 교수는 12번째 행성이 '목성을 돌아' 횡단의 지점에 이르는 여정을 기록하고 있는 몇 개의 문서들을 복원해 냈다.

(니비루가) 목성의 지점에서
서쪽을 향할 때는
안전하게 거처할 수 있는 시간이다.

행성이 목성의 지점에서
더 밝아지고
점차 게자리 궁으로 들어서게 되면
아카드는 풍요롭게 될 것이며
아카드의 왕은 강력해질 것이다.
니비루가 최고점에 이르면
땅은 안전해질 것이며
적의 왕들과도 평화롭게 될 것이다.
신들은 기도를 듣고 탄원을 들을 것이다.

그러나 니비루가 더 가까이 오면 강한 인력의 영향으로 비가 내리고 홍수가 일어난다.

하늘의 주권을 가진 행성이
밝아지면
비가 내리고 홍수가 질 것이다.
니비루가 근일점에 이르면
신들이 평화를 선물할 것이다.
모든 어려움은 해소되고
모든 분규는 사라질 것이다.
비가 내리고 홍수가 질 것이다.

메소포타미아의 학자들처럼 히브리의 예언가들도 12번째 행성이 지구로 다가와 인간에게 보이는 때를 새로운 시대의 시작으로 보았다. 하늘의 주권을 가진 행성이 가져올 평화와 번영에 대한 메소포타미아의 예언과, 주님의 날 이후에 지구에 찾아올 평화와 정의에 대한 구약의 예언의 유사성은 선지자 이사야의 말에서 가장 잘 드러난다.

> 마지막 때에 (…)
> 주께서 민족들 사이의 분쟁을 판결하시고,
> 뭇 백성 사이의 갈등을 해결하실 것이니,
> 그들이 칼을 쳐서 보습을 만들고
> 창을 쳐서 낫을 만들 것이며,
> 나라와 나라가 칼을 들고 서로를 치지 않을 것이며, (…)
> _「이사야서」 2 : 2~4

그러나 주님의 날 다음에 오는 축복에도 불구하고, 구약에 묘사된 주님의 날 자체는 비와 홍수와 지진의 시간이다. 성서의 구절들을 메소포타미아의 기록과 마찬가지로 강한 인력을 지닌 거대한 행성이 지구 가까이를 지나는 상황을 묘사한 것으로 해석해 본다면, 이사야의 다음과 같은 말은 아주 쉽게 이해될 수 있다.

> 저 소리를 들어 보아라.
> 산 위에서 웅성거리는 소리다.
> 저 소리를 들어 보아라.
> 무리가 떠드는 소리다.
> 저 소리를 들어 보아라.
> 나라들이 소리치고 나라들이 모여서 떠드는 소리다.

만군의 주께서, 공격을 앞두고, 군대를 검열하실 것이다.
주의 군대가 먼 나라에서 온다.
하늘 끝 저 너머에서 온다.
그들이 주와 함께 그 진노의 무기로 온 땅을 멸하려 온다. (…)
'하늘이 진동하고 땅이 흔들리게 하겠다.'
만군의 주께서 진노하시는 날에
그 분노가 맹렬히 불타는 날에 이 일이 이루어질 것이다.
_「이사야서」 13 : 4~5, 13

지구의 '산이 녹아내리고, 계곡이 갈라질' 때, 지구의 자전축도 영향을 받는다. 예언자 아모스는 다음과 같이 예언하고 있다.

나 주 하나님이 하는 말이다.
그날에는 내가
대낮에 해가 지게 하고,
한낮에 땅을 캄캄하게 하겠다.
_「아모스서」 8 : 9

예언자 스가랴는 주의 날이 온다고 알리면서, 지구의 자전이 하루 동안 멈추게 될 것이라고 예언한다.

그것은 바로 그날 지나가게 될 것이다.
빛이 없을 것이고, 아주 이상하게 얼어붙을 것이다.
그리고 주님만이 아는 어느 때 하루 동안

밤에도 빛이 있는

낮도 아니고 밤도 아닌 때가 올 것이다.

_「스가랴서」 14 : 6~7*

예언자 요엘은 주님의 날에는 '해와 달이 어두워지고, 별들이 빛을 잃으며' '해가 어두워지고 달이 핏빛같이 붉어질 것'이라고 말한다(「요엘서」 2 : 10, 31).

메소포타미아의 기록들은 12번째 행성의 빛을 찬양하며 그것이 낮에도 보일 것이라고 말한다. '그것은 해가 뜨면 보였다가 해가 지면 사라질 것이다.' 니푸르에서 발견된 원통형 인장에는 쟁기질을 하는 사람들이 하늘에 보이는 십자가 상징의 12번째 행성에 놀라는 모습이 표현되어 있다. 【그림113】

고대 사람들은 12번째 행성의 주기적 접근뿐만 아니라 이동 경로도 자세히 알고 있었다.

【그림113】 십자가로 표현된 12번째 행성의 출현에 놀라는 수메르인들

구약의 「이사야서」 「아모스서」 「욥기」 등은 별자리와 주님의 이동 경로를 연결지어 말하고 있다.

> 오직 그만이 하늘을 펼쳐 가장 깊은 곳까지 이르며 (…)
> 그는 큰곰자리, 오리온자리, 시리우스 그리고 남반구의 별자리들에 이른다.
> _「욥기」 9 : 8~9*

또 '그는 황소자리와 양자리를 바라보고, 황소자리에서 궁수자리로 움직인다'는 표현도 있다.

이런 구절들은 우리가 앞에서 메소포타미아의 기록들을 해석하면서 유추해 낸 것처럼, 가장 깊은 하늘을 돌 뿐만 아니라 남쪽에서 나타나 시계방향으로 움직이는 행성에 대해 묘사하고 있는 것이다. 예언자 하박국은 좀더 분명하게 말하고 있다.

> 남쪽으로부터 주님이 오실 것이다.
> 그의 영광이 지구를 채울 것이다.
> 금성이 주님이 주신 빛으로 인해 빛나게 될 것이다.
> _「하박국서」 3 : 3~4*

12번째 행성을 다루고 있는 메소포타미아의 기록들 중 하나를 보면 그 움직임이 보다 분명하게 나타나 있다.

> 신의 행성인 마르둑 :
> 처음 나타난다 : 수성

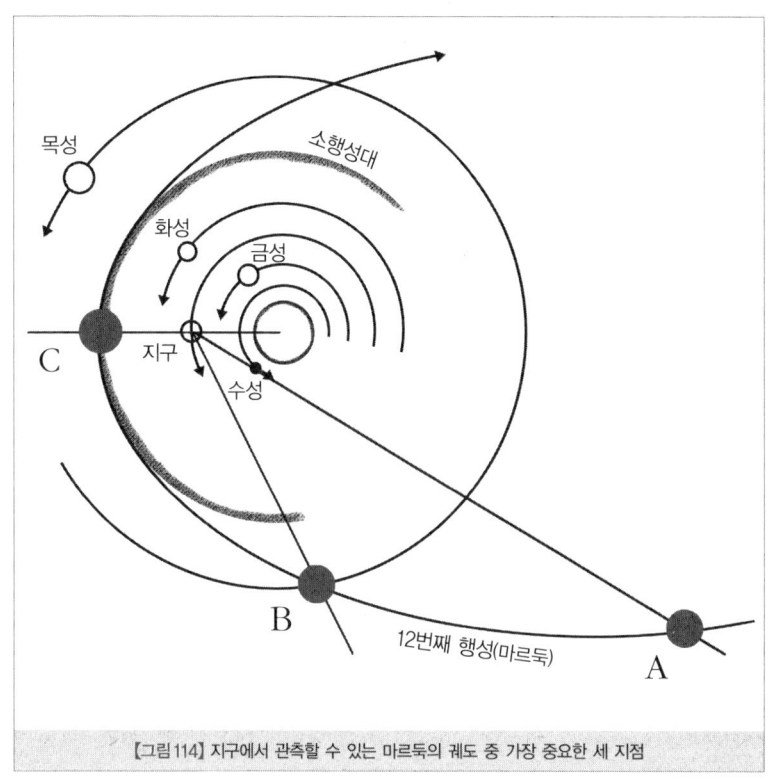

【그림 114】 지구에서 관측할 수 있는 마르둑의 궤도 중 가장 중요한 세 지점

천구에서 30도 각도로 떠오른다 : 목성

그리고 우주 전투의 자리에 선다 : 니비루

'그림 114'에서 알 수 있듯이, 위의 수수께끼 같은 기록은 많은 학자들이 잘못 생각하는 것처럼 12번째 행성을 다르게 부르고 있는 것이 아니다. 그것은 12번째 행성의 움직임을 묘사한 것이며, 지구에서 관측할 수 있는 12번째 행성의 궤도 중 가장 중요한 세 지점을 지적한 것이다.

12번째 행성이 지구 근처로 접근할 때, 그것을 관측할 수 있는 첫 번

하늘의 왕권 349

째 기회는 수성과 정렬될 때이다. 다시 말해 '지구-수성-12번째 행성'이 일렬로 늘어설 때인 것이다. 그런데 이때의 직선은 '태양-지구-12번째 행성의 근일점'을 연결한 직선에서 정확히 30도 아래쪽에 위치한다(A지점).

12번째 행성은 지구로 더 가까워지면서 목성의 궤도를 지나게 되는데, 이는 A지점에서 30도 더 아래로 내려온 곳에 해당한다(B지점).

그리고 12번째 행성이 더 진행해 최초의 충돌이 있던 지점으로 돌아오게 되면, 이곳에서 12번째 행성은 '횡단하는 행성' 즉 니비루가 된다(C지점). 그리고 이 지점이 바로 12번째 행성이 태양과 가장 가까워지는 근일점이다. 근일점을 지난 후 12번째 행성은 다시 먼 우주로 돌아가는 여행을 하게 된다.

따라서 고대 메소포타미아와 구약의 기록에(그리고 더 나아가서는 하늘의 왕권의 재림을 예언하는 신약의 기록에) 나타나는 '주님의 날'에 대한 기대는, 고대 수메르에 살던 사람들의 실제 경험에 바탕을 둔 것이다. 즉 왕권을 지닌 행성이 주기적으로 지구 근처에 돌아오는 것을 직접 본 경험에 따른 것이다.

또한 12번째 행성의 주기적인 출몰이 지구에서 관찰 가능했다는 사실은 그것이 태양계의 행성이라는 가정도 확인시켜 준다. 이런 점에서 12번째 행성의 궤도는 혜성의 궤도와 비슷한 것으로 추측된다. 75년마다 지구 가까이에 오는 핼리(Halley) 혜성과 같이, 우리가 알고 있는 대부분의 혜성들은 아주 오랫동안 관찰되지 않기 때문에 다시 나타난다고 해도 같은 혜성인지를 알기가 쉽지 않다. 또 어떤 혜성들은 인류 역사에 단 한 번만 나타나기도 하는데, 이들은 수천 년에 이르는 공전주기를 갖고 있는 것으로 생각된다. 예를 들어 코호테크(Kohoutek) 혜성은 1973년 3월에 발견됐는데, 1974년에 지구로부터 7,500만 마일 떨어진 곳까지 접근했다가 곧 태양 뒤쪽으로 사라졌다. 천문학자들은 이 혜성이 앞으로 7,500년에서 75,000년 후의 어느 때인가 다시 나타날 것이라고 예측하고 있다.

12번째 행성의 주기적인 출몰에 대한 기록이 남아 있는 것을 보면 12번째 행성은 코호테크보다는 짧은 주기를 갖고 있다고 짐작할 수 있다. 그렇다면 천문학자들은 왜 이 행성의 존재를 알지 못하고 있는 것일까?

그 이유는 12번째 행성의 공전주기가 코호테크 혜성의 예상 공전주기 중 가장 짧은 것의 반 정도라고 가정한다고 해도, 12번째 행성의 위치는 지구에서 명왕성까지의 거리보다 무려 여섯 배나 더 먼 곳이 되기 때문이다. 그런 거리에서는 태양의 빛을 반사해도 지구에 미치지 못하기 때문에 지구에서는 관측이 불가능하다.

앞에서 살펴본 것처럼 사실 토성 너머의 행성들조차 관측을 통해 발견됐다기보다는, 이미 알려진 행성들의 궤도가 발견되지 않은 행성들로부터 인력의 영향을 받는다는 사실에 기초한 수학적 계산을 통해서 먼저 발견되었다.

천문학자들이 앞으로 12번째 행성을 발견한다면 역시 이런 수학적 방법에 의존할 가능성이 크다. 실제로 이미 '미지의 행성(Planet X)'이 존재한다는 가설이 나와 있는데, 눈에 보이지는 않지만 혜성의 궤도에 영향을 미치는 어떤 행성이 존재한다는 사실이 확인됐기 때문이다.

1972년 캘리포니아 로렌스 리버모어 천문대의 브래디(J.L. Brady)는 핼리 혜성의 궤도가 약 1,800년 주기로 태양을 돌며 크기가 목성 정도인 어떤 행성의 영향을 받고 있는 것으로 보인다고 발표했다. 그러나 그런 행성이 있다고 해도 그 거리가 약 60억 마일 정도나 되기 때문에 그것의 존재는 수학적으로만 예측될 수 있다.

물론 12번째 행성의 공전주기가 1,800년일 수도 있겠지만 메소포타미아의 기록과 구약을 살펴보면 약 3,600년 정도일 것이라고 추정할 수 있는 많은 근거들을 찾을 수 있다. 수메르어에서 숫자 3,600은 커다란 원으로 표현된다. 이것은 샤르(shar, 위대한 지도자)라는 행성의 형용사로 사용되기도 하고, '완전한 원'을 의미하기도 한다. 물론 동시에 숫자 3,600도 의미한다. 행성의 이름과 원형의 궤도, 그리고 숫자 3,600을 동일한 상징으로 표시했던 것이 그저 단순한 우연일 수는 없다.

바빌로니아의 사제 겸 천문학자 베로수스(Berossus)는 대홍수 이전에 지구를 다스렸던 10명의 지도자(왕)들에 대해 언급했다. 그의 저서들을 요약한 알렉산더 폴리히스토르(A. Polyhistor)는 '(베로수스의) 두 번째 책에서는 칼데아의 10명의 왕과 그들 각각의 통치 기간에 대해 설명하고 있다. 그들의 통치 기간은 대홍수 때까지 120샤르였다'고 말한다.

아리스토텔레스의 제자였던 아비데누스(Abydenus)도 역시 베로수스를 인용해, 대홍수 이전에 지구를 120샤르 동안 다스렸던 10명의 지도자에 대해 언급했다. 그는 또 그 지도자들과 그들의 도시가 모두 고대 메소포타미아에 있었다고 분명히 말하고 있다.

땅을 다스린 최초의 왕은 아로루스(Alorus)였다고 한다. (…)
그는 10샤르 동안 통치했다. 샤르는 3,600년인 것으로 생각된다.
그 다음에는 아라프루스(Alaprus)가 3샤르 동안 통치했고, 그의 뒤를 이어 판티비블론(Panti-Biblon)에서 아밀라루스(Amillarus)가 13샤르 동안 통치했다.

(…)

그 다음에는 아메논(Ammenon)이 12샤르 동안 통치했고 그의 도시도 판티비블론이었다. 그리고 메갈루루스(Megalurus)가 역시 판티비블론에서 18샤르 동안 통치했다.

그리고 다오스(Daos), 즉 목자(牧者)가 10샤르 동안 통치했다. (…)

다른 모든 통치자들의 뒤를 이어 마지막으로 시시스루스(Sisithrus)가 통치했다. 모두 10명의 왕이 있었으며, 그들의 통치 기간은 120샤르이다.

아테네의 아폴로도로스(Apollodorus)도 베로수스가 말한 것처럼 이전 시대의 왕들에 대해 10명의 지도자가 120샤르 동안 다스렸다는 비슷한 기록을 남겼다.

수메르 연구가 활발해지면서 베로수스가 말한 '고대의 기록들'이 발견되고 해석되었는데, 그것은 흔히 「수메르 왕의 연대기」라고 불리는 것으로 '하늘에서 왕권이 내려온 때'부터 '대홍수가 지구를 휩쓴 때'까지 지구를 다스렸던 10명의 왕들에 대한 기록이다.

그중 「W-B/144」라고 알려진 「수메르 왕의 연대기」를 보면, 왕권은 다섯 개의 정착지, 혹은 '도시'들에 있었다고 한다. 최초의 도시였던 에리두(Eridu)에는 두 명의 왕이 있었다. 그 두 명의 왕의 이름은 모두 '조상'이나 '선각자'라는 뜻의 접두어 '아(A)'로 시작된다.

하늘에서 왕권이 내려왔을 때
처음 왕권은 에리두에 있었다.
에리두에서,
아루림(A.LU.LIM)이 왕이 되어 28,800년 동안 통치했다.

그 다음 아랄가르(A.LAL.GAR)는 36,000년 동안 통치했다.
두 왕은 모두 64,800년 동안 통치했다.

그 후 왕권은 '엔(En, 주님)'이라는 접두사가 붙은 왕들이 다스리던 다른 도시(바드티비라Bad-Tibira)로 넘어갔다. 또 그중 한 명은 예외적으로 성스럽다는 뜻의 '딘기르(Dingir)'라는 호칭을 갖고 있었다.

나는 에리두를 버렸다.
에리두의 왕권은 바드티비라로 넘겨졌다.
바드티비라에서
엔멘루안나(EN.MEN.LU.AN.NA)가 43,200년을 통치했다.
엔멘갈안나(EN.MEN.GAL.AN.NA)가 28,800년을 통치했다.
신성한 목자 두무지(DU.MU.ZI)는 36,000년을 통치했다.
세 명의 왕이 모두 108,000년을 통치했다.

「수메르 왕의 연대기」에는 그 뒤를 이은 왕들과 그들의 도시 라락(Larak)과 시파르(Sippar)가 등장하고, 마지막으로 신의 혈통을 지닌 인간이 다스린 슈루팍(Shuruppak)이 나온다. 각각의 왕이 다스렸던 엄청나게 긴 기간에서 가장 놀라운 점은, 그 숫자들이 모두 3,600의 배수라는 점이다.

아루림(Alulim)	28,800년(=3,600년×8)
아랄가르(Alalgar)	36,000년(=3,600년×10)
엔멘루안나(Enmenluanna)	43,200년(=3,600년×12)

엔멘갈안나(Enmengalanna)   28,800년(=3,600년×8)

두무지(Dumuzi)   36,000년(=3,600년×10)

엔시파지안나(Ensipazianna)   28,800년(=3,600년×8)

엔멘두르안나(Enmenduranna)   21,600년(=3,600년×6)

우바르투투(Ubartutu)   18,000년(=3,600년×5)

「W-B/62」라고 알려진 다른 수메르 기록에는 라르사(Larsa)를 다스렸던 두 명의 왕이 더 적혀 있는데 그들의 통치 기간도 3,600년의 배수다. 모든 기록들을 종합해 볼 때 수메르에는 베로수스가 기술한 바와 같이 대홍수 이전에 실제 10명의 왕이 있었으며, 각각의 왕들은 상당한 기간의 샤르 동안 다스렸고, 그들의 전체 통치 기간은 120샤르라고 결론지을 수 있다.

| 신들의 1년 |

대홍수 이전에 다스리던 왕들의 통치 기간이 모두 샤르(3,600년)의 배수라는 사실은 그것이 샤르 행성(12번째 행성)의 공전주기와 연관된 것일 가능성을 짙게 한다. 즉 아루림의 경우 8샤르를 다스렸다는 것은 12번째 행성이 8번 공전하는 동안 다스렸다는 뜻이고, 아랄가르가 10샤르를 다스렸다는 것은 12번째 행성이 10번 공전하는 동안 다스렸다는 뜻이다.

만약 대홍수 이전의 왕들이 실제로 12번째 행성으로부터 지구로 내려온 네필림들이었다면, 그들의 통치 기간이 12번째 행성의 공전주기와 연결되어 있다는 것이 사실 전혀 놀라운 일은 아니다. 왕들의 통치 기간은 착륙에서 시작해 이륙 시점에 끝났을 것이며, 새로운 왕이 12번째 행성에서 내려오면서 이전의 왕은 다시 행성으로 올라가는 식이었을 것이다. 그들의 착륙과 이륙은 12번째 행성이 지구에 가장 가까이 접근할 때 가능했을 것이기 때문에 그들의 통치 기간도 12번째 행성의 공전주기인 3,600년 단위로 이어졌던 것이다.

그러나 그렇다고 해도 어떻게 지구로 내려온 네필림이 28,800년이나 36,000년같이 긴 시간 동안 다스릴 수 있느냐 하는 의문도 있을 수 있다. 이런 이유에서 학자들도 대홍수 이전의 왕들에 대한 기록을 '전설'이라고 생각한다.

하지만 도대체 1년이란 무엇인가? 인간이 생각하는 1년이란 지구가 태양의 주위를 한 바퀴 도는 데 걸리는 시간일 뿐이다. 지구상의 생명체가 지구의 공전이 시작된 이후 탄생했기 때문에 지구상의 모든 생명체는 지구의 이런 공전주기에 의해 영향을 받을 수밖에 없다. 인간이 몇 년을 산다는 말도 사실은 인간이 지구가 태양을 몇 바퀴 도는 동안 산다는 말과 같은 것이다.

그렇게 본다면 지구가 아닌 다른 행성에 사는 생명체는 그 행성의 공전주기에 맞는 삶을 살고 있을 것이 틀림없다. 만약 12번째 행성의 공전주기가 지구 공전주기의 100배라면 네필림의 1년은 지구인의 100년과 같을 것이다. 또 만약 12번째 행성의 공전주기가 지구 공전주기의 1,000배라면 네필림의 1년은 지구인의 1,000년과 맞먹을 것이다.

그렇다면 수메르의 기록에 나타난 것처럼 12번째 행성의 공전주기가 지구의 햇수로 환산하여 3,600년이라면 어떻게 될까? 지구인의 3,600년은 네필림의 달력에서는 단지 1년에 불과할 것이다. 따라서 수메르인들과 베로수스가 전하는 대홍수 이전 수메르 왕들의 통치 기간은 결코 신화적이거나 공상적인 것이 아니다. 각각의 왕들은 네필림의 햇수로 기껏해야 몇 년 동안 지구를 다스렸던 것이다!

우리는 앞에서 인간의 문명 발달이 크게 3단계를 거쳤음을 보았다. 그런데 그것은 중석기 시대(기원전 11000년경), 토기 시대(기원전 7400년경), 그리고 갑작스러운 수메르 문명(기원전 3800년경)과 같이 아주 놀랍게도 각각 3,600년의 기간으로 나뉘어 있다. 마치 12번째 행성이 지구 근처로 올 때 하늘과 땅의 네필림들이 주기적으로 만나 인간의 진보를 확인하고 그것을 지속시키기로 결정이라도 한 것처럼 말이다.

짐메른(H. Zimmern)과 같은 많은 학자들이 지적하듯이 구약에도 대홍수 이전의 선조들에 대한 이야기가 있는데, 아담에서부터 대홍수의 영웅 노아로 이어지는 계보에서는 10명의 지도자가 열거돼 있다. 「창세기」 6장에는 신들이 인간에게 실망하는 장면이 등장한다. '주님은 인간을 지구에 만든 것을 후회하게' 된다. 그리고 주님은 '내가 창조한 인간을 멸망시키리라'고 말한다.

> 주님이 말씀하시기를,
> 나의 영혼이 인간을 영원히 보호하지는 않으리라.
> 죄를 범한 인간은 살로 된 존재일 뿐이다.
> 그리고 그의 날은 120년이었다.
> _「창세기」 6 : 3*

그동안 많은 학자들이 '그들의 날은 120년이었다'라는 구절을, 하나님이 인간에게 120년의 수명을 준 것이라고 해석했다. 그러나 이것은 도대체가 말이 되지 않는다. 인간 전체를 멸망시키려는 계획을 가진 하나님이 왜 인간에게 120년이라는 수명을 주겠는가? 또한 대홍수의 시대를 살았던 노아도 120년보다 훨씬 더 오래 살았다. 그리고 그의 후손인 셈(600년), 아르박삿(438년), 셀라(433년)도 아주 오래 살았다.

120년이라는 기간을 인간에게 적용했던 학자들은 '그의 날은 120년이었다'는 말이 미래 시제가 아니라 과거 시제로 표현됐다는 아주 기본적인 사실을 무시했다. 그렇다면 도대체 누구의 날이 120년이었다는 말일까?

결론적으로 120년은 신, 즉 네필림에게 적용되는 날이었다.

수메르와 바빌로니아의 모든 기록에서 중요한 사건들은 반드시 그것이 일어난 시간대가 분명하게 표현되어 있다. 예를 들어 「창조의 서사시」는 '에누마 엘리시' 즉 '높은 곳에 있을 때'라는 말로 시작하고 있고, 엔릴과 닌릴의 만남은 '인간이 아직 창조되지 않았을 때'라는 말로 시작하고 있으며, 이런 예는 끝도 없이 많다.

「창세기」 6장도 이와 마찬가지로 대홍수라는 사건을 정확한 시간대에 배치해 두었다. 영문 성경의 「창세기」 6장 첫 번째 절의 첫 번째 단어가 'when(그때)'이다.

그때
지구상에 인간의 숫자가 점점 늘어나고
인간의 딸들이 태어났다.

또 그때,

신의 아들들이
인간의 딸들과 아이를 낳을 수 있음을 알고

그들을 마음대로 골라 아내로 삼았다.

그리고 또,

그때는 네필림들이 지구에 살고 있었고
그 이후에도 그러했다.
하나님의 아들들이 인간의 딸들과 살면서
자식을 낳았다.
그들은 쉠의 사람들, 즉 올람(Olam)의 사람들로
강한 자들이었다.
_「창세기」 6 : 1~2, 4*

그때가 바로 인간이 대홍수에 의해 지구에서 사라질 운명에 처했을 때다. 그때는 과연 언제였을까? 바로 앞에서 본 신들의 날로 120년이 되는 때였다. 지구의 공전이나 인간의 눈으로 본 120년이 아니라 강한 자들, 즉 네필림의 계산법에 따른 120년, 120샤르였던 것이다.

이렇게 해석해 보면 「창세기」 6장의 난해한 부분들의 의미가 아주 명확해질 뿐만 아니라, 수메르 기록에 나타나는 정보와도 일치한다. 앞에서 살펴본 것처럼 수메르의 기록에서도 네필림이 처음 지구에 착륙한 시점에서 대홍수까지는 120샤르의 시간, 즉 432,000년의 시간이 흘렀다고 말하고 있기 때문이다.

대홍수가 일어난 시점을 지금으로부터 약 13,000년 전이라고 본다면, 네필림이 지구에 최초로 착륙한 시점은 지금으로부터 약 445,000년 전인 것이다!

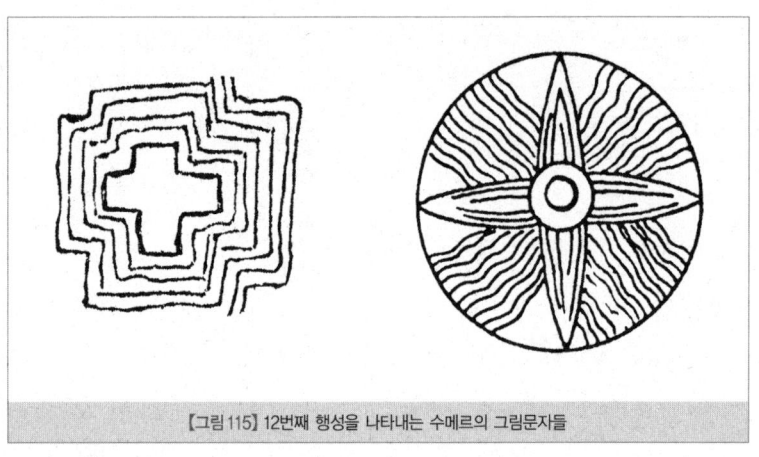

【그림 115】 12번째 행성을 나타내는 수메르의 그림문자들

그때 네필림은 그들의 행성, 곧 12번째 행성으로부터 지구에 도착했다. 본래 그들이 살던 행성을 나타내는 그림문자는 '그림 115'와 같으며, 우리는 앞으로 이 상징의 의미와 12번째 행성에 대해 자세히 살펴볼 것이다.

9

지구 착륙

| 태양계의 7번째 별 |

인간은 아주 최근에 이르러서야 겨우 달로 유인 우주선을 보냈고, 지구와 가까운 행성들에 무인 탐사선을 보냈다. 지구와 근접한 행성을 제외한 태양계의 다른 부분들은 우리에게 여전히 미지의 세계로 남아 있다. 그러나 거대한 공전궤도를 가진 네필림의 행성은 그 자체가 움직이는 관측 기지였기 때문에, 네필림은 외행성들을 포함한 태양계의 모든 것을 자세히 관찰할 수 있었다.

따라서 그들이 지구에 풍부한 천문학적 지식을 가지고 왔다는 것은 전혀 놀라운 일이 아니다. '하늘에서 지구로 내려온 신들'인 네필림은 야훼가 아브라함에게 그랬듯이 인간에게 하늘을 바라보라고 가르쳤다.

그래서 인류 문명 초기에 만들어진 대단히 조악한 조각과 그림에도 별자리와 행성의 상징들이 등장한다. 그리고 신을 묘사할 때는 언제나 그들의 천체 상징물이 함께 사용됐다. 그런 상징을 사용함으로써 인간은 더 이상 혼자가 아니라는 사실을 상기할 수 있었으며, 그런 상징들은 인간과 네피림, 지구와 하늘, 그리고 인류와 우주를 연결시켰던 것이다.

이처럼 많은 고대의 기록들이 다양한 천체와 그에 해당하는 신들에 대해 말하고 있다. 동일한 천체와 신에 대해서도 고대인들은 다양한 형용사를 사용하고 있기 때문에, 각각의 천체에 해당하는 신을 정확히 찾는 일이 쉽지는 않다. 심지어 '금성-인안나(이시타르)'와 같이 상당히 확정적인 천체-신의 연관에도 혼동이 있어서 초기에는 금성의 신이 닌후르쌍이라고 생각하기도 했다.

그러나 반 뷰렌(E.D.Van Buren)이 메소포타미아의 수많은 부조와 조각, 경계비, 원통형 인장 등에 나타난 80개가 넘는 신과 천체의 상징물들을 분류하고 정리하면서, 천체와 그에 해당되는 신의 관계가 좀더 명백하게 드러났다. 그런 상징들을 정리한 후에 북반구와 남반구에 나타나는 별자리들을 제외하고 나면, 나머지는 모두 (게자리를 나타내는 게 모양과 같은 식으로) 12궁의 별자리들이거나, 하늘과 땅의 12신 혹은 태양계의 12행성임을 알 수 있다. 멜리시팍(Melishipak)이 세운 경계석을 보면 이런 12궁의 상징과 12천신들의 상징이 잘 드러나 있다.

아시리아의 에사르하돈(Esarhaddon) 왕이 세운 돌기둥에는 생명의 잔을 든 왕이 12명의 '하늘과 땅의 신들'을 바라보고 있는 모습이 새겨져 있다. 그중 4명의 신은 동물 위에 서 있는 모습으로 그려져 있는데, 사자 위의 인안나(이시타르)와 번개를 쥐고 있는 아다드(이시쿠르)를 확인할 수 있다. 다른 4명의 신은 특정한 도구와 연결되어 표현되었다.

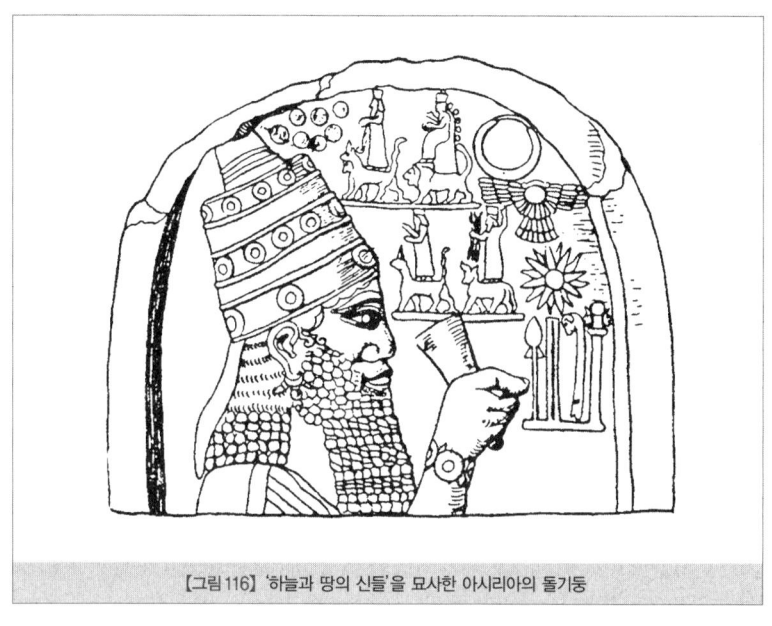

【그림116】 '하늘과 땅의 신들'을 묘사한 아시리아의 돌기둥

예를 들어 전쟁의 신인 닌우르타는 사자머리 모양의 장식을 한 철퇴를 들고 있다. 나머지 4명의 신은 태양(샤마시 혹은 우투), 날개 달린 구형(12번째 행성, 안의 거처), '초승달' 그리고 '7개의 점'과 같이 모두 천체의 상징으로 표현되어 있다. 【그림116】

여기서 '초승달'은 신(Sin, 난나의 다른 이름)에 해당하는 천체다. 하지만 이는 수메르 문명 후기에 정착된 것이며, 초기의 수메르 기록에 따르면 달(초승달)은 수메르의 진정한 '오래된 신', 수염이 달린 '늙은 신'과 연관되어 있었음을 알 수 있다. 흔히 물결 모양과 함께 등장하는 이 신은 분명히 엔키(에아)다. 초승달은 측량이나 계산과도 연결되는 상징인데, 엔키는 그런 기술을 관장하는 신이었다. 또 바다와 대양의 신이었던 엔키를 바다에 물결을 일으키는 달과 연결시켰다는 것은 매

지구 착륙 363

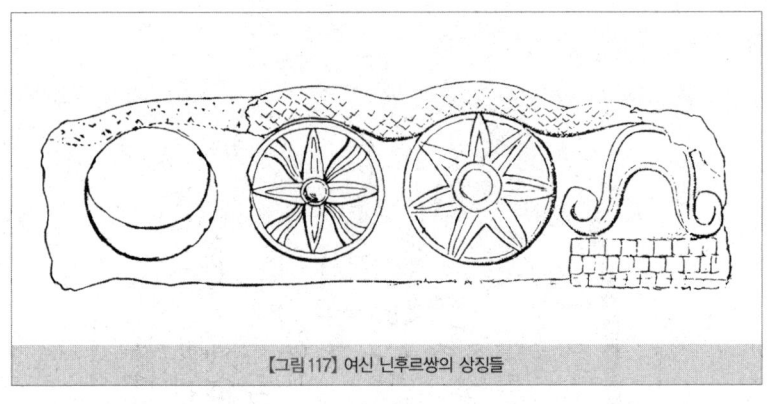

【그림 117】 여신 닌후르쌍의 상징들

우 자연스러워 보인다.

그렇다면 마지막에 나타나는 '7개의 점'은 무엇일까? 7개의 점은 엔릴을 나타내는 천체의 상징이라는 증거가 많이 있다. '그림 87'에서 본 것처럼 안의 궁전 입구에 그려진 날개 달린 구형의 상징물은 초승달과 7개의 점으로 묘사된 천체를 양쪽에 거느리고 있다. 롤린슨(H. Rawlinson)이 정교하게 복사해 낸 수많은 수메르의 천체 상징물들을 살펴보면, 그중에서 안과 그 두 아들인 엔릴과 엔키를 상징하는 상징물들이 유독 돋보인다. 그것들을 분석해 보면 엔릴은 대개 7개의 점이나 7개의 별로 상징된다는 것을 알 수 있다. 따라서 엔릴을 나타내는 천체의 상징에서는 숫자 7이 가장 중요하다. (참고로 안의 딸인 닌후르쌍은 '그림 117'에서와 같이 탯줄을 자르는 칼로 상징되곤 했다.)

지금까지 학자들은 라가시의 왕 구데아(Gudea)가 했던 '하늘의 7은 50이다'라는 말의 뜻을 해석하지 못했다. 어떤 학자들은 심지어 7이 50이 될 수 있는 괴상한 계산식을 만들어 내기도 했는데, 그런 식의 시도로는 이 말에 담긴 진정한 뜻을 결코 알 수 없다. 그러나 우리가 지금까지 살펴본 내용을 종합해 보면 그 말의 뜻은 자명해진다.

구데아는 '하늘에서 7을 나타내는 천체'가 '50이라는 숫자를 지닌 신'과 '같다'고 말한 것이다. 숫자 50을 지닌 신은 엔릴이며, '하늘의 숫자 7을 지닌 천체'도 엔릴을 나타낸다는 말과 같다.

그렇다면 '숫자 7을 지닌 엔릴의 천체'는 무엇인가? 처음 신들이 지구로 내려왔을 때 엔릴과 엔키가 제비뽑기를 했다는 사실을 독자들은 기억할 것이다. 그때 엔키는 '아래 세계 혹은 깊은 곳'의 지배권을 얻었고, 지구의 지배권은 엔릴에게 주어졌다. 따라서 엔릴의 행성이자 네필림에게 7이라는 숫자를 지닌 천체는 바로 지구였던 것이다.

1971년 2월에 미국은 드디어 무인 우주선 '파이어니어 10호'를 발사했다. 21개월 동안 화성과 소행성대를 지나 우주를 비행한 후에 이 우주선은 목성에 접근했다. 그러자 나사의 과학자들이 예측했던 것처럼 목성의 엄청난 인력이 우주선을 끌어당기더니 다시 우주 바깥쪽으로 '튕겨 냈다'.

파이어니어 10호를 만든 과학자들은 이 우주선이 언젠가 또 다른 '태양계'의 인력에 이끌려 우주 어딘가 미지의 행성에 착륙할 상황을 염두에 두고 우주선에 지구로부터의 '메시지'를 담은 알루미늄 판을 부착했다. 【그림118】

그들이 보낸 메시지는 그림문자로 되어 있는데, 수메르에서 사용되던 최초의 그림문자처럼 이해하기 쉬운 상징과 기호들로 이루어진 것이었다. 누구에게 발견되든 간에 그 메시지는 인류가 남자와 여자로 구성되어 있으며, 우주선과 비교했을 때 평균적인 인간의 크기가 어느 정도라는 것을 전달하려는 의도로 만들어졌다. 거기에는 또 지구의 가장 중요한 두 가지 화학 원소가 그려져 있다. 그리고 우리의 태양계를 태

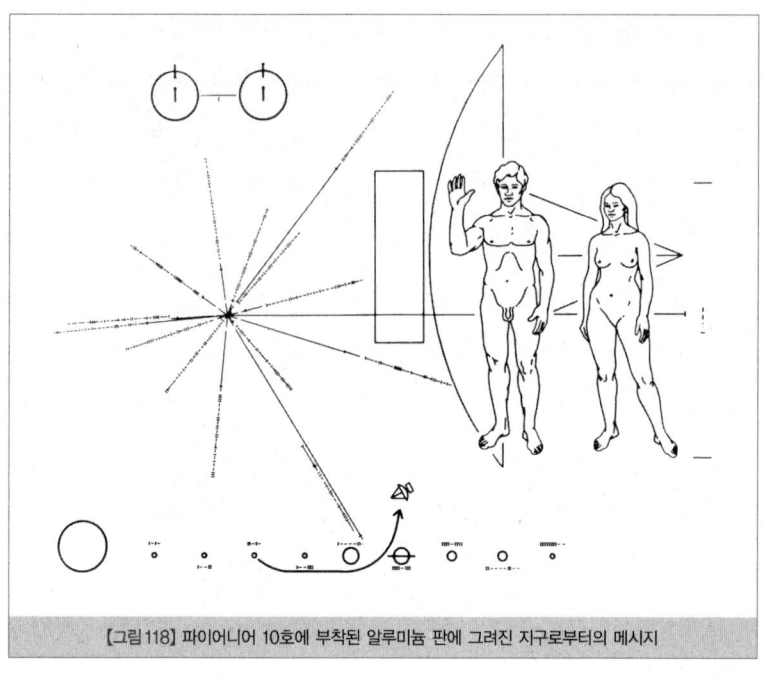

【그림 118】 파이어니어 10호에 부착된 알루미늄 판에 그려진 지구로부터의 메시지

양과 9개의 행성으로 구성된 것으로 그려 넣어서, '당신이 발견한 이 우주선은 태양으로부터 3번째 행성에서 온 것이다'라는 메시지를 전달하려고 했다.

이런 식으로 인간이 만든 천문학은 지구가 태양계의 3번째 행성이라는 개념에 익숙해져 있다. 물론 지구를 태양계의 중심인 태양으로부터 센다면 당연한 일이다.

그러나 누군가가 태양계의 바깥쪽에서 태양을 향해 다가온다면, 처음 마주치는 행성은 명왕성이 될 것이며, 2번째는 해왕성 그리고 3번째는 지구가 아닌 천왕성이 될 것이다. 또 4번째는 토성, 5번째는 목성, 6번째는 화성일 것이며, 7번째 행성이 바로 지구일 것이다.

명왕성에서 시작해 해왕성, 천왕성을 지나는 우주 비행을 한 네필림만이 지구를 '7번째 행성'으로 인식할 수 있었을 것이다. 또 만약 고대 메소포타미아 사람들이 무슨 이유에서건 지구를 태양으로부터가 아니라 태양계의 끝으로부터 거꾸로 셀 수 있었다고 해도, 그들이 지구를 7번째 행성으로 인식하기 위해서는 명왕성·해왕성·천왕성의 존재를 알고 있었어야만 한다. 그런데 그런 정보를 그들 스스로 알 수는 없었을 것이므로 그들은 결국 네필림으로부터 그런 정보를 얻었다고 볼 수밖에 없다.

따라서 어떤 가정에서 출발하건 결론은 마찬가지가 된다. 즉, 네필림만이 토성 너머에 있는 행성들의 존재를 알고 있었으며 그 결과 지구를 7번째 행성으로 볼 수 있었다는 것이다.

지구에만 이런 특별한 숫자가 주어진 것은 아니었다. 예컨대 금성도 8개의 끝을 가진 별로 묘사되곤 했다. 당연히 그럴 것이 금성은 태양계의 바깥쪽으로부터 센다면 8번째 행성에 해당되기 때문이다. 또 8개의 끝을 가진 별은 인안나(이시타르)를 상징하는데, 인안나의 행성은 금성이다. 【그림119】

많은 원통형 인장과 부조에서 화성은 6번째 행성으로 표현된다. 한 원통형 인장에는 화성과 연관된 신(처음에는 네르갈이었다가 나중에 나부Nabu가 된다)이 6개의 끝을 가진 별 아래의 옥좌에 앉아 있는 모습이 그려져 있다. 【그림120】 같은 인장에 나타난 다른 상징들은 태양과 달 그리고 12번째 행성임을 쉽게 알 수 있다.

아시리아 시대에는 특정한 신을 나타내는 행성의 고유한 숫자를, 신의 옥좌 옆에 그 숫자만큼의 별을 그려 넣는 방법으로 표현하곤 했다. 닌우르타를 묘사한 한 명판에는 그의 옥좌 옆에 4개의 별이 그려져 있

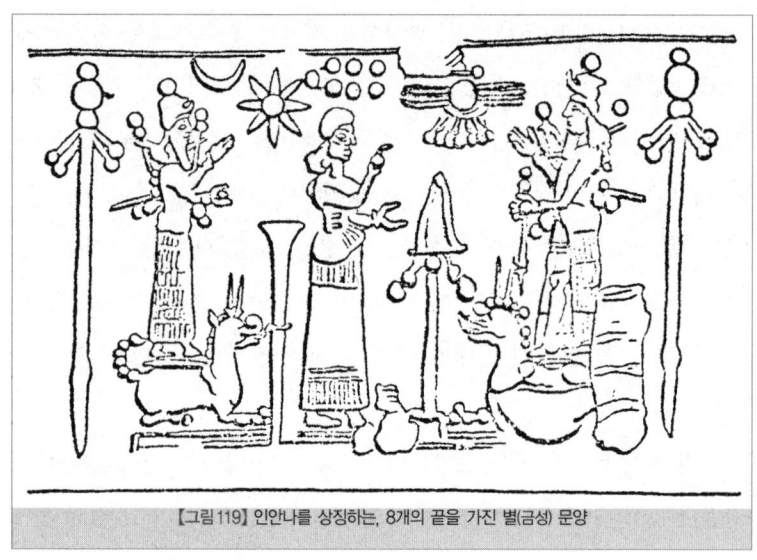

【그림119】 인안나를 상징하는, 8개의 끝을 가진 별(금성) 문양

【그림120】 6번째 행성인 화성을 상징하는, 6개의 끝을 가진 별 문양

는데, 그의 행성이었던 토성이 네필림이 보기에 4번째 행성이었기 때문이다. 이런 식으로 행성들을 묘사한 수많은 증거들이 지금까지 남아 있다.

| 수메르의 새해 축제와 7개의 정거장 |

고대 메소포타미아에서는 새해 첫날부터 12일 동안 신년 축제가 벌어졌다. 당시에 가장 중요한 종교적 행사였던 이 축제의 내용은 바빌로니아의 기록에서 아주 상세하게 찾아볼 수 있다. 물론 바빌로니아의 기록은 고대 수메르의 전통을 그대로 기록한 것이다. 기록에 따르면 축제는 아주 엄격하고 자세하게 규정된 관습에 따라 행해졌고, 축제의 각 부분과 행동, 기도는 모두 전통적인 이유와 특별한 의미들을 갖고 있다.

우선 축제는 니산(Nisan, 당시의 첫째 달)의 첫날인 춘분날 시작된다. 축제의 시작과 함께 11일 동안, 중요한 신들이 정해진 순서에 따라 마르둑에게 온다. 마지막 12번째 날이 되면 신들은 모두 다시 각자의 영지로 돌아가고, 마르둑은 영광 속에 홀로 남는다. 이런 의식은 마르둑의 태양계 등장, 다른 11개 행성과의 만남, 그리고 12번째 날의 헤어짐을 순차적으로 재현한 것이라고 이해할 수 있다.

실제로 축제의 날짜별 의식들은 12번째 행성의 궤도와 정확히 일치한다. 행사의 처음 4일 동안은 준비 기간인데, 이는 마르둑이 4개의 행성(명왕성, 해왕성, 천왕성, 토성)을 지나는 것에 해당된다. 예컨대 4번째 날의 마지막에는 마르둑의 시계(視界)에 이쿠(Iku, 목성)가 나타나는 것을 의미하는 예식이 행해진다. 이제 마르둑은 태곳적의 우주 전쟁터로 다시 접근하기 시작하는 것이다. 이때 신관이 우주 전쟁을 노래하는「창조의 서사시」를 읊는다. 그날 밤은 잠을 자지 않고 샌다.

우주 전쟁에 대한 서사시가 낭독되고, 5번째 날이 밝아 오면서 12번에 걸쳐서 마르둑을 '주님'이라고 부르는 예식이 행해지는데, 이는 우주 전쟁이 끝난 후 태양계에 12개의 행성이 생겼다는 사실을 다시 확인시키는 의식으로 추정된다. 그 뒤를 이어 태양계의 12천체와 12궁의 이름을 부르는 예식이 행해진다. 5번째 날에는 또 마르둑의 아들이자 후계자인 나부(Nabu)가 자신의 영토인 보르시파(Borsippa)로부터 배를 타고 행사장에 도착한다.

그러나 나부는 그 다음날인 6번째 날이 되어서야 바빌론의 신전 안으로 들어온다. 이는 그에게 부여된 행성이 6번째 행성인 화성이기 때문이다. 구약의 「창세기」는 6번째 날에 '하늘과 지구 그리고 다른 무리들'이 완성되었다고 말한다. 바빌로니아의 축제에서도 소행성대와 지구를 만들어 낸 우주적 사건에 대한 기념이 6번째 날에 모두 끝난다.

7번째 날에는 축제의 관심이 지구로 옮겨진다. 태양계의 7번째 별이 지구이기 때문이다. 7번째 날의 자세한 내용을 담은 기록이 많이 남아 있지는 않지만, 프랑크포르트(H. Frankfort)는 그 날의 행사가 '낮은 지구의 산에 갇혀 있던 마르둑의 해방을 위해 나부가 이끄는 신들이 결의를 하는 내용을 포함하고 있다'고 말한다. 지구를 놓고 마르둑과 다른 경쟁자들이 다투는 과정을 다룬 다른 서사시들을 참고로 유추해 보면, 7번째 날의 행사는 7번째 행성인 지구를 차지하기 위한 마르둑의 투쟁, 투쟁 초기의 마르둑의 패배, 그리고 마르둑의 최종적인 승리와 권력 쟁취 등을 극화한 것으로 추정할 수 있다.

바빌로니아에서 변형된 「에누마 엘리시」에서 마르둑이 하늘의 왕권을 부여받은 것처럼, 지구에서 승리를 거둔 마르둑은 바빌로니아 새해 축제의 8번째 날에 최고의 권력을 부여받는다.

9번째 날에는 다른 신들과 왕 그리고 군중들이 최고의 권력을 가진 마르둑을 바빌론 시내의 신성한 장소에 있는 그의 집에서 도시의 바깥쪽에 있는 '아키투(Akitu)의 집'으로 모시는 일종의 행진 행사가 벌어지며, 마르둑과 다른 11명의 신들은 거기서 11번째 날까지 지낸다.

그리고 12번째 날에 신들은 각자 자신의 영지로 돌아가고 축제는 끝이 난다.

바빌로니아에서 행해지던 이런 새해 축제의 여러 행사들 가운데 특히 필자의 관심을 끄는 것은 '아키투의 집'과 관련된 행진 행사다. 팰리스(S. A. Pallis)는 한 연구 결과를 통해 아키투의 집이 기원전 3000년경의 수메르 축제에서도 나타난다고 보고한 바 있다.

이 행진 행사를 묘사한 기록에 따르면, 최고신은 자신의 신전을 떠나 몇 군데의 특정한 장소(일종의 정거장)를 거친 후 도시로부터 멀리 떨어진 장소로 이동한다. 이를 위해 특별하게 제작된 '신성한 배(boat)'도 사용된다. 그리고 아키투의 집에서 자신의 임무를 완성한 신은 다시 신성한 배를 타고 자신의 도시의 항구로 돌아와 왕과 군중들의 환호 속에서 자신의 거처나 신전으로 되돌아간다.

아키투(A. KI.TU)라는 수메르어는 문자 그대로 번역하면 '지구에 생명을 짓는다'는 뜻이다. 이런 문자적 뜻과 신비스러운 행진(혹은 여행)을 감안해 보면, 아키투의 집과 연관된 일련의 행사는 네필림이 자신들의 거처인 12번째 행성을 떠나 지구로 내려오는, 상당히 위험하지만 성공적인 여행을 상징화한 것이라는 결론을 얻게 된다.

베첼(F. Wetzel)과 바이스바흐(F. H. Weissbach)는 약 20년에 걸쳐 고고학자들을 이끌고 고대 바빌론의 한 유적지를 발굴했는데, 거기에서 발견한 것들을 바빌로니아의 새해 축제와 연결시켜 연구했다. 그리고 마르둑의 신성한 거처와 그의 지구라트, 그리고 '아키투의 집'으로의 행진이 이루어지던 길 등을 재구성해 냈다. 행진이 진행되던 길의 일부는 베를린의 고대 근동 박물관에 재건축되어 전시되고 있다.

행진을 묘사한 기록들에는 행진이 진행되는 길에 있던 '7개의 정거장'과 그 각각의 정거장에서 마르둑을 부르던 형용사들이 수메르어와 아카드어로 병기되어 있다. 이는 그 행진의 내용과 상징이 수메르에서 기원한 것임을 다시 한번 입증하는 것이다.

7개의 정거장 가운데 첫 정거장의 이름은 수메르어로는 '밝은 물의 집'이며, 아카드어로는 '주님의 집'이다. 여기에서 마르둑은 '하늘의 지배자'로 불린다.

2번째 정거장의 이름은 '장(場)이 갈라지는 곳'이며, 여기서의 마르둑의 이름은 알아볼 수 없다.

3번째 정거장의 이름은 '… 행성을 바라보는 지점'이며, 여기서의 마르둑의 이름은 '뿜어져 나온 불의 주님'이다.

4번째 정거장의 이름은 '운명의 신성한 장소'이며, 마르둑은 '안(An)과 키(Ki)의 폭풍우의 주님'으로 불린다.

5번째 정거장은 4번째보다는 '덜 험한 노선(路線) 혹은 항로'라는 이름을 갖고 있으며, 여기에서 마르둑은 '목자(牧者)의 말이 드러나는 곳'으로 불린다.

6번째 정거장의 이름도 '여행자의 배'라는 순탄한 여정을 드러내는 명칭이며, 마르둑은 '계획된 통로의 신'으로 불린다.

7번째 정거장의 이름은 '비트 아키투(Bit Akitu, 지구에 생명을 짓는 집)'이며, 거기서 마르둑은 '휴식하는 집의 신'으로 불린다.

마르둑의 행진에 등장하는 이런 7개의 정거장들은 12번째 행성에서 지구로 내려오는 네필림의 여행 과정을 상징한다. 따라서 첫 정거장인 '밝은 물의 집'은 명왕성을 말하는 것이며, 2번째 정거장인 '장이 갈라지는 곳'은 해왕성을 말한다. 3번째는 천왕성을 말하고, '폭풍우의 지점'인 4번째는 토성을 말한다. '노선'이 드러나고 '목자의 말이 드러나는 곳'인 5번째 정거장은 목성이다. 그리고 '여행자의 배'는 6번째 행성인 화성을 말한다.

그리고 여행의 종착지인 7번째 정거장은 지구이며, 여기서 마르둑은 '휴식의 집'을 제공한다.

| 행운의 숫자 7과 태양계의 두 부분 |

네필림에게 나사(NASA)와 같은 기관이 있었다면 그들은 지구로의 비행과 관련해 태양계를 어떻게 바라보았을까?

논리적으로 그들은 태양계를 두 부분으로 나누어 보았을 것이라고 유추할 수 있는데, 실제로도 그렇게 보았다는 증거가 많이 있다.

우선 그들의 최대 관심사는 자신들이 비행해야 하는 '명왕성에서 지구까지의 우주 공간'이었을 것이다. 여기에는 명왕성, 해왕성, 천왕성, 토성, 목성, 화성, 그리고 최종 목적지인 지구가 자리잡고 있다.

또 다른 한 부분은 '달, 금성, 수성, 태양의 4개 천체로 이루어진 우주 공간'이다.

태양계를 이처럼 두 부분으로 구분한 방식은 이후의 점성술에 반영되었고, 신들의 계보학에서도 이를 확인할 수 있다.

신들의 계보학적인 측면에서 보자면 신(Sin=NAN.NA, 달의 신)은 달, 금성, 수성, 태양의 4개 천체 중 우두머리다. 샤마시(Shamash=UTU, 태양의 신)는 그의 아들이며, 인안나(Inanna=Ishtar, 금성의 신)는 그의 딸이다. 또 아다드(Adad=Ishkur, 수성의 신)는 그의 형제이자 자신의 조카들인 샤마시·인안나와 가장 친한 사이로 묘사된다.

태양계의 다른 7개 행성(명왕성-해왕성-천왕성-토성-목성-화성-지구)은 신과 인간과 우주적 사건을 다루는 거의 모든 장면에서 함께 등장한다. 그들은 '심판하는 7인'이며 '안(An)의 일곱 사자(使者)'다. 숫자 7이 행운의 숫자가 된 것은 그런 이유 때문이다.

같은 이유에서 '7개의 태곳적 도시'가 있었으며, 고대 근동의 모든 도시에는 7개의 성문이 있었고, 문에는 7개의 빗장이 있었으며, 7년간의 풍요를 비는 축복이 있었고, 7년간의 기아와 역병을 저주하는 주문이 있었으며, 신들의 결혼은 '7일간의 사랑'으로 축복했다.

안과 그의 아내가 지구를 방문하는 아주 드문 경사스러운 행사에서 7개 행성을 나타내는 신들은 특별한 위치와 특별한 의상을 부여받았지만, 4개의 천체를 나타내는 신들은 그와는 다른 대접을 받았다. 예를 들어 수메르의 한 행사 의전을 보면, '아다드, 신, 샤마시, 인안나는 새벽까지 궁전에 앉아 있어야 한다'고 되어 있다.

하늘에서도 이 두 천체 집단은 완전히 분리된 것으로 여겨졌고, 수메르인들은 심지어 그 두 부분을 가르는 '하늘의 차단봉'이 있다고까지 생각했다. 제레미아(A. Jeremias) 교수가 분석한 고대의 한 기록에는 7개의 행성이 '하늘의 차단봉을 향해 몰려올 때' 일어난 특이한 사건이 등장한다. 7개 행성의 흔치 않은 정렬 현상으로 추측되는 이 소란 속에서 '7개 행성은 영웅 샤마시(태양)와 용감한 아다드(수성)와 동맹을 맺었다'. 즉 태양과 수성도 7개 행성과 동일한 방향으로 인력을 미쳤다. '인안나(금성)는 안과 함께 영광스러운 거처를 찾아 하늘의 여왕이 되려고 했다.' 즉 금성은 보다 '영광스러운 거처'로 자리를 바꾸었다. 가장 큰 영향을 받은 것은 신(달)이었다. '법을 두려워하지 않는 일곱은 (…) 빛을 내는 신(달)을 강하게 공격했다.' 그러나 이 기록에 따르면 12번째 행성의 출현으로 어두워진 달이 결국 구출됐고 다시 '하늘에서 빛나게' 되었다고 한다.

수메르 사람들은 달, 금성, 수성, 태양의 4개 천체가 위치한 우주 영역을 기르헤아(GIR.HE.A, 로켓이 혼란을 일으키는 우주의 물) 또는 울헤(UL.HE, 혼돈의 띠)라고 불렀다. 이런 이상한 단어들은 네필림이 태양계 전체를 주로 자신들의 우주 여행과 관련해 파악하고 있었다는 점을 고려하면 어렵지 않게 이해할 수 있다. 최근 들어 인공위성을 연구하는 학자들은 태양과 달이 인공위성을 '교란시켜' 그것들의 작동을 '정지시킨다'는 사실을 밝혀낸 바 있다. 태양이 플레어(flare)를 일으킬 때 분출되는 엄청난 양의 소립자나 달이 반사하는 적외선의 변화 등으로 인해 인공위성이 혼란을 일으킬 수 있다는 것이다. 네필림도 자신들의 우주선이 일단 지구를 지나 금성이나 수성, 태양으로 접근하게 되면 '혼돈의 영역'에 들어선다는 것을 알고 있었던 것이다.

상상으로 그어진 '하늘의 차단봉'으로 4개의 천체와 떨어져 있는 7개의 행성들은 수메르인들이 우브(UB)라고 부르던 우주 영역에 있다. 우브는 다시 7개의 기파루(giparu, 밤에 쉬는 곳)로 나뉜다. 근동 지역 사람들이 '7개의 천국'이라고 믿었던 것의 기원이 여기에 있음이 아주 분명해 보인다.

우브에 있는 7개의 천체를 한꺼번에 부르는 말이 아카드어의 키시샤투(kishshatu, 전체 혹은 완전함)다. 이 단어는 수메르어의 슈(SHU)에서 나왔는데, '가장 중요한 부분'이라는 뜻을 갖고 있다. 그래서 7개의 행성은 흔히 '가장 중요한 곳에서 쉬는 일곱'이라는 이름으로 불리기도 했다.

| 지구로 가는 길의 7개 정거장 |

수메르인들의 기록에서 7개의 행성은 다른 4개의 천체와 비교할 때 훨씬 더 자세하게 다루어지고 있다. 수메르, 바빌로니아, 아시리아의 천체 목록들은 다양한 호칭으로 7개의 행성들을 묘사하고 있으며 정확한 순서에 따라 기술하고 있다. 대부분의 학자들은 고대 기록에서 토성 너머의 행성들이 다루어지지 않았을 것이라고 생각했기 때문에 그런 기록에 묘사된 행성들을 정확하게 밝혀내는 데 큰 어려움을 겪었다. 그러나 수메르인들이 토성 너머의 태양계 행성들을 모두 알고 있었다는 사실에서 출발하면 고대 기록을 해석하기가 상당히 쉬워진다.

태양계로 접근하던 네필림들이 처음 만난 행성은 명왕성이다. 메소포타미아에서는 이 행성을 '슈파(SHU.PA, SHU의 감시자)'라고 불렀다. 즉, 태양계의 가장 중요한 부분에 누군가가 접근하는 것을 감시하는 행성이라는 뜻이다.

앞으로 보게 될 것처럼, 네필림은 12번째 행성이 지구 근처에 다가오기 훨씬 전에 우주선을 타고 출발해야만 지구에 착륙할 수 있었을 것이다. 따라서 네필림은 12번째 행성에서뿐만 아니라, 움직이는 우주선 안에서도 명왕성을 관찰했을 것이다. 한 천문학적 기록은 슈파 행성에서 '엔릴 신이 땅의 운명을 결정했다'고 말한다. 즉, 우주선을 책임지고 있는 신이 지구와 수메르 땅으로 가는 바른 경로를 잡았다는 뜻이다.

슈파 다음의 행성은 이루(IRU, 고리)라고 불리던 해왕성이다. 네필림의 우주선은 아마 여기에서 지구를 향한 거대한 곡선, 혹은 '고리형'의 비행을 시작했을 것이다. 그런데 다른 기록에서는 해왕성을 훔바(HUM.BA, 습지의 식물)라고도 부른다. 언젠가 인간이 해왕성을 탐사하게 된다면, 고대의 기록에서 지속적으로 물과 연관되던 이 행성에서 실제로 습지를 발견할지도 모른다.

천왕성은 카크카브 샤남마(Kakkab Shanamma, 쌍둥이 행성)라고 불렸다. 천왕성은 외관상 해왕성과 그 모양이나 크기가 매우 유사하다. 수메르에서는 천왕성을 엔티마시싱(EN.TI.MASH.SIG)이라고 불렀는데, '밝은 푸른 생명의 행성'이라는 뜻이다. 그렇다면 천왕성 역시도 습지 식물이 풍부한 행성이라고 볼 수 있지 않을까?

천왕성을 지나면 토성이 나타난다. 지구의 거의 열 배나 되는 거대한 크기의 토성은 그 자체의 지름보다 두 배나 더 늘어져 있는 테로 유명하다. 엄청난 인력과 신비스러운 테를 갖고 있는 토성은 네필림과 그들의 우주선에 큰 위협을 주었을 것이다. 그런 이유 때문인지 토성은 타르갈루(TAR.GALLU, 위대한 파괴자)라고 불렸다. 토성은 또 카크시디(KAK.SI.DI, 정의의 무기)나 시무투(SI.MUTU, 정의를 위해 살해하는 자)라고도 불렸다. 이와 연관돼 고대 근동에서 토성은 불의를 심판하는 행성으로 받아들여졌다. 그런데 혹시 이런 이름이 실제로 있었던 우주선 사고의 공포나 경험에서 나온 것은 아니었을까?

앞에서 살펴본 아키투 행사의 4번째 정거장에서 '안(An)과 키(Ki) 사이의 폭풍우'를 언급하는 대목이 있는데, 그것은 네필림의 우주선이 안샤르(토성)와 키샤르(목성) 사이에 있을 때를 의미하는 것으로 보인다.

1912년 처음 출판되었을 때 '고대의 마술서'로 알려졌던 아주 초기의 한 수메르 기록에는, 우주선과 거기 타고 있던 우주인 50명의 사고를 다룬 것이라 추정되는 내용이 담겨 있다. 거기에는 마르둑이 에리두에 도착해 아버지 엔키에게 아주 끔찍한 소식을 전하는 장면이 나온다.

마치 무기 같은 것이었습니다.

마치 죽음처럼 다가왔습니다.
그것이 50명의 아눈나키(Anunnaki)들을 죽였습니다.
그것이 새처럼 나는 슈사르(SHU.SAR)를
가슴에서 죽였습니다.

이 기록에는 슈사르(하늘을 나는 최고의 추적자)를 누가 파괴했고, 50명의 아눈나키를 누가 죽였는지는 정확히 나와 있지 않다. 그러나 네필림은 토성에서만 하늘에서의 위험을 언급하고 있으므로 이 사고는 토성과 연관된 것으로 보인다.

토성을 뒤로하고 목성이 보이면 네필림들은 상당한 안도감을 느꼈을 것이다. 네필림은 목성을 바르바루(Barbaru, 빛나는 것), 혹은 샤메가르(SAG.ME.GAR, 우주복을 조여 입는 곳의 위대한 자)라고 불렀다. 목성을 부르는 다른 이름인 시브지안나(SIB.ZI.AN.NA, 하늘의 진정한 안내자)도 지구를 향한 네필림의 여행에서 이 행성이 어떤 역할을 했는지 잘 보여 준다. 그러나 목성은 목성과 화성 사이의 위험한 소행성대로 들어가는 입구이기도 했다. 그래서 목성을 부르는 샤메가르라는 이름에서 드러나는 것처럼 네필림들은 이 지점에 이르러 자신들의 메(me, 우주복)를 챙겨 입었던 것으로 보인다.

아주 적절하게도 화성은 우투카가브아(UTU.KA.GAB.A, 물의 입구에 세워진 빛)라고 불렀다. 소행성대가 수메르와 구약의 기록에서 동일하게 '위의 물'과 '아래의 물'을 가르는 하늘의 '팔찌'로 표현됐다는 것을 생각해 보면 아주 그럴듯한 표현이다. 화성은 더 정확하게 셸리브부(Shelibbu, 태양계의 중심에 가까운 것)라고도 불렀다.

한 원통형 인장에 그려져 있는 아주 특이한 그림은 화성을 지나면서

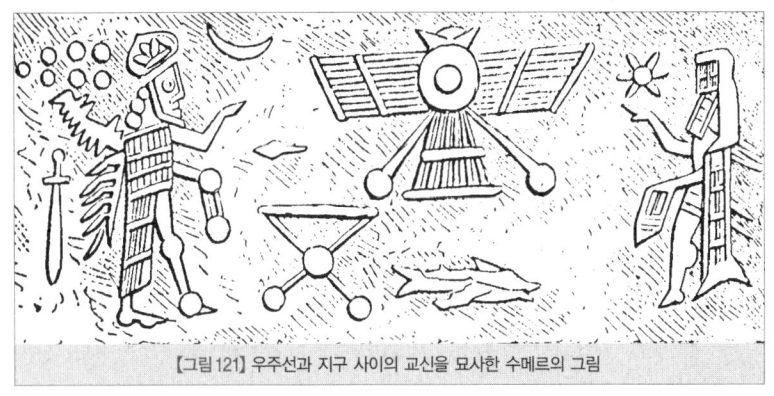
【그림 121】 우주선과 지구 사이의 교신을 묘사한 수메르의 그림

네필림의 우주선이 지구의 '비행 통제' 센터와 지속적인 연락을 유지했음을 시사한다. 【그림 121】

이 고대 그림의 한가운데 보이는 것은 12번째 행성의 상징, 즉 날개 달린 천구다. 그런데 그것은 다른 곳에서 보이는 12번째 행성의 상징과는 달리 좀더 기계적이고 인공적으로 보인다. 특히 날개는 오늘날 미국의 우주선들에 달린 태양 전지판과 아주 흡사해 보인다. 또한 2개의 안테나도 분명하게 확인할 수 있다.

왕관처럼 보이는 머리 부분과 거대한 날개, 그리고 안테나가 달린 둥근 모양의 비행물체는 오른쪽에 '6개의 끝을 가진 별'로 상징된 화성과, 왼쪽에 '7개의 별'로 상징된 지구, 그리고 달 사이의 우주 공간에 떠 있다. 지구에서는 어떤 신이 손을 뻗어 화성 가까이의 하늘에 떠 있는 우주인을 환영하고 있다. 우주인은 안경이 달린 헬멧에 가슴받이를 입은 모습이다. 또 우주복의 하의는 우주인을 마치 '물고기인간'처럼 보이게 하는데, 바다에 착륙하는 비상 상황을 대비한 필수 복장이었는지도 모른다. 그는 한 손에 기구를 들고 있으며 다른 손으로는 지구의 인사에 답례하는 자세를 취하고 있다.

화성을 지나서 계속 비행하면 7번째 행성인 지구가 나타난다.「하늘의 7신」목록에서 지구는 슈기(SHU.GI, 슈의 온전한 휴식 장소)라고 불린다. 이 이름에는 동시에 '슈의 끝에 위치한 땅'이라는 뜻도 있는데, 태양계에서 가장 중요한 부분의 끝에 위치한 땅이라는 의미다. 그곳이 네필림의 긴 여행의 종착지였다.

고대 근동에서는 기(gi)라는 발음이 보다 친숙한 키(ki, 지구 혹은 마른 땅)로 변형되어 사용되곤 했는데, 기의 발음과 철자는 여전히 네필림들이 정했던 원래의 의미를 지닌 채 지리학(geo-graphy), 기하학(geo-metry), 지질학(geo-logy) 등의 단어에 그대로 남아 있다.

초기 형태의 그림문자에서 슈기는 시부(shibu, 7번째)라는 뜻도 함께 갖고 있었다. 고대의 한 천문학 책에서는 다음과 같이 설명하고 있다.

> 산의 주인이신 엔릴 신과 슈기 행성은 같은 것이다.

슈기는 마르둑의 행진에서 7번째 정거장이자 네필림 우주 여행의 마지막 안식처였다. 네필림들이 길고 긴 우주 여행 끝에 도착한 곳은 7번째 행성, 즉 우리들의 지구였던 것이다.

| 신들이 남긴 우주 여행의 지도 |

아주 오랜 시간이 지난 후 다른 행성의 누군가가 파이어니어 10호에 새겨진 인간의 메시지를 발견하고 그것을 해석할 수 있을 것인지 우리는 알 수 없다. 그렇다면 그와 정반대의 상황, 즉 12번째 행성의 위치와 그곳으로부터 지구까지의 비행에 대한 정보를 지구인에게 전달하려던 네필림의 기록을 기대하는 것은 어떨까? 너무 터무니없는 기대일까?

그러나 놀랍게도 그런 증거가 실제로 존재한다.

그 증거는 니네베의 왕실 도서관 터에서 발견된 한 점토판이다. 다른 많은 점토판들처럼 이것 또한 의심의 여지없이 수메르의 원본을 복사한 것이다. 다른 점토판들과 다른 점이 있다면 그것이 사각형이 아닌 원형이라는 점과, 거기 적힌 쐐기문자들이 아주 잘 보존되어 있음에도 불구하고 그 내용을 해석하려고 시도했던 학자들이 '메소포타미아의 기록 중 가장 수수께끼 같은 것'이라고 부를 수밖에 없었을 정도로 난해하다는 것이다.

1912년에 대영 박물관의 아시리아·바빌로니아 고대관의 관리인이었던 킹(L.W. King)이 여덟 부분으로 나뉜 이 점토판의 내용을 아주 정밀하게 복사했다. 훼손되지 않은 부분에는 고대의 다른 어떤 유물에서도 볼 수 없었던 아주 정확한 모양의 기하학적 상징들이 그려져 있다. 화살표, 삼각형, 교차선, 그리고 놀랍게도 고대에는 알려지지 않았던 것으로 추정되었던 타원형 모양도 발견되었다. [그림122]

아주 특이하고 수수께끼 같은 이 진흙 원판은 1880년 1월 9일 영국 왕립 천문학회에 보고서가 제출되면서 과학계에 처음 알려졌다. 바빌로니아 천문학에 대한 초기 연구자 보즌켓(R. H. M. Bosanquet)과 세이스(A. H. Sayce)는 이것이 구형의 표면을 평평한 지도 위에 펴놓은 일종의 평면 구형도 혹은 평면 천체도라고 보았다. 그들은 또 원판에 적힌 몇몇 설형문자들을 '기술적인 의미를 지닌 측량 단위'로 파악했다.

실제로 원판의 8개 부분에 많은 천체의 이름이 적혀 있기 때문에 그것이 천문학적 기록이라는 것은 아주 분명했다. 보즌켓과 세이스는 한 부분에 그려진 7개의 '점'에 특히 흥미를 느꼈다. 그들은 만약 그 7개의 점들이 '별들 중의 별'인 딜간(DIL.GAN)과 아핀(APIN)이라는 별의 이름이 적힌 선과 함께 나타나지만 않았다면 그것이 달의 주기를 표현한 것일 수도 있다고 보았다.

그들은 '이 불가해한 상징은 아주 단순하게 설명 가능할 것이다'라

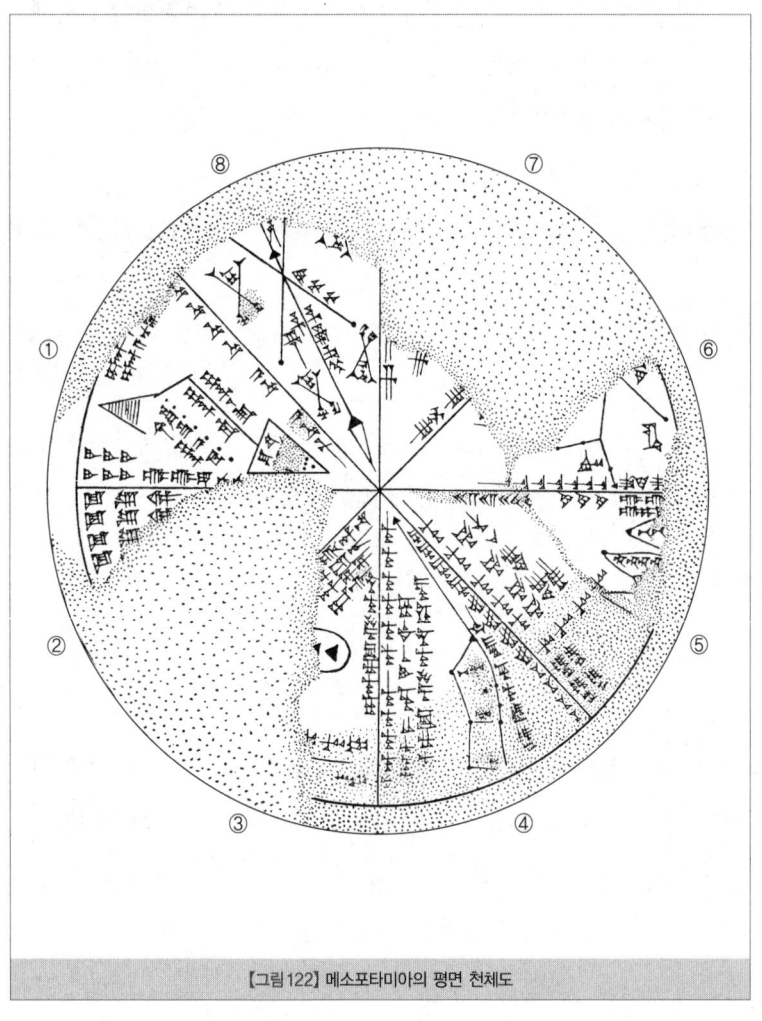

【그림 122】 메소포타미아의 평면 천체도

고 말했다. 그러나 그들은 그 원판이 평면 천체도라는 사실과 원판에 나타난 쐐기문자들을 소리나는 대로 읽는 정도에 그치고 말았다.

영국 왕립 천문학회가 이 평면 천체도를 출판한 후에 오페르트(J. Oppert)와 옌젠(P. Jensen)은 거기에 등장하는 몇몇 별의 이름과 행성의 이름을 보다 정확하게 밝혀냈다. 또 호멜(F. Hommel)은 1891년에 원판의 8개 부분이 각각 45도 각도를 이루고 있다는 사실을 지적하면서, 그것이 하늘의 360도 전체를 나타내는 것임에 틀림없다는 결론을 내렸다. 또한 8개 부분이 모두 모이는 원판 한가운데의 점은 '바빌론 하늘'의 어떤 지점에 해당할 것이라는 의견도 제시했다.

그 후에 이 천체도에 대한 해석은 공전(空轉)을 거듭했고, 1915년에 바이드너(E. F. Weidner)는 『바빌로니아카 : 바빌로니아의 천문학』이라는 자신의 저서에서 천체도를 철저하게 분석했지만 결국 그 의미를 전혀 알 수 없다는 결론을 내렸다.

바이드너는 이 천체도에 나타나는 별들의 이름이나 기하학적 상징들은 그런대로 해독할 수 있었지만, 45도 각도로 사방으로 뻗어 나간 많은 선들 옆에 적힌 글들은 그 뜻을 전혀 알 수 없다는 사실에 당혹스러워했다. 그것들은 예를 들어 다음과 같이 반복되는 아시리아어의 음절들이다.

lu bur di   lu bur di   lu bur di .

bat bat bat kash kash kash kash alu alu alu alu

바이드너는 주로 주술적인 성격의 기록들이 반복되는 음절로 표현된다는 사실에 착안해 이 원판의 기록도 주술적인 내용일 것이라는 결론을 내렸다. 그리고 바이드너는 더 이상 연구를 진척시키지 않았다.

그러나 원판에 씌어진 수수께끼 같은 글을 아시리아어의 음절이 아니라 수메르어의 음절로 읽어 본다면 그 의미는 전혀 달라진다. 앞에서 말한 것처럼 아시리아의 원판은 시기적으로 앞선 수메르의 원본을 그대로 복사한 것임에 틀림없기 때문에 이런 방법이 의미를 갖는다. 원판의 한 부분을 보면(편의상 ①부분이라고 부르기로 하자, 원판의 9시에서 10시 방향 부분), 언뜻 보기에는 다음과 같이 의미 없는 음절들이 반복되고 있다.

na na na na　a na　a na nu (사선을 따라 적혀 있는 음절들)
sha sha sha sha sha sha (원주를 따라 적혀 있는 음절들)
sham sham bur bur Kur (수평선을 따라 적혀 있는 음절들)

그러나 만약 이 음절들을 수메르어로 간주하여 생각해 보면 음절들의 의미가 분명하게 드러난다. 【그림 123】

여기 적힌 내용은 일종의 '노선도'인데, 엔릴 신이 '행성들을 지나가는' 길을 나타내면서 동시에 로켓의 운행에 필요한 지시 사항을 담고 있다. 45도 각도의 사선은 '높이(high) 높이 높이 높이' 있던 우주선이 하늘과 땅이 만나는 착륙 지점을 향해 '증기를 띤 구름(vapor-clouds)'을 지나 '증기가 없는(no vapor-clouds)' 아래쪽으로 내려가는 하강선을 표현한 것으로 보인다.

운행을 담당하는 우주인들에게 전하는 지시 사항도 분명하게 드러난다. 우주인들은 마지막 접근을 위해 '준비(set) 준비 준비' 해야 한다. 그리고 땅에 가까이 다가가면서 '로켓(rocket) 로켓'을 점화해 속도를

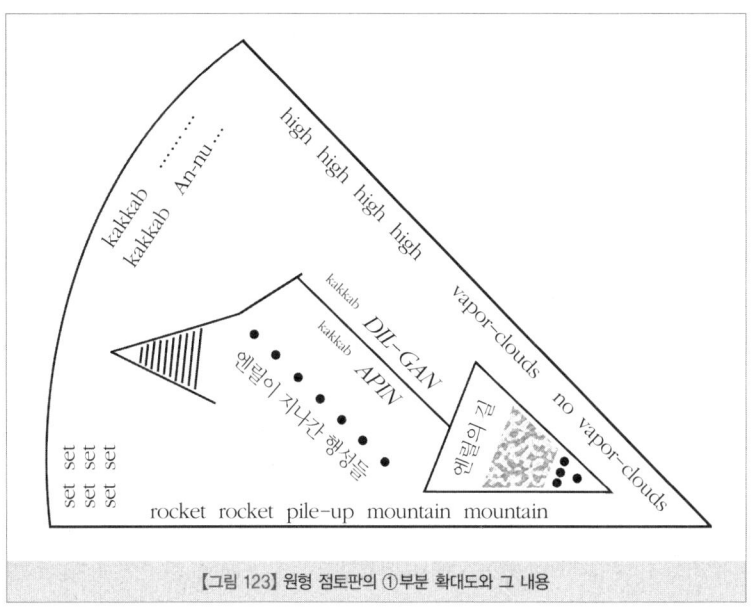

【그림 123】 원형 점토판의 ①부분 확대도와 그 내용

줄여야 한다. 그러나 착륙 지점에 도착하려면 높고 험한 지형 (mountain)을 지나야 하기 때문에 기수를 올려야 한다(pile-up).

①부분에 제시된 정보는 엔릴 신의 우주 여행과 관련된 것으로 보인다. 이것의 가운데에는 2개의 삼각형이 특정한 각도로 꺾인 선에 의해 연결되어 있다. 또 그 주변에 적힌 글은 그 꺾인 선이 '엔릴이 어떻게 행성들을 지났는지'를 보여 주는 경로 표시다.

엔릴 신의 출발점은 태양계의 맨 바깥쪽을 의미하는 왼쪽의 삼각형이다. 그리고 목표 지점은 모든 선들이 모이는 착륙 지점을 향하고 있는 오른쪽 삼각형이다.

밑변이 열린 상태로 그려져 있는 왼쪽의 삼각형은 근동 지역의 그림문자 중에서 상당히 잘 알려진 상징과 유사한데, 그것은 '지배자의 영역 혹은 높은 산의 땅'을 의미한다. 오른쪽의 삼각형에는 '엔릴의 길'이라는 문구가 적혀 있는데, 이는 우리가 앞에서 살펴본 것처럼 지구의 북반구 하늘을 말한다.

따라서 꺾인 선은 '지배자의 영역 혹은 높은 산의 땅'인 12번째 행성과 지구 북반구의 하늘을 연결하고 있다. 그런데 그림에서 그 선은 딜간(DIL.GAN)과 아핀(APIN)이라는 2개의 천체를 지나고 있다.

어떤 학자들은 딜간과 아핀이라는 천체가 아주 멀리 떨어진 별이거나 별자리의 일부라고 주장했다. 현대의 우주선들도 멀리 떨어진 별의 위치를 고정한 후 운행하는 방법을 사용하기 때문에 네필림도 그런 기술을 사용했을 수 있다.

그러나 딜간과 아핀이라는 이름에 담긴 의미를 살펴보면 그것이 멀리 떨어진 별이라고는 보기 어렵다. 문자 그대로 해석하면 딜간은 '첫 번째 정거장'이라는 뜻이고, 아핀은 '제대로 된 길을 정하는 곳'이라는 뜻이기 때문이다.

이런 이름들의 의미는 중간 정거장, 즉 지나가는 지점들을 뜻한다. 이미 톰슨, 에핑, 슈트라스마이어(Strassmaier)와 같은 많은 전문가들이 아핀을 화성으로 지목한 바 있으며 필자도 그들의 해석이 옳다고 본다. 그렇다면 원판의 그림이 의미하는 것은 더욱더 분명해진다. 12번째 행성이 지구의 하늘로 오는 길에 목성(딜간, 첫 번째 정거장)과 화성(아핀, 제대로 된 길을 정하는 곳)을 지난다는 것이다.

네필림이 우주 여행을 하는 동안 각 행성들이 맡은 역할에 따라 행성들의 이름을 부르는 이런 용어 사용법은 7개의 슈(Shu) 행성의 목록과 그것들을 부르는 이름과도 일치한다. 또 이런 결론을 확인이라도 시켜 주듯 '엔릴이 지나간 행성들'이라는 문구 위에 7개의 점이 표시되어 있는데, 그것은 명왕성에서 지구까지 7개의 행성을 의미하는 것이 분명하다.

그리고 '혼돈의 영역'에 있는 4개의 천체들은 지구의 북반구 하늘과 '하늘의 차단봉'을 넘어선 곳에 표시돼 있다.

이 원판이 우주 지도이며 동시에 우주선을 위한 비행 지시서라는 증거는 해독이 가능한 원판의 다른 부분에서도 많이 찾을 수 있다. ①부분에서 시계 반대 방향으로 다음에 나타나는 ②부분에는 '멈추고 멈추고 멈추고 놓고 놓고 놓고 놓고 끝내고 끝내고'라는 글이 적혀 있다. ③부분에는 수메르 기록에서는 흔치 않은 타원형 모양이 그려져 있고, 식별이 가능한 문자 중에 '안나(AN.NA)의 특사인 카크카브 시브지안나(kakkab SIB.ZI.AN.NA) … 이시타르(ISH.TAR) 신'이라는 문구와 '하강(下降)을 감독하는 니니(NI.NI) 신'이라는 흥미로운 문구도 포함돼 있다.

④부분에는 특정한 별자리를 통해 비행의 목표 지점을 정하는 방법에 대한 지시를 담은 것으로 보인다. 특히 사선 밑에 하늘(sky)이라는 단어가 무려 11번이나 적혀 있는 것이 눈에 띈다.

혹시 이 부분은 지구의 착륙 지점에 근접한 네필림의 비행 단계를 묘사하고 있는 것이 아닐까? 수직선 옆에 적힌 '언덕 언덕 언덕 언덕 위 위 위 위 도시 도시 도시 도시'라는 쐐기문자가 그것을 의미하는지도 모를 것이다. ④부분의 중앙에는 '카크카브 마시타브바(kakkab MASH.TAB.BA, 쌍둥이자리)와 만나는 곳에 고정하고, 카크카브 시브지안나(목성)가 지혜를 준다'고 적혀 있다. 만약 이 부분이 착륙 지점에 접근하기 위해 필요한 지시 사항을 담고 있는 것이라면, 누구라도 지구의 착륙 목표 지점에 접근하는 네필림의 기쁨을 느낄 수 있을 것이다.

⑤부분에는 사선 위에 역시 '하늘 하늘 하늘'이라는 말이 등장하고 동시에,

우리들의 불 우리들의 불 우리들의 불
변화 변화 변화 변화
항로와 높은 지대를 관찰하라
… 평지 …

등의 문구가 적혀 있다.
그리고 이 부분의 수평선에는 최초로 숫자가 나타난다.

로켓 로켓
로켓 오르고 활주하고
40 40 40
40 40 20 22 22

⑥부분의 수평선에는 더 이상 '하늘'이라는 말이 등장하지 않고 그 대신 '수로(水路) 수로 100 100 100 100 100 100 100'이라고 적혀 있는데, 비록 상당히 훼손되기는 했지만 일정한 경향이 있음을 알 수 있다. 또한 '아시슈르(Ashshur)'라는 단어도 보이는데 '보는 자' 혹은 '본다'라는 뜻이다.

⑦부분은 너무 심각하게 훼손되어 해석이 어렵다. 그중 식별할 수 있는 말은 '멀리 멀리 … 보인다 보인다' 정도이며, 일종의 지시 사항으로 보이는 '서둘러라'라는 단어도 보인다.

그러나 마지막 ⑧부분은 거의 완벽하게 보존되어 있으며, 방향을 지시하는 선, 화살표시, 문구 등이 모두 어떤 두 행성 사이의 경로를 나타낸다. '올리고 산 산'이라는 지시가 4개의 교차선들과 함께 나타나며, 그 교차선들에는 '연료 물 식량'과 '증기 물 식량'이라는 문구가 두 번씩 적혀 있다.

이 부분도 지구를 향해 비행할 때의 지시 사항으로 볼 수 있을까? 아니면 12번째 행성으로 돌아가기 위해 귀환 비행을 준비하는 것으로 봐야 할까? 후자가 맞는 것 같다. 왜냐하면 지구의 착륙 지점을 가리키는 커다란 화살표의 다른 쪽 끝에 반대 방향을 가리키는 작은 화살표가 그려져 있으며, 그 주변에 '귀환(return)'이라는 단어가 적혀 있기 때문이다. 【그림124】

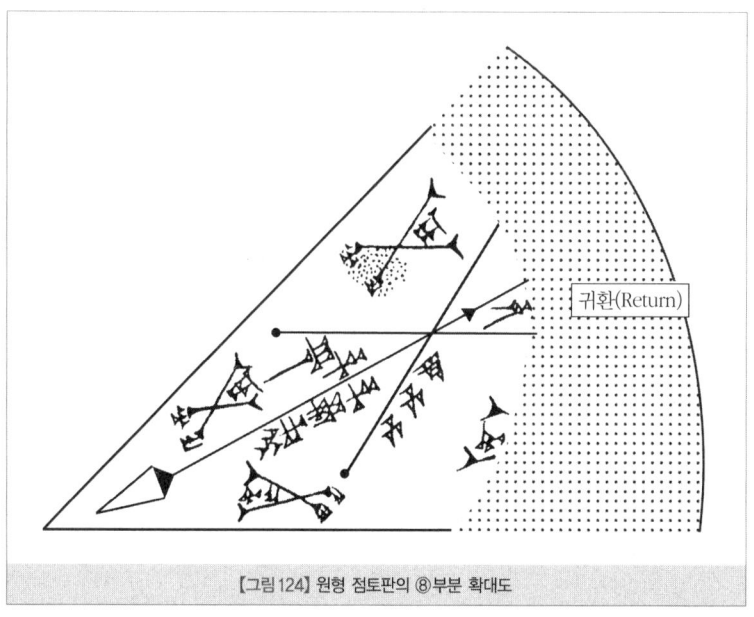

【그림124】 원형 점토판의 ⑧부분 확대도

엔키가 안의 사자(使者)를 시켜 '아다파를 하늘의 길로 인도하도록' 했을 때, 안이 그의 계획을 알아채고 다음과 같이 캐묻는다.

엔키는 도대체 왜 가치 없는 인간에게
하늘과 지구의 계획을 알려주었는가?
왜 그를 돋보이게 하고
그를 위해 쉠을 만들어 주었는가?

우리가 해석한 평면 천체도는 여기에서 안이 말하는 '하늘과 지구의 계획' 즉 우주 비행의 노선도인 것이다. 네필림은 우리에게 문자와 상징을 통해 12번째 행성으로부터 지구에 이르는 우주 여행의 길을 보여주고 있는 것이다.

천체들 사이의 거리를 다루고 있는, 언뜻 보기에는 해석이 불가능한 수메르의 기록들도 12번째 행성으로부터 지구로의 우주 여행이라는 각도에서 보면 이해가 가능하다. 독일 예나(Jena) 대학의 힐프레흐트 (H.V. Hilprecht) 컬렉션에는 니푸르의 유적에서 발견된 약 4,000년 전의 기록으로 추정되는 문서 하나가 보관되어 있다. 노이게바우어 (O. Neugebauer)는 이 기록이 '그보다 더 오래된 원래의 기록을 복사한 것'이라고 했는데, 거기에는 달에서 지구까지의 거리에서 시작해 그 비율로 잰 나머지 여섯 개 행성까지의 거리가 적혀 있다.

특히 기록의 두 번째 부분에는 행성 간의 문제가 무엇이건 간에 풀어낼 수 있는 일종의 수학 공식이 적혀 있다.

40 4 20 6 40×9는 6 40

13 kasbu 10 ush mul SHU.PA

eli mul GIR sud

40 4 20 6 40×7은 5 11 6 40

10 kasbu 11 ush 6   gar 2 u mul GIR tab

eli mul SHU.PA sud

학자들은 이 내용을 도대체 어떻게 해석해야 할지에 대해 의견의 일치를 보지 못했다. 그러나 분명한 것은 이것이 슈파(SHU.PA, 명왕성)로부터의 거리를 측정한 것이라는 사실이다.

태양계 행성들의 움직임과 위치를 모두 본 네필림만이 이런 공식을 만들어 낼 수 있었으며, 또 그들만이 그런 자료를 필요로 했을 것이다.

12번째 행성과 지구가 끊임없이 움직이고 있다는 점을 고려해 보면, 네필림은 그들 우주선의 목적지를 이륙 시점의 지구 위치가 아니라, 착륙 시점의 지구 위치에 맞추어야 했을 것이다. 네필림은 현대의 과학자들이 달이나 다른 행성에 우주선을 보낼 때 쓰는 방법과 아주 비슷한 방법으로 우주선의 비행궤도를 계산했을 것이다.

네필림의 우주선은 12번째 행성으로부터 그것의 공전 방향과 같은 방향으로 발사되었을 것이고, 그 발사는 12번째 행성이 지구에 근접하기 훨씬 전에 이루어졌을 것이다. 우주공학 전문가 암논 시친(Amnon Sitchin) 박사는 이런 많은 요인들을 고려해 실질적으로 가능한 네필림 우주선의 두 발사 시점을 계산해 냈다.

첫 번째 발사 시점은 12번째 행성이 자기 궤도의 원일점에 도착하기 전이다. 이럴 경우 우주선의 동력 소비가 아주 적고, 우주선은 속도를 줄이는 방법만으로도 지구에 도착할 수 있다. 그 사이 12번째 행성은 계속해서 거대한 타원형의 궤도를 그리면서 움직이고, 우주선은 보다 작은 타원형 궤도를 그리며 12번째 행성보다 훨씬 앞서 지구에 도착한다. 그러나 이런 방법은 이점도 있지만 단점도 있다.

지구에 있는 네필림에게 모두 적용되던 3,600년 단위의 기간을 고려해 보면 다음과 같은 두 번째 가능성이 더 현실적으로 보인다. 즉 우주선이 지구 위에 잠깐만 머무르면 12번째 행성의 도착과 맞출 수 있는 방법이 그것이다. 그렇게 하기 위해서는 12번째 행성이 원일점에서 근일점으로 이동하는 중간 정도 지점(C)에서 우주선을 발사해야 한다. 물론 이 지점에서는 12번째 행성의 속도가 점차 빨라지기 때문에 우주선은 12번째 행성보다 먼저 지구(D)에 도착하기 위해 아주 강력한 엔진을 필요로 했을 것이다. 【그림125】

메소포타미아의 기록을 해석하고 그것에 기술적인 분석을 더해 보면, 네필림이 지구에 착륙할 때 사용한 방법은 오늘날 나사의 과학자들이 달 착륙에 사용한 방법과 동일했을 것으로 추정된다. 먼저 모선(母船)이 목적지에 가까이 가서 실제로 목적지에 착륙하지는 않고 목적지 천체의 궤도를 돈다. 그리고 조그만 착륙선을 모선에서 발사해 목적지에 착륙시키는 것이다.

착륙도 어려웠겠지만 지구에서 다시 이륙하는 것도 위험한 일이었을 것이다. 착륙선은 다시 모선으로 돌아가야 했고, 모선은 엔진을 점화해 아주 높은 속도로 가속해서 그때쯤이면 목성과 화성 사이의 근일점을 통과하고 있을 12번째 행성을 따라잡아야 했기 때문이다. 시친 박사는 지구의 궤도 중에 12번째 행성을 따라잡기 위해 출발할 수 있는 지점이 세 개 있다고 계산했다. 이 세 개의 지점은 지구의 햇수로 각각 1.1년에서 1.6년 안에 12번째 행성을 따라잡을 수 있는 지점들이다.

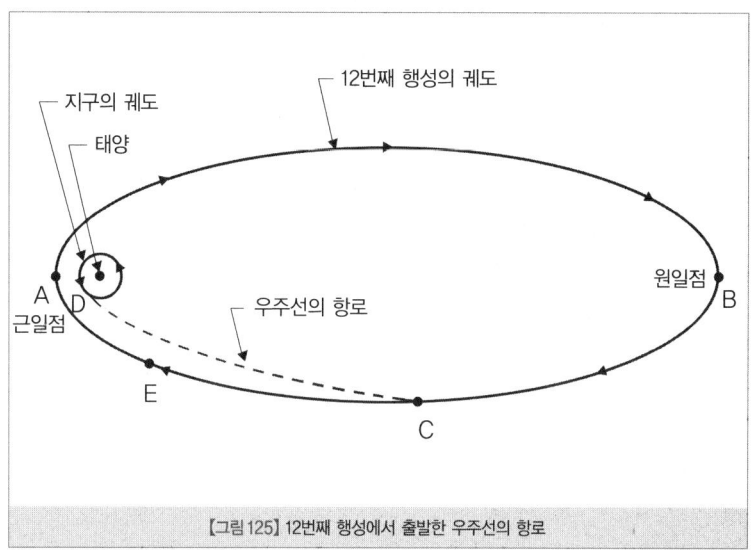

【그림125】12번째 행성에서 출발한 우주선의 항로

네필림이 우주선을 이용해 지구에 도착하고, 착륙한 후에 다시 이륙하고, 지구 인력에서 탈출하기 위해서는 적절한 지형, 지구로부터의 안내, 그리고 12번째 행성과의 완벽한 협력 등이 필요했을 것이다.

앞으로 보게 될 것처럼 네필림은 이 모든 조건들을 만들어 냈다!

신들의 도시

| 왜 메소포타미아인가 |

지성을 갖춘 외계 생물체가 지구에 처음 정착한 과정은 후에 인간이 이룬 아메리카 대륙의 발견이나 세계일주 항해에 못지않게 대단히 흥미롭다. 그리고 그 과정을 아는 것은 세상의 다른 어떤 일보다도 중요하다. 외계 생물체의 지구 정착으로 인해 오늘날 우리들의 문명이 비로소 존재하게 되었기 때문이다.

「창조의 서사시」를 보면 신들이 지구로 내려온 것은 그들의 의도적인 결정에 따른 것이었다. 바빌로니아에서 변형된 「창조의 서사시」에는 그 결정을 마르둑이 내린 것으로 되어 있다. 그는 우주선의 착륙과 여러 가지 공사를 위해 지구의 땅이 충분히 말라서 굳을 때까지 기다렸다. 그리고 마르둑은 자신의 부하들에게 말한다.

너희가 살던

하늘의 깊은 곳에

나는 '하늘의 왕궁'을 지었다.

이제 아래쪽에

그와 같은 것을 짓겠다.

마르둑은 그 이유를 다음과 같이 설명한다.

하늘에서 아래로 내려와 모일 때

너희 모두가 밤에 쉴 수 있는 휴식처가 있어야 할 것이다.

나는 그곳을 '바빌론(Babylon)'

즉 신들의 통로라고 부를 것이다.

따라서 지구는 단순히 짧은 방문의 목적지나 일시적으로 머무르는 장소가 아니라 영원한 '또 하나의 집'이었던 것이다. 그 자체가 일종의 우주선과 같았던 행성에 살면서 태양계의 다른 모든 행성들을 살필 수 있었던 네필림은, 자신들의 행성에서 태양계를 자세히 관찰할 수 있었을 것이다. 그리고 무인 우주선을 보내 탐사를 시작했을 것이다. 그리고 곧 그들은 다른 행성에 유인 우주선을 보낼 능력을 갖추게 되었을 것이다.

네필림이 자신들의 '또 하나의 집'을 찾을 때 지구는 분명히 아주 매력적인 대상지였을 것이다. 지구의 푸른색은 그곳에 생명을 지탱할 수 있는 물과 공기가 있다는 것을, 갈색은 넓은 대지를, 녹색은 동물의 먹이가 되는 식물을 의미했을 것이기 때문이다. 그러나 네필림이 처음 지구로 향했을 때 지구의 모습은 현재의 우주인들에게 보이는 그것과는 아주 달랐을 것이다. 왜냐하면 네필림이 처음 지구에 왔을 때 지구는 빙하기의 한가운데에 있었기 때문이다.

1차 빙하기 - 약 600,000년 전
1차 간빙기 - 약 550,000년 전
2차 빙하기 - 약 480,000년에서 430,000년 전

따라서 지금으로부터 약 450,000년 전에 네필림이 지구에 처음 내려왔을 때는 지구상의 육지 3분의 1 정도가 얼음과 빙하로 덮여 있었다. 그렇게 많은 지구의 물이 얼어 있었기 때문에 자연히 강우량도 지금보다 적었지만, 지구상의 모든 지역에서 그런 것은 아니었다. 바람과 기후 등의 영향으로 현재는 물이 풍부한 곳이 당시에는 황무지였으며, 현재는 계절적인 비만 내리는 곳도 당시에는 일년 내내 비가 오기도 했다.

또 당시에는 많은 물이 얼음이 되어 땅을 덮고 있었기에 해수면의 높이도 지금보다 낮았다. 현재 남아 있는 다양한 증거를 보면 두 번의 빙하기 동안 해수면의 높이는 현재보다 무려 180미터에서 210미터까지 낮았음을 알 수 있다. 따라서 현재 바다나 해안가인 곳들이 당시에는 육지였던 것이다. 강물은 암석 지형을 흐를 때는 깊은 계곡이나 협곡을 만들었고, 부드러운 흙이나 진흙 지형을 흐를 때는 거대한 습지대를 형성한 후 바다로 흘러들었다.

그런 혹독한 환경과 지질학적 조건의 지구에 도착한 네필림은 도대체 어디에 최초의 거처를 만들었던 것일까?

당연히 네필림은 두꺼운 방한복보다는 가벼운 옷을 입고 돌아다닐 수 있고, 단순한 시설만으로도 견딜 수 있는 비교적 따뜻한 기후의 지역을 찾았을 것이다. 또 식수나 세탁, 산업적 용도는 물론이고 동식물을 유지시키는 데 반드시 필요한 물도 찾았을 것이다. 또한 넓은 땅에 관개를 하거나 이동수단을 사용하기 위해 필요한 강도 찾았을 것이다.

그 당시 지구에서는 아주 좁은 기후대에 위치한 지역만이 이런 조건들을 모두 충족시킬 수 있었다. 네필림은 이러한 조건 외에도 우주선의 착륙에 필요한 길고 평평한 땅을 필요로 했다. 현재 우리가 알고 있는 것처럼 네필림은 나일, 인더스, 티그리스-유프라테스라는 세 개의 거대한 강과 그 주변의 평야지역을 주목했다. 이 세 강 유역은 모두 네필림의 초기 정착지로 적절했으며, 후에 모두 고대 문명의 중심지가 되었다.

또한 네필림은 에너지원도 필요로 했다. 지구의 석유는 난방이나 조명 등을 위한 에너지원일 뿐만 아니라 수많은 필수품을 만들어 내는 중요한 자원이다. 수메르의 기록으로 미루어볼 때 네필림은 석유와 그 부산물을 아주 다양하게 사용했음을 알 수 있다. 따라서 네필림이 지구에서 가장 살기 좋은 곳을 찾으면서, 그중에서도 석유가 풍부한 곳을 최초의 정착지로 선택했을 것이라고 보는 것이 합리적이다.

이렇게 보면 인더스 강 유역의 평야지역은 맨 마지막 고려 대상이었을 것이다. 그 지역에서는 석유가 발견되지 않기 때문이다. 그리고 나일 강 유역은 두 번째 순위였을 것인데, 지질학적으로는 퇴적암반층이지만 이 지역의 석유는 강으로부터 상당히 먼 곳에서 발견될 뿐만 아니라 깊은 곳에 묻혀 있기 때문이다. 따라서 메소포타미아에 위치한 '두 강 사이의 땅'이 여러 가지 조건을 따져볼 때 가장 마음에 드는 장소였을 것이다. 지구상에서 가장 풍부한 유전지역이 페르시아 만의 끝에서 시작해 티그리스 강과 유프라테스 강이 시작되는 산맥지대까지 이어져 있기 때문이다. 그리고 대부분의 다른 지역에서는 원유를 얻기 위해 깊은 곳까지 파야 했지만, 현재 남부 이라크에 해당하는 고대의 수메르에서는 역청(瀝靑)이 자연적으로 땅 위로 솟아오르거나 지표면에 흐르고 있었다.

흥미롭게도 수메르인은 모든 역청 물질에 대한 별도의 명칭을 갖고 있었다. 석유, 원유, 천연 아스팔트, 암석 아스팔트, 타르, 발열성 아스팔트, 매스틱(mastic), 왁스, 피치 등 역청의 아홉 가지 종류를 지칭하는 단어를 모두 사용하고 있었다. 그에 비해 고대 이집트어에는 단 두 개, 그리고 산스크리트어에는 단 세 개의 역청 물질 이름만이 있었을 뿐이다.

구약의 「창세기」에서는 지구에 있는 신의 거처, 즉 '에덴'을 따뜻하고 바람이 시원한 곳으로 묘사하고 있다. 그래서 하나님이 오후에 시원한 바람을 쐬기 위해 산책하는 장면도 나온다. 그곳은 또 기름진 땅이라서 농업과 원예, 특히 과수 재배에 적당한 곳이었다. 또한 그곳은 네 강의 강물을 끌어 쓸 수 있는 곳이었다.

> 셋째 강의 이름은 티그리스인데,
> 아시리아의 동쪽으로 흘렀다.
> 넷째 강은 유프라테스이다.
> _「창세기」 2 : 14

첫째 강인 비손(Pishon, 풍부한)과 둘째 강인 기혼(Gihon, 세차게 흐르는)의 정체는 아직까지도 불분명하지만, 티그리스 강과 유프라테스 강이 어디인지에 대해서는 이견이 없다. 그래서 어떤 학자들은 에덴이 티그리스 강과 유프라테스 강, 그리고 다른 두 개의 작은 지류가 시작되는 메소포타미아의 북부 지방에 있었다고 주장한다. 그러나 스페이저(E. A. Speiser)를 비롯한 일부 학자들은 그 네 개의 강이 페르시아 만 위쪽에서 만났을 것으로 보고 있으며, 결국 에덴은 메소포타미아의 북쪽이 아닌 남쪽에 있었을 것으로 추정한다.

구약의 에덴이라는 지명은 메소포타미아에서 기원한 것인데, 아카드어의 에디누(edinu) 즉 '평원'이라는 말에 해당된다. 우리는 앞에서 고대 신들의 '신성한' 호칭이 딘기르(DIN.GIR, 로켓의 정의로운 사람들)라는 것을 확인한 바 있다. 신들의 거처를 칭하는 수메르어의 에딘(E.DIN)도 굳이 번역을 하자면 '정의로운 사람들의 거처'가 되는데, 결국 구약의 에덴과 같은 말이 된다.

지구에서의 최초 정착지를 메소포타미아로 정한 데는 또 다른 중요한 이유도 있었던 것으로 보인다. 네필림이 나중에는 마른 땅에 자신들의 제대로 된 우주 기지를 세웠지만, 처음에는 방수가 되는 일종의 착륙 캡슐을 사용해 바다에 착륙했다는 증거가 있기 때문이다. 메소포타미아는 남쪽으로는 인도양, 서쪽으로는 지중해라는 두 바다에 근접해 있어 착륙시 비상 사태가 생기더라도 대처할 여지가 많은 지역이다. 또한 앞으로 보게 될 것처럼 대양 항해의 출발지가 될 수 있는 좋은 항구도 네필림이 지구에서의 정착지를 결정하는 데 역시 중요한 요인이 되었을 것이다.

고대 기록과 그림에서 네필림의 우주선은 '하늘의 배'로 묘사됐다. 바다에 착륙한 우주선을 고대 사람들은 바다에서 하늘의 잠수함이 등장한 것으로 표현할 수밖에 없었을 것이다. 그리고 당연히 그런 '배'에 서는 '물고기인간(fish-men)'이 나타나 땅으로 올라오게 마련이다.

실제로도 우주선을 조종한 아브갈(AB.GAL)들이 물고기 같은 옷을 입고 있었다는 기록이 많이 남아 있다. 인안나의 '아래 세계'로의 여행을 다룬 한 기록에는, 그녀가 '가라앉는 배(잠수함)'를 타고 사라진 '위대한 갈루(gallu, 항해자)'를 찾는 장면이 나온다. 베로수스는 하늘에서 지구로 왕권이 내려온 첫 해에 '지성을 지닌 존재'인 오안네스(Oannes)가 '바빌로니아에 인접해 있는 에리트레아(Erythrea) 해'에 나타났다는 전설을 기록해 두었다. 베로수스는 오안네스가 물고기처럼 보이기는 했지만 물고기 머리 아래 인간의 머리를 갖고 있었고, 물고기 꼬리 아래는 인간의 다리를 갖고 있었다고 전한다. 그리고 '그의 목소리와 언어도 인간의 것이었고 이해가 가능했다'고 한다. 【그림 126】

【그림 126】 물고기인간

베로수스의 기록을 후대에 알린 세 명의 그리스 역사가들은 그런 신성한 '물고기인간'이 주기적으로 나타났으며, 현재 우리가 아라비아 해라고 부르는 인도양의 서쪽 지역인 '에리트레아 해'에서 육지로 올라왔다고 주장한다.

그렇다면 네필림은 도대체 왜 메소포타미아에 훨씬 가까운 페르시아 만이 아니라 수백 킬로미터는 더 떨어진 인도양에 착륙했던 것일까? 앞에서 언급했던 것처럼 네필림이 최초로 지구에 착륙한 시점은 지구가 두 번째 빙하기의 한가운데로 들어섰을 때였다. 따라서 당시의 페르시아 만은 바다가 아닌 습지나 그리 깊지 않은 호수였을 것이다.

아라비아 해에 착륙한 최초의 네필림은 그 후에 메소포타미아로 이동했다. 당시의 습지는 현재의 해안선보다 훨씬 더 내륙까지 이어졌을 것이다. 그리하여 네필림은 습지의 끝부분에 최초의 지구 정착지를 마련했다.

네필림은 그 최초의 정착지 이름을 에리두(E.RI.DU, 먼 곳에 지어진 집)라고 불렀는데, 정말 적절한 이름이 아닐 수 없다.

오르두(ordu)라는 페르시아어는 지금도 '야영지'를 뜻한다. 그리고 그 단어는 거의 모든 언어에서 원래의 의미를 간직한 채 쓰이고 있다. 인간의 정착지는 독일어로 'Erde'이며, 고대 독일어에서는 'Erda', 아이슬란드어에서는 'Jördh', 덴마크어에서는 'Jord', 고트어에서는 'Airtha', 중세 영어에서는 'Erthe'이다. 그리고 시간과 장소를 거슬러 올라가 살펴보면 '지구(earth) 혹은 땅'이라는 말은 아람어에서는 'Ereds', 쿠르드어에서는 'Erd' 혹은 'Ertz', 히브리어에서는 'Eretz'였다.

네필림은 남부 메소포타미아의 에리두에, 꽁꽁 얼어붙은 행성 위에, 외로운 지구 전초기지 1호를 세운 것이다. 【그림127】

| 최초의 도시 에리두 |

　수메르의 기록과 훗날의 아카드어 번역본들은 네필림의 초기 주거지들, 혹은 '도시'들을 세워진 순서대로 열거해 놓았다. 심지어는 어떤 신이 어떤 도시를 지배했는지도 자세히 기록했다. 아카드의 「홍수 이야기」의 원본으로 추정되는 수메르의 기록을 보면 최초의 일곱 개 도시 중 다섯 개 도시에 대한 이야기가 등장한다.

빙하기에 하늘에서 내려다본 아시아의 모습은 아마 다음과 같을 것이다.
해수면이 낮았기 때문에 해안선은 현재와 달랐다.
현재의 페르시아 만과 남부 메소포타미아는 진흙 벌과 호수, 습지대로 이루어져 있었다.

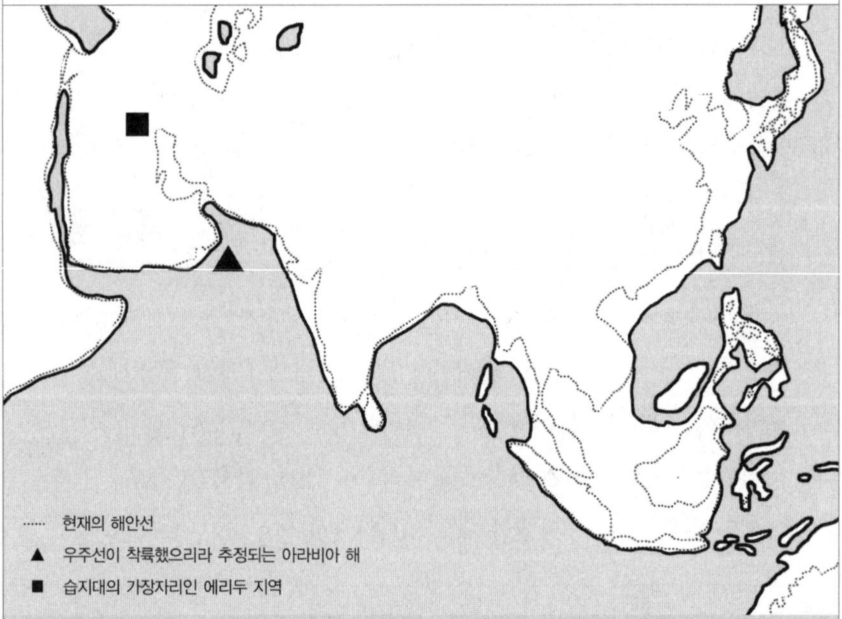

...... 현재의 해안선
▲ 우주선이 착륙했으리라 추정되는 아라비아 해
■ 습지대의 가장자리인 에리두 지역

【그림 127】 45만 년 전의 해안선과 지구 기지 1호의 위치

왕권이 하늘에서 내려온 다음,
고귀한 왕관이, 왕의 옥좌가
하늘에서 내려온 다음,
그는 (…) 신성한 법령과 절차를 완성했다.
깨끗한 장소에 다섯 개의 도시를 세우고 (…)
그들의 이름을 짓고
그것들을 중심지로 삼았다.

첫 번째 도시 에리두(ERIDU)는
누딤무드(Nudimmud)를 주인으로 세웠다.
두 번째 도시 바드티비라(BAD-TIBIRA)는
누기그(Nugig)에게 주었다.
세 번째 도시 라락(LARAK)은
파빌상(Pabilsag)에게 주었다.
네 번째 도시 시파르(SIPPAR)는
영웅 우투(Utu)에게 주었다.
다섯 번째 도시 슈루팍(SHURUPPAK)은
수드(Sud)에게 주었다.

하늘에서 왕권을 가져와 에리두와 다른 네 개의 도시를 계획하고 그 도시에 통치자들을 세운 신의 이름은 점토판이 훼손돼 아쉽게도 알아볼 수가 없다. 그러나 다른 기록들을 종합해 보면, 엔키가 습지대의 가장자리에 어렵게 도착해 '이곳에 정착한다'고 말했으며 위의 기록에 등장하는 '누딤무드(왕을 만든 자)'라는 별칭 또한 갖고 있었음을 알 수 있다.

엔키(EN.KI, 딱딱한 땅의 신)와 그를 부르는 또 다른 이름인 에아(E.A, 물의 집에 사는 자)는 둘 다 그에게 매우 적합하다. 아주 오랫동안 엔키의 권력 중심지이자 그를 숭배하는 신앙의 중심지였던 에리두는, 습지대의 물 위에 인공 토대를 만들고 다시 그 위에 지은 도시다. 그런 사실은 크레이머(S. N. Kramer)가 「엔키와 에리두의 신화」라는 제목을 붙인 기록에서도 잘 드러난다.

깊은 물의 주님이신 엔키 왕은 (…)
그의 집을 지었다. (…)
에리두의 물의 둑 위에 집을 지었다. (…)
엔키 왕은 (…) 집을 지었다.
그는 땅 위에
산과 같은 에리두를 세웠다.
그는 아주 좋은 곳에 그것을 세웠다.

이 기록과 조금씩 남아 있는 다른 기록들을 종합해 보면, 최초로 지구에 왔던 '개척자'들이 제일 먼저 한 일은 수심이 낮은 호수와 습지를 정리하는 일이었던 것 같다. '그는 (…) 조그만 강들을 청소했다'고 한다. 네필림은 강과 그 지류들의 하상(河床)을 정비해 물의 흐름을 원활하게 함으로써, 습지의 물을 빼고 식용 가능한 물을 얻었으며 제대로 된 관개시설을 구축하려 했던 것으로 보인다. 또한 수메르의 기록에서 네필림이 매립을 하거나 제방을 높여 최초의 주거지를 물로부터 방어하려고 했던 증거도 찾아볼 수 있다.

학자들이 「엔키와 땅의 질서」라고 부르는 '신화'는 지금까지 발견된 수메르 서사시 중 가장 길고 또한 가장 잘 보존된 것이다. 그것은 전체가 약 470행으로 되어 있는데 그중에서 375행이 해독 가능하다. 그러나 도입부의 50행 정도는 아쉽게도 사라지고 없다. 그것은 주로 엔키를 찬양하는 내용과 그의 아버지인 안, 여자형제인 닌티(닌후르쌍), 그리고 그의 남자형제인 엔릴에 대한 내용으로 구성되어 있다.

이 서사시가 흥미로운 점은 지구에 가장 먼저 내려온 엔키가 직접 상황을 보고하는 1인칭 시점으로 시작한다는 것이다.

'내가 지구에 접근했을 때
지구는 물로 덮여 있었다.
내가 지구의 푸른 풀밭에 접근했을 때
내 명령에 따라 돌덩어리와 흙덩어리들이 포개졌다.
나는 깨끗한 곳에 집을 지었다. (…)
나의 집 —
그 그림자는 뱀의 습지에 이르렀다. (…)
잉어는 조그만 갈대들 사이에서 꼬리를 흔들었다.'

그리고 이어서 3인칭 시점으로 엔키의 업적을 묘사한다. 그중 몇 행을 보자.

그는 습지에
잉어와 (…) 물고기를 풀었다.
그는 습지에 등나무 숲을 만들고

그곳에 갈대를 심었다.

그는 수로의 감시자인

엔빌룰루(Enbilulu)에게 습지를 관리하게 했다.

그는 그물을 쳐 물고기가 도망치지 못하게 했다.

그의 덫에서는 아무 (…) 빠져나갈 수 없다.

그의 덫은 어떤 새도 빠져나갈 수 없다.

(…) 신의 아들인 (…) 그는 물고기를 사랑했다.

엔키가 그를 물고기와 새의 관리자로 만들었다.

엔킴두(Enkimdu)는 하천과 둑을 관리했다.

엔키는 그에게 하천과 둑을 관리하게 했다.

그는 금형(金型)을 담당했다.

땅의 벽돌 제조공인 쿨라(Kulla)에게

엔키는 금형과 벽돌의 관리를 맡겼다.

서사시는 엔키의 다른 업적들도 묘사했는데, 그중에는 티그리스 강 물을 깨끗하게 만들었다는 것과 티그리스 강과 유프라테스 강을 운하로 연결했다는 내용도 들어 있다. 강가에 있던 엔키의 집에는 갈대로 만든 배가 정박할 수 있는 선창이 있었으며, 거기서 강으로 배를 띄울 수 있었다. 그의 집 이름은 이런 위치에 어울리게 에압주(E.ABZU, 깊은 곳의 집)라고 불렸다. 에리두에 있던 엔키의 집은 그 후 수백만 년 동안 같은 이름으로 불린다.

엔키와 그의 동료들은 에리두 주변의 땅을 탐사했음이 분명하다. 엔키는 강을 따라 돌아다니는 것을 특히 좋아했던 것으로 보인다. 한 기록을 보면 엔키가 '습지는 내가 가장 좋아하는 곳이다. 그곳은 나에게 팔을 펼친다'라고 말하는 내용이 나온다. 또 다른 기록에는 엔키가 마구르(MA.GUR, 이리저리 돌아다니는 배, 즉 유람용 배)라는 배를 타고 습지를 돌아다니는 모습이 묘사돼 있다. 또한 엔키의 사공들이 어떻게 '함께 노를 저었는지', 그들이 어떻게 '즐거운 노래를 불러 강을 즐겁게 했는지'도 적혀 있다. 엔키가 '신성한 노래와 주문이 나의 깊은 물을 채웠다'고 고백한 내용도 볼 수 있다. 심지어 엔키의 배를 지휘하던 선장의 이름과 같이 아주 세밀한 부분까지도 기록되어 전한다.【그림128】

수메르 왕의 목록을 보면 엔키와 그를 따라 처음 지구에 내려온 네필림들이 상당한 기간 동안 독자적으로 지구에 머물렀음을 알 수 있다. 8샤르(28,800년)가 지난 후에야 두 번째 지휘관(통치자)의 이름이 등장하기 때문이다.

천문학적 증거들을 살펴보면 이와 관련해 아주 재미있는 사실이 드

【그림128】 강과 습지 탐사를 즐기던 엔키

러난다. 오랫동안 학자들은 수메르인이 왜 엔키에게 하나가 아닌 여러 개의 12궁 별자리를 부여했는지 설명하지 못했다. 엔키와 가장 빈번하게 연결되는 별자리는 물고기와 염소로 상징되는 염소자리였다. 또한 에리두를 건설한 사람을 지칭하는 아루림(A.LU.LIM)이라는 말은 '빛나는 물의 염소'라는 뜻이기 때문에 이 말에서도 엔키는 염소자리와 연결된다. 그런데 엔키(에아)는 흔히 물이 흐르는 물병을 들고 있는 신으로, 즉 물병자리로 묘사되기도 한다. 그 밖에도 물고기들의 신으로 물고기자리와 연결되기도 한다.

천문학자들은 고대의 관찰자들이 어떻게 수많은 별무리에서 물고기나 물병의 모습을 찾아낼 수 있었는지를 명확하게 설명하지 못한다. 그러나 12궁의 상징이 실제 별자리에서 찾아낸 동물의 모양에서 따온 것이 아니라, 특정한 12궁에서 춘분이 일어날 때 가장 밀접하게 연관된 신의 중요한 활동이나 그 신을 묘사하는 명칭을 따른 것이라고 본다면 쉽게 답을 얻을 수 있다.

만약 엔키가 우리가 생각하는 것처럼 물고기자리의 시대가 시작될 무렵 지구로 내려와 지구에서 물병자리 시대로의 이동을 보았고, 물병자리의 시대가 끝나고 염소자리의 시대가 시작되기까지 25,920년 이상을 더 머물렀다면, 엔키는 28,800년 동안 지구의 유일한 지배자였던 셈이 된다.

천문학적으로 확인되는 이런 시간의 흐름은 네필림이 지구가 빙하기의 한가운데에 들어섰을 무렵 지구에 도착했다는 앞에서의 추론을 뒷받침한다. 둑을 쌓고 운하를 파는 힘든 일은 기후 조건이 아주 좋지 않을 때 이미 시작되었다. 그러나 네필림의 착륙 후 몇 샤르가 지난 약 430,000년 전에 지구는 2차 빙하기가 끝나고 좀더 따뜻하고 비가 많이 오는 기후로 바뀐다. 그때 네필림은 메소포타미아 안쪽으로 이동해 정착지를 늘린다. 이런 의미에서 아눈나키(Anunnaki, 네필림의 하급 신)들은 자신들의 두 번째 지휘관을 '아랄가르(A.LAL.GAR, 우기에 휴식을 가져온 자)'라고 불렀던 것 같다.

| 우주 센터가 차려진 도시 니푸르 |

엔키가 지구를 개척하는 고생을 하고 있을 때, 그의 아버지 안과 남자형제인 엔릴은 12번째 행성에서 그것을 지켜보고 있었다. 그러나 메소포타미아의 기록을 보면 지구 개발의 임무를 최종적으로 책임진 것은 엔릴이었음이 분명하다. 그리고 그 임무를 본격적으로 진행한다는 결정이 내려지자 엔릴이 직접 지구로 내려온다. 그런 엔릴을 위해 엔키두누(EN.KI.DU.NU, 엔키가 깊이 판다)라는 신이 라르사(Larsa)에 특별한 정착 시설을 건설한다. 엔릴이 그 장소를 접수하면서 그는 아림(ALIM, 양)이라는 별칭으로 불리게 되는데, 이때는 천문학적으로 양자리의 시대로 분류된다.

엔릴이 라르사에 정착한 것은 네필림에게 지구 개척의 새로운 시대가 도래했음을 의미한다. 이를 계기로 네필림은 자신들이 지구에 온 진정한 목적을 위한 본격적인 일을 시작하기 때문이다. 그것을 위해 네필림은 보다 많은 인력과 기계·장비를 지구로 가져오고, 자신들이 지구에서 찾아낸 소중한 화물을 12번째 행성으로 운반할 필요가 있었다.

그런 무거운 짐들을 운반하기 위해서는 바다에 착륙하는 이전의 방법은 더 이상 적절치 않았다. 또한 기후 변화로 내륙지방으로의 접근이 더 용이해졌기 때문에 메소포타미아 지역의 중심지로 착륙 지점을 옮길 수 있게 되었다. 바로 이런 상황에서 엔릴이 지구로 내려온 것이다.

엔릴은 보다 정교한 '우주 관제소'를 건설하기 위해 메소포타미아의 내륙으로 들어간다. 엔릴이 건설하고자 했던 우주 관제소는 12번째 행성과 지구 사이를 왕복하는 우주선을 통제하고 지구 착륙선을 안내하고 지구 궤도 위에 있는 모선과 착륙선의 도킹(docking)을 돕기 위한 시설이었다.

엔릴이 그런 목적을 위해 선택한 곳은 그 후 니푸르(Nippur)라고 알려진 곳인데 엔릴은 그곳을 니브루키(NIBRU.KI, 지구의 횡단 지점)라고 불렀다. 이것은 12번째 행성이 지구를 가장 가까이 지나가는 지점이 '하늘의 횡단 지점'이라고 불렸다는 사실과도 연관지을 수 있다. 엔릴은 그곳에 두르안키(DUR.AN.KI, 하늘과 땅의 유대)를 세운다.

물론 그 작업은 매우 복잡하고 시간이 걸리는 일이었다. 니푸르가 건설되는 동안 엔릴은 라르사에 6샤르(21,600년) 동안 머물렀다. 이 정도로 니푸르의 건설 기간이 길었다는 것은 엔릴을 상징하는 12궁의 이름에서도 드러난다. 라르사에서 엔릴은 양(양자리)과 동일시되었지만, 니푸르에서는 황소와 연결되었다. 다시 말해 니푸르는 황소자리의 시대에 완성된 것이다.

엔릴과 그의 아내 닌릴, 그의 도시 니푸르, 그리고 그의 집 에쿠르(E.KUR, 높은 집)를 찬양하는 「자비로운 엔릴에게 바치는 기도」라는 기록을 보면 니푸르에 대해 상당히 자세하게 알 수 있다. 엔릴은 니푸르에 아주 정교한 장비들을 설치했다고 하는데, 그중에는 '땅을 살피는 높은 눈'과 '모든 땅의 심장을 찾는 높은 빛'이 포함돼 있다. 또한 니푸르는 아주 무시무시한 무기로 방어됐다. '니푸르의 모습은 아주 두렵고 무서웠다. (…) 외부로부터는 어떤 신도 접근할 수 없었다.' 그 '팔'은 '거대한 그물' 같았고, 그 안에는 '아주 빠른 새'가 웅크리고 있는데, 그 새의 팔이 몹시 '사나워서' 어떤 악인도 빠져나갈 수 없었다. 이런 진술에 따르면 니푸르는 일종의 살인광선이나 전기장으로 보호되고 있었던 것으로 보인다. 그리고 도시의 한가운데에는 헬리콥터 착륙장이 있었으며, 그 '새'는 어떤 것도 따르지 못할 정도로 빨랐던 것 같다.

니푸르의 한가운데 인공적으로 축조된 단(壇) 위에 엔릴의 본부인 키우르(KI.UR, 지구의 뿌리)가 자리잡고 있었고, 거기에 '하늘과 땅을 연결하는 유대'가 설치되었다. 그것은 우주 관제소의 통신 센터로 지구의 아눈나키들이 지구 궤도의 모선에 있는 이기기(IGI.GI, 돌면서 보는 자들)들과 통신하던 곳이었다.

이 통신 센터에는 '하늘에 닿는 거대한 기둥'이 서 있었다. 그 큰 '기둥'은 '결코 뒤집히지 않는 토대'에 세워졌으며, 엔릴은 그것을 이용해 '그의 말을 하늘로 보냈다'. '큰 기둥'은 송신탑을 아주 단적으로 나타낸 말이다. 일단 '엔릴의 말'이 하늘에 전해지면 '엄청나게 많은 물자가 땅으로 내려왔다'. 니푸르의 통신 센터에서 모선으로 '말'을 전달하면 우주왕복선이 식량, 건설 물자, 약품, 기구들을 가지고 지구로 내려왔음을 묘사한 것이다.

또한 높이 축조된 단 위에 세워진 이 우주 관제소, 즉 엔릴의 '높은 집'에는 디르가(DIR.GA)라는 아주 신비한 방이 있었다.

멀리 떨어진 물처럼 신비스러운
하늘의 정점처럼 신비스러운 곳.
그것의 표식은 별이다.
그것은 메(ME)를 완벽하게 만든다.

그곳에서 말이 나왔고 (…)
그 말은 자비로운 신탁이다.

디르가는 도대체 무엇이었을까? 고대의 기록이 훼손돼 더 이상 해석할 수는 없다. 그러나 '어둡고 왕관과 같은 방'이라는 디르가의 뜻이 그 기능을 잘 말해 주고 있다. 즉 디르가는 별 지도를 보관하고 별의 위치를 예측하고 우주 조종사들의 통신인 메(me)를 교환하는 방이었던 것이다. 그것은 달에 착륙한 우주인들을 관찰하고, 그들의 통신을 증폭시키고, 별로 가득 찬 우주에서 우주선의 항로를 계획하고, 그들에게 '자비로운 신탁'과 같은 조언을 하는, 미국 텍사스주 휴스턴에 위치한 우주 관제소와 같은 역할을 했다고 볼 수 있다.

여기서 앞에서 한번 살펴봤던 주(Zu)라는 신에 대한 수메르의 이야기를 다시 한번 상기해 보자. 주가 엔릴의 처소로 들어가 그에게서 '운명의 서판'을 빼앗자 '명령이 정지되고 (…) 텅 빈 은밀한 방이 그 광채를 잃고 (…) 정적이 내려 침묵이 지배했다'고 했다.

「창조의 서사시」에서 행성 신들의 '운명'이란 곧 행성들의 궤도를 의미한다. 따라서 엔릴의 '우주 관제소'가 제 역할을 하기 위해 필수적으로 갖춰야 했던 '운명의 서판'은 우주선들의 궤도와 항로를 통제하던 것이라고 보아도 좋을 것이다. 어쩌면 그것은 우주선을 안내하던 컴퓨터 프로그램이 들어 있는 필수적인 '블랙박스' 같은 것으로, 그것이 없이는 지구의 네필림과 12번째 행성 사이의 통신 연결이 어려웠을지도 모른다.

대부분의 학자들은 엔릴이라는 이름이 '바람의 신'을 뜻한다고 보는데, 이것은 고대 사람들이 자연 현상을 인격화해서 바람과 폭풍을 관장

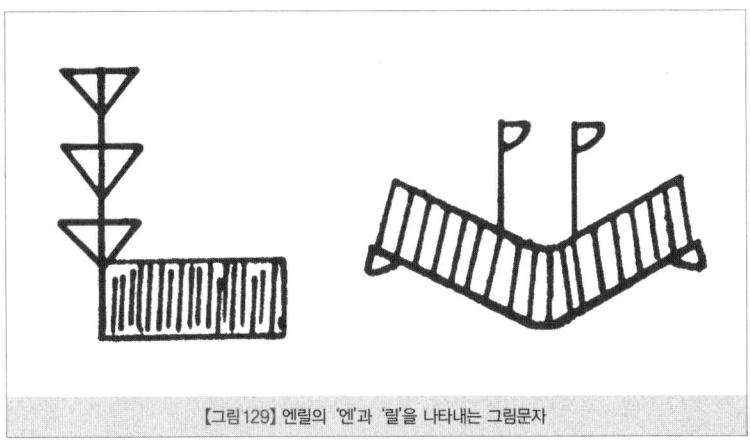

【그림129】 엔릴의 '엔'과 '릴'을 나타내는 그림문자

하는 역할을 특정한 신에게 부여했다는 일반적인 이론에 따른 것이다. 그러나 상당수의 학자들이 엔릴(EN.LIL)의 이름에 사용된 릴(LIL)이라는 단어가 자연 현상인 바람이나 폭풍우를 말하는 것이 아니라 입에서 나오는 바람, 즉 말이나 명령을 뜻한다고 지적한 바 있다.

엔릴이라는 이름에 사용된 엔(EN)과 릴(LIL)이라는 단어를 상징하는 고대 수메르의 그림문자가 이 문제에 해결책을 제시한다. 고대 수메르 그림문자에서 '엔'이라는 단어는 거대한 안테나가 우뚝 솟은 구조물로 표현되고, '릴'이라는 단어는 신호를 주고받는 오늘날의 거대한 레이더(수메르 기록에서는 '거대한 그물'이라고 표현된)처럼 보이기 때문이다. 【그림129】

| 산업도시 바드티비라와 그 외의 도시들 |

엔릴은 산업 중심지로 건설된 바드티비라의 통치권을 그의 아들인 난나(난나르)에게 주었다. 수메르의 초기 도시들을 열거한 목록에서 난

나는 누기그(NU.GIG, 밤하늘의 지배자)로 표현된다. 난나는 그의 도시에서 쌍둥이 자녀 인안나(이시타르)와 샤마시(우투)를 얻은 것으로 추정되는데, 이 때문에 난나는 12궁의 쌍둥이자리와 연결된다. 샤마시는 로켓 기술을 배운 후에 기르(GIR, 로켓 혹은 게의 집게발), 즉 12궁의 게자리를 부여받았으며, 인안나는 그녀가 타고 다니던 것으로 종종 묘사되었던 사자자리와 연결되었다.

엔릴과 엔키의 여자형제인 '간호사' 닌후르쌍(수드, 닌티)도 역할을 부여받았다. 엔릴은 그녀에게 네필림의 의료 중심지 슈루팍을 맡겼는데, 그로 인해 그녀에게는 12궁의 처녀자리가 주어졌다.

니푸르와 다른 도시들이 건설되는 동안 지구에 네필림의 우주공항도 건설됐다. 고대 기록들은 니푸르가 '말' 즉 명령이 내려지는 곳이라는 점을 분명히 하고 있다. 그래서 엔릴이 '하늘로!'라고 말하면 '빛나는 것이 하늘의 로켓처럼 올라가곤 했다'. 그러나 실제로 로켓이 올라간 곳은 '샤마시(우투)가 일어선' 곳, 즉 시파르(Sippar)였다. 시파르는 '독수리의 대장'이 통치하는 곳으로, 아주 '신성한 경내'에 다단계 로켓이 세워져 있었다.

샤마시가 나이가 들어 불을 뿜는 로켓을 통제하게 되고 동시에 정의의 신이 되었을 때 그는 전갈자리와 천칭자리를 함께 부여받았다.

신들이 만든 최초의 일곱 도시들 중에는 라락(Larak)도 있었다. 엔릴은 그곳에 자신의 또 다른 아들인 닌우르타를 보내 다스리게 한다. 수메르의 기록에서는 그를 파빌상(PA.BIL.SAG, 위대한 수호자)이라고 부르는데, 그것은 궁수자리의 명칭이기도 했다.

| **수메르에 세워진 최초의 우주공항** |

신들이 최초의 일곱 도시를 되는대로 만들었을 리는 없다. 우주 여행을 할 능력을 갖춘 그 '신'들은 확실한 계획을 세운 후 최초의 정착지들을 정한 것이 분명하다. 그것은 또 지구에 착륙했다가 다시 자신들의 행성으로 되돌아가야 한다는 다른 필수적인 목적에도 부합하는 것이었을 것이다.

그렇다면 최초의 도시들에 숨겨진 신들의 계획은 무엇일까?

그 답을 찾기 위해 먼저 한 가지 질문을 해보자. 고대 천문학과 점성술에서 '지구'의 상징으로 사용되었던, 직각으로 교차하는 십자가가 그려진 원(오늘날 우리가 '목표물'이라는 의미로 사용하는)은 도대체 어디에서 기원한 것일까?

그 상징의 기원은 수메르의 천문학과 점성술까지 거슬러 올라가며 이집트에서는 '장소'라는 뜻의 상형문자로 사용되었다.

이것은 우연일까, 아니면 아주 중요한 실마리가 이 속에 포함되어 있는 것일까? 혹시 네필림이 지구에 내려올 때 지구의 어떤 지점을 '목표물'로 삼았기 때문에 '지구'와 '장소', '목표물'이 동일한 상징으로 표현된 것은아닐까?

네필림에게 지구는 낯선 곳이었다. 하늘에서 지구를 살펴보면서 그들은 분명히 산이나 산맥에 특별한 관심을 두었을 것이다. 그것은 착륙이나 이륙을 할 때 위험한 지형이 되기도 하지만, 비행 중에는 위치를 확인할 수 있는 요긴한 길잡이가 될 수도 있기 때문이다.

만약 네필림이 인도양 위를 비행하면서 그들이 최초의 식민지로 개척하려고 했던 두 강 사이의 땅을 바라보았다면, 특히 두드러지게 눈에 띄는 육상 목표물이 있었을 것이다. 바로 아라라트(Ararat) 산이다.

거대한 사화산(死火山)인 아라라트 산은 현재의 터키와 이란, 그리고 아르메니아(Armenia)가 만나는 접경 지역인 아르메니아 평원에서 가장 높은 산이다. 이 산이 시작되는 평원의 해발은 동쪽과 북쪽은 약 900미터, 북서쪽은 약 1,500미터다. 산 전체의 폭은 약 40킬로미터에 달하며 둥근 모양의 거대한 산 정상이 아주 인상적이다.

이 산은 특히 하늘에서 내려다보았을 때 목표물로서 더욱 돋보이는 몇 가지 특징을 갖추고 있다. 먼저 이 산은 반(Van) 호수와 세반(Se-Van) 호수 사이의 거의 한가운데에 위치한다. 또 특이하게 소 아라라트(약 3,870미터)와 대 아라라트(약 5,100미터)라는 두 개의 정상을 갖고 있다. 이 지역의 다른 어떤 산도 만년설로 뒤덮여 있는 이 두 정상보다 높지 않다. 따라서 하늘에서 이 두 정상을 내려다보면 마치 두 호수 사이에서 빛나는 두 개의 등대처럼 보일 것이다. 또한 만년설 때문에 대낮에는 거대한 반사경 역할도 가능했을 것이다.

네필림은 최상의 착륙 지점을 찾기 위해 자오선과 육상 목표물, 그리고 이용하기 편리한 강의 위치 등을 모두 고려했을 것이다. 그런 점에서 메소포타미아 북부에 위치한 아라라트 산의 두 정상은 아주 유용한 육상 목표물이었을 것이다. 이런 아라라트 산의 두 정상 사이를 가로지르는 자오선이 유프라테스 강과 만나는 지점이 있는데, 바로 그곳이 목표 지점이었으며 네필림이 우주공항으로 고른 곳이었다. 【그림130】

그렇다면 그곳은 착륙과 이륙이 수월한 곳이었을까?

분명히 그랬다. 그곳은 평야지대에 자리잡고 있으며, 메소포타미아

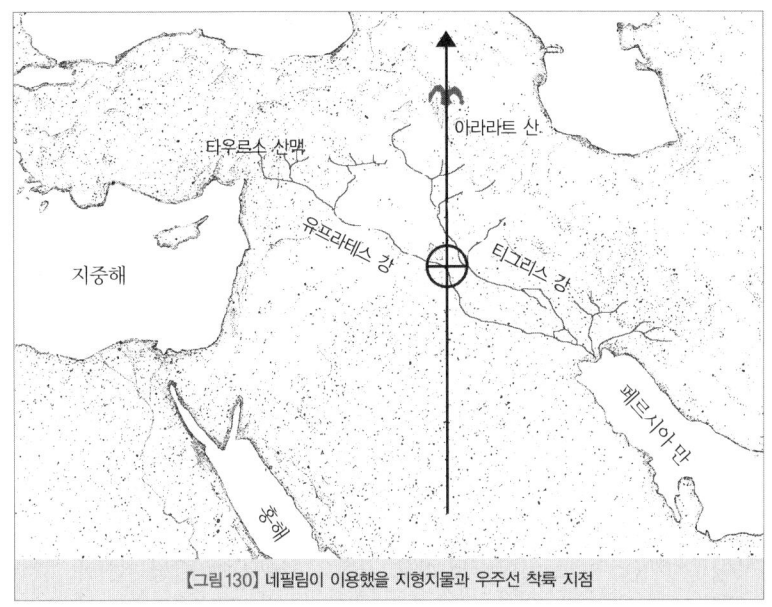

【그림130】 네필림이 이용했을 지형지물과 우주선 착륙 지점

지역을 둘러싸고 있는 산맥들과는 멀리 떨어져 있다. 동쪽과 북동쪽 그리고 북쪽의 높은 산맥들도 남동쪽에서 하강하는 우주선을 방해하지 않는다.

그렇다면 그곳은 우주인과 다른 물자들을 옮기는 데 큰 어려움이 없는, 즉 접근이 수월한 장소였을까?

그렇다. 그 지역은 육로나 유프라테스 강을 통해 쉽게 접근할 수 있는 곳이었다.

그리고 또 다른 중요한 질문이 있다. 그 근처에 조명이나 동력을 위한 에너지원이 있는가? 이번에도 역시 답은 긍정적이다. 네필림의 우주공항이 세워진 시파르가 위치한 유프라테스 강 유역은 특별한 굴착 작업 없이도 지표면에서 얼마든지 역청을 얻을 수 있는 곳이었다.

우리는 우주 관제소에서 자신의 부하들에게 둘러싸인 엔릴이 지도 위의 한 지점에 동그라미를 하고 거기에 십자가를 그려 넣는 모습을 상상할 수 있다. '여기를 뭐라고 부를까?'라고 그가 물었을 때 누군가가 '시파르(Sippar)가 어떨까요?'라고 말했을지도 모른다. 근동 언어에서 시파르란 '새'를 의미한다. 따라서 시파르는 독수리들이 찾아오는 집이었던 것이다.

그렇다면 네필림의 우주선은 어떻게 시파르에 착륙했을까?

한 네필림 항법사가 최선의 항로를 찾는 과정을 상상해 보자. 왼쪽에는 유프라테스 강과 그 서쪽으로 산이 많은 고원이 보이고, 오른쪽에는 티그리스 강과 그 동쪽으로 자그로스 산맥이 보인다. 따라서 우주선이 시파르에 접근할 때 아라라트 산을 지나는 자오선에 45도 각도로 접근한다면 양쪽의 위험한 지역을 쉽게 피할 수 있다. 더욱이 그런 각도로 시파르에 접근한다면 남쪽에 있는 아라비아 반도의 높은 봉우리들을 상당히 높은 고도에서 넘을 수 있으며, 그 후에 페르시아 만에서 하강을 시작할 수 있다. 우주선은 착륙할 때나 이륙할 때 모두 방해물 없이 넓은 시야를 확보할 수 있으며, 니푸르에 있는 통신 센터와 교신을 하는 데에도 방해를 받지 않는다.

엔릴의 부하들은 이런 착륙 방법을 염두에 두고 간단한 약도를 그렸을 수도 있다. 즉, 물과 산으로 둘러싸인 삼각형이 마치 화살처럼 시파르를 가리키도록 그리고, 가운데의 X 표시로 니푸르를 나타내는 식으로 말이다. 【그림131】

믿기 어렵지만 이 그림은 우리가 그린 것이 아니라, 수사(Susa) 유적지에서 발견된 기원전 3200년경의 도자기에 그려져 있는 것이다. 이 그림은 또 앞에서 살펴봤던, 커다란 원을 45도 각도의 8개 부분으로 나

눠 네필림의 비행 경로와 절차를 설명한 수메르의 평면 천체도를 상기시킨다. 【그림122】

네필림의 지구 정착이라는 임무는 되면 하고 안 되면 마는 식의 일이 아니었다. 모든 대안이 검토되었고, 모든 자원이 평가되었고, 모든 위험이 고려되었

【그림 131】 수사의 도자기에 그려진 산, 강, 십자 문양

다. 특히 각각의 도시 위치는 시파르에 착륙하는 우주선의 경로와 밀접하게 연관되어 있다.

아직까지는 아무도 수메르에 남아 있는 주거지들이 담고 있는 전체적인 계획을 밝혀내지 못했다. 그러나 수메르에 처음 건설된 일곱 개의 도시 중에서 바드티비라, 슈루곽, 니푸르의 위치를 살펴보면 그것들이 모두 아라라트를 지나는 자오선과 45도 각도를 이루는 직선상에 정확하게 놓여 있다는 것을 알 수 있다. 그리고 그 직선은 시파르에서 아라라트 자오선을 횡단한다! 또 우리가 위치를 알고 있는 다른 두 도시인 에리두와 라르사는 또 다른 직선상에 위치하는데, 그 직선도 시파르에서 아라라트 자오선과 바드티비라, 슈루곽, 니푸르를 잇는 직선을 만난다. 【그림132】

니푸르를 원의 중심으로 지적한 고대의 그림을 참고로 해서 니푸르를 중심으로 동심원들을 그려 보면, 고대 수메르의 또 다른 도시인 라가시(Lagash)가 그 동심원 중 하나에 위치한다는 것을 알 수 있다. 또 라가시와 시파르를 잇는 직선을 그어 보면, 그 선은 위에서 말한 아라라트 자오선과 45도 각도를 이루는 바드티비라-슈루곽-니푸르를 잇

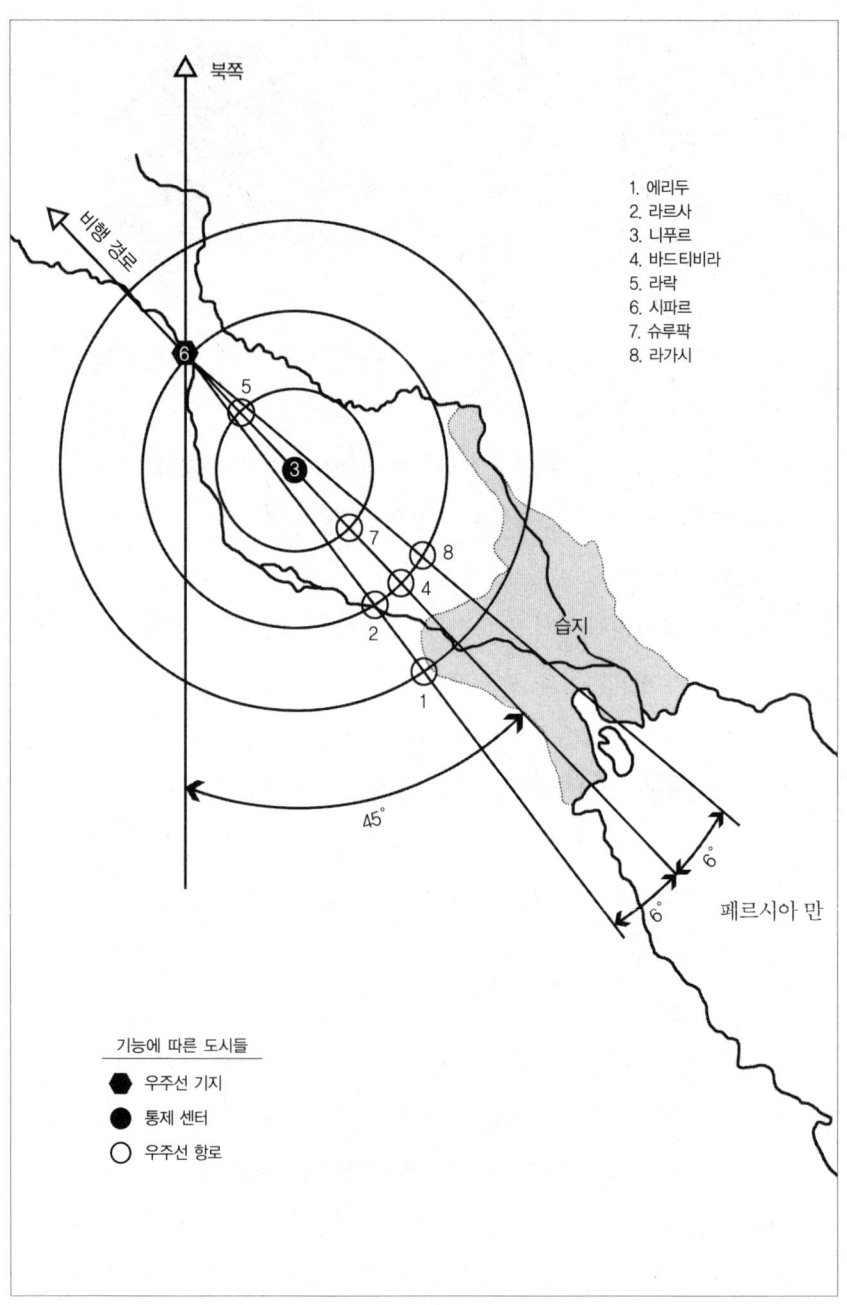

는 직선을 사이에 두고 에리두-라르사-시파르를 잇는 직선과 등거리에 놓여 있다. 즉, 라가시의 위치는 라르사의 위치에 대칭되는 것이다.

비록 라라악(LA.RA.AK, '라락'이라고도 하며 '빛나는 후광을 보다'라는 뜻)이라는 도시가 있었던 위치는 여전히 알려지지 않았지만, 논리적으로 볼 때 그 위치는 '그림 132'의 5번 지점으로 추측된다. 왜냐하면 신의 도시 중 하나가 거기 있어야만, 시파르로 가는 우주선의 중간 항로에 바드티비라-슈루팍-니푸르-라락의 순서로 6베루(beru)씩의 간격에 도시가 하나씩 놓이게 되기 때문이다.

니푸르를 지나 아라라트 자오선과 45도 각도를 이루는 직선의 양옆으로 6도씩 벌려 우주선 항로의 남북한계선 역할을 할 수 있는 두 개의 선을 그을 수 있다. 그에 걸맞게 라아르사(LA.AR.SA, 라르사)라는 이름은 '붉은 빛을 본다'는 뜻이며, 라아가시(LA.AG.ASH, 라가시)라는 이름은 '6시 방향에 후광을 본다'는 뜻이다. 같은 직선상에 있는 도시들 간의 거리는 6베루, 약 60킬로미터였다.

이런 내용들이 네필림이 최초의 도시들을 세울 때 고려한 전체적인 계획이었던 것으로 보인다. 먼저 자신들의 우주공항을 위한 최선의 장소로 시파르를 정한 후에, 시파르로 향하는 항로상에서 가장 중요한 위치에 다른 도시들을 세운 것이다. 그리고 그 한가운데에 니푸르를 세웠는데, 그곳에 '하늘과 땅의 유대'가 있었던 것이다.

| 하늘과 땅의 유대, 혹은 통신 센터 |

지금은 신들이 처음 직접 세운 도시나 그 유적지를 찾아볼 수 없다. 왜냐하면 후에 지구를 휩쓴 대홍수로 도시들이 모두 사라졌기 때문이다. 그러나 메소포타미아의 왕들이 신들이 처음 도시를 세웠던 똑같은

자리에 '원래의 계획'에 따라 신성한 장소를 계속해서 재건하는 것을 자신들의 신성한 의무로 생각했기 때문에, 원래의 도시에 대해 많은 것을 알 수 있다. 재건축을 진행했던 왕들은 그들의 헌사에서 자신들이 원래의 계획에 충실했다는 것을 특히 강조하고 있다.

레야드(A.H.Layard)가 발견한 한 왕의 헌사를 담은 기록에는 다음과 같이 적혀 있다.

미래의 건축이 결정된
영원한 평면도를
(나는 따랐다.)
그것은 고대의 설계도를 담고 있으며
높은 하늘의 기록을 담고 있다.

우리가 생각하는 것처럼 라가시가 착륙 신호소의 역할을 했던 곳이라면, 기원전 3000년경에 라가시를 지배하던 구데아(Gudea)가 한 말의 의미가 보다 분명해진다. 구데아는 닌우르타가 자신에게 라가시의 신성한 장소를 다시 지으라고 지시했을 때, 어떤 신이 자신에게 석판에 그려진 건축 설계도를 주었으며, 또 다른 여신은('하늘과 땅 사이를 자신의 방에서 여행하는 신') 자신에게 우주의 지도를 보여 주었고 건축물의 천문학적 배열을 알려 주었다고 했다.

'신성한 검은 새' 이외에도, 신의 '무서운 눈(세상을 굴복시키는 거대한 광선)'과 '세상의 통제자(그 소리가 온 세상에 울려 퍼지는)'가 신성한 장소에 설치됐다. 그리고 건축물이 완성된 후 마지막으로 '우투의 상징'이 '우투가 떠오르는 곳(시파르의 우주공항)'을 향해 세워졌다. 빛을 뽐는 이런 모든 물체들은 우주공항의 작동을 위해 매우 중요했기 때문에, 그것들의 설치가 끝났을 때는 우투가 '기쁨에 넘쳐' 몸소 그것들을 보러 왔다.

원통형 인장에 새겨진 초기 수메르의 그림들에는 소들이 풀을 뜯고 있는 초원에 갈대와 나무로 지어진 거대한 구조물이 자주 등장한다. 학자들은 그것이 소의 우리라고 주장하지만, 그 구조물의 지붕에 반드시 기둥들이 그려져 있는 것을 보면 그런 이론을 받아들이기가 어렵다. 【그림133a】

그림에서 볼 수 있듯이 기둥을 세운 목적은 하나 혹은 몇 개의 '고리'들을 지지하기 위한 것인데, 그 고리들의 용도에 대한 기록은 찾아볼 수 없다. 그리고 그것들이 초원에 세워졌다고 해서 반드시 소를 가두기 위한 우리였다고 생각할 수도 없다. '그림 133b'와 같은 수메르의 그림문자들은 두르(DUR, 집 혹은 거처)와 투르(TUR, 회합 장소)를 나타내는데, 그것은 의심의 여지없이 원통형 인장에 새겨진 구조물들과 같은 것을 묘사한 것이다. 그러나 그림문자들은 구조물에서 가장 중요한 것이 '집'이 아니라 안테나 탑같이 보이는 기둥이라는 것을 분명하게 강조하고 있다. '고리'가 달린 비슷한 기둥들은 초원의 구조물뿐만 아니라 성스러운 신들을 모시는 신전의 입구에도 세워졌다. 【그림 133c】

그것들은 혹시 일종의 송출 장비에 부착된 안테나가 아니었을까? 그리고 '고리'들은 초원지대에 착륙하는 우주선을 안내하기 위해 설치된 레이더 방사체가 아니었을까? 또 눈 같은 것이 달린 기둥은 여러 수메르 기록에서 언급된 신들의 '모든 것을 보는 눈' 즉 정찰 장비가 아니었을까?

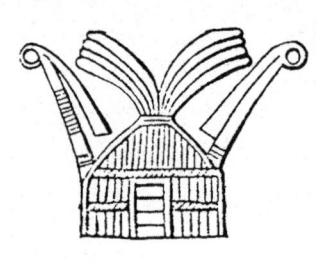 

【그림133a】 원통형 인장에 새겨진 기둥이 있는 지붕의 구조물

【그림133b】 집과 거처를 의미하는 수메르의 그림문자

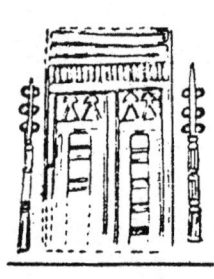 

【그림133c】 신전의 입구에 세워진 고리 달린 기둥들

[그림134] 안테나 같은 기둥이 달린 물체를 운반하는 수메르인들

이런 다양한 장비들이 부착된 기구가 휴대용이었다는 증거들이 상당히 많다. 수메르의 원통형 인장을 보면 상자처럼 생긴 '신성한 물체'가 배나 동물의 등에 실려 운반되는 모습이 묘사돼 있다. [그림134]

일종의 블랙박스처럼 보이는 이 상자는 하나님의 지시에 따라 모세가 만들었다는 '결약의 궤(The Ark of the Covenant, 혹은 언약궤)'를 연상시킨다. 결약의 궤는 나무로 만들어졌으며 안팎으로 금을 입히고 그 둘레에는 금테를 둘렀다. 이렇게 하면 전기전도가 가능한 궤의 안과 밖이 나무로 인해 절연된다.

또 순금으로 카포레스(Kapporeth, 구약에서는 '속죄판'이라고 번역)라는 것을 만들어 결약의 궤 위에 놓고, 금을 두들겨 만든 두 개의 케루빔(Cherubim, 구약의 '그룹')을 양쪽 끝에 두어 그것을 받쳤다. 학자들은 카포레스가 '덮개'를 의미한다고 추측하지만 그것이 무엇이었는지는 분명치 않다. 그러나 「출애굽기」에 그것을 만든 목적만큼은 분명하게 드러나 있다. '그리고 내가 카포레스의 위에서, 즉 두 케루빔 사이에서 네게 말할 것이다.' (「출애굽기」 25 : 22)*

결약의 궤가 기본적으로 전기로 작동되는 통신용 상자였다는 것은 그것을 옮기는 방법을 지시한 말에서도 드러난다. 궤에 달린 네 개의 금으로 된 고리에 두 개의 나무 '채'를 끼워서 옮기도록 지시했다. 누구도 상자를 직접 만질 수 없었으며, 그것을 만졌던 한 유대인은 마치 고압의 전기에 감전된 것처럼 그 자리에서 죽었다.

멀리 떨어져 있는 신과 의사소통을 할 수 있도록 해주는 그런 특이한 물건은 자연히 경배의 대상이 되었으며, '신성한 숭배의 상징'이 되었다. 라가시, 우르, 마리 그리고 고대의 다른 도시들에 있던 신전에서는 '눈(eye)의 상징'이 숭배의 대상이 되었다. 북부 메소포타미아의 텔 브락(Tell Brak)에 위치한 '눈의 신전'은 이러한 눈의 상징들로 유명하다. 기원전 4000년경에 세워진 이 신전에서는 수백 개의 눈의 상징들이 발견되었을 뿐만 아니라, 신전 한가운데의 성소에 자리잡은 유일한 제단에 돌도 된 거대한 '두 개의 눈' 상징이 전시돼 있다. 【그림135】

그것은 닌우르타의 '무서운 눈'이나, '땅을 살피는 높은 눈 (…) 땅을 살피는 높은 빛'이라고 고대 기록이 표현했던 엔릴의 니푸르 통신 센터의 '눈'과 같이 실제로 존재했던 신성한 물체를 모방한 것임에 틀림없다.

메소포타미아의 땅은 주로 평지였기 때문에 우주 비행에 필요한 장비들을 설치하기 위해서는 단을 쌓아야 했다. 고대의 기록과 그림을 보면 그런 단은 초

【그림135】 눈의 상징(텔 브락)

기에는 단순한 초막이었다가 나중에는 계단형 피라미드인 지구라트로 발전했다는 것을 알 수 있다. 지구라트의 맨 위에는 신이 실제로 거주하는 처소가 지어졌으며, 처소 주위에는 그의 '새'와 '무기'를 설치하기 위해 벽으로 둘러싸인 궁정이 지어졌

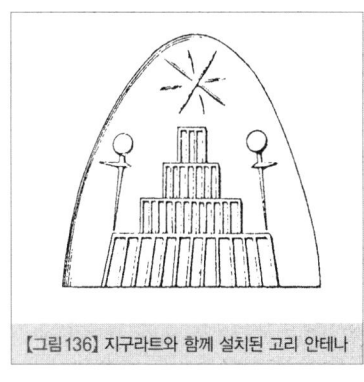

【그림136】 지구라트와 함께 설치된 고리 안테나

다. 원통형 인장에 새겨진 지구라트를 보면 그것이 흔히 생각하는 계단식 구조로만 이루어진 것이 아니라, 최소한 계단 세 개 정도의 높이와 맞먹는 두 개의 거대한 '고리 안테나'들도 함께 세워졌음을 알 수 있다. 【그림136】

마르둑은 바빌론의 지구라트와 신전 건물이 자신의 지시에 따라 건축되었고, '높은 하늘의 기록'에 근거해 지어졌다고 말한다. 그것을 해석한 사람의 이름을 따서 「스미스 서판」이라고 불리는 고대 기록을 패로트(A. Parrot)가 분석한 바에 따르면, 이 기록이 묘사하고 있는 일곱 단으로 이루어진 지구라트는 정사각형이었으며 맨 밑의 계단은 각 변의 길이가 15가르(gar)였다고 한다. 또 지구라트의 전체 높이도 15가르여서 전체 구조물은 정사각형일 뿐만 아니라 정육면체이기도 했다.

여기서 가르라고 표현된 측정 단위는 12큐빗(cubit), 약 6미터에 해당된다. 우드(H. G. Wood)와 스테치니(L. C. Stecchini)는 수메르의 60진법이 메소포타미아 지구라트의 모든 중요한 단위들을 결정했다는 것을 밝혀냈다. 맨 밑의 계단의 각 변의 길이인 15가르는 60큐빗에 3을 곱한 것과 같으며, 전체 둘레는 60가르였다. 【그림137】

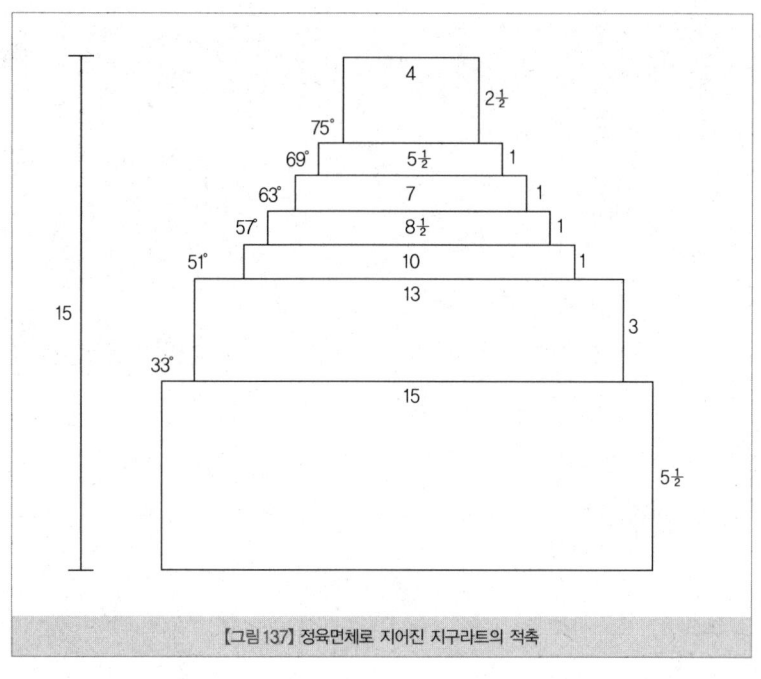

[그림 137] 정육면체로 지어진 지구라트의 적축

그렇다면 각 단의 높이는 어떤 의미를 지닌 것일까? 스테치니는 첫 번째 계단의 높이인 5.5가르에 6을 곱하면 33이 되는데 이 숫자가 바빌론의 위도인 북위 32.5도와 흡사하다는 것을 발견했다. 또 두 번째 계단의 높이인 3가르에 6을 곱해 얻은 값 18에 첫 번째 계단의 각도인 33을 더하면 두 번째 계단의 관찰 각도가 51도로 올라간다. 그 다음 네 개의 계단은 모두 6도씩 더 올라간다. 그 결과 일곱 번째 계단은 바빌론의 위도에서 75도 각도를 바라보는 단 위에 세워졌다. 이 마지막 단은 거기에 15도를 더해 관찰자가 90도 직각으로 하늘을 바라볼 수 있도록 한다. 스테치니는 지구라트의 각각의 계단이 일종의 천문대 역할을 했으며, 지구라트는 하늘의 각도를 따라 미리 정해진 높이로 지어졌다고 결론지었다.

물론 우리가 짐작할 수 없는 다른 숨겨진 이유가 있을 수도 있다. 앞서 살펴본 첫 번째 계단의 각도인 33도는 바빌론의 위도와는 조금 다르지만 시파르의 위도와는 정확하게 일치한다. 그렇다면 6도씩 올라간 중간의 네 계단과 6베루씩 떨어져 건설된 신의 도시들 사이에 어떤 관계가 있는 것은 아닐까? 지구라트의 일곱 계단은 최초의 일곱 정착지나 일곱 번째 행성인 지구와 관계가 있는 것은 아닐까?

마르티니(G. Martiny)는 지구라트의 구조가 천문 관측에 어떻게 적용될 수 있었는지를 연구하면서, 마르둑이 세운 바빌론 지구라트의 맨 꼭대기가 슈파(Shupa, 앞에서 우리가 명왕성이라고 밝혀낸) 행성과 양자리를 향하고 있었다는 것을 밝혀냈다. 【그림138】

그러나 지구라트가 별과 행성을 관찰하려는 목적으로만 만들어진 것이었을까? 혹시 네필림의 우주 비행에도 사용되지는 않았을까? 모든 지구라트는 꼭짓점들이 정확히 동서남북 4방위를 가리키도록 설계되었다. 그 결과 지구라트의 네 면은 4방위와 45도 각도를 이룬다. 다시 말하면 착륙을 위해 하강하는 네필림의 우주선이 지구라트의 특정한 면을 따라 비행하기만 하면 시파르에 어려움 없이 도착할 수 있었다는 것을 의미한다.

아카드와 바빌로니아에서는 지구라트를 주키라투(zukiratu, 신성한 영의 정육면체)라고 불렀다. 또 수메르인은 지구라트를 에시(ESH)라고 불렀는데, '최고의' 혹은 '가장 높은'이라는 뜻이며 또한 '열을 뿜는 근원'으로도 번역할 수 있다.

네필림의 우주 비행이라는 측면을 염두에 두지 않고 지구라트를 연구했던 학자들조차도 지구라트의 여러 가지 특징으로 보아 그것이 단

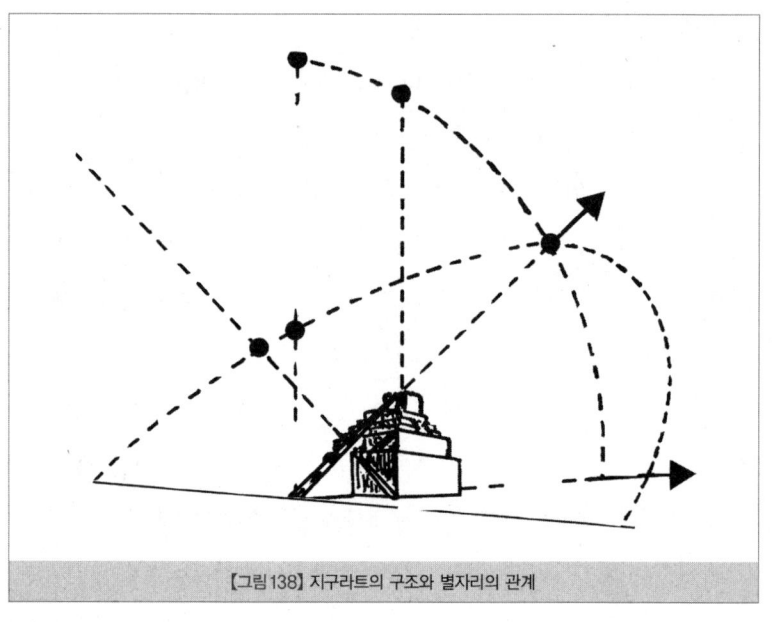

【그림138】 지구라트의 구조와 별자리의 관계

순히 높은 곳에 신의 거처를 만들려는 의도만으로 지어졌다고 단정지을 수는 없었다. 크레이머의 다음 문장은 이런 견해를 잘 보여 준다.

> 메소포타미아 신전 건축의 대표적 특징이라고 할 수 있는 계단식 탑인 지구라트는 (…) 지구의 인간과 하늘의 신을 연결하는 실제적이고 상징적인 연결점으로 사용됐다.

그러나 지구라트의 진정한 역할은 하늘에 있는 신과 인간의 연결이 아니라, 하늘에 있는 신과 지구에 있는 신을 연결하기 위한 것이었다.

11

아눈나키의 폭동

| 아래 세계, 압수 |

엔릴(Enlil)이 직접 지구로 내려온 후, 지구의 통치권은 엔키로부터 엔릴에게로 넘어갔다. 엔키(Enki)의 이름과 엔키를 부르는 형용사가 '지구의 주님'에서 에아(E.A, 물의 신)로 바뀐 것도 이때쯤인 것으로 보인다.

수메르 기록에 따르면 신들이 지구로 내려온 초기에 이미 지구에서의 권력을 어떻게 분담할 것인가에 대한 합의가 이루어졌다고 한다. 안(An)은 12번째 행성에 머물면서 계속 하늘을 지배했다. 엔릴은 땅을 통치하기로 했고, 엔키는 압주(AB.ZU, 아카드어에서는 압수apsu)의 통치권을 받았다. 에아라는 이름에 나타난 '물'의 의미를 주목한 학자들은 압주를 '깊은 물'로 해석하면서, 엔릴은 그리스 신화에 등장하는 제우스의 원형으로, 에아는 바다의 신인 포세이돈의 원형 정도로 생각했다.

또 다른 기록을 보면 엔릴의 영토는 '위 세계'이고, 엔키의 영토는 '아래 세계'라고 되어 있다. 학자들은 이런 문장도 엔릴이 지구의 대기를 통제하고 엔키는 '지하의 물'을 다스렸다는 사실을 나타내는 것이라고 해석하면서, '지하의 물'이 그리스 신화의 하데스(Hades, 지옥)와 같은 것이라고 보았다. 깊고, 어둡고, 위험한 물을 의미하는 어비스(abyss)라는 단어도 압수에서 파생된 것이다. 그래서 학자들은 '아래 세계' 혹은 '아래쪽의 땅'이라는 문구가 등장할 때마다 그것을 'Unterwelt(지하세계)'나 'Totenwelt(죽은 자의 세계)'로 번역해 왔다. 최근에 들어서야 수메르학 학자들은 'Netherworld(명부, 저승)'라는 단어로 대치해 부정적인 의미를 다소 완화시키고 있다.

이런 잘못된 해석은 구약과 가나안의 기록에서 타무즈(Tammuz)라는 이름으로 알려진 수메르의 신 두무지(Dumuzi)의 실종을 묘사한 메소포타미아의 기록들에서 비롯되었다. 두무지는 인안나(이시타르)와 유명한 애정 행각을 벌이기도 했는데, 인안나가 '아래 세계'에 있는 두무지를 찾아 여행을 하기도 한다.

수메르와 아카드의 '타무즈 기록들'을 연구한 위첼(P.M. Witzel)의 방대한 작업은 이런 오해를 더 확고하게 했다. 위첼은 인안나가 '죽은 자들의 영역으로 갔다가, 다시 산 자들의 땅으로 돌아오는' 여행을 했다고 해석했다.

수메르와 아카드의 기록을 보면 인안나는 아래쪽 땅의 여주인이자 그녀의 여자형제인 에레시키갈(Ereshkigal)을 방문하기 위해 그곳으로 갔다고 한다. 인안나는 죽어서 혹은 자신의 의사와 상관없이 그곳으로

간 것이 아니라, 살아 있는 상태에서 제발로 찾아간 것이다. 그리고 문을 지키는 경비를 협박까지 해가며 그곳에 들어간다.

네가 문을 열지 않아 내가 들어가지 못한다면
나는 문을 부수고 빗장을 부술 것이다.
나는 문설주를 부수고 문을 없애 버릴 것이다.

그리하여 에레시키갈에게 이르는 일곱 개의 문이 하나씩 차례로 열린다. 마침내 에레시키갈을 만났지만 그녀는 미친 듯이 화를 낸다. (아카드의 기록에서는 에레시키갈이 인안나를 보자마자 '터져 버렸다'고 표현하고 있다.) 인안나의 방문 목적이나 에레시키갈이 왜 그렇게 화를 냈는지는 명확하지 않지만, 인안나가 그런 푸대접을 예측하고 있었다는 것은 분명하다. 그녀는 여행을 떠나기 전에 다른 중요한 신들에게 자신의 여행에 대해 알렸으며, 심지어 만약 '위대한 아래쪽'에 갇힐 경우 자신을 구해 달라고 미리 부탁까지 해놓았기 때문이다.

에레시키갈의 남편이자 아래 세계의 통치자는 네르갈(Nergal)이었다. 네르갈이 아래 세계로 가게 되는 과정이나 그곳의 통치자가 되는 과정을 보면 신들이 얼마나 인간적이었는지를 알 수 있을 뿐만 아니라, 아래 세계가 결코 '죽은 자의 세계'가 아니라는 것도 분명해진다.

여러 가지 판본으로 발견되는 네르갈의 이야기는 안과 엔릴, 엔키가 참석한 한 모임에서 시작된다. 그 모임은 '하늘에서' 열렸지만 12번째 행성은 아니었다. 그 모임은 지구 궤도를 도는 모선 중 하나에서 열린 것으로 보인다. 에레시키갈이 그 모임에 참석하지 못하자 신들이 전령을 보내 '하늘의 긴 사다리를 에레시키갈의 문에 닿도록' 내려주었기 때문이다. 초청을 받은 에레시키갈은 측근인 남타르(Namtar)에게 다음과 같이 지시한다.

> 남타르여, 하늘의 긴 사다리를 타고 올라가라.
> 식탁의 접시들을 비우고 나의 몫을 챙겨라.
> 안 이 주는 것은 무엇이든 내게 가져와라.

남타르가 연회장으로 들어서자 '뒤쪽에 앉아 있는 머리 벗겨진 신'을 제외한 모든 신들이 일어나 반겼다. 남타르는 아래 세계로 돌아와 그 사실을 에레시키갈에게 알렸다. 그녀는 물론이고 아래 세계의 다른 모든 군소 신들까지도 '머리 벗겨진' 그 신의 행동에 모욕감을 느꼈다. 에레시키갈은 그 건방진 신을 처벌할 수 있도록 그 신을 자신에게 보내 달라고 요구한다.

그런데 모욕을 준 신은 위대한 엔키의 아들인 네르갈이었다. 그 일 때문에 아버지 엔키로부터 심하게 꾸중을 들은 네르갈은 아버지의 충고에 따라 혼자서 에레시키갈을 만나러 간다. 네르갈이 아래 세계의 입구에 도착하자 그를 알아본 남타르가 '에레시키갈의 넓은 궁정'으로 안내한다. 거기서 네르갈은 몇 가지 시험을 치른다.

잠시 후에 에레시키갈은 그녀가 매일 즐기는 목욕을 한다.

> (…) 그녀는 알몸이 되었다.
> 보통 남자와 여자가 생각하는 것을
> 그는 가슴에 (…)
> (…) 그들은 서로 끌어안았다.

그들은 열정적으로 침대에 들었다.

그리고 그들은 무려 7일 동안 사랑을 나눈다. 그 사이 '위 세계'에서는 네르갈의 실종이 문제가 된다. 네르갈은 에레시키갈에게 '나를 놓아 달라'고 간청한다. 그리고 '갔다가 돌아오겠다'고 약속한다. 그러나 그가 떠나자마자 남타르는 에레시키갈에게 네르갈이 절대 돌아오지 않을 것이라고 이간질한다. 다시 한번 남타르가 최고신 안에게 보내진다. 에레시키갈이 원하는 것은 명백했다.

당신의 딸인 저는 젊습니다.
저는 처녀의 유희를 몰랐습니다. (…)
그런데 당신이 보내신
그가 저와 동침했습니다.
그를 저에게 보내 남편으로 삼게 해주십시오.
그가 저와 함께 살게 해주십시오.

결혼에는 전혀 뜻이 없던 네르갈은 군대를 조직해 '그녀의 목을 치려고' 에레시키갈의 영토로 쳐들어간다. 그러나 에레시키갈은 네르갈에게 애원한다.

'제 남편이 되어 주시면 제가 아내가 되어 드리겠습니다.
당신이 넓은 아래 세계를 통치하도록 해 드리겠습니다.
당신 손에 지혜의 서판을 쥐어 드리겠습니다.
당신은 저의 주인이 되시고 저는 당신의 아내가 되겠습니다.'

그리고 행복한 결말이 이어진다.

네르갈이 그녀의 말을 듣고
그녀의 손을 잡고 입을 맞췄다.
그녀의 눈물을 닦아 주며 말했다.
'오랫동안 당신이 내게 원하던 대로 될 것이다!'

이런 이야기들로 미루어 짐작할 때 아래 세계는 결코 죽은 자의 세계가 아니었다. 그와는 정반대로 그곳은 신들이 드나들면서 사랑을 나누고, 엔릴의 손녀딸(에레시키갈)과 엔키의 아들(네르갈)에게 맡겨질 정도로 중요한 땅이었다. 올브라이트(W. F. Albright)는 이런 신들의 이야기들이 아래 세계가 음울한 곳이라는 초기 학자들의 주장을 뒷받침하지 않는다고 지적하면서, 아래 세계에 마련된 두무지의 처소가 '강들의 입구'라고 불리던 지하의 천국에 있는 밝고 풍요로운 곳'이었다고 본다. 두무지의 처소에 대한 이런 설명은 압수에 있었다는 엔키의 집에 대한 묘사와도 아주 흡사하다.

그곳은 아주 멀고 가기 어려운 곳이었고 일종의 '통제 구역'이기는 했지만 그렇다고 해서 다시 돌아올 수 없는 땅은 아니었다. 인안나와 마찬가지로 다른 중요한 신들도 아래 세계를 자주 드나들었다. 엔릴도 닌릴을 강간한 후에 잠시 동안 압수로 도망쳤었다. 엔키도 수메르의 도시 에리두와 압수를 오가면서 압수에 '에리두의 기술'을 가져와 그곳에 자신을 위한 '높은 신전'을 지었다. 그곳은 어둡고 외진 곳이 아니라 오히려 물이 넘쳐흐르는 밝은 곳이었다.

엔키가 사랑하는 풍요의 땅;

풍요로 넘치고 풍부함이 가득한 곳 (…)

거대한 강이 대지를 가로지르는 곳

우리는 앞에서 엔키가 '흐르는 물의 신'으로 묘사된 것을 여러 차례 보았다. 수메르의 기록을 보면 수메르의 평야지대가 아닌 '위대한 아래쪽 땅'에 흐르는 물이 실제로 존재했다고 한다. 올브라이트는 수메르의 '서쪽'에 위치한 우트투(UT.TU)의 땅, 즉 아래 세계를 다루고 있는 한 기록에 주목한다. 그 기록은 엔키의 압수 여행에 대해 다음과 같이 묘사한다.

당신에게 압수는 깨끗한 땅입니다.

거대한 물이 빠르게 흐릅니다.

주님은 흐르는 물의 처소로 가십니다. (…)

엔키는 깨끗한 물에

흐르는 물에 처소를 지었습니다.

압수의 한가운데에

위대한 성소를 지었습니다.

모든 것을 고려해 볼 때 그곳은 분명히 수메르에서 바다를 건넌 곳에 있었다. 우선 '깨끗한 아들'인 젊은 두무지에 대한 애가(哀歌)에서는 그가 '배'에 실려 아래 세계로 갔다고 전한다. 「수메르의 파괴를 애도함」이라는 기록에서는 인안나가 대기 중인 '배'에 어떻게 올라탔는지를 묘사했다. '그녀의 영토에서 배를 타고 떠나, 아래 세계로 내려갔다.'

완전한 판본이 발견되지 않아 연구된 적이 별로 없는 한 수메르 기록에는 이라(Ira, '아래쪽 땅의 주인'이라는 뜻을 지닌 네르갈의 별칭)와 그의 형제인 마르둑이 심하게 다투는 장면이 나온다. 그 과정에서 네르갈은 자신의 영토를 떠나 바빌론으로 가서 마르둑과 대결한다. 그러자 마르둑은 '내가 압수로 내려가 아눈나키들을 통제하겠다. (…) 내가 그들을 상대로 분노의 무기를 들겠다'고 위협한다. 그런데 압수로 가기 위해 마르둑은 메소포타미아를 떠나 '솟구쳐 오른 물'을 건너야 했다. 그의 목적지는 지구의 '토대'에 위치한 아라리(Arali)였으며, 기록을 보면 지구의 그 '토대'가 어딘지 짐작할 수 있다.

바다 멀리
물을 100베루 지나 (…)
아라리의 땅은 (…)
푸른 돌이 병(病)을 일으키고
안의 일꾼들이
낮처럼 빛나는 은도끼를 가진 곳

베루는 거리와 시간을 재는 단위인데 수상 여행을 말할 때는 시간의 단위로 사용된다. 1베루는 2시간으로 100베루를 지났다는 것은 곧 200시간 동안 항해를 했다는 말이다. 네필림들이 어떤 속도로 움직였는지를 알 길은 전혀 없지만, 지구의 '토대'가 메소포타미아에서 수천 킬로미터 정도를 항해해야 하는 거리에 있었다고 짐작해 볼 수는 있다.

아라리는 수메르에서 멀리 떨어진 남서쪽에 있었다고 한다. 페르시아 만에서 출발한 배가 남서쪽 방향으로 수천 킬로미터를 항해하여 도착할 수 있는 곳은 아프리카의 남부 해안지역 단 한 곳뿐이다.

그렇게 보면 아래 세계가 남반구를 의미한다고 볼 수 있으며, 수메르가 있던 위 세계는 북반구를 의미한다고 볼 수 있다. 이렇게 지구를 엔릴의 땅(북반구)과 엔키의 땅(남반구)으로 나누어 보면, 수메르인이 북반구의 하늘을 '엔릴의 길'이라고 부르고 남반구의 하늘을 '엔키의 길'이라고 부른 이유도 명확해진다.

| 아프리카의 고대 광산 유적 |

네필림이 행성 간 비행을 할 수 있었고 지구 궤도를 돌 수 있었으며 지구에 착륙할 능력도 있었다는 것을 생각해 보면, 그들이 메소포타미아 이외에도 아프리카 남부 같은 지구의 다른 지역에 대해 알고 있었다는 것이 놀라운 일은 전혀 아니다. 또 원통형 인장에 묘사된 기린이나 타조 같은 동물과 밀림지대, 그리고 표범가죽옷을 입은 통치자들의 모습을 보면 네필림이 아프리카에 대해 잘 알고 있었음이 확실하다.

네필림이 엔키와 같은 위대한 과학자를 아프리카에 보내고, 또 그 땅을 통치한 신들에게 특별한 '지혜의 서판'을 부여한 이유는 과연 무엇일까?

이를 밝히기 위해서는 학자들이 지금까지 '깊은 물' 정도로 해석해 온 압주라는 수메르어를 다시 새롭게 해석해 볼 필요가 있다. 문자 그대로 해석하자면 압주는 '태초의 깊은 근원'이라는 뜻으로, 반드시 물을 의미하지는 않는다. 수메르어의 문법에서는 어떤 단어의 두 음절이 그 순서가 바뀌어도 뜻은 변하지 않는다. 따라서 압주(AB.ZU)라는 단어는 주압(ZU.AB)과 같은 뜻을 지닌다. 그런데 주압이라는 수메르어는 고대에서 현재까지 '보석'을 의미하며, 히브리어에서는 보석 중에서도 특히

'금'을 의미한다.

압주라는 단어의 그림문자는 지구의 깊은 곳을 파 내려가는 갱도의 모양이다. 【그림139】 따라서 엔키는 끝없는 '깊은 물'의 신이 아니라 지구의 광물을 캐내는 책임을 맡았던 신이었음을 알 수 있다.

실제로 아카드어 압수(apsu)에서 파생된 단어 그리스어 아비소스(abyssos)는 깊은 땅속의 구멍을 의미한다. 아카드의 한 교과서에서는 '압수는 니크부(nikbu)'라고 정의 내렸는데, 니크부는 인간이 만든 깊은 구멍을 뜻한다.

옌젠(P. Jensen)은 이미 1890년에 수메르 기록에 자주 등장하는 비트 니미쿠(Bit Nimiku)라는 문구를 '지혜의 집'이 아니라 '깊은 집'으로 해석해야 한다고 주장하면서 '비트 니미쿠에서 금과 은이 왔다'고 씌어진 「V.R.30」이라는 기록을 인용했다. 또 「Ⅲ.R.57」이라는 아카드 기록에 등장하는 '니미키(Nimiki)의 여신 샬라(Shala)'라는 문구는 '빛나는 청동을 다루는 여신'이라는 수메르 기록을 번역한 것이라고 지적했다. 따라서 아카드어의 니미쿠라는 단어는 흔히 번역되는 것처럼 '지혜'가 아니라 '금속과 연관된 것'을 뜻한다. 그러나 옌젠은 그렇게 된 이유는 알 수 없다고 했다.

메소포타미아의 송가들은 엔키를 '벨 니미키(Bel Nimiki)'라고도 불렀는데 학자들은 대개 이것을 '지혜의 주님'으로 해석했다. 그러나 정확한 번역은 '채광(採鑛)의 주님'일 것이다. 또 니푸르에 있던 운명의 서판에 행성들의 궤도에 대한 정보가 담겨 있듯이, 네르갈과 에레시키갈에게 주어진 지혜의 서판은 네필림의 채광 작업과 관련된 자료들이 적힌 '채광의 서판'이었을 것이다.

압주의 신인 엔키는 자신의 아들 기빌(GI.BIL)의 도움을 받았다. 기

[그림 139] 압주의 그림문자

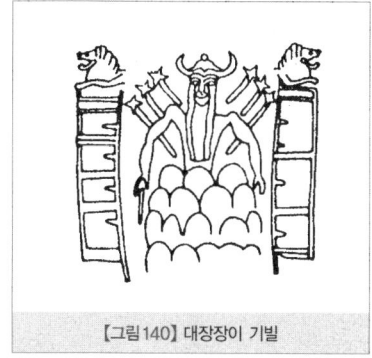

[그림 140] 대장장이 기빌

빌이라는 이름은 '땅을 태우는 자'라는 뜻인데 실제로 그는 불과 제련(製鍊)을 담당했다. 지구 최초의 대장장이라고 할 수 있는 기빌은 흔히 땅에서 막 나오거나 땅속으로 들어가려는 자세로 묘사되는데, 어깨 위에서 광

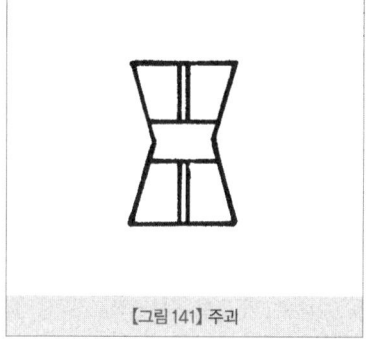

[그림 141] 주괴

선이나 불꽃이 튀어나오는 젊은 신의 모습이다. [그림 140] 또 수메르 기록에서는 엔키가 그에게 '지혜'를 주었다고 하는데, 이는 엔키가 그에게 채광 기술을 가르쳤다는 뜻일 것이다.

네필림은 아프리카 남동 지역에서 채광된 원광석을 '마구르 우르누 압주(MA.GUR UR.NU AB.ZU, 아래쪽 땅의 원광석을 위한 배)'라는 이름의 특수 화물선을 이용해 메소포타미아로 옮겼다. 그리고 항구에서 다시 바드티비라로 옮겼는데, 그 도시의 이름은 문자 그대로 번역하면 '금속 가공의 토대'라는 뜻이다. 제련을 거친 광석들은 주괴(鑄塊)로 만들어졌으며, 당시 생산된 주괴의 모양은 근동 지역에서 수천 년 동안

아눈나키의 폭동 441

그대로 모방됐다. 수메르인들이 자그(ZAG, 정련된 귀중한 것)라는 단어의 상징으로 사용하던 그림문자는 그런 주괴의 모양을 보여 준다. 실제로도 근동의 많은 유적지에서 그런 모양의 주괴들이 발굴돼 수메르인들이 그린 그림이 정확하다는 것을 알 수 있다. 주괴에는 가운데를 가로지르는 구멍이 있어 거기에 지지대를 끼워 운반했다. 【그림141】

흐르는 물로 상징되는 엔키를 묘사한 몇몇 그림에는 그의 양쪽 옆에 주괴를 갖고 있는 사람들이 등장한다. 이는 엔키가 '채광의 주님'이었다는 것을 다시 한번 증명해 준다. 【그림142】

엔키의 아프리카 채광 지역을 부르는 다양한 이름과 형용사를 보면 그곳의 위치와 성격을 추측할 수 있다. 앞에서 본 것처럼 그곳은 아라리(A.RA.LI, 빛나는 광맥이 있는 물의 장소)라고 알려진, 금속 광석의 원산지였다. 인안나는 남반구로의 여행을 준비하면서 그곳을 '귀중한 금속이 흙으로 덮여 있는 곳'이라고 불렀다. 라이너(E. Reiner)가 발견한 「수메르 세계의 산과 강 목록」에는 '아라리 산 : 금의 고향'이라는 설

【그림142】 주괴를 든 신들에 둘러싸인 엔키

명이 적혀 있다. 또한 라다우(H. Radau) 교수는 '바드티비라가 계속 유지되기 위해 아라리에 의존했다'는 기록도 찾아냈다.

메소포타미아 기록들은 채광의 땅을 산이 많고 식물이 풍부한 일종의 스텝(steppe)으로 묘사했다. 그곳에 있던 에레시키갈의 수도는 내륙 깊은 곳의 가브쿠르라(GAB.KUR.RA, 산의 가슴속)에 자리잡았다고 적혀 있다. 인안나의 여행에 대한 아카드 판본에서는 문지기가 그녀를 다음과 같이 맞이한다.

여신이여, 들어오십시오.
쿠투(Kutu)가 당신을 반갑게 맞이합니다.
누기아(Nugia) 땅의 궁전이
당신이 오신 것을 환영합니다.

아카드어에서 '한가운데 있는 것'이라는 뜻을 지닌 쿠투(KU.TU)는 수메르어에서는 '빛나는 높은 땅'이라는 뜻이다. 이처럼 모든 기록들이 아라리를 '태양빛이 가득한 밝은 땅'으로 표현하고 있다. 또 수메르어에서 금을 뜻하는 쿠기(KU.GI, 땅에서 나온 밝은 것)나 은을 뜻하는 쿠바브바르(KU.BABBAR, 밝은 금)라는 단어들은 모두 에레시키갈의 '밝은(ku)' 땅과 금·은의 연관성을 보여 준다.

수메르 최초의 그림문자들은 다양한 채광 과정과 광물이 깊은 땅속에 있다는 것을 분명하게 보여 준다. 또한 동('멋지게 빛나는 돌'), 금('채광된 최고의 금속'), 정련('밝게 순화된') 등을 뜻하는 그림문자들은 모두 광산의 갱도('진한 붉은색 광석의 입구')를 뜻하는 그림문자를 변형시켜 만들었다. 【그림143】

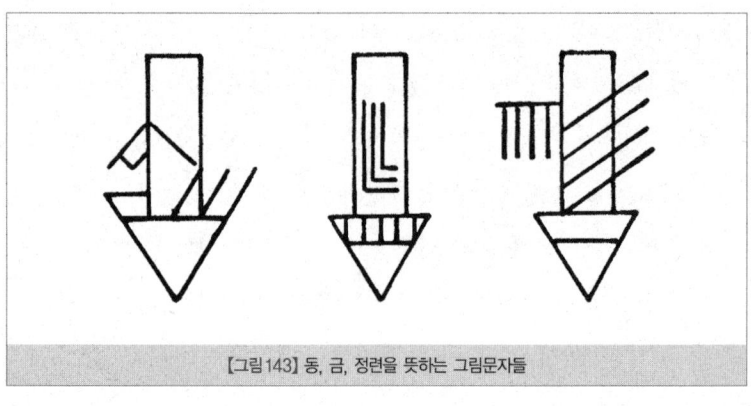

【그림143】 동, 금, 정련을 뜻하는 그림문자들

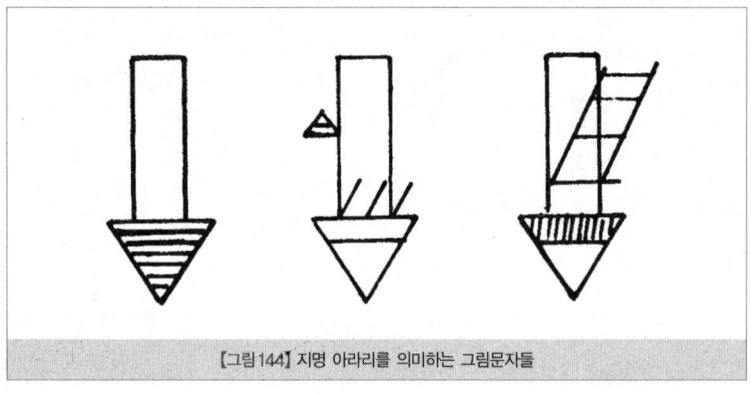

【그림144】 지명 아라리를 의미하는 그림문자들

 아라리라는 땅의 이름 또한 '검붉은 (땅)', '쿠시(Kush, 검은)', 혹은 거기서 생산되는 광물의 그림문자를 변형해서 표현했는데, 그것들 역시 모두 광산의 갱도를 뜻하는 그림문자를 변형시킨 것이다.【그림144】

 고대 기록에서 금과 광물을 자주 언급하고 있다는 것은 네필림이 그만큼 야금술에 친숙했다는 것을 뜻한다. 인류 문명이 시작된 후 아주 초기부터 금속 교환이 활발히 이루어졌는데, 그것은 (수메르 기록에 따르자면) 인간이 존재하기 전부터 광업과 야금술을 발전시켰던 신들에게 인간이 지식을 전수받았기 때문이다. 또 메소포타미아 신들의 이야기와 대홍수 이전의 구약 시대 족장들의 이야기를 비교한 많은 연구들은 구약에 나오는 두발가인(Tubal-cain)이 대홍수가 일어나기 훨씬 이전 시대의 '철과 동과 금의 기술자'였다고 지적한다.

구약에서도 아프리카에 있었던 것이 분명한 오피르(Ophir, 구약의 오빌)라는 곳을 고대의 금 산지로 지목한다. 예컨대 솔로몬 왕의 배들은 에시온게벨(Ezion-geber, 현재의 엘라트Elath)에서 홍해로 나갔다. 그리고 그들은 '오피르로 가서 금을 가져왔다'. 솔로몬은 또 예루살렘 성전의 건축을 늦추지 않기 위해 동맹국 티레의 왕인 히람(Hiram)에게 두 번째 선단을 이끌고 다른 항로로 떠나도록 지시한다.

> 왕은 다시스(Tarshish) 배를 바다에 띄우고,
> 히람의 배와 함께 해상 무역을 하게 하였다.
> 세 해마다 한 번씩 다시스의 배가
> 금과 은과 상아와 원숭이와 공작새들을 실어 오고는 하였다.
> _「열왕기상」 10 : 22

구약에 따르자면 타시시의 배들은 왕복 여행을 하는 데 3년의 시간이 걸렸다. 오피르에서의 선적 시간을 감안해도 솔로몬 선단이 택했던 길은 오가는 데 각각 최소한 1년 이상씩 걸렸던 것으로 보인다. 이것은 그들이 홍해와 인도양을 거치는 직선 항로보다 훨씬 더 우회적인 길을 택했음을 뜻한다.【그림 145】

대부분의 학자들은 구약에서 말하는 타시시가 지중해 서쪽의 도시로 현재의 지브롤터(Gibraltar) 해협이나 그 근처에 있었을 것으로 생각

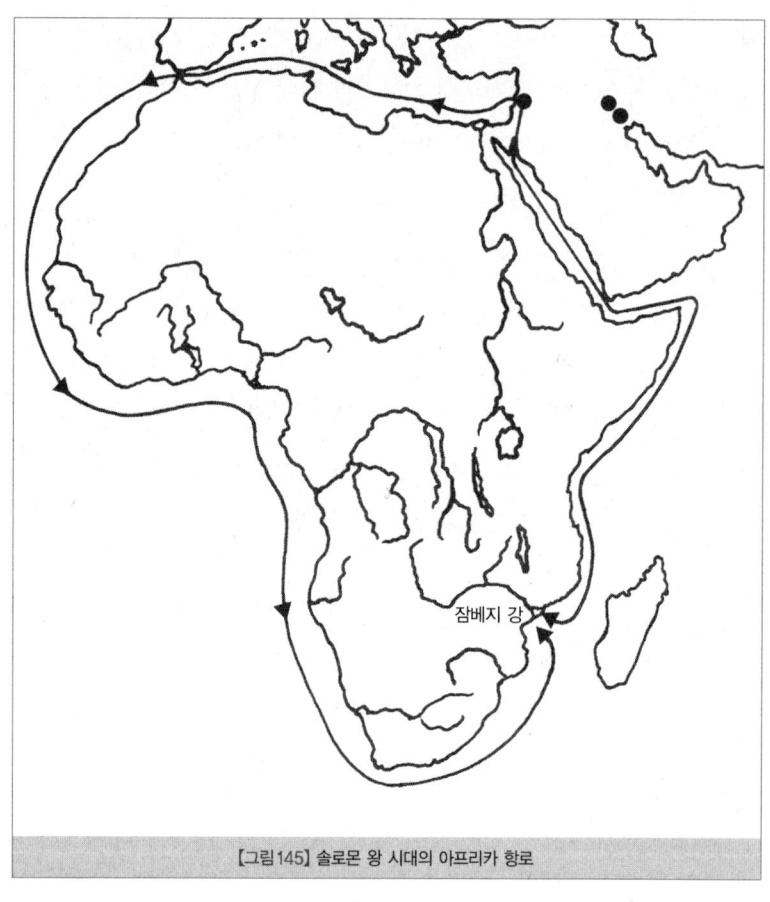

[그림145] 솔로몬 왕 시대의 아프리카 항로

한다. 그곳은 아프리카 대륙을 우회하는 항해를 시작하는 데 아주 이상적인 장소였다. 또 어떤 학자들은 타시시라는 지명이 '제련소'를 의미한다고도 지적한다.

많은 성서학자들은 오피르가 현재의 로디지아(Rhodesia, 북로디지아는 1964년에 잠비아Zambia로, 남로디지아는 1980년에 짐바브웨Zimbabwe로 각각 독립했다) 지역이라고 생각한다. 허먼(R. Z. Herman) 교수는 이

짐트인들도 아주 초기부터 로디지아에서 다양한 광물을 채취했다는 많은 증거를 제시했다. 실제로 현재 로디지아와 남아프리카의 광산 기술자들은 선사 시대의 광산 흔적으로 금을 찾기도 한다.

그렇다면 내륙에 있던 에레시키갈의 처소에는 어떻게 접근했을까? 또 '심장부'에 있던 광석을 어떻게 항구까지 옮겼을까? 네필림은 메소포타미아에서 교통수단으로 강을 이용했던 것처럼 아래 세계에서도 배가 다닐 거대한 강을 찾았을 것이다. 「엔릴과 닌릴」이라는 수메르 기록은 엔릴이 아래 세계로 도망친 일을 이야기하면서 그가 그곳에 도착한 후에 배를 타고 거대한 강을 건넜다고 말한다.

인간의 기원과 운명을 다루고 있는 바빌로니아의 한 기록에서는 아래 세계의 강을 '하부르(HA.BUR, 물고기와 새의) 강'이라고 부른다. 또 많은 수메르 기록에서 에레시키갈이 다스리던 땅의 별명이 '하부르의 초원지대'였다고 전하고 있다.

아프리카에는 네 개의 큰 강이 있다. 그중 나일 강은 북쪽으로 흘러 지중해로 들어간다. 콩고(Congo) 강과 니제르(Niger) 강은 서쪽의 대서양으로 흘러든다. 잠베지(Zambezi) 강은 아프리카의 가운데를 반원 모양으로 지나 동쪽 해안으로 흐른다. 잠베지 강은 거대한 삼각주와 훌륭한 항구를 갖추었으며, 수백 킬로미터 안쪽의 내륙지방까지 강줄기가 뻗어 있기 때문에 이 강을 통해 내륙 운항을 할 수 있다.

혹시 잠베지 강이 아래 세계에 있던 '하부르'가 아니었을까? 또 그곳에 있는 빅토리아(Victoria) 폭포가 수메르 기록에 에레시키갈의 수도에 있다고 한 바로 그 폭포가 아니었을까?

현재 남아프리카에 있는 많은 광산이 고대에 이미 채광된 흔적이 있다는 사실을 발견한 앵글로-아메리칸 회사는 고고학자들에게 이에 대한 조사를 의뢰한 바 있다. 보시에(A. Boshier)와 보몬트(P. Beaumont)는 조사 결과 수없이 많은 고대의 채광 흔적과 인간의 유골을 발견했다고 보고했다. 미국의 예일(Yale) 대학과 네덜란드 그로닝겐(Groningen) 대학의 방사성 탄소 연대 측정 결과에 따르면 발견된 유물들은 놀랍게도 기원전 2000년에서 기원전 7690년경의 것들이었다.

기대치 않았던 결과에 놀란 고고학자들은 조사 범위를 넓혔다. 그리하여 그들은 라이온(Lion) 봉의 가파른 서쪽 경사면 절벽 아래에서, 무려 5톤이나 되는 적철광 덩어리가 입구를 막고 있는 동굴 하나를 발견했다. 방사성 탄소 연대 측정법으로 조사해 본 결과, 그 동굴에서는 기원전 20000년에서 26000년경부터 이미 채광 작업이 이루어졌던 것으로 밝혀졌다.

그렇다면 구석기 시대에 이미 채광이 행해졌다는 말인가? 의심이 풀리지 않은 학자들은 고대의 광부들이 채광을 시작했을 것으로 추정되는 장소에 갱도를 뚫었다. 거기서 얻어진 목탄 시료를 그로닝겐 대학 연구소에서 조사해 본 결과 그것은 (약 1,600년 정도의 시차는 있을 수 있지만) 기원전 41250년경의 것으로 밝혀졌다.

그 후에 남아프리카 과학자들은 남부 스와질란드(Swaziland)의 탄광 유적을 발굴했다. 그들은 그곳에서 잔가지, 잎사귀, 풀, 깃털 같은 것들을 발견했는데, 모두 고대의 광부들이 침구로 이용했던 것으로 추정된다. 기원전 35000년경의 지층에서 그들은 무엇인가로 새긴 자국이 있는 뼈도 발견했는데, 그것은 '그때 인간이 벌써 셈을 할 능력이 있었다는 것을 보여 주는' 증거였다. 또 어떤 유물은 기원전 50000년경으로 거슬러 올라가는 것도 있었다!

스와질란드에서의 채광 작업의 기원이 기원전 7~8만 년 전까지 거슬러 올라간다고 믿게 된 보시에와 보몬트는 '남아프리카가 기원전 100000년 이후의 시대에 기술 발전과 혁신의 최첨단에 있었다'는 결론을 내릴 수밖에 없었다.

이런 발견에 대해 런던 자연사 박물관 관장 오클리(K.Oakley) 박사는 전혀 다른 관점에서 의미를 부여했다. '그런 발견은 인간의 기원에 대해 아주 중요한 암시를 한다. 남아프리카가 인간 진화의 고향일 수도 있다'는 것이다. 즉, 아프리카가 호모 사피엔스의 '탄생지'라는 것이다.

앞으로 보게 될 것처럼, 그곳이야말로 금속을 찾던 신들과 관련된 일련의 사건 때문에 지구에서 현생인류가 실제로 처음 탄생한 곳이다.

| 노동하던 신, 아눈나키 |

공상과학소설 작가들은 물론이고 진지한 과학자들까지도, 인간이 다른 행성이나 소행성에 정착하게 된다면 그 이유 중 하나는, 지구에서 채굴하기에는 양이 너무 적거나 비용이 많이 드는 희귀한 광물을 얻기 위해서일 것이라고 생각해 왔다. 그렇다면 네필림이 지구를 식민지로 선택한 이유도 그런 것이 아니었을까?

현대의 학자들은 지구에서의 인간 활동을 석기 시대, 청동기 시대, 철기 시대의 순서로 구분해 왔다. 그러나 고대에는 그리스의 시인 헤시오도스(Hesiod)가 그랬듯이 지구와 인간의 역사를 금, 은, 동, 영웅, 철의 다섯 시대로 구분하는 것이 보통이었다. 영웅 시대가 빠지기는 했지만 모든 고대 문명이 금-은-동-철이라는 순서를 받아들이고 있다. 그와 관련해서 구약의 예언자 다니엘은 적절한 비유를 들었다. 그는 '거대한 신상'을 보았는데 '그것의 머리는 금이고, 가슴과 팔은 은이고, 배와 넓적다리는 놋쇠(동)이고, 그 무릎 아래는 쇠이고, 발은 일부는 쇠이고 일부는 진흙이었습니다'라고 느부갓네살 왕에게 전한 바 있다(「다니엘서」 2 : 31~33).

황금의 시대에 대한 많은 신화와 민담은 그때가 신들이 지구를 다스리던 때라고 전한다. 그 다음에 오는 은의 시대는 신과 인간이 지구를 나누어 가졌을 때이며, 그 다음으로 영웅의 시대, 동의 시대, 철의 시대가 왔다고 한다. 이런 시대 구분은 실제로 지구상에서 일어난 일들에 대한 기억에서 비롯된 것은 아니었을까?

금, 은, 동은 원자의 질량이나 원자번호에 따른 주기율표에서 모두 11족(族)에 속한다. 그것들은 결정학적으로나 화학적으로, 그리고 부드럽고 펼 수 있고 늘릴 수 있다는 점에서 물리적으로도 비슷한 속성을 지니고 있다. 또한 알려진 모든 물질 중에서 그것들은 가장 뛰어난 열과 전기의 전도체들이다.

그 세 가지 금속 중에서도 금은 내구성이 가장 뛰어나 파괴가 거의 불가능하다. 흔히 금은 돈이나 보석, 고급 장식품의 원료로 잘 알려져 있지만 전자산업에서도 필수불가결한 원료다. 컴퓨터의 핵심부품이나 유도회로, 전자부품 등을 만들기 위해선 금이 꼭 필요하다.

금에 대한 인간의 열광은 초기 문명과 종교에서부터 시작되었는데, 특히 신과의 접촉을 위한 중요한 요소로 여겨졌다. 수메르의 신들은 금으로 만든 접시에 담은 음식과 금으로 된 물병에 담은 물과 포도주, 금으로 만든 옷을 요구했다. 그리고 유대인들은 비상식량인 빵을 만들 시간조차 없이 급하게 에굽을 떠나면서도 금과 은으로 된 물건들만은 챙겼다. 그 이유는 나중에 보게 될 것처럼 금과 은이 신전과 그 안의 전기 장비를 설치하는 데 반드시 필요했기 때문이다.

'왕의 금속'이라고 불리는 금은 실제로는 '신의 금속'이었다. 구약의 주님은 예언자 하가이(Haggai, 구약의 학개)에게 자신이 여러 나라를 심판하기 위해 돌아올 것이라고 하면서 '은도 나의 것이고, 금도 나의 것이다'라고 말한다(「학개서」 2 : 8).

금에 대한 인간의 심취는 네필림이 금을 귀하게 다뤘기 때문에 그로 인해 처음 시작된 것으로 보인다. 네필림은 금과 다른 금속을 얻기 위해 지구로 왔다. 네필림은 또 백금처럼 연료전지의 촉매제로 사용할 다른 희귀한 금속도 필요로 했는지 모른다. 또 네필림이 코발트나 우라늄 같은 방사능 물질(수메르 기록에서 아래 세계에 있는 '병을 일으키는 푸른 돌'이라고 표현한)을 얻기 위해 지구로 왔을 가능성도 배제할 수 없다. 수메르의 한 그림을 보면 채광의 신 엔키가 광산에서 나오면서 '강력한 광선'을 퍼뜨리고 주변의 신들은 그것을 막기 위해 일종의 '보호막'을 사용하고 있는 것을 볼 수 있다. 【그림146】

지구에 처음 착륙한 신들을 다스리고 또 압주의 발굴도 책임진 신은

【그림146】 채광의 신 엔키와 보호막 뒤의 신들

엔키였다. 그러나 지구에서 그가 이룬 것들은 결코 엔키 혼자만의 업적은 아니었다. 실제로 매일매일 일을 한 것은 네필림의 하급 신들이라고 할 수 있는 아눈나키(Anunnaki)들이었다.

수메르의 한 기록을 보면 니푸르에 엔릴의 통신 센터를 건설하는 이야기가 나온다. 그때 '하늘과 땅의 신인 아눈나키들이 일을 했다. 그들은 손에 도끼와 바구니를 들고 도시의 토대를 건설했다'고 한다.

고대 기록을 보면 네필림의 지구 정착 과정에서 '실제로 일을 했던' 이들은 네필림의 하급 신인 아눈나키였다는 것을 알 수 있다. 바빌로니아에서 변형된 「창조의 서사시」에서는 마르둑이 아눈나키에게 일을 시킨 것으로 되어 있다. 물론 수메르의 원전에는 마르둑 대신 엔릴이 등장했을 것이다.

> 그(마르둑)는 하늘에 300명을 두어 안을 지키게 했고
> 안의 명령을 따르게 했다.
> 또한 하늘에서 지구로 오는 길을 정하게 했다.
> 그리고 지구에는
> 600명을 살게 했다.
> 하늘과 땅의 아눈나키에게
> 지시를 내린 후
> 그는 그들에게 임무를 부여했다.

이 기록을 보면 '하늘의 아눈나키' 혹은 이기기(Igigi)들은 지구에 착륙하지 않은 채 지구 궤도를 돌던 비행사들임을 알 수 있다. 그들은 지구 궤도를 도는 모선에서 지구로 우주왕복선을 보내고 받았던 것이다.

'독수리'의 사령관이던 샤마시(우투)는 당연히 이기기의 '하늘에 있는 거대한 방'에서는 환영받는 손님이었다. 「샤마시 찬가」에서 이기기들이 샤마시가 자신들의 모선에 탑승하는 모습을 묘사한 것을 볼 수 있다.

당신의 모습에 모든 왕자들이 기뻐합니다.
모든 이기기가 당신의 모습에 즐거워합니다. (…)
당신의 환한 빛 속에서, 당신의 길에서 (…)
그들은 당신의 광채를 봅니다. (…)
문은 활짝 열렸고 (…)
(거기서 기다리던) 모든 이기기가 당신에게 빵을 바칩니다.

이처럼 모선에 있던 이기기들은 실제로 인간을 만난 적은 없었던 것 같다. 그래서 수메르 기록에서는 그들이 '인간에게는 너무 높이' 있었으며, 그 결과 그들은 '인간과 연결돼 있지 않았다'고 말한다. 그러나 지구에 내려와 머물렀던 아눈나키들은 인간에게 잘 알려졌을 뿐만 아니라 존경의 대상이었다.

한 기록에는 '하늘의 아눈나키들은 300'이며, 동시에 '땅의 아눈나키들은 600'이라고 적혀 있다. 그러나 더 많은 기록에서는 아눈나키를 '50명의 위대한 왕자들'이라고 칭한다. 실제로 아눈나키(An-nun-na-ki)라는 단어를 문자 그대로 해석해 보면 '하늘에서 땅으로 내려온 50명'이라는 뜻이다. 아눈나키와 관련해 50이라는 숫자가 그토록 중요했던 이유는 무엇일까?

우리는 앞에서 마르둑이 자신의 아버지인 엔키에게 토성을 지나던

'50명의 아눈나키'를 실은 우주선이 사고를 당했다고 말하는 장면을 보았다. 우르의 제3왕조 유적지에서 발견된 한 주술문에서도 '아눈나 에리두 닌누비(anunna eridu ninnubi, 에리두에 있는 50명의 아눈나키)'라는 표현을 찾을 수 있다. 그렇다면 엔키의 지시로 에리두를 건설했던 네필림의 수는 50명이었다고 볼 수 있다. 혹시 네필림은 한 번에 50명 단위로 지구에 내려온 것이 아니었을까?

그렇게 보아도 크게 틀리지는 않을 것 같다. 그리고 12번째 행성에서 지구로 내려오는 네필림의 수는 여러 가지 이유로 점차 늘어났을 것이다. 물론 지구에 있던 네필림 중 일부는 모선을 통해 다시 12번째 행성으로 돌아갔겠지만, 돌아간 수보다는 지구에 머무는 네필림의 수가 더 많았을 것이며, 처음에 50명으로 시작했던 네필림의 수가 결국 600명으로 늘어났다고 볼 수 있는 것이다.

| 하급 신 아눈나키의 반란 |

그렇다면 네필림은 어떻게 그렇게 적은 인원으로 지구에서 자신들이 원하는 광물을 채취하고 12번째 행성으로 그것을 보내는 임무를 달성할 수 있었을까?

분명히 그들은 상당히 발달된 과학 기술에 의존했을 것이다. 그래서 '기술자' 엔키가 엔릴보다 먼저 지구에 온 것이고, 그에게 압주를 개발하라는 명령 또한 주어진 것이다.

현재 루브르 박물관에 소장돼 있는 한 유명한 원통형 인장에는 엔키가 자신을 상징하는 '흐르는 물'과 함께 묘사돼 있는데, 특이하게도 거기 묘사된 물은 여러 종류의 실험관을 통해 흐르는 것처럼 보인다. 【그림147】

【그림147】 여러 종류의 실험용 기구들에 둘러싸인 기술의 신 엔키

이렇게 고대 사람들이 지구 최초의 사령관인 엔키를 물과 연결시켰던 것으로 보아, 네필림이 원래는 바다에서 금속을 얻으려고 했을지도 모른다는 추측도 가능하다. 실제로 바닷물에는 엄청난 양의 금과 다른 금속들이 녹아 있는데, 너무 희석되어 있기 때문에 실제로 금속을 얻기 위해서는 고도의 기술이 필요하다. 또 바다 밑바닥에도 많은 양의 금속이 자두 정도 크기의 단괴(團塊)로 존재한다고 알려져 있지만 그것을 건지기 위해서는 심해까지 내려가야 한다.

고대 기록에는 신들이 이용했다고 하는 '엘리푸 테비티(elippu tebiti, 가라앉는 배 즉 잠수함)'에 대한 언급이 자주 나온다. 또 앞에서 엔키를 보좌하던 '물고기인간'에 대해서도 살펴본 적이 있다. 이런 것들이 혹시 네필림이 깊은 바다에서 광물을 얻으려고 했다는 증거는 아닐까? 앞에서 '빛나는 광맥이 있는 물의 장소'라는 뜻을 지닌 아라리가 실제로 채광이 이루어지던 곳이라는 증거를 보았는데, 아라리 역시 '사금을 채취하던 장소'라는 뜻으로도 해석할 수 있다.

만약 네필림이 바다에서 금속을 얻고자 했다면, 그 계획은 실패했음이 분명하다. 최초의 도시를 건설하자마자 아눈나키들은 그들이 전혀 예상치 못했던 새로운 임무를 부여받았기 때문이다. 그것은 아프리카의 깊은 내륙으로 들어가 자신들이 필요로 하던 광물을 캐내는 일이었다.

고대 원통형 인장에서 우리는 마치 탄광의 입구나 갱도처럼 보이는 곳에서 일하는 신들의 모습을 확인할 수 있다. 한 인장에는 엔키와 그의 아들 기빌, 그리고 땅 밑에서 엎드린 채 일하고 있는 다른 신의 모습이 새겨져 있다. 【그림148】

보다 훗날의 바빌로니아와 아시리아 기록을 보면 인간이 아래 세계의 탄광에서 중노동을 했다고 한다. 어둠 속에서 일을 하고 먼지를 먹으면서 그들은 결코 고향으로 돌아가지 못했다. 그런 이유 때문에 '아래 세계'를 칭하는 수메르어인 쿠르누기아(KUR.NU.GI.A)가 '돌아오지 못하는 땅'이라는 뜻을 얻게 된 것이다. 그러나 쿠르누기아의 문자적 뜻은 '신이 일하고, 깊은 갱도에 광석이 쌓인 곳'이다. 고대의 모든 기록

【그림148】 갱도 안에서 채광 중인 하급 신의 모습

들은 아주 분명하게 처음 네필림이 지구에 정착했을 때 인간은 지구에 없었다고 말하고 있다. 따라서 몇 안 되는 아눈나키들이 광산에서 모든 일을 해야만 했다. 아래 세계로 내려간 인안나는 그곳에 있는 아눈나키들이 진흙이 섞인 음식을 먹고, 먼지가 섞인 더러운 물을 먹고 있다고 전한다.

이런 배경 지식을 갖고 보면, 「신이 인간처럼 일할 때」라는 제목이 붙은 (관례에 따라 서사시의 맨 첫 문장을 제목으로 삼은 것이다) 서사시의 내용을 정확하게 이해할 수 있다.

램버트(W. G. Lambert)와 밀러드(A. R. Millard)는 바빌로니아와 아시리아에서 발견된 이 서사시의 수많은 판본들을 재구성해서 『아트라 하시스 : 바빌로니아의 대홍수 이야기』라는 책을 펴냈다. 그들은 이 이야기가 그 이전의 수메르 판본에 기초한 것일 뿐만 아니라 신들의 지구 도착, 인간의 창조, 그리고 대홍수에 대한 그 이전의 구전 설화를 기록한 것이라고 보았다.

대개의 학자들은 이 서사시를 문학적인 것으로 해석했지만, 거기에는 실제로 우리가 앞에서 살펴본 내용을 뒷받침하는 많은 자료들이 들어 있다. 또한 아눈나키들이 폭동을 일으키게 된 상황에 대한 흥미로운 이야기도 들어 있다.

이야기는 지구에 신들만이 살고 있을 때 시작된다.

신이 인간처럼 일하고
고통을 받을 때 ―
신들의 고통은 컸다.
일은 힘들었고

고통도 심했다.

그때 중요한 신들은 이미 지구의 통치권을 나눠 갖고 있었다.

> 아눈나키의 아버지인 안은
> 하늘에 있는 그들의 왕이었다.
> 대법관은 용사 엔릴이었고,
> 사령관은 닌우르타였다.
> 그들의 보안관은 엔누기(Ennugi)였다.
> 신들이 손을 모아
> 제비뽑기로 나누었다.
> 안은 하늘로 올라갔고
> 그의 자손들은 땅에 남았다.
> 고리처럼 막힌 바다는
> 왕자 엔키에게 주어졌다.

일곱 개의 도시가 만들어졌고 각각의 도시를 통치하는 아눈나키도 정해졌다. 규율이 아주 엄격해서 '일곱 명의 위대한 아눈나키들이 하급 신들에게 심하게 일을 시켰다'라는 기록도 보인다.

그들이 맡은 일 가운데 땅파기가 가장 흔한 일이면서 동시에 힘든 일이었던 것으로 보인다. 하급 신들은 강바닥을 파냈고 운하를 팠으며 압수에서 광물을 캤다. 지하에서도 '낮처럼 빛나는 은도끼'를 갖고 있었다고 표현한 기록에서 알 수 있듯이 분명히 발달된 장비의 도움을 받기는 했겠지만, 일은 상당히 가혹했음에 틀림없다. 아주 오랫동안 (정확히 말하자면 40기간 동안) 아눈나키들은 '어려움을 감당했다'. 그리고 그들은 더 이상 못하겠다고 외친다.

> 그들은 불평하고 험담했다.
> 구덩이에서 투덜거렸다.

아눈나키의 폭동은 엔릴이 방문했을 때 일어난 것으로 보인다. 엔릴의 방문에 맞춰 아눈나키들은 서로 말한다.

> 우리들의 (…) 사령관을 대면하자.
> 어쩌면 중노동에서 우리를 풀어 줄지 모른다.
> 신들의 왕이며 영웅인 엔릴,
> 그의 집으로 가서 그를 놀라게 하자!

그러나 폭동의 주동자가 곧 밝혀진다. 그는 '오래전의 사령관'으로 현재의 사령관에 대해 일종의 원한을 갖고 있었다. 그의 이름은 훼손돼 확인할 수 없지만 그의 구호는 아주 분명하다.

> '이제 전쟁을 선포하자,
> 증오를 모아 싸우자.'

폭동에 대한 묘사가 너무나 생생해서 바스티유(Bastille) 감옥으로 돌진하는 프랑스 시민군이 연상될 정도다.

신들은 그의 말을 따랐다.

그들의 도구에 불을 붙였고

그들의 도끼에 불을 붙였다.

그들은 갱도에 있는 채광의 신을 고통스럽게 했고

영웅 엔릴의 문 앞으로

그를 잡아갔다.

그리고 그 후의 일들도 아주 자세하게 묘사돼 있다.

그때는 밤이 반쯤 지난 때였다.

엔릴의 집은 포위됐지만

그는 모르고 있었다.

칼칼(Kalkal)이 그것을 보고 화가 났다.

그는 빗장을 걸고 지켜보았다. (…)

칼칼은 누스쿠(Nusku)를 깨웠다.

그들은 소리를 들었다. (…)

누스쿠가 엔릴을 깨웠다.

엔릴이 침대에서 일어났다.

'주인이여, 집이 포위됐습니다.

문 앞에서 전투가 벌어지고 있습니다.'

엔릴은 무기를 들고 폭동을 진압하려고 했다. 그러나 누스쿠가 엔릴에게 충고한다.

'안에게 전갈을 보내 내려오게 하시고
엔키도 불러들이십시오.'
그는 전갈을 보냈고 안이 내려왔다.
엔키도 참석했다.
위대한 아눈나키들이 모이자
엔릴이 일어서고 (…) 입을 열었다.
위대한 신들에게 말을 했다.

폭동을 자신에 대한 개인적인 반발로 여긴 엔릴은 이렇게 묻는다.

'이것이 나를 반대하는 것인가?
내가 적대적으로 대해야 하는가? (…)
내 눈에 보이는 이것이 무엇인가?
내 문 앞에서 전투가 벌어지고 있다!'

안은 이 문제에 대해 조사할 것을 제안한다. 누스쿠는 안과 다른 지휘관들의 권위를 등에 업고 폭동을 일으킨 자들에게 간다. '누가 폭동을 시작했나?' '누가 전투를 시작했나?'
아눈나키들이 대답한다.

'우리 모두가 전투를 시작했다.
우리는 (…) 굴속에서
험한 노동으로 우리는 죽어가고 있다.
우리의 일은 너무 많고 고통도 심하다.'

엔릴은 하급 신들의 고통에 대한 누스쿠의 보고를 듣고 '눈물을 흘렸다'. 그러나 그는 결국 폭동의 주동자를 처형하거나 아니면 자신이 물러나겠다며 결단을 요구한다. '장교들을 데려가고 힘도 가져가십시오. 저도 하늘로 올라가겠습니다.' 그러나 하늘에서 내려온 안은 아눈나키들의 편을 든다.

'도대체 아눈나키들이 무슨 잘못을 저질렀나?
그들의 일은 너무 많고 그들의 고통도 크다.
매일 (…)
탄식의 소리는 컸고, 불평하는 소리를 들었어야 했다.'

안의 이런 말에 힘을 얻은 엔키가 '입을 열어' 안을 돕는다. 그리고 한 가지 제안을 한다. 룰루(Lulu, 원시적 노동자)를 만들자는 것이었다.

'탄생의 여신이 있으니
그녀에게 원시적 노동자를 만들게 하자.
그에게 짐을 지게 하고 (…)
신의 노동을 대신 하게 하자.'

'원시적 노동자'를 '창조'해 그들로 하여금 아눈나키의 일을 대신 하게 하자는 엔키의 제안은 곧 받아들여진다. 신들은 만장일치로 '원시적 노동자'를 창조하기로 한다. 그리고 '그 이름을 인간(man)이라고 부르기로' 한다.

그들은 여신을 불러 청한다.

신들의 산파이며 현명한 마미(Mami)에게 말한다.

'당신은 탄생의 여신이니 노동자를 만들어 주시오.

원시적 노동자를 만들어 주시오.

그들에게 짐을 지우자.

엔릴이 내린 일을 그들에게 시키자.

그들이 신의 노동을 대신 하게 하자.'

신들의 어머니인 마미는 '기술을 가진' 엔키의 도움이 필요하다고 말한다. 일종의 병원인 심티(Shimti)의 집에서 신들은 기다렸다. 엔키는 재료를 준비했고, 마미는 그것을 이용해 '인간'을 창조했다. 여러 가지 주술이 행해지는 동안 마미는 계속 작업을 했다. 그리고 마침내 그녀는 기쁨에 넘쳐 외쳤다.

'내가 만들어 냈다.

내 손이 그것을 만들어 냈다!'

그녀는 '아눈나키들을 불러 모아 입을 열어 말했다'.

'당신들은 내게 임무를 주셨습니다.

내가 그것을 완수했습니다. (…)

당신들의 어려운 일을 없앴습니다.

당신들의 힘든 일을 노동자, '인간'에게 부여했습니다.

당신들은 노동자를 달라고 제게 청했습니다.

나는 당신들의 짐을 벗겨 주었고

당신들에게 자유를 주었습니다.'

아눈나키들은 이 소식에 환호로 답했다. '그들은 달려와 그녀의 발에 입을 맞췄다.' 그 이후 원시적 노동자인 '인간'이 신의 일을 대신 하게 된 것이다.

지구에 식민지를 건설하기 위해 내려왔던 네필림은 이제 자신들의 노예를 갖게 되었다. 외부로부터 들여온 노예들이 아니라 자기들이 지구에서 '창조'한 원시적 노동자, 즉 '인간'이 그들의 노예였다.

아눈나키의 폭동이 인간의 창조로 이어졌던 것이다!

12

인간을 창조하다

| 창조론과 진화론의 만남 |

네필림이 인간을 창조했다는 수메르 기록은 언뜻 보기에는 진화론은 물론이고 구약에 기초한 기독교의 창조론과도 충돌한다. 그러나 수메르 기록에 담긴 정보는 진화론의 타당성은 물론이고 구약의 진실성까지 '동시에' 입증하는 것으로, 진화론과 창조론 사이에 실제로는 아무런 모순도 없다는 것을 보여 준다.

「신이 인간과 같을 때」라는 서사시와 다른 많은 기록에서 수메르인들은 인간이 신의 의도적인 창조물이며, 그와 동시에 「창조의 서사시」에서 묘사된 우주적 사건으로부터 시작된 진화 사슬의 한 연결고리라고 말하고 있다. 수메르인들은 분명히 인간이 창조되기 전에 네필림들만이 지구에 존재하던 때가 있었다고 말했으며, 빈번하게 '인간이 아직 창조되지 않았을 때' 혹은 '니푸르에 신들만이 살 때'와 같은 표현을 사용했다.

수메르 기록에 따르면 네필림이 처음 지구에 왔을 때 곡식이나 과일의 재배, 목축 같은 것들은 아직 행해지지 않았다고 한다. 구약에서도 인간의 창조를 창조의 '여섯 번째 날' 혹은 진화의 여섯 번째 단계에 위치시킨다.「창세기」에서는 다음과 같이 초기의 진화 과정에 대해 말하고 있다.

> 지구의 땅에는 나무가 없었고,
> 심어진 풀 한 포기도 없었고 (…)
> 땅에서 일을 할 인간도 없었다.
> _「창세기」 2 : 5*

모든 수메르 기록은 신이 자신들의 일을 대신 시키기 위해 인간을 만들었다고 말한다. 바빌로니아에서 변형된 「창조의 서사시」에서는 그 결정을 마르둑이 내린 것처럼 묘사하고 있다.

> 내가 저급한 원시인을 만들겠다.
> 그의 이름을 '인간'이라고 부를 것이다.
> 나는 원시적 노동자를 만들겠다.
> 그는 신에게 봉사하게 될 것이다.
> 그렇게 하면 신들은 편안히 지낼 수 있을 것이다.

'인간'을 지칭하던 수메르와 아카드의 단어들이 인간의 지위와 창조된 목적을 잘 보여 준다. 당시 인간은 룰루(lulu, 원시적인 자), 룰루 아멜루(lulu amelu, 원시적 노동자), 아윌룸(awilum, 노동자) 등으로 불렸다. 인간이 신에게 봉사하기 위해 창조되었다는 사실은 고대인들에게는 전혀 놀라운 일이 아니었다. 구약에서 신은 '주님', '주권자', '왕', '지배자', '주인' 등으로 표현된다. 또 흔히 '숭배(worship)'라고 번역되는 단어도 실제로는 '아보드(avod)' 즉 '노동'이라는 뜻이다. 고대 근동과 구약의 인간은 따라서 신을 '숭배한' 것이 아니라 신을 위해 '일을 한' 것이다.

수메르의 신들과 마찬가지로 성서의 하나님도 인간을 만들자마자 그에게 일을 시킨다.

> 그리고 주 하나님은 '사람'을 데려다
> 에덴동산에 두시고
> 그곳을 돌보고 경작하게 하셨다.
> _「창세기」 2 : 15*

이렇게 하나님은 인간에게 에덴동산을 맡겨 놓고 '바람이 서늘할 때에 동산을 거닌다'(「창세기」 3 : 8)*. 이런 구약의 이야기는 자신들이 쉴 수 있도록 인간을 만들어 달라고 불평하던 아눈나키들의 폭동과 자연스럽게 연계된다.

수메르 기록을 보면 인간을 창조하자는 결정은 신들의 회의를 통해 내려졌다. 그런데 유일신을 칭송하는 것처럼 보이는 구약의 「창세기」에서도 인간 창조의 과정을 말하면서 복수형인 '엘로힘(Elohim, 신들)'이라는 단어를 사용하고 있다.

그리고 엘로힘이 말했다.

'우리가 우리의 형상을 따라서

우리의 모양대로

인간을 만들자.'

_「창세기」 1 : 26*

혼자였다는 하나님이 도대체 누구에게 말을 했던 것일까? 그리고 인간이 그것과 같은 형상으로, 그것과 같은 모양대로 만들어졌다는 '우리'란 도대체 누구인가?「창세기」에는 그런 물음에 대한 답이 없다. 그리고 아담과 이브가 선악과를 먹었을 때, 엘로힘은 다시 한번 이름 없는 자신의 동료들에게 말한다.

'보아라. 인간이 우리처럼 선과 악을 알게 되었다.'

_「창세기」 3 : 22*

「창세기」의 다른 여러 이야기들과 마찬가지로 인간 창조에 대한 구약의 이야기도 수메르에서 시작된 것이기 때문에 답은 명백하다. 수메르의 인간 창조 이야기에서 언급된 신들의 회의에서 내려진 결정을 구약에서는 유일신의 결정으로 번안한 것에 불과하다.

구약은 인간이 신도 아니며 하늘에서 내려온 것도 아니라는 것을 애써 강조하고 있으며, 또한 하늘은 주님의 하늘이며 주님이 인간에게 지구를 주셨다고 말하고 있다. 최초의 인간이 아담이라고 불린 이유는 그가 지구의 흙인 아다마(adama)로 만들어졌기 때문이다. 다시 말해 인간은 '지구인(earthling)'인 것이다.

아담은 하나님이 그가 알기를 원치 않던 특정한 '지식'과 신들과 같은 장구한 삶을 제외한다면, 다른 모든 면에서 그의 창조자(들)와 같은 '형상(ṣelem)'과 '모양(dmut)'으로 창조되었다. 이렇게 비슷한 뜻의 두 단어를 동시에 사용한 이유는 인간이 자신을 창조한 신(들)과 육체적으로나 정신적으로, 외적으로나 내적으로 모두 비슷하다는 것을 강조하기 위한 것이었다.

신과 인간을 묘사한 고대의 많은 그림들을 보면 신과 인간의 육체적 유사성은 명백하다. 구약에서 이교도의 우상을 숭배하지 말라고 경고했기 때문에 히브리의 신 또한 형상이나 모양이 없는 것처럼 흔히들 생각하고 있지만, 「창세기」나 성경의 다른 이야기들을 보면 사실은 그렇지 않다. 고대 히브리인들은 자신들이 믿던 신을 직접 볼 수 있었고, 그가 말하는 것을 들을 수 있었고, 그에게 말을 걸 수 있었고, 심지어는 그와 몸싸움도 할 수 있었다. 그에게는 머리와 다리, 팔과 손가락, 허리도 있었다. 구약의 하나님과 그의 천사들은 모두 인간처럼 생겼고 인간처럼 행동했다. 인간이 신처럼 보이고 행동하도록 만들어진 존재였기 때문이다.

그러나 이런 단순한 사실도 따져 보면 엄청난 수수께끼를 담고 있다. 새롭게 창조된 인간이 도대체 어떻게 네필림과 거의 똑같은 수준의 육체적, 정신적, 감정적 유사성을 가질 수 있었을까? 인간은 도대체 어떻게 창조된 것일까?

서구인들은 아주 오랫동안 인간이 의도적으로 창조되었고, 지구와 다른 모든 생명체들 위에 군림할 수 있도록 만들어졌다고 믿어 왔다. 그러다가 1859년 영국의 생물학자 찰스 다윈(C. Darwin)이 『종의 기원』이라는 책을 펴냈다. 약 30년에 걸친 연구 결과를 종합한 이 책은 그 이전에 이미 존재하던 자연진화라는 개념 위에 생존을 위한 종들 사이의 투쟁의 결과로 자연선택이 이루어진다는 새로운 개념을 덧붙인 것이다.

다윈의 진화론이 발표되기 전에 기독교계는 1788년경부터 이미 지구가 히브리 달력이 주장하는 약 5,500년의 세월보다는 훨씬 더 오래된 것이라는 권위 있는 지질학자들의 의견에 익숙해져 있었다. 또 진화라는 개념 자체도 전혀 새로운 것은 아니었다. 기원전 4세기경의 그리스 학자들까지도 동물과 식물의 진화에 대한 자료를 갖고 있었으며, 그 후의 많은 학자들이 자연의 진화 과정을 인정하고 있었기 때문이다.

그럼에도 불구하고 다윈의 진화론이 충격적이었던 가장 큰 이유는, 인간을 포함해 모든 생명체가 진화의 산물이라는 논리적 결론이었다. 즉, 당시의 일반적인 믿음과는 달리 인간은 창조된 것이 아니라는 것이 다윈의 결론이었다!

이런 견해에 대한 기독교계의 초기 반응은 당연히 아주 격렬했다. 그러나 지구의 연대와 진화, 유전학, 다른 생물학적·인류학적 연구가 진행되면서 기독교계의 비판은 잠잠해질 수밖에 없었다. 실제로 구약의 이야기들이 구약이 주장하는 창조론을 스스로 부정하는 것처럼 보이기도 했다. 육체가 없고 유일신이라는 하나님이 도대체 어떻게, '우리의 형상을 따라서 우리의 모양대로 인간을 만들자'고 말할 수 있다는 것인가?

그렇다면 우리 인간은 정말로 '벌거벗은 원숭이'에 불과한가? 정말로 원숭이가 인간과 진화론적으로 팔을 뻗으면 닿을 거리에 있고, 나무에서 내려와 직립보행을 해서 인간이 된 것일까?

이 책의 맨 처음에 살펴본 것처럼, 최근의 과학자들은 이런 단순한 이론에 의문을 제기한다. 물론 진화론은 지구에서 생명이 어떻게 발생했고 그것이 어떻게 발전했는지, 또 단세포 생명체가 어떻게 인간으로 진화했는지 설명할 수 있다. 그러나 진화론만으로는 어떻게 수백만 년이 필요한 진화 과정을 생략하고 거의 '하룻밤 사이'에 호모 사피엔스가 출현했는지, 그리고 호모 사피엔스가 만들어 낸 문명이 왜 그 이전의 발전 단계도 거치지 않고 출현했는지를 전혀 설명할 수 없다.

사람속(屬)의 사람과(科)는 물론 진화의 산물이다. 그러나 호모 사피엔스는 분명히 별안간 일어난 혁명적인 사건의 소산이다. 호모 사피엔스는 약 300,000년 전에 수수께끼처럼 탄생했는데, 정상적인 진화 과정으로 보자면 정상적인 시간보다 수백만 년 앞서 생겨난 것이다.

학자들은 이에 대해 아무런 설명도 하지 못한다. 그러나 수메르와 바빌로니아의 기록들은 그 이유를 명확히 설명해 준다. 구약 역시 답을 알고 있었다.

현대의 인간, 호모 사피엔스는 고대의 신들, 즉 네필림에 의해 창조된 것이다.

다행히 메소포타미아 기록들은 인간이 창조된 때를 정확히 밝히고 있다. 힘든 노동으로 고통받던 아눈나키들이 일으킨 폭동에 대해 적은 기록에 따르면 '40기간 동안 그들은 밤낮으로 일에 시달렸다'고 한다. 그들이 아주 오랫동안 일에 시달렸다는 사실은 반복되는 구절로 강조되어 있다.

10기간 동안 그들은 일에 시달렸다.
20기간 동안 그들은 일에 시달렸다.
30기간 동안 그들은 일에 시달렸다.

40기간 동안 그들은 일에 시달렸다.

우리가 살펴본 고대 기록에서는 '기간'을 뜻하기 위해 마(ma)라는 단어를 사용했는데, 대부분의 학자들은 이것을 '년(年)'으로 번역했다. 그러나 '마'라는 단어는 '스스로를 완성하고 다시 되풀이하는 것'이라는 뜻을 갖고 있다. 지구에 사는 인간에게 1년은 지구가 태양을 한 바퀴 완전히 도는 기간을 의미한다. 그리고 앞에서 본 것처럼 네필림 행성에서의 1년, 즉 1샤르(shar)는 지구의 햇수로 따지면 3,600년에 해당한다.

따라서 아눈나키들은 처음 지구에 착륙한 후 40샤르가 지나서, 즉 144,000년 후에 '더 이상 못하겠다'고 외친 것이다. 만약 우리가 추정한 것처럼 네필림이 지금으로부터 약 450,000년 전에 지구에 내려왔다면 인간의 창조는 약 300,000년 전에 이루어진 셈이다.

그러나 네필림은 포유류나 영장류, 혹은 사람과(科)를 직접 만든 것은 아니었다. 또 구약이 말하는 '아담'도 그저 사람속(屬)의 어떤 '인간'이 아니라 우리들의 직계 조상, 즉 호모 사피엔스였다.

엔키에 대한 아주 흥미로운 이야기에서 이런 중요한 사실을 확인할 수 있다. 엔키는 깜박 졸다가 신들이 아다무(adamu)를 만들겠다고 결정한 사실을 듣게 된다. 그리고 그 방법을 찾는 일이 자신에게 주어졌다는 것을 알게 된다. 그 말을 듣고 엔키가 대답한다.

'당신들이 말한 그 존재가
이미 존재한다!'

그리고 이미 존재하는 그것의 위에 '신의 형상을 덧붙이자'고 말한다. 바로 이 이야기에 우리가 찾던 수수께끼의 해답이 있다. 네필림은 아무것도 없는 상태에서 인간을 만든 것이 아니라, 이미 존재하는 생명체를 찾아 가공해서, 즉 '그것에 신의 형상을 덧붙여' 인간을 만든 것이다.

따라서 인간은 진화의 산물이지만, 우리들의 직계 조상인 호모 사피엔스는 '신'의 창조물인 것이다. 지금으로부터 약 300,000년 전에 네필림이 원인(ape-man, 호모 에렉투스)에 자신들의 형상과 모습을 덧붙여 호모 사피엔스를 만들어 낸 것이다.

따라서 과학에서 말하는 진화론과, 구약과 메소포타미아의 이야기에서 말하는 인간 창조론은 전혀 모순되거나 상충되는 것이 아니다. 오히려 그것들은 서로 보완 관계에 있다. 네필림의 창조가 아니었다면 인간은 지금도 여전히 진화의 계보에서 수백만 년 아래쪽에 위치해 있을 것이다.

| 인간의 창조와 생명공학 |

이제 시간을 거슬러 올라가 과연 지구에 실제로 어떤 일이 일어났는지를 가늠해 보자.

약 435,000년 전에 시작된 간빙기의 따뜻한 날씨로 인해 지구에는 동물과 식물이 풍부하게 생겨났다. 그리고 그런 환경은 현생인류와 비슷한 원인(호모 에렉투스)들의 출현에 박차를 가했다.

네필림은 주변에서 영장류와 원인들을 보았을 것이다. 또 원인들이 하늘을 나는 네필림의 로켓을 보기 위해 모여들었을 가능성도 있다. 네필림은 그런 흥미로운 원인들을 관찰하고 심지어는 생포했을 수도 있다.

네필림과 원인의 만남은 고대의 몇몇 기록에서 확인할 수 있다. '아주 오래전의 시대'를 다루고 있는 수메르의 한 기록은 다음과 같이 말한다.

인간이 만들어졌을 때
그는 빵을 먹는 법을 몰랐다.
옷을 입는 법을 몰랐다.
양처럼 입으로 풀을 먹었고
웅덩이에서 물을 먹었다.

이런 짐승 같은 '인간'은 「길가메시 서사시」에도 등장한다. 서사시는 '스텝 지역에서 태어난' 길가메시의 친구 엔키두(Enkidu)가 문명화되기 전에 어떤 상태였는지를 다음과 같이 묘사한다.

몸 전체에 수북하게 털이 나 있었고
마치 여자처럼 머리가 길었다. (…)
사람이나 땅에 대해 몰랐다.
풀로 옷을 해 입었고
가젤들과 함께 풀을 뜯어 먹었다.
물웅덩이에서 야수들과 다퉜고
다른 동물들과 물에서 즐겁게 놀았다.

「길가메시 서사시」는 이렇게 짐승 같은 인간을 묘사하고 있을 뿐만 아니라 그런 존재와의 만남에 대해서도 말하고 있다.

> 덫을 놓은 사냥꾼이
> 물웅덩이에서 그를 만났다.
> 사냥꾼이 그를 보자
> 그의 얼굴에서 표정이 사라졌다. (…)
> 공포에 가득 차
> 그의 심장은 뛰고 얼굴은 어두워졌다.

그러나 '깊은 스텝 지역에서 온 이 야만적 존재'인 '미개인'은 공포를 느낀 채 가만히 있기만 한 것은 아니었다. 그 '미개인'은 사냥꾼의 추적을 따돌리기도 했다.

> 그는 내가 파놓은 구덩이를 메웠다.
> 내가 설치한 덫을 찢었다.
> 스텝의 야만인이
> 내 손을 빠져나갔다.

털이 수북하고, 사람과 땅을 모른 채 돌아다니고, 풀로 옷을 해 입고, 풀을 뜯어 먹고, 동물들 사이에서 산다는 이런 묘사보다 더 적절하게 원인(猿人)을 표현할 수는 없을 것이다. 또한 원인은 동물을 잡기 위해 설치한 덫을 찢고, 구덩이를 메울 만큼의 지능도 갖고 있었다. 그는 자신과 다른 동물들을 사냥꾼으로부터 보호할 수도 있었던 것이다. 많은 원통형 인장에서 이런 원인을 다른 동물과 함께 묘사하고 있다. 【그림

【그림149】 동물들과 어울리는 초기의 인류

149]

이런 상황에서 원시적 노동자를 필요로 하던 네필림은 손쉬운 해결책을 발견할 수 있었다. 즉 적절한 동물을 순화시키는 것이었다.

그리고 그런 '동물'은 이미 존재하고 있었다. 그러나 호모 에렉투스는 몇 가지 문제점이 있었다. 먼저 그들은 단순히 노동하는 짐승으로 부리기에는 너무 난폭하고 지능적이었다. 또한 광산이나 들에서 신의 일을 대신 하기 위해서는 네필림의 도구를 이용하고 걷고 등을 굽힐 수 있어야 했는데, 그렇게 하기에는 육체적으로도 그다지 적합하지 않았다.

그리고 신과 같은 수준은 아니라고 해도 말을 이해하고 자신들에게 주어진 임무와 명령을 수행할 정도로는 '지능'도 좋아야 했다. 그 밖에도 순종적이고 유용한 아멜루(amelu, 하인)가 될 정도의 이해력과 총기도 있어야만 했다.

고대 기록과 현대 과학이 뒷받침하는 것처럼 지구의 생명이 12번째 행성의 생명체로부터 시작된 것이라면, 지구에서의 진화는 12번째 행성에서의 진화와 비슷한 단계를 겪었을 것이다. 물론 서로 다른 환경을 고려해 본다면 돌연변이·퇴보·촉진 등 다른 결과가 나타날 수도 있었겠지만, 지구상의 모든 동물과 식물에서 발견되는 동일한 유전자 암호가 지구상에 있는 모든 생명체의 발전을 12번째 행성에서의 생명체의 진화와 같은 방향으로 이끌었을 것임에 틀림없다.

네필림과 그들의 최고 과학자인 엔키는 지구상의 다양한 생명체들을 관찰한 후 곧바로 지구에 어떤 일이 일어났는지를 깨달았을 것이다. 최초의 우주적 충돌 사건으로 인해 12번째 행성에서 지구로 생명체가 이식되었기에 지구에 살던 원인은 비록 대단히 덜 진화된 형태이기는 했지만 네필림과 상당히 많이 닮아 있었던 것이다.

그러나 네필림은 여러 세대를 거치는 번식과 선택을 통한 순화 과정을 택할 수는 없었다. 네필림이 필요로 한 것은 새로운 노동자를 대량으로 생산해 낼 수 있는 빠른 방법이었기 때문이다. 그래서 엔키에게 이 문제가 주어졌던 것이고, 엔키는 이미 존재하던 동물에게 신의 형상을 '덧붙이는' 손쉬운 해결책을 제안한 것이다.

엔키가 호모 에렉투스를 정상보다 빠른 속도로 진화시키기 위해 제안한 방법은 '유전자 조작'이었다.

우리는 생물학의 진보 덕분에 살아 있는 유기체가 스스로를 재생산해 내고 부모를 닮은 자손을 만들어 내는 복잡한 생물학적 과정이 유전자 암호에 의해 이루어진다는 사실을 알게 되었다.

모든 살아 있는 유기체는 그것이 선충(線蟲)이건 고사리건 인간이건 간에 세포 안에 작은 막대 모양의 염색체를 지니고 있는데, 그 안에 특정한 유기체의 모든 유전 정보가 담겨 있다. 난자와 정자가 수정할 때 두 쌍의 염색체가 결합됐다가 다시 분리되는데, 새로 분리된 세포 안에는 부모 세대의 세포 안에 있던 모든 유전적 특징들이 보존된다.

현재는 인간의 난자도 인공 수정이 가능하다. 그러나 같은 종(種)의 서로 다른 과(科)나, 서로 다른 종 사이의 타가(他家) 수정은 여전히 어려운 일이다. 현대 과학은 혼성 옥수수를 만들거나 알래스카 개와 늑대를 교접시키거나 암말과 당나귀를 교배해 노새를 만들어 내는 것에서 시작해, 이제는 인간의 재생산 과정을 조작하는 것도 가능한 수준에 이르렀다.

그리스어의 클론(klon, 가는 가지)이라는 단어에서 파생된 클로닝(cloning)은 식물의 가지를 잘라 내 그와 똑같은 수백 개의 식물을 만들어 내는 원리를 동물에게 적용하는 것이다.

클로닝을 처음으로 동물에 적용한 사람은 영국의 거든(J. Gurdon) 박사였다. 그는 수정된 개구리의 난자 핵을 같은 개구리의 다른 체세포 핵과 바꾸는 방법을 사용했다. 그렇게 해서 거든 박사는 정상적인 올챙이를 만들어 냈는데, 이것은 난자가 어디에서 염색체 정보를 얻는가에 관계없이 정상적인 발달 과정을 거쳐 자손을 만들어 낼 수 있다는 것을 입증한 것이었다.

뉴욕의 '사회·윤리·생명 연구소'가 실험한 내용을 보면 인간을 클로닝하는 기술도 이미 존재한다. 즉, 인간의 어떤 체세포로부터 핵 물질을 꺼내(그것이 반드시 생식세포일 필요도 없다), 거기 있는 23쌍의 염색체를 난자에 삽입하기만 하면 임신이 되고, '이미 결정된' 인간을 만들어 낼 수 있는 것이다. 정상적인 임신 과정에서는 '아버지'와 '어머니'의 염색체 쌍들이 결합한 후에 다시 나뉘어 23쌍의 새로운 염색체가 되기 때문에 항상 새로운 조합이 만들어진다. 그러나 클로닝을 통해 얻어진 자식은 나뉘지지 않은 염색체 쌍을 그대로 복제해 낸다. '사회·윤리·생명 연구소'의 게일린(W. Gaylin) 박사에 따르면 우리는 이미 '인간을 그대로 복제해 낼 수 있는 상당한 지식'을 갖고 있다. 다시 말해 만약 우리가 히틀러나 모차르트, 아인슈타인의 체세포 핵을 갖고 있다면 그들을 무수히 만들어 낼 수 있는 것이다.

그러나 유전공학 기술은 이보다 훨씬 더 복잡한 것도 실현할 수 있다. 많은 과학자들이 '세포융합'이라는 기술을 개발했는데, 하나의 세포 안에서 염색체를 결합시키는 대신 두 개의 다른 종류의 세포들을 인공적으로 융합시키는 것을 말한다. 그렇게 되면 서로 다른 세포들이 하나의 '슈퍼 세포(잡종 세포)' 안에서 융합되고, 그 안에 두 개의 핵과 두 개의 짝지어진 염색체가 존재하게 된다. 이 '슈퍼 세포'가 분열하면 그 안에 있던 핵과 염색체는 융합 이전에 각각의 세포에 존재하던 형태와는 전혀 다른 모습으로 나타나게 된다. 그 결과 유전학적으로 완전하면서도 부모 세대와는 전혀 다른 새로운 두 개의 세포가 탄생하게 된다.

다시 말하면 지금까지는 서로 교배가 불가능했던 닭과 쥐의 세포를 융합해 닭도 아니고 쥐도 아닌 새로운 생명체를 만들어 내는 것도 가능해졌다는 말이다. 또 이런 기술을 더 발전시킨다면, 특정한 종에서 원하는 특성만을 선택해 '융합'된 세포에 결합시키는 것도 가능해진다.

이런 기술은 무한한 '유전자 이식'의 가능성을 열었다. 이제 특정한 박테리아에서 특정한 유전자를 선택해 그것을 인간이나 동물에 이식해서 원하는 특성을 그 자손들이 갖게 만드는 것도 가능해졌다.

| 신의 형상을 한 인간의 탄생 |

지금으로부터 450,000년 전에 이미 우주 여행을 할 수 있었던 네필림은 당연히 오늘날의 우리들보다 더 발달된 생명과학 지식을 갖고 있었다고 보아야 할 것이다. 또한 그들은 미리 선택한 두 개의 염색체를 조합해 원하는 유전적 결과를 얻어 내는 다양한 방법을 알고 있었을 것이며, 그것이 클로닝이든 세포융합이든 유전자 이식이든 혹은 우리에게 아직 알려지지 않은 다른 방법이든 간에, 그것을 실험실 수준에서가 아니라 실제 살아 있는 동물에게 적용하는 것도 가능했을 것이다.

고대 기록을 보면 살아 있는 두 생명체가 합쳐진 새로운 생명체에 대한 내용을 쉽게 찾아볼 수 있다. 베로수스는 벨로스(Belus, 주인) 혹은 데우스(Deus, 신)라는 신이 '두 가지 본질을 가진 기괴한 존재들'을 많이 만들어 냈다고 전한다.

날개가 두 개 달렸거나 얼굴이 두 개 혹은 네 개인 인간들이 있었다. 몸은 하나인데 머리가 두 개였으며, 그중 하나는 남자고 다른 하나는 여자였다. 또 신체의 다른 부분들도 남자와 여자의 특징을 동시에 갖고 있었다. 또 다른 인간은 염소의 다리와 뿔을 가지고 있었다. 어떤 인간은 말굽을 갖고 있어서 반인반마(半人半馬)처럼 보였다. 또한 인간의 머리를 한 소와 보통 개보다 네 배는 더 크면서 물고기 꼬리를 가진 개도 있었다. 개의 머리를 가진 말이나 인간, 말의 머리와 몸통에 물고기 꼬리가 달린 동물들도 있었다. 한마디로 모든 동물의 수족을 지닌 다양한 창조물들이 있었다. (…)
바빌론의 벨로스 신전에 이런 모든 것이 묘사돼 있었다.

황당하기는 하지만 이 이야기에 일말의 진실이 담겨 있을 수도 있

【그림150】 반인반수의 초기 인류

다. 네필림이 자신들의 형상에 따라 인간을 만들기 전에, 원인과 다른 동물을 교배하는 방법으로 자신들의 '하인'을 만들려고 시도했을 수도 있기 때문이다. 그러나 이렇게 새로 만들어진 창조물들은 잠시 동안 생존했을지는 몰라도 재생산은 불가능했을 것이다. 고대 근동의 신전을 장식하고 있는 황소인간이나 사자인간(스핑크스)은 단순한 상상의 결과물이 아니라, 네필림의 실험실에서 실제로 창조되었으나 결국 실패한 실험의 증거였는지도 모른다. 【그림150】

수메르 기록들은 엔키와 모신(母神)인 닌후르쌍이 완전한 원시적 노동자를 만드는 과정에서 만들어진 흉한 모습의 인간들에 대해서도 묘사하고 있다. 한 수메르 기록에 따르면 '신의 틀에 혼합물을 넣는' 일을 맡았던 닌후르쌍이 술에 취해서 '엔키에게로 갔다'고 한다.

'인간의 몸이 도대체 얼마나 훌륭해야 하는가?
내 마음대로
그 운명을 좋게도 만들 수 있고 나쁘게도 만들 수 있다.'

인간을 창조하다

이 기록에 따르면 대단히 짓궂게도, 아니면 어쩔 수 없는 시행착오의 결과로, 닌후르쌍은 소변을 억제할 수 없는 남자와 아이를 낳을 수 없는 여자, 남자도 여자도 아닌 인간을 만들어 냈다고 한다. 닌후르쌍은 모두 여섯 종류의 변형된 인간들을 만들어 냈다. 또한 엔키도 병든 눈을 가졌거나 손을 떨거나 손상된 심장을 지닌 인간을 만들었다고 한다.

그러나 마침내 엔키가 아다파(Adapa)라고 불렀고 성경이 아담이라고 불렀으며, 학자들은 호모 사피엔스라고 부르는 완벽한 인간이 만들어졌다. 한 기록에 따르면 모신이 인간에게 원인과는 전혀 다른, 부드럽고 털이 없는 '신의 살갗과 같은 살갗'을 주었다고 말할 정도로 새로 만들어진 인간은 신과 흡사했다.

이렇게 만들어진 인간은 네필림과의 생식도 가능해서 네필림이 인간의 딸들과 결혼해 자식을 낳기도 했다. 그런 생식은 인간이 네필림과 동일한 '생명의 씨'로부터 발전했을 때라야만 가능한데, 고대 기록이 증언하는 것이 바로 그런 사실이다.

구약에서도 그랬지만 메소포타미아에서도 인간은 신적 요소(신의 피 혹은 신의 '정수')와 지구의 '진흙'을 섞은 혼합물로 여겨졌다. 실제로 인간을 부르는 말인 '룰루'는 '원시적'이라는 뜻도 갖고 있지만, 문자 그대로의 뜻은 '혼합된 존재'이다. 모신은 인간을 창조하기 위해 '손을 씻고 진흙을 떼어 내 초원에서 합쳤다'고 한다. (여기서 모신이 손을 씻었다는 내용이 흥미롭다. 인간 창조와 관련된 다른 기록에서도 이런 임상적 묘사를 많이 찾아볼 수 있다.)

메소포타미아 기록들은 인간을 창조하기 위해 지구의 '진흙'과 신성한 '피'를 혼합했다는 것이 명백한 사실이라고 전한다. 한 기록에는 엔키가 '신들을 위한 노예를 만드는 지혜를 필요로 하는 일'을 신들에게 요구받고 '할 수 있는 일'이라고 답했다고 적혀 있다. 그리고 그는 모신에게 다음과 같이 말한다.

> 압주의 바로 위
> 지구의 토대에서 가져온
> 진흙을 철저하게 섞어서 빚어라.
> 그 진흙을 적당한 상태로 만들 수 있는
> 젊고 지식이 풍부한 젊은 신들을 보내겠다.

「창세기」 2장에도 상당히 기술적인 내용이 들어 있다.

> 그리고 야훼 엘로힘이
> 땅의 진흙으로 아담을 만드시고
> 그의 코에 생명의 숨을 불어넣으시니
> 아담이 살아 있는 영혼이 되었다.
> _「창세기」 2 : 7*

흔히 '영혼(Soul)'이라고 번역되는 히브리어는 '네페시(nephesh)'인데, 살아 있는 생명체를 생기 있게 만들고, 생명체가 죽으면 사라지는 무엇인가를 말한다. 그런데 모세 5경(「창세기」「출애굽기」「레위기」「민수기」「신명기」)의 곳곳에서 '피가 곧 네페시'이기 때문에 동물의 피는 먹지 말며 인간에게도 피를 흘리지 말라고 강조하고 있다. 즉, 구약에서는 피와 네페시를 동일시하고 있는 것이다.

구약은 인간의 창조에 있어서 피의 역할에 대해 또 다른 실마리를 제공한다. 아담이라는 말의 어원인 아다마(adama)라는 단어는 땅에 있는 아무 흙이나 지칭하는 것이 아니라 특히 검붉은 흙만을 뜻한다. 또한 아카드어 아다마투(adamatu, 검붉은 땅)와, 같은 뜻의 히브리어 아다마, 히브리어 아돔(adom, 붉은색) 등은 모두 피를 뜻하는 단어인 아다무(adamu)나 담(dam)에서 나온 말들이다. 따라서 신에 의해 창조된 인간을 '아담'이라고 이름 지을 때, 구약은 수메르인들이 흔히 하던 것처럼 단어의 다중적 의미를 가지고 일종의 언어유희를 했던 것이다. 즉, 아담은 '땅의 사람(지구인)'을 의미하면서 동시에 '붉은 흙으로 만들어진 사람' 또는 '피로 만들어진 사람'이라는 뜻을 모두 가질 수 있다.

인간 창조에 대한 메소포타미아 기록에도 피의 중요성은 명백하게 기록돼 있다. 엔키와 닌후르쌍이 인간을 창조하기 위해 일을 하던 병원 같은 장소의 이름은 '심티(Shimti)의 집'이었다고 한다. 대부분의 학자들은 이를 '운명이 결정되는 집'이라고 해석한다. 그러나 심티라는 단어는 수메르어 시임티(SHI.IM.TI)에서 나온 말로, 한 음절씩 떼어서 해석하면 '숨-바람-생명'이라는 뜻이다. 따라서 심티의 집, 즉 '비트 심티(Bit Shimti)'는 문자 그대로 '생명의 바람을 불어넣는 집'이라는 뜻이다. 이것은 구약의 표현과 아주 유사하다.

아카드인들이 수메르어 시임티를 번역하기 위해 사용했던 단어는 나피시투(napishtu)인데 구약의 네페시와 같은 말이다. 그리고 네페시나 나피시투란 모두 피 속에 있는 생명과 관련된, 정확히 지칭하기 어려운 무엇인가를 뜻하는 말이었다.

구약이 실마리만 제공하는 데 비해 메소포타미아 기록들은 이 주제를 아주 분명하게 다루고 있다. 피가 인간을 만들어 내기 위한 혼합물에 반드시 필요했다는 것을 밝힐 뿐만 아니라, 그 피는 반드시 신의 신성한 피여야 한다고 적고 있다.

네필림이 인간을 창조하기로 결정했을 때, 그들의 지도자는 '내가 피를 모으고 뼈를 만들어 생명체를 만들겠다'고 말한다. 또한 '그 피는 특별한 신의 것'이어야 한다고 주장한다. 엔키는 '원시 노동자들을 그의 형태에 따라 만들자'고 말한다. 그 특정한 신을 정한 후에,

> 그의 피에서 그들은 인류를 만들었다.
> 신들을 자유롭게 하기 위해 그 피에 예배를 드렸다. (…)
> 그것은 이해하기 어려운 작업이었다.

「신이 인간과 같을 때」라는 서사시에 따르면, 신들은 '탄생의 신(모신, 닌후르쌍)'을 불러 그녀에게 부탁한다.

> 탄생의 신이 여기 있는 동안
> 자손들을 만들어 주시기 바랍니다.
> 모신이 여기 있는 동안
> 탄생의 신이 룰루를 만들어 주시기 바랍니다.
> 일꾼들이 신의 일을 대신 하게 해주십시오.
> 그녀가 룰루 아멜루(Lulu Amelu)를 만들게 해주십시오.
> 그에게 힘든 일을 하도록 해주십시오.

이것과 비슷한 내용을 전하고 있는 바빌로니아의 「모신이 인간을 창조하다」라는 서사시에는, 신들이 '신들의 산파인 지혜로운 마미'를 불

러 같은 부탁을 하는 것으로 되어 있다.

> 당신은 어머니의 자궁입니다.
> 인간을 창조할 수 있는 분입니다.
> 룰루를 만들어 힘든 일을 하게 해주십시오.

그리고 앞의 두 서사시는 인간 창조의 실제 과정을 자세하게 묘사한다. 자신의 '임무'를 받아들이면서, '생명을 주는 여신' 닌티(NIN.TI, 닌후르쌍)는 '정화'를 위해 몇 가지 화학 물질(압주의 역청 등)과 '압주의 진흙' 등 필요한 것들을 요구한다.

그 물질들이 정확히 무엇이었는지는 알 수 없지만, 엔키는 그것을 곧바로 이해한다.

> 내가 정화를 위한 욕조를 마련할 것입니다.
> 한 신의 피가 필요합니다. (…)
> 그의 살과 피에
> 닌티가 진흙을 혼합할 것입니다.

이렇게 혼합된 진흙에서 인간을 만들어 내기 위해서는 '여성의 도움' 즉 임신 과정이 필요했다. 엔키는 자기 아내가 그것을 제공할 것이라고 말한다.

> 내 아내 닌키가
> 그 일을 할 것입니다.

일곱 명의 탄생의 여신들이
가까이에서 그녀를 도울 것입니다.

'피'와 '진흙'을 혼합한 다음에 행해지는 임신 과정은 새로 탄생하는 생명체에 신의 형상을 '찍는' 마지막 과정이었다.

새로 태어나는 존재의 운명을 당신이 결정할 것입니다.
닌키는 거기에 신의 형상을 줄 것입니다.
그리고 그것을 '인간'이라고 부를 것입니다.

아시리아의 원통형 인장에 새겨진 그림들은 아마도 이런 서사시의 내용을 표현한 것으로 보인다. 이때 사용되는 탯줄을 자르는 칼의 상징은 다음과 같다.

이것은 또한 닌후르쌍을 상징하기도 하는데, 그녀는 초승달로 상징되는 엔키와 더불어 혼합물을 준비하고 주문을 외우면서, 서로에게 일을 진행하라고 한다. 【그림 151, 152】

최초의 성공적인 인간 표본 창조에 엔키의 아내인 닌키가 참여했다는 것은 우리가 앞서 살펴본 아다파의 이야기를 떠오르게 한다.

그때에, 그 해에
에리두의 현명한 자 엔키가,

【그림151】 엔키와 닌후르쌍

【그림152】 실험과 작업에 몰두하는 창조의 신들

그를 인간의 모델로 만들었다.

    학자들은 수메르 서사시에서 아다파를 엔키의 아들이라고 부른 것은 엔키가 아다파를 너무 사랑해서 그를 아들로 삼았음을 표현한 것이라고 해석해 왔다. 그러나 같은 기록에서 엔키의 아버지 안은 아다파를 '엔키의 인간 자식'이라고 부르고 있다. 따라서 엔키의 아내가 '인간의 모델'인 아다파를 만들어 내는 과정에서 실제적인 혈연관계가 맺어졌던 것으로 보인다. 즉 닌키가 아다파를 임신했던 것이다!

    닌키는 새 생명을 축복한 다음 그를 엔키에게 건넨다. 한 원통형 인장에는 실제로 생명의 나무와 실험용 플라스크로 둘러싸인 여신이 갓난아이를 안고 있는 모습이 새겨져 있다.【그림153】

    이런 과정을 거쳐 메소포타미아 기록들이 계속해서 '인간의 모델' 혹은 '주형(鑄型)'이라고 부르는 새로운 존재가 탄생했다. 또 신들이 그것과 같은 것을 더 만들어 달라고 아우성친 것으로 보아 그것은 신들이 원하는 대로 만들어졌음이 분명하다. 주형을 먼저 만들고 그 다음에 복제품을 만들었다는 것은 겉보기에는 별것아닌 것 같지만 아주 중요

[그림153] 실험실에서 갓난아기를 안고 있는 여신의 모습

한 사실이다. 이를 통해 인간이 창조된 과정을 보다 구체적으로 알 수 있을 뿐만 아니라 구약에 나오는 모순되는 것처럼 보이는 이야기도 해석할 수 있기 때문이다.

「창세기」의 첫 장에는 다음과 같은 말이 나온다.

엘로힘이 아담을 자기의 형상대로 만들었고
즉 엘로힘의 형상대로 엘로힘이 아담을 만들었고
엘로힘은 그들을 남자와 여자로 만들었다.
_「창세기」 1 : 27*

그리고 흔히 '아담의 자손'이라는 제목으로 불리는 5장에서는 다음과 같이 말한다.

엘로힘이 아담을 창조하시던 날에

엘로힘의 형상대로 엘로힘이 아담을 만들었다.

엘로힘은 그들을 남자와 여자로 만들었다.

그들을 창조한 바로 그날에

그들에게 축복을 주고, 그들의 이름을 '아담'이라고 불렀다.

_「창세기」 5 : 1~2*

「창세기」는 이처럼 하나님(엘로힘)이 그의 형상과 모양에 따라 '아담'이라는 인간을 만들었다고 했다가, 또 그와는 명백히 다르게 남자와 여자를 동시에 만들었다고 말하고 있다. 이런 모순은 「창세기」 2장에서 더욱 심해지는데, 거기서는 하나님이 아담을 잠재운 후 그의 갈비뼈로 여자를 만들기 전까지 아담은 혼자였다고 말한다.

많은 학자들과 신학자들을 괴롭혀 온 이런 모순은 구약이 수메르 이야기들을 압축시킨 것이라는 사실을 깨닫고 나면 쉽게 풀린다. 원래의 수메르 이야기를 보면 신들은 처음에 원인(猿人)과 다른 동물들을 '혼합해' 원시적 노동자를 만들려고 했지만, 결국 유일하게 실현 가능한 혼합은 자신들과 원인의 혼합이라는 것을 깨닫는다. 그리고 몇 번의 실패 끝에 '모델' 즉 아다파(아담)를 만든다. 따라서 처음에는 유일하게 하나의 아담만이 존재했던 것이다.

그리고 아다파(아담)가 자신들이 원하던 바로 그 존재라는 결론이 내려지자, 그것을 복제품을 만들어 내기 위한 유전적 모델, 즉 '주형'으로 사용해 남자와 여자를 모두 만들어 내게 된다. 앞에서 본 것처럼, 구약에서 여자를 만드는 데 쓰였다고 한 (아담의) '갈비뼈(rib)'는 수메르어 티(TI)에서 나온 말이다. 그런데 이 단어는 '갈비뼈'라는 뜻과 함께 '생명'이라는 뜻도 지니고 있다. 따라서 이브는 아담의 '생명' 즉

'생명의 정수'로부터 만들어진 것이다.

| **복제 인간의 탄생** |

메소포타미아 기록을 보면 네필림이 어떻게 아담을 복제해 최초의 현생인류를 만들어 냈는지에 대한 생생한 묘사를 찾을 수 있다.

엔키의 지시에 따라 모든 것이 이루어졌다. 생명의 숨결을 불어넣는 심티의 집에 엔키, 모신 그리고 열네 명의 탄생의 여신이 모였다. 그곳에 신의 '정수(精髓)'와 '정화를 위한 욕조'가 준비됐다. 엔키는 진흙을 깨끗하게 씻으면서 계속 주문을 외웠다.

　나피시투를 정화하는 신, 엔키가 입을 열었다.
　그녀 앞에 앉아서 그녀를 부추겼다.
　그녀가 그녀의 주문을 외운 후
　손을 뻗어 진흙을 만졌다.

이제 인간의 대량 생산 과정이 시작된다. 이 과정에서는 열네 명의 탄생의 여신이 중요한 역할을 맡는다.

　닌티는 진흙 열네 덩어리를 떼어 냈다.
　그중 일곱 개는 오른쪽에 놓았다.
　그중 일곱 개는 왼쪽에 놓았다.
　그녀는 그 사이에 주형을 놓았다.
　그녀는 털을 (…)
　탯줄을 자르는 칼을 (…)

기록으로 보아 열네 명의 탄생의 여신은 두 개의 집단으로 나뉘었던 것으로 보인다. 그들을 가리켜 '일곱 명씩 두 쌍의 현명하고 지혜로운 탄생의 여신들'이라고 묘사했기 때문이다. 모신은 그들의 자궁에 '혼합된 진흙'을 집어넣었다. 또한 털을 제거하고 수술 도구인 칼을 준비한 것을 보면 인간의 대량 생산 과정에 수술도 포함되었음을 짐작할 수 있다. 이제 남은 일은 기다리는 것이었다.

탄생의 여신들은 함께 모였다.
닌티는 달[月]을 셌다.
운명의 열 달째가 다가왔다.
열 달이 되었다.
자궁을 열 때가 지났다.
그녀의 얼굴이 지혜로 빛났다.
그녀는 머리를 감싸고 산파술을 행했다.
그녀는 허리에 띠를 두르고 축복을 내렸다.
그녀는 형상을 그렸고, 주형 속에 생명이 들어 있었다.

인간 창조의 과정은 만산(晩産)으로 인해 다소 어려웠던 것으로 보인다. '진흙'과 '피'의 혼합물은 열네 명의 탄생의 여신에게 임신을 유도하기 위해 사용됐다. 그리고 9개월이 지나고 10개월이 되었다. 그런데 '자궁을 열 때가 지났다'. 필요한 것이 무엇인지에 대한 '지혜'를 갖고 있던 모신은 '산파술을 행했다'. 비록 약간 훼손되기는 했지만 바빌로니아 기록을 보면 그녀가 일종의 수술을 했다는 사실이 보다 분명하게 드러난다.

닌티가 (…) 달수를 셌다. (…)

그것은 운명의 10개월이라고 불렸다.

'손이 활짝 펼쳐진 여신'이 왔다.

(…)와 함께 그녀는 자궁을 열었다.

그녀의 얼굴에는 기쁨이 넘쳤다.

그녀는 머리를 감싸고

(…) 열었다.

그러자 자궁에 있던 것이 밖으로 나왔다.

기쁨에 벅찬 모신이 소리친다.

내가 창조했다!

내 손이 그것을 만들어 냈다!

| 신의 유전자 |

인간의 창조는 도대체 어떻게 이루어졌을까?

「신이 인간과 같을 때」라는 서사시에는 왜 신의 '피'가 '진흙'과 혼합되어야 하는지를 설명하는 문구가 있다. 실제로 필요했던 '신성한 것'은 단순히 신의 피가 아니라 그보다 훨씬 더 근원적이고 영구적인 것이었다. 선택된 신은 테에마(TE.E.MA)를 갖고 있었다고 하는데, 옥스퍼드 대학의 램버트(W.G.Lambert)와 밀러드(A.R.Millard) 같은 이 분야의 최고 전문가들은 테에마를 '인격'이라고 해석했다. 그러나 이 단어는 그보다 훨씬 더 구체적인 뜻을 갖고 있다. 그것은 문자 그대로 '기억을 보존하는 집'이라는 뜻이다. 똑같은 단어가 아카드 판본에서는 에테무(etemu)라고 표현되어 있는데, 흔히 '영혼(spirit)'이라고 번역된다.

테에마와 에테무 모두 신의 피에 들어 있는 '개별성'을 담보하는 '무엇'인가를 뜻한다. 이 모든 것을 종합해 보면 엔키가 신의 피를 '정화하는 욕조'에 담아 얻으려고 했던 것이 실제로는 신의 '유전자'였음을 알 수 있다.

또한 신들이 이 신성한 요소와 땅의 요소를 혼합하는 이유도 명백하게 밝혀진다.

진흙 속에서 인간과 신이
하나로 섞일 것이다.
그래서 세상이 끝나는 날까지
신이 갖고 있던 육신과 영혼이
무르익을 것이다.
영혼은 피로 엮인 혈연으로 묶일 것이다.
그리고 그 증거로 생명이 나타날 것이다.
그리하여 영혼이 피로 엮인 혈연 안에 묶여 있다는 것이
잊혀지지 않을 것이다.

이 부분은 학자들이 거의 이해하지 못하고 있다. 이 기록에 따르면 신의 피는 진흙에 섞여 '세상이 끝나는 날까지' 인간과 신을 유전적으로 묶어 줄 것이라고 한다. 또 그렇게 해서 신의 육신(형상)과 영혼(모습)이 절대로 없어지지 않을 피로 엮인 혈연을 통해 인간에게 찍혀진다는 것이다.

「길가메시 서사시」를 보면 신들이 길가메시와 똑같은 인간을 만들어 내는 장면이 있는데, 이때 모신은 '진흙'과 닌우르타 신의 '정수'를 섞는다. 그리고 같은 서사시의 다른 부분에서는 엔키두의 엄청난 힘은 그가 안의 손자인 닌우르타를 통해 안의 '정수'를 얻었기 때문이라고 한다.

아카드어 키시르(kiṣir)는 하늘의 신이 갖고 있는 '정수' 혹은 '진액'을 의미한다. 에벨링(E. Ebeling)은 그것이 '정수를 의미하거나 신 자체, 혹은 하늘의 미사일 등을 의미할 수 있다'고 말한다. 스파이저 (E.A.Speiser)도 그것이 '하늘에서 내려온 어떤 것'을 의미할 수 있다며 에벨링의 의견에 동의한다. 스파이저는 키시르가 '의학적 맥락에서 사용될 때 특히 그렇게 해석할 수 있다'고 덧붙인다.

그렇다면 키시르에 가장 가까운 현대어는 '유전자'가 아닐까?

메소포타미아와 구약의 기록을 보면 네필림이 신의 유전자와 원인의 유전자를 혼합할 때 신성한 요소를 남성의 유전자로, 땅의 요소를 여성의 유전자로 사용했던 것으로 보인다.

「창세기」는 하나님이 아담을 자신의 형상과 모습에 따라 창조했다고 수없이 말하면서, 아담이 셋(Seth)을 낳은 것을 다음과 같이 표현했다.

아담은 백서른 살에,
자기의 형상 곧 자기의 모습을 닮은 아이를 낳고,
이름을 셋이라고 하였다.
_「창세기」 5 : 3

여기에 사용된 용어는 하나님이 아담을 창조할 때 사용됐던 것과 동일하다. 그러나 셋은 아담의 정자가 여성의 난자와 수정되는 생물학적 과정과 그에 따르는 임신과 탄생의 과정을 통해 태어났음이 분명하다. 따라서 같은 용어가 사용됐다는 것은 아담도 역시 하나님에 의해 신의 정자가 여성의 난자와 수정되는 과정을 통해 태어났음을 역으로 말해 주는 것이라고 볼 수 있다.

따라서 모든 기록이 주장하는 것처럼 '진흙'이 신의 요소가 혼합된 땅의 요소였다면, 유일하게 가능한 결론은 신의 정자(신의 유전 물질)가 여자 원인의 난자에 삽입되었다는 것이다.

아카드어로 티트(tit)는 '진흙', 구체적으로는 '형상을 만드는 진흙'을 뜻한다. 그것의 원래 철자는 티이트(TI.IT)인데 그 뜻은 '생명과 함께 있는 것'이다. 또 히브리어에서 티트는 '진흙'을 말하고, 그 동의어는 보스(boṣ)인데 이 단어는 비사(biṣa, 습지), 베사(beṣa, 알)와 같은 어원을 갖고 있다.

인간의 창조 이야기는 거기 등장하는 단어들의 다중적 뜻을 이해하지 못하면 해석하기 어렵다. 이미 앞에서 아담-아다마-아다무-담이라는 말들의 이중, 삼중적 의미들을 살펴본 바 있다. 모신인 닌후르쌍의 별칭은 닌티(NIN.TI)인데, 그것은 '생명의 여신'이면서 동시에 '갈비뼈의 여신'을 의미한다. 그렇다면 티트는 보스-비사-베사(진흙-습지-알)라는 단어의 다중적 의미를 통해 그것이 여성의 난자를 의미한다고 볼 수도 있지 않을까?

신의 유전자로 수정된 여자 원인의 난자는 엔키 신의 아내인 닌키의 자궁에 이식되었다. 그리고 '모델'을 얻은 후, 그것의 복제물들을 만들기 위해 임신과 탄생의 과정을 담당할 탄생의 여신들의 자궁에 이식된 것이다.

현명하고 지혜로운

일곱 명씩 두 쌍의 여신들이 모였다.

일곱은 남성을 가져왔고

일곱은 여성을 가져왔다.

모신이 생명의 숨결의 바람을 가져왔다.

그들은 각각 한 쌍으로 맺어졌다.

모신의 앞에서 한 쌍씩 맺어졌다.

창조된 것은 사람이었고

모두 모신의 창조물이었다.

이렇게 해서 호모 사피엔스가 만들어진 것이다.

| 아프리카에서 메소포타미아로 |

인간의 창조에 대한 고대의 전설과 신화, 구약의 정보, 그리고 현대 과학의 연구 결과가 모두 하나 이상의 지점에서 일치한다. 현대 인류학에서 인간이 남아프리카에서 탄생해 점점 진화했다고 주장하는 것과 같이, 메소포타미아 기록에서도 인간은 네필림이 채광을 하던 아래 세계, 즉 압수에서 창조되었다고 말한다. 또 어떤 기록에서는 압수에 남자의 '모델'이었던 아다파와 함께 신성한 아마마(Amama), 즉 '지구 여자'가 있었다고 말한다.

「인간의 창조」라는 기록에서 엔키는 모신에게 '압주의 바로 위, 지구의 토대에서 가져온 진흙을 철저하게 섞어서 빚어라'라고 말한다. 엔키가 압주에 그의 거처를 지은 업적을 기리는 송가는 다음과 같이 시작한다.

압수의 신성한 엔키는
신전을 재건하기 위해
진흙 한 덩어리를 떼어 내
쿨라(kulla)를 창조했다.

이 송가는 계속해서 엔키에 의해 창조된 건축가들과 '산과 바다의 풍부한 자원'을 관리하는 사람들에 대해 언급하고 있는데, 그들은 모두 압수의 진흙으로 만들어진 인간들이라고 추측할 수 있다.

엔키는 에리두의 물가에는 벽돌로 된 집을 지었지만, 압수에 집을 지을 때는 귀한 보석과 돌을 사용했다고 한다. 거기서 그의 창조물인 인간이 태어났다.

압주의 주인인 엔키 왕이 (…)
은과 라피스라줄리(lapis-lazuli)로 집을 지었다.
엔키는 은과 반짝이는 라피스라줄리로
압주에 집을 지었다.
압주에서 만들어진 밝은 표정의 존재들이
주인 누딤무드의 주변을 둘러싸고 있다.

다양한 기록들을 분석해 보면 성공적인 인간의 창조는 신들 사이에 새로운 갈등을 불러일으켰던 것으로 보인다. 최초에 원시적 노동자는 아프리카의 광산에서만 일했다. 그래서 수메르에 거주하고 있는 아눈나키들은 그 혜택을 받지 못했다. 학자들이 「곡괭이의 전설」이라고 이름 붙인 수수께끼 같은 기록에는 엔릴의 통치 하에 있던 수메르의 아눈나키들이 검은 머리 인간들을 이용하게 된 과정이 기록돼 있다.

'정상적인 질서'를 회복시키기 위해 엔릴은 '하늘(12번째 행성이거나 혹은 지구 궤도 위의 모선)'과 지구의 통신을 끊는 극단적인 조치를 취하고 '인간이 태어난 곳'을 공격한다.

적절한 조치를 취할 수 있는 주인,
이미 운명이 정해진
주인 엔릴은
창조된 자들을 끌어내기 위해
하늘과 땅을 분리했다.
창조된 자들을
그들의 육신이 태어난 곳으로부터 끌어내기 위해
'하늘과 땅의 유대'에 상처를 냈다.

'곡괭이와 광주리의 땅'에 대항해 엔릴은 알아니(AL.A.NI, 힘을 만들어 내는 도끼)라는 강력한 무기를 만든다. 이 무기에는 '뿔이 하나 달린 황소의 이빨' 같은 것이 달려 있어 거대한 벽을 공격해 허물 수 있었다. 이 무기에 대한 묘사를 통해 추측해 보면 이것은 거대한 동력 굴착기로, 불도저 비슷한 차량에 장착해 앞에 있는 것은 무엇이든 부숴 버릴 수 있는 무기였던 것으로 보인다.

주님 앞에 저항하는 집
주님 앞에 복종하지 않는 집을
알아니가 주님에게 복종하도록 만든다.

사악한 (…) 그들의 머리를 부수고
뿌리를 뽑고 머리를 부순다.

'땅을 가르는 도구'를 장착한 알아니를 앞세워 엔릴은 그들을 공격하기 시작한다.

주님은 알아니를 향해 명령을 내렸다.
주님은 '땅을 가르는 도구'를 알아니에 붙이고
육신이 태어난 곳으로 몰고 갔다.
인간들은 땅에서 흩어져 엔릴에게로 몰려갔다.
그는 검은 머리를 지닌 자들을 엄정하게 살폈다.

이렇게 해서 검은 머리를 지닌 인간들이 아프리카에서 엔릴의 땅인 메소포타미아로 이동하게 된 것이다. 원시적 노동자들을 데려다 달라고 했던 수메르의 아눈나키들은 엔릴에게 감사하면서 곧 그들에게 일을 시켰다.

아눈나키들은 엔릴에게 다가가
감사의 표시로 손을 들었다.
엔릴에게 기도를 올려 그의 마음을 편안하게 하고
엔릴에게 부탁했던
검은 머리의 인간들에게
곡괭이를 쥐어 주었다.

「창세기」 역시 아담이 메소포타미아의 서쪽 어딘가에서 창조되어 메소포타미아의 동쪽으로 옮겨졌으며, 에덴동산에서 일을 했다는 사실을 암시적으로 전하고 있다.

그리고 주 하나님이
동쪽의 에덴에 동산을 일구시고
지으신 사람을 거기로 데려갔다. (…)
그리고 주 하나님은 '아담'을 데려다
에덴동산에 두시고
그곳을 돌보고 경작하게 하셨다.
_「창세기」 2 : 8, 15*

13

대홍수와 인간의 종말

| 지식인 아담, 에덴에서 추방되다 |

선사 시대에 일종의 황금 시대가 있었다는 인간의 오랜 믿음은 인간의 기억에 의존한 것일 수는 없다. 그것은 아주 오래전에 일어난 일이었고, 후대를 위해 기록을 남기기에는 인간이 너무 원시적이던 시절의 일이기 때문이다. 또 인간이 그런 황금 시대에 대해 더없이 평화롭고 행복했다는 일종의 무의식적인 반응을 보이는 것 자체가 인간이 그만큼 그 시대에 대해 아는 것이 없다는 반증이기도 하다. 황금 시대에 대한 이야기는 다른 인간들로부터가 아니라 네필림으로부터 전해 들은 것이다.

인간이 메소포타미아에 있는 신들의 주거지로 옮겨진 이후 이 땅에 어떤 일이 있었는지에 대해 유일하게 완전한 이야기를 전하는 기록은 구약뿐이다.

> 그리고 주 하나님이
> 동쪽의 에덴에 동산을 일구시고
> 지으신 사람을 거기로 데려갔다.
> 주 하나님은 보기에 아름답고
> 먹기에도 좋은
> 열매를 맺는 온갖 나무를 땅에서 자라게 하시고,
> 동산 한가운데에는
> 생명의 나무와
> 선과 악을 아는 나무를 자라게 하셨다. (…)
> 그리고 주 하나님은 '아담'을 데려다
> 에덴동산에 두시고
> 그것을 돌보고 경작하게 하셨다. (…)
> 그리고 주 하나님이 아담에게 명령하시기를
> '동산에 있는 모든 나무의 열매는
> 네가 먹고 싶은 대로 먹어라.
> 그러나 선과 악을 알게 하는
> 나무의 열매만은 먹어서는 안 된다.
> 그것을 먹는 날에는,
> 너는 반드시 죽을 것이다.'
> _「창세기」 2 : 8~17*

두 가지 중요한 나무 중에서 지구인은 특히 지식나무(선과 악을 아는)의 열매를 먹지 못하도록 금지당했다. 이 부분을 보면 하나님은 인간이 생명나무의 열매를 먹는 것에 대해서는 별로 신경 쓰지 않았던 것 같다. 그러나 인간은 그처럼 단순한 금지사항도 지키지 못하여 곧 비극을 맞이한다.

목가적인 에덴동산의 풍경은 곧 성서학자들과 신학자들이 '인간의 타락'이라고 부르는 극적인 상황으로 변한다. 그것은 지켜지지 않은 신의 명령과 신의 거짓말, 사악한 (그러나 진실을 말하는) 뱀, 처벌 그리고 추방에 대한 이야기다.

어디선가 나타난 뱀이 주 하나님의 유일한 경고에 대해 이렇게 의문을 제기한다.

(…) 뱀이 여자에게 물었다.

'하나님이 정말로 너희에게, 동산 안에 있는

모든 나무의 열매를 먹지 말라고 말씀하셨느냐?'

여자가 뱀에게 대답하였다.

'우리는 동산 안에 있는 나무의 열매를 먹을 수 있다.

그러나 하나님은, 동산 한가운데 있는 나무의 열매는,

먹지도 말고 만지지도 말라고 하셨다.

어기면 우리가 죽는다고 하셨다.'

뱀이 여자에게 말하였다.

'너희는 절대로 죽지 않는다.

하나님은 너희가 그 나무 열매를 먹으면,

너희의 눈이 밝아지고

하나님처럼 되어서,

선과 악을 알게 된다는 것을 아시고
그렇게 말씀하신 것이다.'
여자가 그 나무의 열매를 보니,
먹음직도 하고 보암직도 하였다.
그뿐만 아니라 사람을 슬기롭게 할 만큼 탐스럽기도 한 나무였다.
여자가 그 열매를 따서 먹고,
함께 있는 남편에게도 주니, 그도 그것을 먹었다.
그러자 두 사람의 눈이 밝아져서,
자기들이 벗은 몸인 것을 알고,
무화과나무 잎으로 치마를 엮어서 몸을 가렸다.
_「창세기」 3 : 1~7

이 이야기는 간결하고 분명하기는 하지만, 아무리 여러 번 읽어도 그 뜻을 이해하기란 쉽지 않다. 지식나무를 만지기만 해도 죽을 것이라는 위협을 받던 두 지구인이 뱀의 꼬임을 당해 그것을 먹게 되는데, 뱀에 따르면 그 결과는 '눈이 밝아지고 하나님처럼 되어서, 선과 악을 알게 된다는 것'이다. 그러나 정작 일어난 일은 자신들이 '벗은 몸'임을 알게 됐다는 것이 전부다.

하지만 그들이 벌거벗음을 알게 됐다는 것이 이 이야기에서 가장 중요하다. 실제로 에덴동산의 아담과 이브 이야기는 그 시작 부분에 '남자와 그 아내가 둘 다 벌거벗고 있었으나, 부끄러워하지 않았다'고 굳이 강조하고 있다(「창세기」 2 : 25). 그들은 아마도 완전히 발달된 인간이라기보다는 덜 발달된 단계의 인간이었을 것이다. 그들은 벌거벗었을 뿐만 아니라 벌거벗었다는 사실 자체도 모르고 있었기 때문이다.

구약의 이야기를 좀더 분석해 보면 그것의 주제가 인간의 성적 능력에 대한 것이었음을 알 수 있다. 즉, 인간에게 금지됐던 '지식'은 어떤 과학적 지식이 아니라 남성과 여성의 성에 연관된 것이었다. 실제로 남자와 여자가 '지식'을 얻자마자 그들은 '자기들이 벗은 몸인 것을 알고' 바로 성기를 가렸던 것이다.

계속되는 구약의 이야기를 보면 벌거벗음과 무지가 연관된다는 사실이 더욱 분명하게 드러난다. 왜냐하면 하나님도 그들이 옷 입은 모습을 보고 곧바로 무슨 일이 일어났는지 짐작하기 때문이다.

그 남자와 그 아내는
날이 저물고 바람이 서늘한 때에,
주 하나님이 동산을 거니시는 소리를 들었다.
남자와 그 아내는 주 하나님의 낯을 피하여서,
동산 나무 사이에 숨었다.
주 하나님이 그 남자를 부르시며
'네가 어디에 있느냐?' 하고 물으셨다.
'하나님께서 동산을 거니시는 소리를 제가 들었습니다.
저는 벗은 몸인 것이 두려워서 숨었습니다' 하고 그가 대답하였다.
하나님이 물으시기를
'네가 벗은 몸이라고 누가 일러주더냐?
내가 너더러 먹지 말라고 한
그 나무의 열매를 네가 먹었느냐?' 하시니
「창세기」 3 : 8~11

남자는 사실을 털어놓으면서 자기의 아내를 탓하고, 여자는 다시 뱀을 지목한다. 대단히 화가 난 하나님은 두 인간과 뱀에게 저주를 내린다. 그러고 나서 놀랍게도 하나님은 '가죽옷을 만들어서 아담과 그의 아내에게 입혀 주셨다'(「창세기」 3 : 21).

인간이 에덴동산에서 쫓겨나게 된 이 이야기의 주제가 결국 인간이 옷을 입게 된 과정이라고 생각할 사람은 아마 없을 것이다. 옷을 입었다는 것은 새로운 '지식'의 결과일 뿐이다. 이 이야기의 주제는 인간이 그런 '지식'을 습득했다는 것과 인간의 지식 습득을 막으려는 하나님의 노력이 있었다는 것으로 보아야 할 것이다.

구약의 이 이야기와 비교할 만한 메소포타미아의 기록이 아직 발견되지는 않았지만, 인간의 창조와 선사 시대에 대한 모든 구약의 기록이 그렇듯이 이 이야기도 분명히 수메르에서 기원한 것이라는 점에는 의심의 여지가 없다. 우선 구약에서 언급된 장소가 메소포타미아에 있는 신들의 주거지와 같다. 또한 이브의 이름에서 이중적인 의미('생명의 여자'와 '갈비뼈의 여자')를 볼 수 있다. 또 안(An)의 처소에 있는 것과 같은 지식나무와 생명나무가 등장한다.

하나님이 말한 내용도 이 이야기가 수메르에서 기원했음을 보여 준다. 왜냐하면 히브리의 유일신은 가끔씩 복수형을 사용해 가면서 구약이 아닌 수메르 기록에만 등장하는 자신의 '동료'들에게 말을 하기 때문이다.

주 하나님이 말씀하셨다.
'보아라, 이 사람(아담)이 우리 가운데 하나처럼
선과 악을 알게 되었다.

이제 그가 손을 내밀어서
생명나무의 열매까지 따서 먹고
끝없이 살게 하여서는 안 된다.'
그래서 주 하나님은 그를
에덴동산에서 내쫓으시고 (…)
_「창세기」 3 : 22~23

    초기 수메르의 그림에 자주 등장하는 것처럼, 원시적 노동자였던 인간이 벌거벗은 상태에서 신에게 봉사하던 때가 있었다. 신에게 음식이나 음료수를 바칠 때는 물론이고 들판이나 공사장에서 일을 할 때도 인간은 벌거벗고 있었다. 【그림154, 155】
    신과 비교했을 때 인간의 처지는 가축과 별반 다를 것이 없었던 것으로 보인다. 인간이란, 신들이 기존의 동물을 자신들의 필요에 맞게 조금 발전시킨 것일 뿐이었다. 그렇다면 '지식'이 없었다는 것은, 다시 말해 벌거벗은 인간들이 마치 동물처럼 그리고 실제로 동물들과 성교를 했다는 말은 아닐까? 초기의 몇몇 그림을 보면 그럴 가능성도 충분해 보

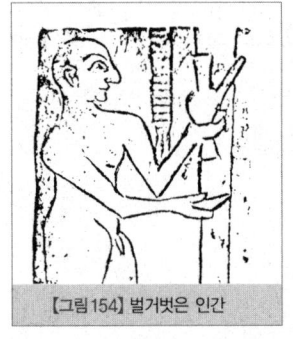

【그림154】 벌거벗은 인간

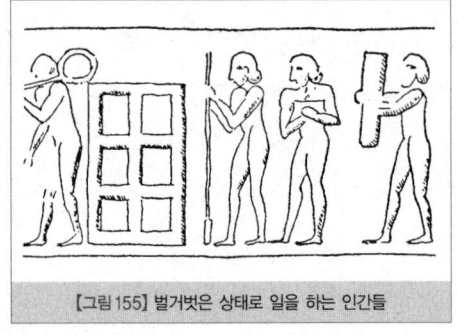

【그림155】 벌거벗은 상태로 일을 하는 인간들

인다. 【그림156】

【그림156】 수간의 습성

「길가메시 서사시」 같은 수메르 기록에서는 실제로 성교하는 방법에 따라 야생적 인간과 인간다운 인간이 구분되는 것처럼 말하기도 한다. 우루크 사람들이 '깊은 스텝에서 온 야만적 존재'인 야생의 엔키두를 문명화시키려고 할 때, 그들은 '아름다운 여인'을 뽑아 엔키두가 다른 동물들과 노는 물웅덩이에 보내 그녀의 '과일'을 엔키두에게 바치도록 한다.

기록을 보면 엔키두가 문명화되는 과정에서 가장 중요한 시점은 그가 동물 친구들로부터 거부당하는 때다. 우루크 사람들은 여자에게 엔키두의 야만적 친구들이 그를 거부할 때까지 그에게 여자로서 봉사하라고 말한다. 즉, 엔키두가 수간(獸姦)을 하지 않는 것이 그가 인간이 되기 위한 전제조건이었던 것이다.

청년(엔키두)이 그녀의 가슴을 열어 유방을 드러냈다.
그리고 그녀의 과일을 취했다. (…)
그녀는 그 야만인에게
여자로서 봉사했다.

우루크 사람들의 계획은 성공했다. 여섯 날과 밤이 지나 '엔키두가 그녀의 아름다움을 마음껏 취한 후' 그는 옛 친구들을 생각했다.

그는 동물 친구들을 바라보았다.
그러나 그를 보자마자 가젤은 도망쳤다.
스텝의 동물들은
그의 몸으로부터 멀리 벗어났다.

여기서 말하고자 하는 것은 명백하다. 인간과의 성교가 엔키두에게 분명한 변화를 가져와서 그와 친하게 지냈던 동물들이 '그의 몸으로부터 멀리 벗어났다'는 것이다. 그들은 단순히 도망친 것이 아니라 그와의 신체적인 접촉을 피했던 것이다.

'동물 친구들이 떠나는 것'을 본 엔키두는 놀라서 잠시 멈춰 섰다. 그러나 엔키두는 자신의 변화를 후회하지는 않았던 것 같다.

엔키두는 이제 통찰력과 깊은 이해를 갖게 되었다. (…)
여자가 엔키두에게 말했다.
'엔키두여, 이제 당신은 알게 된 것입니다.
당신은 이제 신과 같아진 것입니다!'

이 메소포타미아 기록에 등장하는 용어들은 구약의 아담과 이브 이야기에 등장하는 용어와 거의 같다. 뱀이 예측했듯이 지식나무의 열매를 먹자 아담과 이브도 '성적인 문제에 있어' 하나님처럼 선과 악을 '알게' 되었던 것이다.

그러나 '지식'의 내용이라는 것이 단지 인간이 동물과 성교를 하는 것은 미개한 일이라는 것을 깨닫는 것이었다면, 아담과 이브는 수간을 포기했다는 이유로 하나님에게 처벌을 받았던 것일까? 구약에는 수간에 대한 경고가 수없이 등장하기 때문에 인간이 그것을 포기했다는 이유로 하나님이 화를 냈다는 것은 정말 이해하기 어렵다.

그렇다면 하나님의 금지사항을 어기면서까지 인간이 얻은 지식은 훨씬 더 심각한 어떤 것이었다고 보아야 할 것이다. 그것은 인간에게는 분명히 좋은 것이었겠지만 그들의 창조자들이 그들에게 감추고 싶었던 어떤 것임에 틀림없다.

이브에 대한 하나님의 저주를 보면 그것이 무엇인가에 대한 실마리를 찾을 수 있다.

> 여자에게는 이렇게 말씀하셨다.
> '내가 너에게 임신하는 고통을 더해 네 고통을 크게 할 것이니
> 너는 자식을 갖는 고통을 겪으면서도
> 너의 짝을 소망하게 될 것이다.' (…)
> 그리고 아담은 자기 아내의 이름을 '이브'라고 하였다.
> 그녀가 생명이 있는 모든 것의 어머니였기 때문이다.
> _「창세기」 3 : 16~20*

이 장면은 「창세기」의 아주 기념비적인 사건이다. 아담과 이브가 '지식'이 없을 때 그들은 에덴동산에서 자식 없이 살았다. 그러나 '지식'을 얻게 되자, 이브는 아이를 임신하고 낳을 수 있는 능력과 함께 출산의 고통도 받게 되었다. 그리고 그런 '지식'을 얻게 된 후에야 '아담은 이브를 알게 되었고 이브가 임신하여 가인을 낳았다'.

구약에서는 '알다(know)'라는 말이 성교를 뜻하며, 특히 이 단어는 남자와 그의 아내가 '아이를 낳기 위해 하는 성교'를 지칭할 때 사용되었다. 이처럼 구약의 에덴동산의 아담과 이브 이야기는 인간의 발전에서 아주 중요한 단계에 대한 기록이다. 즉, 인간이 처음으로 생식을 할 수 있는 능력을 얻게 된 과정에 대한 이야기인 것이다.

최초의 호모 사피엔스가 생식을 할 수 없었다는 것은 별로 놀라운 일이 아니다. 네필림이 자신들의 유전 물질을 원인(猿人)에게 주입하기 위해 사용한 방법이 무엇이었든 간에 새로운 존재는 서로 다른 두 종을 교배해 생겨난 잡종이었다. 말과 당나귀를 교배해 만든 노새처럼, 그렇게 만들어진 포유류 잡종은 자식을 낳을 수 없다. 인공 수정이나 보다 발달된 다른 생물공학적 방법을 통해 말과 당나귀를 실제로 교미시키지 않고도 수없이 많은 노새를 만들어 낼 수는 있지만, 노새끼리는 같은 종의 새끼를 낳을 수 없다.

혹시 네필림은 처음 인간을 만들면서 자신들의 필요에 의해 일종의 '인간 노새'를 만든 것은 아닐까?

남부 엘람(Elam) 산맥지대의 바위에서 발견된 암각 부조의 한 장면으로 눈을 돌려 보자. 거기에는 어떤 신이 액체가 흘러나오는 '실험용' 플라스크를 들고 있는 모습이 새겨져 있다. 이것은 우리에게 이미 친숙한 엔키를 가리키는 '흐르는 물'의 상징이다. 그 옆에는 위대한 여신이 앉아 있는데, 앉은 모양으로 보아 아내라기보다는 엔키의 동료 신으로 보인다. 우리가 알고 있는 모신이자 탄생의 여신, 즉 닌티(닌후르쌍)가 확실해 보인다. 그리고 그들은 다른 하급 여신들에 둘러싸여 있는데 「창조의 서사시」에 등장하는 열네 명의 탄생의 여신으로 추정된다. 그리고 길게 늘어선 인간들이 자신들을 창조한 주인들을 바라보고 있다.

[그림 157] 길게 늘어선, 찍어낸 듯 똑같은 복제 인간들

그런데 인간들은 마치 하나의 주형에서 찍어낸 것처럼 모두 똑같이 생겼다. [그림157]

또한 엔키와 모신이 만들어 냈다는 불완전한 남자와 여자에 대한 수메르의 이야기도 다시 한번 생각해 볼 필요가 있다. 성(性)이 없거나 성적인 기관을 제대로 갖추지 못한 인간에 대한 이야기는 도대체 무엇을 의미하는 것일까? 그것은 혹시 신의 형상과 모습에 따라 만들어지기는 했지만 성적으로는 불완전한, 즉 '지식'이 없는 잡종 인간의 최초 단계를 말하는 것은 아닐까?

엔키가 '완전한 모델'인 아다파(아담)를 만들어 낸 후에 '대량 생산' 기술을 통해 인간들을 복제해 낸 과정도 이미 살펴본 바 있다. 엔키는 유전학적으로 처리된 난자를 생산 라인에 있는 여신들의 자궁에 삽입해 미리 정해진 대로 남자와 여자를 만들어 냈다. 이는 잡종 인간이 만들어진 기술뿐만 아니라, 인간이 스스로는 생식을 할 수 없었다는 사실도 동시에 암시하는 것이다.

잡종 인간이 생식을 할 수 없는 것은 생식세포(남자의 정자와 여자의 난자) 내의 결함 때문이다. 모든 세포에는 단지 한 쌍의 유전 염색체만 있는 데 비해, 인간과 다른 여러 포유류의 생식세포에는 두 쌍의 유전 염색체가 있기 때문에 생식이 가능하다. 그러나 잡종 인간은 이런 생식세포를 갖고 있지 않았다. 현재는 유전공학을 통해 잡종 동물의 생식세포에 두 쌍의 유전 염색체를 만들어, 생식 기능에 있어 '정상'인 잡종을 만드는 시도가 진행되고 있다.

그렇다면 '뱀'이라고 지칭된 어떤 신이 인류를 위해 제공한 것이 바로 이런 내용이 아니었을까?

| **사악하지만 지혜로운 뱀의 정체** |

구약에 등장하는 뱀은 분명히 땅을 기어 다니는 문자 그대로의 뱀은 아니었다. 왜냐하면 그 뱀은 이브와 대화를 나눌 수 있었고 '지식'의 본질에 대해 알고 있었으며 하나님의 거짓말을 폭로할 정도의 지위를 갖추고 있었기 때문이다. 우리는 고대의 모든 신화에서 언제나 최고신이 뱀처럼 생긴 경쟁자와 싸웠다는 것을 알고 있는데, 그 이야기는 수메르 신들 사이의 경쟁에서 비롯된 것이다.

구약의 이야기들은 그것이 수메르에서 기원한다는 여러 가지 증거를 드러내고 있는데, '아담이 우리 가운데 하나처럼 되었다'는 표현에서처럼 다른 신들의 존재를 암암리에 인정하고 있는 것도 그중 하나다. 그런데 구약에 등장하는 하나님과 뱀의 갈등은 수메르 신들 중 엔릴과 엔키의 갈등을 그대로 전하고 있다.

우리가 이미 살펴본 것처럼 그들 사이의 갈등은 엔키가 개척한 지구의 통치권을 엔릴이 가져가면서부터 시작됐다. 또 엔릴은 니푸르에 있는 우주 관제소에서 편하게 머물러 있었는 데 반해, 엔키는 아래 세계로 내려가 채광 작업을 관리해야만 했다. 아눈나키들의 폭동은 엔릴과 그의 아들인 닌우르타를 향한 것이었는데, 그때 엔키는 오히려 폭동을 일으킨 아눈나키들을 두둔했다. 그리고 그들을 위해 원시적 노동자를 만들자고 제안했고, 실제로 그들을 만들어 낸 것도 엔키였다. 하지만 엔릴은 그것들을 빼앗고자 무력을 사용했다.

인간의 발전을 다룬 수메르 기록을 보면 엔키는 예외 없이 인간을 옹호하는 모습으로 등장한다. 그에 비해 엔릴은 인간에게 항상 적대적인 것은 아니었지만 기본적으로는 인간을 통제하는 역할을 하고 있다. 이렇게 본다면 새로 만들어진 인간을 성적으로 억압된 상태에 두기를 원했던 것은 엔릴이고, 그들에게 '지식'의 열매를 주고자 했던 것은 엔키라고 볼 수 있다.

다시 한번 수메르와 구약의 기록에 등장하는 단어들의 다중적 의미를 살펴보면 좀더 쉽게 이해할 수 있을 것이다. 구약에 쓰인 '뱀'이라는 단어는 나하시(nahash)이며 실제로 뱀이라는 뜻이다. 그런데 이 단어는 '해석하다' 혹은 '발견하다'라는 뜻의 나시(NHSH)에서 파생됐다. 따라서 나하시는 '해석하거나 발견할 수 있는 자'라는 뜻도 갖는다. 네필림의 지식의 신이며 최고의 과학자였던 엔키에게 매우 적절한 형용사인 것이다!

랭던(S. Langdon) 교수는 구약의 아담 이야기와 '지식'은 얻었으나 영생을 얻는 데는 실패한 메소포타미아의 아다파 이야기의 유사성에 착안해, 구약 이야기의 원본이 된 것으로 추정되는 메소포타미아의 그림 하나를 재현해 냈다. 그 그림에는 뱀 한 마리가 나무를 감고 올라가면서 열매를 노리고 있다. 그림에 등장한 천체의 상징은 눈에 익다. 뱀

【그림158】 12번째 행성, 초승달(엔키)의 상징과 함께 그려진 뱀

의 위쪽에는 안(An)을 나타내는 '횡단하는 행성'의 상징이 있고, 그 옆에는 엔키를 상징하는 초승달이 있다.【그림158】

우리들이 논하고 있는 주제에 가장 관련이 깊은 사실은 메소포타미아 기록들이 아다파에게 '지식'을 준 신이 바로 엔키라고 지목하고 있다는 점이다.

엔키는 아다파에게 넓은 이해를 주었다. (…)
(엔키는 아다파에게) 지혜를 (주었다). (…)
엔키는 아다파에게 지식을 주었다.

그러나 그에게 영생은 주지 않았다.

마리(Mari)에서 발견된 한 원통형 인장에 새겨진 그림은 구약 「창세기」의 메소포타미아 원본에 해당하는 내용을 묘사한 것으로 보인다. 거기에는 흐르는 물결 위에 높이 세워진 옥좌에 앉은 신이 등장하는데, 분명히 엔키를 묘사한 것이다. 그리고 옥좌의 양쪽 아래에는 물을 뿜어 내는 뱀 두 마리가 보인다.

엔키의 양옆에는 나무 모양을 한 두 명의 신이 있다. 오른쪽에 음경 (陰莖) 같은 모양의 나뭇가지가 달려 있는 신은 생명의 열매로 추정되는 것이 담긴 그릇을 들고 서 있다. 왼쪽에 질(膣) 같은 모양의 나뭇가지가 달려 있는 신은 열매가 달린 나무를 들고 있는데, '지식'의 나무를 상징하는 것으로 보인다.

그리고 맨 왼쪽에는 또 다른 위대한 신이 서 있으며 엔릴로 추정된다. 그가 화가 나 있다는 것은 그림에서도 확인할 수 있다. 【그림159】

우리는 에덴에서 이런 갈등이 일어난 정확한 사정에 대해서는 결코 알 수 없을 것이다. 그러나 엔키의 동기가 무엇이었든지 간에 그는 원시적 노동자를 완벽하게 만드는 데 성공했고 또 자식을 낳을 수 있는 호모 사피엔스를 만들어 냈다.

인간이 '지식'을 얻은 후에 구약은 그를 더 이상 '인간 혹은 사람(the Adam)'이라고 부르지 않고 특정한 인간 개체를 부르는 '아담(Adam)' 이라는 이름으로 부른다. 그 아담이 바로 구약이 관심을 갖는 인간 가계도의 최초 족장이 된다. 그리고 이런 인간 시대의 시작은 동시에 신과 인간의 불화가 시작되었음을 의미하기도 한다.

구약의 「창세기」는 이처럼 인간이 더 이상 신의 멍청한 종이 아니라

[그림 159] 뱀을 통해 성(性) 지식을 전하는 엔키(중앙)와 화가 난 엔릴(왼쪽 끝)

스스로 자신을 돌볼 수 있는 존재가 된 과정을 인간의 결정에 의한 것이 아니라 하나님의 처벌에 의한 것이었다고 말한다. 그래서 인간은 영생을 누릴 기회도 잃었고 에덴동산에서도 쫓겨난다. 또한 구약에 따르면 인간의 독립적인 생활이 시작된 곳은 네필림이 자신들의 도시와 과수원을 세웠던 메소포타미아 남부가 아니라, 그 동쪽의 자그로스 산맥 지대였다고 한다. 하나님이 '아담을 내몰아 에덴동산의 동쪽에 거하게 했다'는 것이다.

구약의 이러한 기록은 현대 과학의 발견과 다시 한번 일치한다. 인간의 문명은 메소포타미아의 평야지대에 접한 산악지역에서 시작됐다. 인간 최초의 문명 생활을 논하고 있는 구약의 설명이 그토록 짧은 것이 안타까울 뿐이다.

신들의 처소에서 쫓겨나고 생명은 유한해졌지만 대신 생식이 가능해진 인간은 당연히 아이를 낳기 시작했다. 구약이 밝히고 있는 최초의 '아담'은 그의 아내 이브를 '알아' 이브가 임신을 하게 된다. 장남으로 태어난 가인(Cain)은 밭을 가는 농부가 되었다. 이브는 다음에 아벨(Abel)을 낳는데 그는 양을 치는 목자가 되었다. 구약은 동성애가 원인이었을지도 모른다는 암시를 하면서 '가인이 아벨을 올라탄 후에 아벨을 죽였다'고 말한다*.

처벌을 두려워하던 가인은 하나님에게서 '표'를 받고 더 동쪽으로 가서 살게 된다. 처음에는 방랑 생활을 하다가 '에덴에서 아주 먼 동쪽의 놋(이주의 땅)'에 정착한다(「창세기」 4 : 16). 거기에서 그는 아들 에녹(Enoch, '시작'이라는 뜻)을 낳고 도시를 세워 도시의 이름을 아들의 이름에 따라 에녹이라고 부른다. 에녹은 다시 자식과 손자와 증손자들을 낳는다. 가인의 6대째에 이르러 라멕(Lamech)이 태어난다. 라멕의 세 아들은 모두 문명의 창시자들로 기록돼 있다.

야발(Jabal)은 '장막을 치고 살면서 집짐승을 치는 사람의 조상'이 되었다. 그의 아우 유발(Jubal)은 '수금을 타고 퉁소를 부는 모든 사람의 조상'이 되었다. 그리고 다른 아내인 씰라(Zillah)에게서 태어난 두발가인(Tubal-cain)은 '최초의 대장장이'였다(「창세기」 4 : 20~22).

그러나 라멕은 한 남자와 어린아이 하나를 죽여 그의 선조인 가인처럼 살인자가 되고 만다. 라멕이 죽인 사람들은 단순한 이방인이 아니었던 것으로 추측되는데, 그 이유는 구약이 이것을 계기로 아담의 가계도를 아예 바꿔 버리기 때문이다. 구약을 보면 라멕은 자신의 두 아내를 불러 자신의 죄를 고백한 후에, '가인이 일곱 배로 죄값을 받아야 한다면, 라멕은 일흔일곱 배로 죄값을 받을 것'이라고 말한다*. 이 구절은 승계와 관련된 문제로 해석하면 그 뜻이 분명해진다. 즉, 라멕은 자기 아내들에게 가인에 대한 하나님의 저주가 7대가 지나면 사라질 것이라는 희망이 사라졌음을 인정한 것으로 볼 수 있다. 이제 그보다 훨씬 더 길고 새로운 저주가 라멕의 가계에 내려진 것이다.

라멕의 살인 이야기가 아담의 승계 문제와 연관이 있다는 것을 확인이라도 해주듯, 구약은 곧바로 보다 깨끗하고 새로운 아담의 가계도를 제시한다.

> 아담이 다시 자기 아내를 알았다.
> 그녀가 아들을 낳았는데
> 그의 이름을 셋(Seth, '기초'라는 뜻)이라고 불렀다.
> 하나님이 가인이 죽인 아들 아벨 대신에
> 다른 씨를 세우셨기 때문이다.
> _「창세기」 4 : 25*

여기서부터 구약은 가인에서 라멕으로 이어진 더럽혀진 가계도에 대해서는 아무런 언급도 하지 않는다. 따라서 그 뒤로 인간에 대한 구약의 이야기는 모두 아담에서 셋으로, 그리고 셋에서 그의 장남인 에노스(Enosh)의 계보로 이어진다. 에노스라는 단어는 히브리어에서 '인간'을 의미하는 일반명사로 사용된다. 에노스의 때에 이르러 '사람들이 하나님의 이름을 불러 예배하기 시작했다'고 구약은 말한다.

사람들이 하나님의 이름을 부르기 시작했다는 말이 도대체 무슨 뜻일까? 많은 학자들이 이 부분을 해석하는 데 애를 먹었다. 그리고 구약에서는 이 문장 다음에 아담에서 시작해 대홍수의 영웅인 노아(Noah)에게로 이어지는 열 명의 족장들에 대해 말한다.

수메르에 신들만이 존재했던 당시를 묘사한 수메르 기록에도 인간이 창조된 후로부터 대홍수 이전까지 수메르에 살던 인간들의 이야기가 등장한다. 대홍수에 대한 수메르 이야기를 보면 노아 대신 '슈루팍의 사람'이 등장한다. 슈루팍은 앞에서 본 것처럼 네필림이 지구에 내려와 일곱 번째로 건설한 도시였다.

그렇다면 에덴동산에서 쫓겨난 인간들이 어느 시점엔가 다시 수메르로 돌아와 신과 함께 살면서 그들에게 봉사하고 경배하도록 허락받았다는 뜻이 된다. 구약에서 말하듯이 이것은 에노스의 시대에 일어난 일이었다. 그때 신들은 인간이 메소포타미아로 돌아와 신들에게 봉사하고 '신의 이름을 부르도록' 허락한 것이다.

인류 서사시의 다음 장인 대홍수 이야기로 넘어가기에 바빴던 구약에서는 에노스 이후의 족장들에 대해서는 이름 이외에 별다른 정보를 제공하지 않았다. 그러나 각 족장들의 이름을 보면 그들이 살던 때에 어떤 일이 있었는지를 조금이나마 짐작해 볼 수 있다.

셋의 순수한 혈통을 이은 에노스는 게난(Cainan)을 낳았는데, 이는 '작은 가인'이라는 뜻이며 '대장장이'라는 뜻도 갖고 있다고 보는 학자들도 있다. 게난의 아들은 마할랄렐(Mahalal-El, 신에게 기도하는 자)이었으며, 그의 아들은 야렛(Jared, 내려온 자)이었다. 야렛의 아들은 에녹(Enoch, 신성하게 된 자)이었으며, 그의 나이 365살 때에 하나님에 의해 하늘로 올라갔다. 하늘로 올라가기 300년 전에 에녹은 므두셀라(Methuselah)를 낳았는데, 많은 학자들이 제프리(L. D. Jeffreys) 교수의 해석에 따라 므두셀라라는 이름이 '미사일의 사람'을 의미한다고 본다.

므두셀라의 아들은 라멕(Lamech)이었고 그 뜻은 '비천한 자'였다. 라멕의 아들이 노아인데 '유예' 혹은 '휴식'이라는 뜻이다. 라멕은 '주께서 저주하신 땅 때문에 우리가 수고하고 고통을 겪어야 하는데, 이 아들이 우리를 위로할 것이다'라고 자신의 희망을 말한다(「창세기」 5 : 29).

노아가 태어났을 당시 인류는 상당한 곤란을 겪고 있었던 것으로 보인다. 그들에게 식량을 제공할 땅이 저주받았기 때문에, 아무리 노력해도 고통스럽기만 할 뿐 이루어지는 것은 별로 없었던 것이다. 바로 그때 지구상에서 인간뿐만 아니라 땅과 하늘의 모든 생명을 쓸어버릴 대사건인 대홍수가 시작된다.

> 주께서는 사람의 죄악이 세상에 가득 차고
> 마음에 생각하는 모든 계획이
> 언제나 악한 것뿐임을 보시고서
> 땅 위에 사람을 만드신 것을
> 후회하고 가슴 아파하셨다.
> 그리고 하나님은
> 내가 창조한 지구인을
> 지구에서 쓸어버리겠다고 말씀하셨다.
> _「창세기」 6 : 5~7*

그러나 '모든' 생명의 종말을 가져온 급진적인 처벌을 정당화하기에는 너무 막연한 비난이다. 학자들과 성서학자들도 인간이 저지른 죄가 도대체 무엇이기에 하나님을 그토록 화나게 했는지에 대해서 만족스러운 답을 내놓지 못하고 있다.

구약에서 하나님의 저주와 관련해 '육체'라는 말이 수없이 사용되고 있는 것으로 보아 인간의 죄와 타락은 분명히 육체와 관련된 것으로 보인다. 하나님은 인간의 '악한 계획'에 가슴 아파하셨다. 따라서 성(性)을 발견한 인간이 지나친 성생활을 한 것이 아닌지 의심해 볼 수 있다.

그러나 인간이 자기 아내와 도에 넘치는 성생활을 했다는 이유로 하나님이 지구에서 인류를 멸종시키겠다는 결심을 했다고는 보기 어렵다. 메소포타미아 기록들은 신들 사이의 성교와 사랑에 대해 아주 자유분방하고 고상하게 그리고 있다. 신과 그의 아내와의 정사는 물론이고 처녀와 유부남 사이의 불륜, 심지어는 엔릴이 닌릴을 강간한 것에 대해서까지도 묘사하고 있다. 또 남성 신과 그의 아내, 정부(情婦), 여자형제, 딸, 손녀딸 등과의 성교와 사랑을 상세하게 묘사한 기록도 많다. 그런 신들이 인간이 자신들처럼 행동했다고 해서 그들에게 등을 돌린다는 것은 상식적으로 이해하기 어렵다.

따라서 하나님의 처벌 동기는 '인간의 성적 타락'과 관련된 것이 아니었을 것이다. 그의 불쾌함은 오히려 '신들 사이에 퍼지고 있는 타락'에서 촉발되었다. 이런 측면에서 보면 「창세기」 6장의 수수께끼 같은 말들이 비로소 이해된다.

그때
지구상에 인간의 숫자가 점점 늘어나고
인간의 딸들이 태어났다.
그때
하나님의 아들들이
인간의 딸들과 아이를 낳을 수 있음을 알고
그들을 마음대로 골라 아내로 삼았다.
_「창세기」 6 : 1~2*

하나님이 더 이상 못 참게 된 때가 바로 하나님의 아들들이 지구인의 딸들과 성적으로 관계하게 된 때였다는 것을 구약은 분명하게 밝히고 있는 것이다.

주님이 말씀하시기를,
'나의 영혼이 인간을 영원히 보호하지는 않으리라.
죄를 범한 인간은 살로 된 존재일 뿐이다.
_「창세기」 6 : 3*

이 구절은 아주 오랫동안 학자들을 괴롭혔다. 그러나 인간의 창조에 동원된 유전자 조작을 이해하고 나면 여기서 말하는 내용이 명백해진다. 즉 인간을 완벽하게 만들어 준 신의 유전자인 신의 '영혼'이 인간과의 교합(交合)으로 열등해지고 있으며, 그에 따라 인간은 '죄를 범해' 단지 '육체'로 돌아가고 있다는 말이다. 다시 말해 인간이 동물적인 원숭이와 같은 상태로 돌아가고 있다는 말이다.

이렇게 보면 왜 구약이 '의롭고 흠이 없는 노아'와 '썩은 세상'을 특히 강조하여 비교했는지도 이해할 수 있다. 열등해지고 있는 지구인과 결혼함으로써 신들까지도 열등해지고 있던 이 시기에 노아가 유전적으로 순수하다는 것을 강조함으로써, 하나님은 외견상 모순되는 결정을 합리화하고 있다. 지구에서 모든 생명을 쓸어버리겠지만 노아와 그의 자손들, 그리고 다른 모든 '정결한 짐승들'은 '그 씨가 땅 위에 살아남게' 하겠다는 것이다.

하나님은 노아에게 다가올 재앙을 알려주고 물에 뜨는 방주를 만들라고 한다. 그리고 거기에 구원받을 인간과 동물을 싣게 함으로써 자신의 원래 계획을 스스로 무너뜨린다. 노아에게 주어진 시간은 단 7일뿐이었다. 그런데 그는 그 사이에 방주를 만들고, 배에 방수를 하고, 모든 짐승을 모아 자기 식구들과 함께 방주에 태우고, 필요한 양식을 모았다. '이레가 지나서 홍수가 땅을 뒤덮었다.' 그 후에 일어난 일들은 구약에 세밀하게 묘사되어 있다.

> (…) 그날에
> 땅속 깊은 곳에서 큰 샘들이 모두 터지고
> 하늘에서는 홍수 문들이 열려서 (…)
> 땅 위에서는 홍수가 40일 동안 계속되었다.
> 물이 불어나서 방주가 땅에서 높이 떠올랐다.
> 물이 불어나서 땅에 크게 넘치니,
> 방주가 물 위로 떠다녔다.
> 땅에 물이 크게 불어나서
> 온 하늘 아래에 있는 모든 산들이 물에 잠겼다.
> 물은 그 높은 산들을 잠그고도
> 열다섯 자나 더 불어났다. (…)
> 마른 땅 위에서 코로 숨을 쉬며 사는 것들이 모두 죽었다. (…)
> 사람을 비롯하여 짐승까지
> 길짐승과 공중의 새에 이르기까지
> 땅 위에서 모두 없애 버리셨다.
> 다만 노아와 방주에 들어간 사람들과 짐승들만이 살아남았다.
> _「창세기」 7 : 11~23

홍수는 지구를 150일 동안이나 휩쓸었다. 그 후에야 하나님이 그것을 멈춘다.

> 그때에 하나님이 (…)
> 땅 위에 바람을 일으키니
> 물이 빠지기 시작하였다.
> 땅속의 깊은 샘들과
> 하늘의 홍수 문들이 닫히고
> 하늘에서 내리는 비도 그쳤다.
> 땅에서 물이 줄어들고 또 줄어들어서
> 150일이 지나니 물이 많이 빠졌다. (…)
> 방주가 아라랏 산에 머물러 쉬었다.
> _「창세기」 8 : 1~4

구약에 따르면 인간의 재앙은 '노아가 600살 되던 해의 둘째 달, 열일곱 번째 날'에 시작됐다. 그리고 방주가 아라라트(아라랏) 산에 머문 것은 '일곱째 달의 열일곱 번째 날'이었다. 그렇다면 홍수가 시작된 때로부터 물이 빠져 방주가 아라라트 산 정상에 머물게 되기까지는 무려 다섯 달의 시간이 흘렀다는 말이다. 그리고 물이 줄곧 줄어들어서 아라라트처럼 높은 산뿐만 아니라 다른 산봉우리들이 드러나게 된 것은 그로부터 거의 세 달이 지난 열 번째 달의 열한 번째 날이었다.

그 후에도 노아는 40일을 더 방주에서 기다렸다. 그리고 '땅에서 물이 얼마나 빠졌는지 알아보려고' 까마귀와 비둘기를 내보낸다. 세 번째로 내보낸 비둘기가 올리브 잎을 물고 돌아온 것을 보고 나무가 보일 정도로 물이 빠졌음을 알게 된다. 얼마 후에 노아는 비둘기를 다시 내보내는데 이번에는 비둘기가 돌아오지 않는다. 대홍수가 끝난 것이다.

> 노아가 방주 뚜껑을 열고
> 바깥을 내다보니
> 땅바닥이 말라 있었다.
> _「창세기」 8 : 13

노아가 601살이 되는 해 둘째 달 스물일곱 번째 날에 땅이 다 말랐다. 대홍수는 무려 1년하고도 10일 동안 계속되었던 것이다.

노아와 방주 안에 있던 모든 생물이 밖으로 나온다. 그리고 제단을 쌓고 하나님께 번제물(燔祭物)을 바쳤다.

> 하나님께서 마음을 끄는 냄새를 맡으시고
> 속으로 다짐했다.
> 다시는 인간 때문에
> 땅을 저주하지 않겠다.
> 인간은 어려서부터 사악한 것을 욕망하기 때문이다.
> _「창세기」 8 : 21*

이런 행복한 결말은 대홍수 이야기 자체만큼이나 모순으로 가득 차 있다. 대홍수가 시작된 계기는 젊은 신들의 순정함이 퇴보하고, 인간이 '영혼'을 잃고 '육체'로 돌아가고 있었기 때문이다. 모든 육체를 멸망시키려는 결정은 그래서 정당해 보였다. 그런데 바로 그 결심을 한 하나님이 7일이라는 짧은 시간에 인간과 다른 생물의 씨가 사라지지 않고 보존되도록 노력한다. 그리고 홍수가 끝나자 제물로 바쳐진 동물의 냄새에 취해 어느새 인간을 멸망시키려던 애초의 계획은 모두 잊고, 인간이 원래 사악한 것을 욕망하는 존재라는 말로 얼버무리고 만다.

| 대홍수와 수메르의 노아 |

구약의 대홍수 이야기에 담긴 진실성을 의심하기 전에 우리는 그것이 그보다 훨씬 앞선 수메르 이야기의 축약판이라는 사실을 잊지 말아야 한다. 구약의 다른 이야기들과 마찬가지로 대홍수 이야기에서도, 유일신을 내세우던 구약은 언제나 일치하지는 않았던 여러 신들의 행동을 한 명의 하나님의 행동처럼 압축해 표현했던 것이다.

메소포타미아 문명에 대한 고고학적 발굴과 아카드와 수메르 기록에 대한 해석이 이루어지기 전까지 구약의 대홍수 이야기는 다른 지역에서도 발견되는 홍수 신화와 비교되는 정도였다. 그러나 아카드의 「길가메시 서사시」가 발견되고 수메르의 보다 오래된 다른 기록들이 발견되면서, 구약의 대홍수 이야기는 철저하게 검증되기 시작했다.

수메르 대홍수 이야기의 주인공은 지우수드라(Ziusudra)였다. 아카드의 대홍수 이야기에서는 우트나피시팀(Utnapishtim)이라는 이름으로 등장하는데, 그는 대홍수가 끝난 후 천상에 있는 하늘의 처소로 가서 행복하게 살았다고 한다. 그런데 영생을 구하던 길가메시가 그 비밀을 묻기 위해 찾아가는 천상의 인물이 바로 우트나피시팀이다.

우트나피시팀은 길가메시를 통해 대홍수 이후의 모든 인류에게 대홍수에 대한 정확한 이야기를 들려준다.

우트나피시팀이 밝힌 진실에 따르면, 대홍수로 인류를 쓸어버리기 전에 신들은 회의를 열어 인간의 멸망에 대해 투표를 했다고 한다. 투표의 자세한 내용과 결과는 인간에게 비밀로 하기로 했다. 그런데 엔키가 당시 슈루팍의 통치자였던 우트나피시팀에게 다가올 재앙을 귀띔해 준다. 엔키는 갈대 장막 뒤에 서서 마치 '벽에다 대고 얘기하는 것'처럼 우트나피시팀에게 말한다. 다소 난해하기는 하지만 그의 경고와 충고는 명백한 것이었다.

> 우바르투투(Ubar-Tutu)의 아들이자 슈루팍의 인간이여,
> 집을 허물어 배를 지어라!
> 재물을 버리고 생명을 구하라.
> 재산을 부정하고 영혼을 구하라.
> 살아 있는 모든 생명의 씨와 함께 배를 타라.
> 네가 지을 배의 크기는
> 주어진 치수에 따라야 한다.

이 이야기와 구약의 대홍수 이야기의 유사성은 분명하다. 대홍수가 다가오고 있을 때 한 인간에게 미리 경고가 주어지고, 자기 자신과 '살아 있는 모든 생명의 씨'를 살리기 위해 배를 만들어 타라고 했다는 것이다. 그러나 바빌로니아의 이야기가 더 그럴듯하다. 인간을 멸망시키려는 결정과 그를 구하려는 노력은 한 명의 신이 행하는 두 가지 모순된 행동이 아니라, 여러 신들의 상반된 행위인 것이다. 더욱이 인간의 씨를 구하고자 한 인간에게 내린 경고는 엔키가 다른 위대한 신들의 공동 결정에 반해 비밀스럽게 행한 용감한 행동이다.

그렇다면 엔키는 왜 다른 신들의 결정을 부정했던 것일까? 자신의 '멋진 작품'을 오랫동안 보존하고 싶었던 것일까, 아니면 엔릴과의 경쟁심 때문이었을까?

실제로 엔릴과 엔키 사이의 경쟁과 갈등은 대홍수 이야기에서 더욱 극적으로 드러난다.

엔키의 경고를 들은 우트나피시팀은 엔키에게 당연한 질문을 던진다. 자신이 이상하게 생긴 모양의 배를 만들고 재산을 모두 포기하는 것을 슈루팍의 다른 사람들에게 도대체 어떻게 설명할 것인가? 엔키가 조언한다.

> 다른 이들에게 다음과 같이 말하라.
> '나는 엔릴이 내게 적대감을 품고 있는 것을 알기 때문에
> 슈루팍에 머물 수 없고
> 엔릴의 영토에 발을 들일 수 없다.
> 따라서 나는 나의 주인인 엔키와 머물기 위해
> 압수로 내려갈 것이다.'

우트나피시팀에게 주어진 변명은 그가 엔키의 추종자이기 때문에 더 이상 메소포타미아에 머물 수 없고, 그래서 배를 만들어 아래 세계로 내려가 엔키와 같이 살려고 한다는 것이었다. 그 당시에 슈루팍은 아마도 가뭄과 기근에 시달리고 있었던 것 같다.

어쨌든 우트나피시팀은 엔키의 충고에 따라 주변 사람들에게, 자신이 슈루팍을 떠나는 것을 엔릴이 보면 '그 땅에 다시 풍작을 내려 줄 것'이라고 말한다. 그의 주변 사람들이 충분히 믿을 만한 변명이었다.

그런 변명에 속아 넘어간 사람들은 우트나피시팀의 작업에 의심을 품지 않는 것은 물론이고 방주 만드는 일에도 적극적으로 돕는다. 우트나피시팀은 매일 소와 양을 잡고 '포도주와 기름'으로 그들을 대접하면서 일을 빨리 하도록 독려한다. 심지어 아이들까지도 배의 방수 재료로 쓰이는 역청을 날랐다.

일곱 번째 날 드디어 배가 완성되었다. 배를 띄우기가 무척 어려워서 배의 바닥을 이리저리 움직인 후에야 비로소 유프라테스 강에 띄울 수 있었다고 한다. 우트나피시팀은 자기 가족과 친척들을 모두 배에 태웠고, '땅의 짐승들과 들의 야수들' 그리고 '자신이 갖고 있던 동물들'을 모두 실었다. 배를 만드는 데 7일이 걸렸다는 세세한 내용까지도 구약의 대홍수 이야기와 똑같다.

그러나 우트나피시팀은 노아와는 달리 배를 만들 때 자신을 도왔던 기술자들도 모두 배에 태웠다.

그리고 정작 우트나피시팀 자신은 엔키로부터 미리 들은 대로 특정한 징조가 나타날 때까지 배를 타지 않고 기다렸다. 엔키의 명령은 다음과 같은 것이었다.

샤마시가 황혼에 전율을 명령하면
엄청난 폭발이 있을 것이다.
그때 너는 배를 타고 입구를 판자로 막아라!

샤마시가 우주선을 발사하는 것('엄청난 폭발이 있는 전율을 명령하는 것')과 우트나피시팀이 방주를 타고 문을 막는 것이 무슨 연관이 있는지는 알기 어렵다. 그러나 어쨌든 때는 왔다. 우주선이 '황혼에 전율'을 일으켰고, '엄청난 폭발'이 있었다. 우트나피시팀은 '배의 입구를 판자로 막고' 배를 다루는 '푸주르아무르리(Puzur-Amurri)'에게 '배와 그 내용물을 넘겨줬다'.

'새벽의 빛과 함께' 폭풍우가 몰아쳤다. 그리고 엄청난 천둥소리가 들렸다. 지평선에서 검은 구름이 일어났다. 폭풍우가 건물과 항구를 무너뜨렸고 둑이 무너졌다. 어둠이 밀려오고 '빛나던 모든 것들을 암흑으로 만들었다'. 그리고 '거대한 땅이 도자기처럼 부서졌다'.

6일 밤낮으로 '남쪽에서 폭풍'이 불어왔다.

갈수록 폭풍우가 심해져
산을 덮고
전쟁처럼 사람들을 덮쳤다. (…)
일곱 번째 날이 되자
홍수를 일으킨 남쪽에서 부는 폭풍이
전쟁터의 군대처럼 싸우던 폭풍이
가라앉았다.
바다는 잠잠해졌고
태풍도 조용해졌다.
나는 기후를 살폈다.
정적이 찾아왔다.
모든 인간이 다시 진흙으로 돌아가 있었다.

엔릴과 다른 신들의 결정이 실행에 옮겨진 것이다.

그러나 그들이 모르는 사이에 엔키가 계획했던 것도 성공했다. 배한 척이 폭풍우 속에서 남자와 여자, 아이, 그리고 동물 들을 태운 채 떠다니고 있었던 것이다.

폭풍우가 끝나자 우트나피시팀은 배의 문을 열었고 빛이 그의 얼굴에 비쳤다. 그가 둘러보자 '땅이 평평한 지붕처럼 바뀌어 있었다'. 그는 땅에 엎드려 '얼굴에 눈물을 흘리며' 흐느꼈다. 해안을 보려고 둘러보았지만 바다는 보이지 않았다.

산악지대가 그의 눈에 들어왔다.
구원의 산에 배가 멈춘 것이었다.
니시르(Nis.ir, 구원)의 산이 배를 잡고 있었다.
배는 꼼짝도 하지 않았다.

6일 동안 우트나피시팀은 구원의 산(구약의 아라랏 산) 정상에 걸려 꼼짝도 하지 않는 방주에서 밖을 내다보았다. 그리고 노아가 그랬던 것처럼 비둘기를 내보냈는데 돌아왔다. 그래서 제비를 내보냈는데 다시 돌아왔다. 세 번째로 까마귀를 내보내자 자유롭게 날아가 쉴 곳을 찾았다. 우트나피시팀은 그제야 방주 안에 있던 새와 동물을 모두 내보내고 자신도 방주 밖으로 나왔다. 그리고 제단을 쌓아 노아가 그랬던 것과 똑같이 번제물을 신께 바쳤다.

그런데 여기서 다시 한번 구약의 유일신과 수메르 신들과의 차이점이 드러난다. 노아가 번제물을 바쳤을 때는 하나님이 마음을 끄는 냄새를 맡았지만, 우트나피시팀이 번제물을 바치자 신 '들'이 그 냄새를 맡았다. 그리고 '유혹적인 냄새를 맡은 신들이 제물 주위로 파리떼처럼 몰려들었다'.

「창세기」에서는 하나님이 다시는 인간을 멸망시키지 않겠다고 말한다. 그러나 바빌로니아의 대홍수 이야기에서는 위대한 신들이 맹세한다. '나는 결코 잊지 않겠다. 나는 이날을 기억하고 인간을 다시는 잊지 않겠다.'

그러나 문제는 다른 것에 있었다. 엔릴이 그 장소에 도착했을 때 그는 음식에는 별 관심이 없었다. 다만 생존자가 있다는 사실을 알고 진노했다. '살아남은 자가 있다고? 아무도 멸망을 피할 수 없었는데…' 라고 엔릴은 말한다.

엔릴의 아들인 닌우르타가 곧바로 엔키를 의심한다. '엔키가 아니라면 누가 그런 계획을 세웠겠습니까? 엔키만이 모든 것을 알고 있습니다.' 엔키는 이런 의심을 부정하는 대신 자신을 변호한다. 엔키는 엔릴의 지혜를 칭송하고 엔릴이 비합리적이지 않을 것이라고 덧붙이면서 변명한다. '나는 결코 신들의 비밀을 알려주지 않았다.'

그러면서 자신은 단지 '대단히 현명한' 한 인간에게 신의 비밀이 무엇인지를 '스스로' 알 수 있게 해주었을 뿐이라고 말한다. 그리고 엔키는 신의 비밀을 스스로 알아낼 수 있을 정도로 현명한 인간의 능력을 무시하지 말자고 엔릴을 회유한다. 그러고는 '이제 그의 문제에 대해 회의를 해보자'고 제안한다.

이것이 「길가메시 서사시」에서 우트나피시팀이 길가메시에게 전해 준 대홍수 이야기의 진실이다. 그리고 우트나피시팀은 그 후에 어떤 일이 일어났는지도 말해 준다.

그 말을 듣고 엔릴이 배에 올랐다.
나(우트나피시팀)의 손을 잡고 나를 배에 태웠다.

나의 아내도 배에 태워 내 옆에 무릎 꿇게 했다.

엔릴은 우리들 사이에 서서

이마를 만지며 축복했다.

'지금까지 우트나피시팀은 인간에 불과했다.

앞으로 우트나피시팀과 그의 아내는

우리들 신과 같아질 것이다.

우트나피시팀은 물의 입구에 있는 먼 곳에 살게 될 것이다.'

우트나피시팀은 길가메시에게 결말도 알려준다. 그가 물의 입구에 있는 먼 곳에 살게 된 후에 안과 엔릴은,

그에게 신과 같은 생명을 주었다.

그를 신과 같은 영생으로 이끌었다.

그렇다면 대홍수에서 살아남은 우트나피시팀을 제외한 다른 인간들은 어떻게 되었을까? 구약 이야기에서는 하나님이 그 후에 인간이 '생육하고 번성하도록' 축복했다고 한다. 메소포타미아의 대홍수에서도 역시 인간의 번식과 함께 이야기가 끝난다. 기록이 일부 훼손돼 정확히 알아보기는 어렵지만 대홍수 이후에 세 번째 종류의 인간이 만들어졌다고 한다.

(…) 인간들 중에 세 번째 범주가 있을 것이다.

인간들 중에

임신하는 여자와 임신하지 않는 여자가 생길 것이다.

그리고 또 성교를 위한 새로운 지침도 마련된다.

인류를 위한 지침 :

남자와 (…) 젊은 여자 (…)

젊은 여자 (…)

젊은 남자는 젊은 여자와 (…)

침대가 펼쳐지면

아내와 남편이 같이 누울 것이다.

결국 엔릴은 엔키에게 보기 좋게 당한 것이었다. 인간은 구원됐고, 그 이후로도 신들에게 번식을 허락받았다. 이제 신들은 계속 번식하는 인간에게 지구를 열어 준 것이다.

14

지구를 떠나는 신들

| 대홍수의 시대 |

지구를 휩쓸고 간 대홍수는 도대체 어떻게 시작된 것일까?

어떤 사람들은 그것을 티그리스 강과 유프라테스 강의 매년 반복되는 범람과 연결지어 해석한다. 다시 말해 어떤 특별한 해에 범람이 유독 심했을 것이라는 설명이다. 들과 도시, 인간과 동물이 불어오른 물에 모두 휩쓸려 갔는데, 원시인들이 그것을 보고 신의 벌이라고 생각해 대홍수라는 전설을 만들어 냈다는 것이다.

영국의 울리(L. Woolley) 경은 『우르의 발굴 *Excavations at Ur*』이라는 책에서 우르의 왕궁 묘역 발굴 작업이 끝나갈 무렵 자신이 무너진 벽돌 더미와 부서진 도자기 더미를 파내 조그만 갱도를 만들었다고 밝혔다. 울리 경의 발굴단원들은 약 1미터 깊이에서 단단히 뭉쳐진 진흙층을 발견했는데, 그것은 흔히 문명이 처음 시작된 지점을 보여 주는 증거였다. 그러나 수천 년을 이어온 도시 문명이 고작 1미터 정도의 유적층을 남겼다는 것은 믿기 어려운 일이었다. 울리 경은 더 깊이 파내려 가도록 지시했다. 그들은 다시 1미터를 파고 또 1.5미터를 더 팠지만 여전히 인간 거주의 흔적이 없는 '깨끗한 흙'만 나왔다. 그런데 침적된 마른 진흙을 약 3.3미터 가량 파내려 가자, 깨진 도자기와 부싯돌이 포함된 유적층이 다시 나타났다. 우르에서 시작된 초기 문명의 흔적이 진흙층의 3.3미터 아래에 묻혀 있었던 것이다!

울리 경이 곧바로 내려가 유물을 검사한 후 동료들을 불러 의견을 물었다. 아무도 그럴듯한 이론을 제시하지 못했다. 그때 울리 경의 아내가 '당연히 대홍수 이전의 유적층이겠지요'라고 대수롭지 않게 말했다. 그러나 다른 고고학자들은 그녀의 훌륭한 통찰에 의문을 제기했다.

물론 거주의 흔적이 없는 진흙층은 당연히 홍수의 흔적이다. 그러나 우르와 알우바이드에서는 홍수가 기원전 3500년에서 4000년경 사이에 일어난 것으로 확인된다. 또 키시 유적지에서 발견된 진흙층은 기원전 2800년경의 것이다. 또한 에렉(우루크)과 우트나피심의 도시였던 슈루팍에서 발견된 진흙층도 기원전 2800년경의 것으로 밝혀졌다. 니네베에서는 약 18미터 깊이에서 기원전 4000년에서 3000년경으로 추정되는 진흙층이 발견되었다.

따라서 대부분의 학자들은 울리 경이 발견한 것은 간헐적인 폭우와 티그리스·유프라테스 강의 범람, 두 강의 물길 변화 등으로 인해 메소포타미아에서 흔히 일어나는 지역적인 홍수의 흔적이라고 결론을 내렸다. 지역에 따라 서로 다른 깊이에서 발견되는 진흙층의 연대를 따져보면 구약이나 메소포타미아의 기록에서 말하는 전 지구적인 대홍수는 없었다는 것이다.

구약은 문학적 간결성과 정확성이 돋보이는 걸작이다. 구약의 단어는 정확한 의미를 전달하기 위해 신중하게 선택되었고, 각 구절은 명백한 의미를 갖고 있으며, 배열 순서에도 의도를 담았다. 심지어는 문장의 길이도 절대 필요 이상으로 길지 않다. 천지창조에서 시작해 에덴동산에서 아담과 이브가 쫓겨날 때까지의 일들이 단 80절로 기술돼 있다. 아담의 계보 역시 가인으로 이어지는 계보와 셋으로 이어지는 계보를 모두 합쳐도 58절밖에 되지 않는다. 그런데 대홍수 이야기는 무려 87절이나 된다. 성서의 구성으로 볼 때 대홍수는 대단히 중요한 사건으로 취급된 것이다. 그것은 지역적 사건이 아니라 전 지구와 전 인류에 영향을 미친 대재앙이었던 것이다. 또 메소포타미아 기록에서는 대홍수가 '지구의 네 구석' 모두에 영향을 미쳤다고 분명히 말하고 있다.

메소포타미아의 선사 시대에서 대홍수는 가장 중요한 전환점이었다. 모든 사건, 도시, 사람들에 대한 이야기가 대홍수 이전과 이후로 갈라진다. 또한 대홍수 이전과 이후에 신과 왕이 행한 일이 다르다. 대홍수는 시간을 나누는 아주 중요한 척도였던 것이다.

포괄적인 왕들의 연대기에서뿐만 아니라 구체적으로 왕과 그들의 조상을 다룬 기록에서도 대홍수에 대해 말하고 있다. 예를 들어 우르닌우르타 왕에 대한 기록을 보면, 대홍수를 아주 '오래전에 일어난 사건'이라고 말하고 있다.

그날 그 아주 먼 날
그 밤 그 아주 먼 밤
그 해 그 아주 먼 해

대홍수가 일어났다.

니네베의 도서관에 엄청난 양의 점토판을 모은 과학의 후원자, 아시리아의 아슈르바니팔 왕의 한 기념비에는 그가 '대홍수 이전의 서판'을 찾아 읽을 수 있었다고 기록되어 있다. 사물의 명칭과 그 기원을 다룬 아카드의 한 기록은 '대홍수 이후의 왕'들의 행적도 전하고 있는데, '대홍수 이후의 왕들은 대홍수 이전부터 보존된 씨'라고 말한다. 또 고대의 수많은 과학적 기록들은 그 근원이 '대홍수 이전의 오래된 현인들'에 있다고 말한다.

따라서 대홍수는 결코 지역적 사건이거나 계절적 범람이 아니었다. 그것은 모든 면에서 전례가 없는 지구적 사건이었으며, 인간과 신 모두가 그 전에도 그리고 그 이후에도 겪어 본 적이 없는 대재앙이었다.

| 대홍수 이전 |

지금까지 살펴본 구약과 메소포타미아 기록은 우리에게 해결해야 할 몇 가지 어려운 문제를 제시한다. 노아의 이름을 '휴식'이라고 지으면서까지 끝내고 싶었던, 대홍수 직전에 인간들이 겪던 고통은 무엇이었을까? 신들이 지키기로 약속했지만 엔키가 인간에게 알려주었다고 비난받은 '비밀'은 도대체 무엇일까? 샤마시가 시파르에서 우주선을 이륙시키는 것이 왜 우트나피시팀에게 방주에 들어가 문을 닫으라는 신호가 됐던 것일까? 대홍수로 물이 지구의 가장 높은 산까지 덮고 있을 때 신들은 도대체 어디에 있었을까? 그리고 왜 신들은 노아(혹은 우트나피시팀)가 제공한 구운 제사 고기에 그토록 열광했던 것일까?

이런 질문들에 대한 답을 찾아가는 과정에서 우리는 대홍수가 실제로는 신들의 의지만으로 이루어진 사건이 아니라는 것을 알게 될 것이다. 즉 대홍수는 예측은 가능했지만 피할 수는 없었던 자연적 사건으로, 신들은 이 문제에 있어 능동적이라기보다는 수동적인 역할만을 담당했던 것이다. 또 신들이 지키기로 맹세했던 비밀은 사실은 인간에 대한 음모, 즉 인간들에게 닥쳐올 대홍수에 대한 정보를 숨김으로써 자신들은 구하면서 인간은 멸망시키자는 계획이었음도 알게 될 것이다.

대홍수와 그 이후의 사건들에 대한 정보는 대부분 「신이 인간과 같을 때」라는 기록에 의존하고 있다. 그 기록에서는 대홍수의 영웅 역할을 아트라하시스(Atra-Hasis)라는 사람이 맡고 있다. 「길가메시 서사시」에서 엔키는 수메르 대홍수 이야기의 영웅인 우트나피시팀을 '대단히 현명한 자'라고 불렀는데, 아트라하시스 또한 아카드어로 '대단히 현명한 자'라는 뜻이다.

학자들은 아트라하시스가 주인공인 아카드의 대홍수 이야기가 그보다 훨씬 전의 수메르 대홍수 이야기의 한 부분일 것이라고 추측해 왔다. 램버트(W. G. Lambert)와 밀러드(A. R. Millard)는 바빌로니아, 아시리아, 가나안, 그리고 수메르의 서판들을 수집해 '바빌로니아의 대홍수 이야기'라는 부제가 붙은 방대한 『아트라하시스』를 출간했다.

이 서사시는 아눈나키들의 힘든 노동과 그들의 폭동, 그리고 그 뒤를 이은 원시적 노동자의 창조에 대해 이야기한 후에, 구약에서처럼 어떻게 인간이 생식을 시작해 그 수가 늘어났는지 말한다.

시간이 흐르면서 인간은 엔릴을 무척 화나게 만든다.

땅이 넓어지고, 인간이 늘어났다.
마치 야생 황소처럼 인간이 아이를 낳고 있다.

엔릴은 그들의 결합 때문에 마음이 편치 않았다.

엔릴은 그들이 말하는 소리를 들을 수 있었다.

그래서 다른 위대한 신들에게 말했다.

'인간들의 말소리가 점점 커지고

그들의 결합하는 소리 때문에 잠을 못 이루겠다.'

다시 한번 인간의 통제자로 등장하는 엔릴이 인간에게 벌을 내리라고 명령한다. 이 부분에서 곧바로 대홍수에 대한 이야기가 나올 것을 기대하는 독자도 있을 것이다. 그러나 사실은 그렇지 않았다. 놀랍게도 엔릴은 여기서는 대홍수나 대홍수 비슷한 것도 언급하지 않는다. 그 대신 그는 돌림병을 통한 인간의 대학살을 명령한다.

아카드와 아시리아의 기록을 보면 엔릴의 명령이 떨어진 후에 '통증, 어지러움, 오한, 열'과 '질병, 구역질, 페스트' 등이 인간과 가축에게 나타났다고 한다. 그러나 엔릴의 계획은 성공하지 못했다. 왜냐하면 '대단히 현명한 자' 즉 아트라하시스가 엔키와 너무 가까웠기 때문이다. 어떤 판본을 보면 그는 자신에 대해, '나는 아트라하시스다. 나는 내 주인이신 엔키의 신전에 산다'고 말한다. '엔키를 공경하는' 아트라하시스는 엔키에게 엔릴의 계획을 깨뜨려 달라고 청한다.

나의 주 엔키시여.

인간들이 신음하고 있습니다.

신들의 분노가 땅을 삼키고 있습니다.

그러나 당신은 우리를 창조하신 분 아닙니까?

통증과 어지러움과 오한과 열을 사라지게 해주십시오!

엔키는 '(…)이 땅에 나타나게 하라'는 식의 충고를 했지만 이 서판의 없어진 부분이 발견되기 전에는 엔키의 충고가 정확히 어떤 내용이었는지는 알 수 없을 것이다. 그러나 그것이 무엇이었는지는 모르지만 효과는 있었다. 엔릴이 다른 신들에게 '인간들이 사라지지 않았다. 전보다 더 많아졌다'고 심하게 불평하는 장면이 이어지기 때문이다.

엔릴은 곧바로 인간들을 굶겨 죽일 계획을 짠다. '인간들이 뱃속에 넣을 것을 끊어 버리자. 과일과 채소를 부족하게 하자.' 비가 내리지 않게 하고 지하수를 끊어 기근(飢饉)을 일으키려는 계획이었던 것이다.

비를 내리는 신의 비가 하늘에서 막히게 하자.
아래에서는 물이 근원에서 솟아오르지 못하게 하자.
바람을 일으켜 땅을 마르게 하자.
구름은 두껍게 하되 비를 내리지는 말자.

바다의 물고기까지 사라진다. 엔키도 엔릴에게 '빗장을 닫아 바다를 막고' 인간들로부터 바다의 식량을 '지키라'는 명령을 받는다. 곧 가뭄이 온 땅에 퍼진다.

위에서는 열이 (…) 하지 못하고
아래에서는 물이 근원에서 솟아오르지 않았다.
지구의 자궁은 생명을 갖지 못하고
식물도 싹이 트지 않았다. (…)
검은 땅이 하얗게 변하고
넓은 평야가 소금기로 질식됐다.

기근으로 인간들은 큰 고통을 겪게 된다. 시간이 흐를수록 상황은 더 악화됐다. 메소포타미아 기록은 여섯 샤앗탐(sha-at-tam) 동안 지구가 점점 더 황폐해졌다고 말한다. 흔히 샤앗탐을 '1년'이라고 해석하지만, 글자 그대로의 뜻은 '통과'다. 아시리아 기록에서는 그것을 '안(An)의 한 해'라고 말해, 그 뜻을 좀더 명백하게 제시한다.

첫 샤앗탐에 인간은 풀을 먹었다.
두 번째 샤앗탐에 인간은 복수로 고통받았다.
세 번째 샤앗탐이 왔다.
인간의 모습은 배고픔으로 인해 변했다.
얼굴에 껍질이 생겼고 (…)
인간은 죽음 직전에 이르렀다.
네 번째 샤앗탐이 왔다.
인간의 얼굴은 푸르게 변했고
등을 구부린 채 걸어 다녔다.
넓은 어깨는 좁아졌다.

다섯 번째 샤앗탐에는 인간의 삶이 완전히 피폐해지기 시작한다. 어머니가 굶어 죽는 딸들로부터 음식을 감췄고, 딸들은 어머니가 음식을 감추지 않는지 감시했다.
여섯 번째 샤앗탐이 되자 식인 풍습이 마구 퍼졌다.

여섯 번째 샤앗탐이 왔다.
그들은 딸을 잡아 음식을 차렸다.

아이들을 잡아 음식을 차렸다.

이웃집 사람들을 서로 잡아먹었다.

기록에는 아트라하시스가 엔키에게 끊임없이 중재를 요청하는 모습이 묘사돼 있다. '그는 그의 신의 집에 들어갔다. (…) 그는 매일 울었다. 아침마다 공물을 드리면서 신의 이름을 불렀다.' 아트라하시스는 엔키에게 기근을 물리쳐 달라고 애원했던 것이다.

그러나 엔키조차도 다른 신들의 결정 때문에 어쩔 수 없었던 것으로 보인다. 처음에는 엔키도 이런 애원에 전혀 반응을 보이지 않았던 것이다. 또, '사람들이 죽어가고 있을 때, 아트라하시스는 그의 침대를 강쪽으로 놓았다'는 기록도 있는 것으로 보아 엔키는 자신의 충실한 숭배자들을 피하기 위해 자신의 신전을 떠나 (자신이 좋아하는) 습지에 숨기도 했던 것으로 보인다.

그러나 기근에 시달려 피폐해져 가는 인간의 모습이, 부모가 자식을 잡아먹는 비참한 모습이 결국 엔키와 엔릴의 피할 수 없는 또 다른 대결을 불러왔다.

일곱 번째 '통과'의 때에, 남아 있는 남자와 여자가 '죽은 유령처럼 보일 때' 엔키는 '땅에서 큰 소리를 내라! 그리고 신을 경배하지도 말고, 여신에게 기도도 드리지 말라'고 인간들에게 명령한다. 한마디로 신들에 대한 불복종 운동을 전개하라는 것이었다!

일단 그런 소란을 일으켜 놓고 엔키는 보다 구체적인 행동을 계획한다. 이 부분의 기록이 비록 상당히 훼손돼 있기는 하지만, 엔키는 자신의 신전에서 '연장자'들을 모아 비밀리에 회의를 연 것으로 보인다. '그들은 들어왔다. (…) 그들은 엔키의 집에서 회의를 열었다.' 엔키는 먼저 자신이 다른 신들의 행동에 반대했다면서 자신의 결백을 주장한다. 그리고 그는 자신의 행동 계획을 말한다. 엔키의 계획은 바다와 아래 세계에 대한 그의 지휘권과 연관된 것으로 보인다.

비록 훼손된 기록들을 통해서지만 엔키의 은밀한 계획을 엿볼 수 있다. '밤에 (…) 먼저 그를 보내고 (…)' 누군가 정한 시간에 '강둑에 있어야 한다'. 아마도 아래 세계에서 돌아오는 엔키를 기다리기 위함이었을 것이다. 아래 세계에서 엔키는 '물의 용사들'을 데려올 예정이었으며, 어쩌면 광산에서 일하고 있는 인간들도 데려오려고 했는지 모른다. 정해진 시간에 명령이 떨어진다. '전진하라. (…) 명령은 (…).'

훼손된 구절들이 있긴 하지만 남아 있는 부분을 통해 이 일에 대한 엔릴의 반응을 보면 무슨 일이 있었는지 짐작할 수 있다. '그(엔릴)는 분노로 가득 찼다.'

엔릴은 먼저 신들을 모아 놓고 무장한 부하를 보내 엔키를 데려오도록 지시한다. 그리고 엔릴은 엔키가 자신들의 계획을 무력화시켰다고 비난한다.

> 우리들 모두가, 위대한 아눈나키들이
> 모두 결정을 내렸다. (…)
> 아다드는 하늘의 새 안에서
> 하늘을 지키고,
> 신(Sin)과 네르갈은
> 지구의 가운데를 지키고,
> 바다의 빗장은
> 너, 엔키가 너의 로켓으로 지키도록 했다.

그러나 너는 인간에게 식량을 주었다!

엔릴은 엔키가 '바다의 빗장'을 풀었다고 비난한다. 그러나 엔키는 그것이 자신이 허락한 일이 아니라고 말한다.

바다의 빗장을
나는 로켓을 가지고 지켰다.
(그러나) (…)이 내게서 도망쳐 (…)
수없이 많은 물고기가 (…) 사라졌다.
그들이 빗장을 부수고 (…)
그들이 바다의 문지기를 죽였다.

엔키는 자신이 빗장을 부순 죄인을 잡아 벌을 주었다고 주장했지만 엔릴은 만족하지 않았다. 엔릴은 엔키에게 '너의 사람들을 더 이상 먹이지 말라'고 명령한다. 또 '인간들이 먹는 옥수수를 더 이상 공급하지 말라'고 한다. 그러나 엔키의 반응은 놀라운 것이었다.

엔키는 신들의 회의에
더 이상 앉아 있기도 지겹다는 듯이
큰 소리로 웃었다.

어떤 소란이 일어났을지 쉽게 짐작할 수 있을 것이다. 엔릴은 정말로 화가 났다. 엔릴은 큰 소리로 엔키와 다퉜다. '네가 나를 모욕하는구나!'라고 엔릴은 소리쳤다. 소란이 진정되자 엔릴은 다시 회의를 주관했다. 엔릴은 인간을 멸망시키자는 결정이 만장일치였다는 사실을 다시 한번 강조한다. 엔릴은 원시적 노동자를 만들게 된 과정을 상기시키며, 엔키가 '규칙을 어긴' 많은 사례를 제시한다.

그러나 아직도 인간을 멸망시킬 '기회'가 있다고 엔릴은 말한다. 가까운 미래에 닥쳐올 '죽음의 홍수'가 바로 그것이다. 그러나 그 기회를 놓치지 않으려면 인간들에게는 반드시 그 재앙을 비밀에 부쳐야 한다. 엔릴은 회의에 모인 신들에게 비밀을 지킬 것을 맹세하라고 요구하고, 특히 '왕자 엔키가 서약할 것'을 주문한다.

 엔릴이 입을 열어
 회의에 모인 신들에게 말했다.
  '모두가 죽음의 홍수에 대해
 서약을 합시다!'
 안이 먼저 서약했다.
 엔릴이 서약했다.
 그의 아들들도 그와 함께 서약했다.

엔키는 처음에는 서약을 거부한다. '왜 나에게 서약을 시키려고 하는가?' 엔키는 '내가 손을 들어 내가 만든 인간들을 부정해야 하는가?' 하고 묻는다. 그러나 엔키도 결국 서약을 하게 된다. 한 기록에는 명백하게 '하늘과 땅의 신인 안, 엔릴, 엔키, 닌후르쌍이 서약을 했다'고 적혀 있다.

이제 인간의 운명은 정해진 것이다.

| **신들의 피난** |

엔키는 그러나 자신이 서약한 것을 교묘하게 해석했다. 엔키는 인간들에게 다가오는 대홍수에 대한 비밀을 누설하지 않겠다고 서약했다. 그렇다고 해서 벽에다 대고 말하지 않겠다는 서약을 한 것은 아니었다. 아트라하시스를 신전으로 부른 엔키는 갈대 벽 뒤에 그를 세웠다. 그리고 엔키는 그에게 순종하는 지구인이 아니라 벽에다 대고 말을 하는 것처럼 비밀을 알려준다.

갈대 벽아, 내가 말하는 것을 잘 들어라.
폭풍우가 모든 인간과 도시를 휩쓸 것이다.
그것은 인류의 씨를 말릴 것이다.
이것은 마지막 결정이며,
신들의 회의에서 내려진 결정이며,
안과 엔릴과 닌후르쌍의 말이다.

대홍수가 끝난 후 살아남은 우트나피시팀(혹은 노아)이 발견됐을 때, 엔키가 자신이 서약을 깬 것이 아니라 '대단히 현명한' 지구인이 징조를 옳게 해석해 대홍수가 닥칠 것을 스스로 알아냈다고 주장할 수 있었던 근거가 되는 장면이다. 이 내용과 관련된 원통형 인장의 그림을 보면 시중을 드는 사람이 칸막이를 들고 있고 뱀 모양의 엔키가 아트라하시스에게 비밀을 알려주고 있다. 【그림160】

엔키가 자신의 충실한 종에게 충고한 것은 배를 만들라는 것이었다. 그러나 아트라하시스는 엔키에게 '저는 한 번도 배를 만들어 본 적이 없습니다. (…) 제가 볼 수 있도록 땅에 설계도를 그려 주십시오'라고

【그림 160】 칸막이를 사이에 두고 은밀히 대홍수를 경고하는 엔키

부탁한다. 엔키는 그에게 배의 치수와 구조에 대해 정확한 지시를 내린다. 구약의 이야기에 친숙한 우리는 '방주'가 갑판과 선실이 있는 대단히 큰 배였을 것이라고 상상한다. 그러나 구약에서 '방주'를 지칭하기 위해 사용한 테바(teba)라는 단어는 '가라앉은'이라는 어원에서 파생되었다. 따라서 엔키는 그의 노아인 아트라하시스에게 가라앉는 배, 즉 일종의 잠수함을 만들라고 한 것으로 보아야 옳을 것이다.

아카드 기록을 보면 엔키는 아트라하시스에게 배의 '위와 아래에 모두 지붕을 만들고' '강한 역청'으로 방수를 하라고 지시했다. 또 그 배에는 갑판도 만들지 말고, '태양이 안을 보지 못하도록' 문도 만들지 말라고 지시했다. 그것은 '압수의 배' 즉 술릴리(ṣulili)와 같아야 한다고 했다. 그런데 술릴리는 지금도 '잠수함'이라는 뜻으로 쓰이고 있는 히브리어 솔레레스(ṣoleleth)와 같은 말이다.

엔키는 또 배가 '마구르구르(MA.GUR.GUR, 이리저리 구를 수 있는 배)'여야 한다고 말했다. 엄청난 바다의 폭풍을 이겨내려면 반드시 그런 배가 필요했을 것이다.

다른 홍수 이야기에서와 마찬가지로 「아트라하시스」에서도 재앙이 7일밖에 남지 않았음에도 인간들은 그것을 전혀 눈치채지 못한다. 아트라하시스는 '압수의 배'를 만드는 이유가 엔릴의 분노를 잠재우기 위해 엔키의 처소로 떠나기 위한 것이라는 핑계를 댄다. 앞에서 본 것처럼 노아의 아버지가 노아의 탄생이 고통의 긴 시간이 멈추는 신호가 되기를 바랐을 정도로 상황이 너무나 좋지 않았기 때문에 사람들은 그의 말을 믿었다. 당시 사람들에게 가장 큰 문제는 비와 물이 부족한 기뭄이었다. 따라서 제정신을 가진 사람이라면 자신들이 물벼락을 맞아 곧 멸망하게 될 것이라고는 꿈에도 생각할 수 없었다.

인간은 닥쳐오는 재앙을 알아차리지 못했지만 네필림은 알고 있었다. 네필림에게 대홍수는 갑작스러운 일이 아니었다. 비록 막아낼 수는 없었지만 그것이 닥쳐올 시기는 알 수 있었다. 인간을 멸망시키려는 신들의 계획은 능동적인 것이 아니라 수동적인 침묵이었다. 네필림은 대홍수를 일으키지 않았다. 다만 그들은 그것이 닥친다는 것을 인간들에게 숨겼을 뿐이다.

또한 닥쳐오는 재앙이 전 지구에 영향을 미칠 것임을 알았던 네필림은 재앙을 피할 방법을 찾았다. 지구 전체가 물에 잠길 것이기 때문에 그들이 할 수 있는 일은 하늘로 올라가는 것뿐이었다. 대홍수에 앞서 폭풍우가 휘몰아치기 시작하자 네필림은 우주선을 타고 떠났고, 물이 완전히 빠질 때까지 지구 궤도의 모선에 머물러 있었다.

따라서 대홍수가 시작되는 날은 신들이 지구를 떠나는 날이기도 했다. 우트나피시팀이 이미 방주에 타고 있던 다른 사람들과 합류해 문을 봉하기 전에 살펴야 했던 징조는 다음과 같은 것이었다.

샤마시가 황혼에 전율을 명령하면
엄청난 폭발이 있을 것이다.
그때 너는 배를 타고 입구를 판자로 막아라.

우리가 아는 것처럼 샤마시(우투)는 시파르의 우주공항을 관리하고 있었다. 따라서 엔키가 우트나피시팀에게 명령한 것은 시파르의 우주공항에서 신들이 탄 우주선들이 이륙하는 것을 지켜보라는 것이었다. 우트나피시팀이 살던 슈루팍은 시파르에서 남쪽으로 18베루(약 180킬로미터)밖에 안 떨어진 곳이다. 또 이륙이 황혼 무렵에 행해졌기 때문에 이륙하는 우주선이 내뿜는 '엄청난 폭발'을 보는 것은 어려운 일이 아니었을 것이다.

네필림이 대홍수를 대비하기는 했지만, 대홍수 자체는 그들에게도 상당히 두려운 경험이었다. '대홍수의 소란이 신들을 떨게 했다.' 그리고 지구를 떠날 때가 되자, 신들은 '뒤로 물러서서, 안(An)의 하늘로 올라갔다.' 「아트라하시스」의 아시리아 판본에서는 신들이 지구를 떠날 때 '루쿠브 일라니(rukub ilani, 신들의 마차)'를 탔다고 말한다. '아눈나키들이 이륙했다.' 그리고 그들의 우주선이 '빛을 뿜어 땅을 불타게 했다'.

지구 궤도를 돌면서 네필림은 지구가 파괴되는 것을 보고 심한 충격을 받았음에 틀림없다. 「길가메시 서사시」는 폭풍우가 거세지자 '인간들이 서로를 볼 수 없었을 뿐만 아니라' '하늘에서도 인간을 볼 수 없었다'고 말한다. 신들은 좁은 우주선에 갇혀서 그들이 방금 이륙한 지구에서 어떤 일이 벌어지는지를 지켜보고 있어야만 했다.

신들은 개처럼 웅크리고,
벽에 기대어 웅크리고 있었다.
인안나(이시타르)가 마치 아이를 낳는 여자처럼 소리쳤다.
'오래된 날들이 진흙으로 변하는구나.' (…)
아눈나키들도 그녀와 함께 울었다.
겸손해진 신들이 모두 앉아 울었다.
입을 꼭 다문 채 모두. (…)

「아트라하시스」에도 비슷한 이야기가 있다. 신들은 도망치면서 지구가 파괴되는 모습을 보았다. 신들이 타고 있던 우주선의 상황도 별로 좋지 않았다. 그들은 몇 개의 우주선에 나눠 타고 있었다. 「아트라하시스」의 세 번째 서판은 모신 닌티(닌후르쌍)와 함께 우주선을 탄 아눈나키들의 상황을 묘사하고 있다.

위대한 신들인 아눈나키들이
배고픔과 목마름 속에서 앉아 있었다. (…)
닌티는 울어 무척 감정적으로 변했다.
신들도 그녀와 함께 땅을 위해 울었다.
그녀는 슬픔에 잠겨 있었고
맥주를 마시고 싶어했다.
그녀가 앉아 있는 곳에 신들도 앉아 울었다.
마치 여물통에 쭈그리고 앉아 있는 양처럼
그들의 입술은 목마름으로 뜨거웠다.
그들은 배가 고파 복통을 느꼈다.

모신인 닌티는 지구의 파멸에 큰 충격을 받았다. 그녀는 자신이 보고 있는 상황에 당황했다.

여신이 보고 울었다. (…)
그녀의 입술은 뜨거워졌다. (…)
'내가 만든 것들이 마치 날벌레처럼 되었다.
그들이 잠자리처럼 강을 메우고 있다.
그들의 아버지들이 요동치는 바다에 떠내려가고 있다.'

닌후르쌍은 과연 자신이 창조를 도왔던 인간들이 죽어가고 있는데 자신의 생명만을 지켰을까? 그녀는 정말 지구를 떠날 수 있었을까? 닌후르쌍은 큰 소리로 묻는다.

내가 하늘로 올라가
공물(供物)을 받는 집에 머물 수 있을까?
우리의 주인인 안이 가라고 명령한 그곳에?

네필림들이 받은 지시는 분명하다. 지구를 버리고 '하늘로 올라가라'는 것이었다. 안이 대홍수 직전에 있었던 신들의 중요한 회의에 직접 참석했던 것으로 보아 그때 12번째 행성은 지구 가까이의 소행성대를 지나고 있었을 것이다.

엔릴과 닌우르타는 아마도 니푸르에 있던 다른 아눈나키들과 함께 모선에 합류하기 위해 다른 우주선을 타고 있었던 것으로 보인다. 그러나 다른 신들은 엔릴만큼 결심이 굳지 않았던 것 같다. 지구를 버리라는 명령이 떨어지자 그들은 자신들이 지구와 지구인들에게 얼마나 애정을 갖고 있었는지를 새삼스럽게 깨닫는다. 한 우주선에서는 닌티와 그녀의 아눈나키들이 안의 명령이 옳은 것인가에 대해 토론을 벌이기까지 한다. 다른 우주선에서는 인안나가 '옛것들이 모두 진흙으로 되돌아갔다'며 울부짖는다. 그녀와 같이 있던 다른 아눈나키들도 '그녀와 함께 운다'.

엔키는 그들과는 다른 우주선에 타고 있었음이 분명하다. 그렇지 않았다면 그토록 슬퍼하는 신들에게 자신이 인간의 씨를 살려 놓았다는 것을 틀림없이 말해 주었을 것이기 때문이다. 기록으로 짐작컨대 엔키는 아라라트 산 정상에서 인간과 재회할 것까지도 미리 계획하고 있었던 것이 분명하기 때문에 다른 신들보다 슬픔이 덜했을 것이다.

구약에서는 방주가 강한 파도에 의해 아라라트 산으로 쓸려 간 것으로 되어 있다. 그리고 '남쪽에서 부는 바람'은 실제로 방주를 북쪽으로 밀었을 것이다. 그러나 메소포타미아 이야기에서는 아트라하시스(혹은 우트나피시팀)가 푸주르아무르리(Puzur-Amurri, 비밀을 아는 서쪽 사람)라는 뱃사람을 함께 데려갔다는 문장이 반복해서 나온다. 우트나피시팀은 앞에서 본 것처럼 폭풍우가 시작되자마자 그에게 '배와 그 내용물을 넘겨줬다'. 방주를 특정한 장소로 옮겨 갈 것이 아니었다면 숙련된 뱃사람이 필요했을 리가 없다.

네필림은 아주 초기부터 아라라트 산 정상을 우주선의 착륙을 위한 육상 목표물로 사용해 왔다. 아라라트 산은 이 지역에서 가장 높은 산으로 홍수가 빠진다면 당연히 가장 먼저 수면 위로 떠오를 지역이었다. '현명하고 모든 것을 아는 자'로 불리던 엔키는 분명히 그 정도는 미리 알았을 것이다. 그래서 그는 우트나피시팀에게 아라라트 산으로 방주를 몰고 가라고 처음부터 명령했고 그곳에서 다시 만나기로 했다고 짐작할 수 있다.

그리스의 아비데누스(Abydenus)가 전하는 베로수스의 대홍수 이야기에 따르면, '크로노스(Kronos)가 시시스로스(Sisithros)에게 다이시오스(Daisios, 두 번째 달)의 열다섯 번째 되는 날에 대홍수가 있을 것이라고 알려주었고, 샤마시의 도시인 시파르에 모든 기록을 감추라고 말했다'고 한다. 시시스로스는 명령받은 대로 모든 일을 한 후에 아르메니아로 배를 타고 갔는데, 그러자 신이 말한 대로 대홍수가 일어났다.

베로수스는 또 새를 날려 보낸 일에 대해서도 비슷한 이야기를 하고 있다. 또 시시스로스(이 이름은 아트라하시스를 거꾸로 적은 것이다)는 자신이 신들의 처소로 올라가게 되자, 방주 안의 다른 사람들에게 그들이 있는 곳이 '아르메니아'라고 알려주면서 걸어서 바빌로니아로 돌아가라고 말한다. 이 이야기에는 대홍수와 시파르에 있던 우주공항과의 밀접한 관계가 나타나 있을 뿐만 아니라, 시시스로스가 '아르메니아로 배를 타고 가라'는 명령을 받았다는 사실도 나타난다. 아르메니아는 바로 아라라트 산이 있는 곳이다.

아트라하시스는 방주에서 내리자마자 곧바로 동물을 잡아 제사를 지낸다. 배고픔에 지쳐 있던 신들이 '번제물에 파리떼처럼 몰려든 것'은 당연한 일이었다. 신들은 그제야 인간과 그들이 기르던 곡물과 동물이 자신들의 삶에 필수적인 것이었음을 깨닫는다. 그래서 '마침내 엔릴이 도착해서 방주를 보았을 때 미친 듯이 화를 냈지만' 결국 상황 논리와 엔키의 설득이 힘을 얻는다. 엔릴은 살아남은 인간들과 화해하고 아트라하시스를 자신의 우주선에 태워 하늘에 있는 신들의 처소로 데려간다.

신들은 물이 빠진 후 드러난 마른 땅과 거기서 자라는 식물들을 보고 인간과 화해해야겠다는 생각을 굳힌 것인지도 모른다. 네필림은 닥쳐올 재앙을 알고 있었지만 그것이 전혀 유례 없는 것이라 대홍수 이후에는 지구가 다시는 생명체가 살 수 없는 땅이 될 것이라고 생각했던 것 같다. 그러나 그들은 아라라트 산에서 사실은 그렇지 않다는 것을 확인한다. 지구는 여전히 네필림이 살 수 있는 땅이었으며, 그리고 여전히 네필림에게는 인간이 필요했던 것이다.

| 대홍수의 실체 |

예측은 할 수 있었지만 피할 수는 없었던 이 대홍수라는 재앙은 도대체 무엇이었을까?

대홍수의 수수께끼를 푸는 중요한 열쇠 중 하나는 그것이 단 한 번의 갑작스러운 사건이 아니라 많은 사건들의 정점이라는 것을 깨닫는 것이다.

메소포타미아의 기록에 따르면 대홍수가 일어나기 전에 무려 일곱 번의 '통과' 혹은 7샤르 동안, 이상한 질병이 인간과 동물을 괴롭히고 심한 가뭄이 지속됐다고 한다. 이런 현상은 급격한 기후 변화의 영향으로밖에는 설명할 수 없다. 그 정도 규모의 기후 변화는 지구 역사에서 유일하게 빙하기와 간빙기의 시작이나 끝과 관련된 현상이다. 강우량 감소, 해수면 저하, 지하수 고갈 등은 다가오는 빙하기의 불길한 전조였다. 그런 상황을 갑자기 종식시킨 대홍수에 이어 후빙기가 찾아와 수메르 문명이 시작되었기 때문에, 문제가 된 빙하기는 마지막 빙하기였다고 볼 수밖에 없다.

따라서 대홍수는 지구의 마지막 빙하기, 그리고 그 극적인 결말과 연결된 현상이었다고 볼 수 있다.

북극과 남극의 빙하를 연구하는 과학자들은 다양한 빙하층에 갇혀 있는 산소량을 측정해서 수천 년 전의 기후 상태를 알아낸다. 멕시코 만과 같은 바다의 해저에서 채취한 시료들을 통해서는 과거 해양 생물의 상태를 알 수 있는데, 그것을 통해 역시 오래전 지구의 온도까지도 알아낼 수 있다. 이런 발견에 근거해 현재 과학자들은 마지막 빙하기가 약 75,000년 전에 시작됐고, 약 40,000년 전에는 아간빙기(亞間氷期)로 접어들어 날씨가 다소 따뜻해졌다는 사실을 발견했다. 그러다가 약 38,000년 전에 더 혹독하게 춥고 메마른 기간이 시작됐다는 것이다. 그러다가 지금으로부터 약 13,000년 전에 빙하기가 갑자기 끝나고, 현재 우리가 살고 있는 따뜻한 후빙기 시대가 시작된 것이다.

구약과 수메르의 기록을 종합해 보면, 노아의 아버지였던 라멕의 시대에 '지구가 저주받은 고통의 시간'이 시작된 것으로 추정할 수 있다. 라멕은 노아가 그 이름에 걸맞게 그런 고통에 '휴식'을 가져다줄 것으로 희망했는데, 라멕의 그런 희망은 전혀 예상치 못한 대홍수를 통해 이루어졌던 것이다.

많은 학자들은 대홍수 이전에 아담에서 노아로 이어지는 열 명의 구약 족장들이 「수메르 왕의 연대기」에 나오는 대홍수 이전의 열 명의 왕들과 일치한다고 보았다. 그런데 「수메르 왕의 연대기」에서는 마지막 두 왕인 우바르투투(Ubar-Tutu)와 그의 아들 지우수드라(Ziusudra, 우트나피시팀)에 대해서는 딘기르(DIN.GIR)나 엔(EN) 같은 '신의 칭호'를 붙이지 않았다. 이는 그들이 인간임을 보여 주는 것이다. 우바르투투와 지우수드라는 구약의 라멕과 노아에 비교될 수 있는데, 「수메르 왕의 연대기」에 따르면 그 두 사람은 대홍수 이전에 64,800년을 다스렸다. 그런데 앞에서 살펴본 것처럼 마지막 빙하기는 75,000년 전부터 13,000년 전까지 62,000년 동안 계속됐고, 우바르투투(라멕)가 통치를 시작한 후에 '고난의 시간'이 시작됐기 때문에, 62,000년이라는 기간이 상당히 신빙성 있게 들어맞는다.

그리고 「아트라하시스」에 따르면 마지막 빙하기 중에서도 가장 혹독했던 기간은 7샤르 즉 25,200년 동안 이어졌다. 그런데 과학자들은 마지막 빙하기 중 가장 혹독했던 기간이 약 38,000년 전에서 13,000년 전까지 약 25,000년 동안이었다고 한다. 다시 한번 메소포타미아의 기록과 현대 과학이 서로를 입증하고 있는 것이다.

따라서 대홍수의 수수께끼를 풀어 나가다 보면 지구의 갑작스런 기후 변화에 주목하게 되고, 결국 지금으로부터 약 13,000년 전인 마지막 빙하기의 끝 지점에 이르게 된다.

그렇다면 도대체 무엇이 그런 거대한 규모의 전 지구적 기후 변화를 불러온 것일까?

학자들이 제안한 수많은 이론 중에 특히 우리의 눈길을 끄는 것은 마인 대학의 홀린(J.T.Hollin) 박사가 제시한 것이다. 그는 남극의 빙하가 주기적으로 떨어져 나와 바다로 들어가고 그때마다 갑작스럽고 거대한 해일이 생긴다고 주장했다.

이 주장은 다른 학자들에게 받아들여져 보다 세련된 형태로 발전했는데, 이 이론에 따르면 빙하가 두꺼워짐에 따라 빙하 속에 더 많은 지구의 열이 갇히게 되고 빙하의 압력과 마찰로 인해 빙하의 밑바닥 부분에 아주 미끄러운 진창 같은 것이 형성된다고 한다. 그 진창은 그 위의 두꺼운 빙하와 그 아래의 지구 표면 사이에서 일종의 윤활제 역할을 하게 되며, 그로 인해 빙하가 바다로 미끄러져 들어가게 된다는 것이다.

홀린 박사는 평균 두께가 1.6킬로미터가 넘는 남극 빙하 중 절반만 남극해로 흘러들어도 그로 인해 생기는 거대한 파도가 전 세계의 해수면을 18미터 정도 높게 만들어 해변의 도시들과 저지대가 물에 잠길 것이라고 말한다.

1964년에 뉴질랜드 빅토리아 대학의 윌슨(A. T. Wilson) 교수는 남극과 북극에서 그렇게 흘러내린 빙하들에 의해 과거의 빙하기들이 끝났다는 이론을 제시했다. 이런 과학적 이론들과 메소포타미아의 기록들을 함께 고려해 보면, 그렇게 바다로 흘러들어온 엄청난 양의 빙하로 인해 대홍수가 일어났으며, 결국 이로써 마지막 빙하기도 끝나게 되었다는 결론을 내릴 수 있다.

갑작스럽게 바다로 흘러든 빙하는 엄청난 파도를 일으킨다. 그것은 남극해에서 시작해 북쪽으로 대서양과 태평양 그리고 인도양에 이르게 된다. 또한 급격한 기후 변화로 인해 폭우를 동반한 무시무시한 태풍이 만들어졌을 것이다. 파도보다 빨리 움직이는 폭풍과 구름 그리고 검은 하늘이 엄청난 해일을 예고했을 것이다.

메소포타미아 기록에서는 바로 그런 현상을 묘사하고 있다.

아트라하시스는 엔키의 지시대로 다른 사람들을 방주에 태운 후 자신은 방주 밖에서 입구를 봉할 시간을 알리는 징조를 살핀다. 그러나 인간인 아트라하시스는 방주를 '드나들면서, 앉지도 쪼그리지도 못하고 (…) 속이 다 타서 담즙을 토해 낼' 정도로 불안해했다. 그러다가 다음과 같은 현상들을 목도하게 된다.

(…) 달이 사라졌다. (…)
날씨가 변하기 시작했다.

구름 속에서 비가 으르렁거렸다.

바람이 점차 사나워졌다.

(…) 대홍수가 시작된 것이다.

그 힘은 마치 전쟁처럼 사람들에게 다가왔다.

사람들은 서로를 볼 수 없었다.

그들은 파괴돼 알아볼 수 없었다.

대홍수가 황소처럼 울부짖었다.

바람이 당나귀처럼 흐느꼈다.

어둠이 찢어졌다.

태양이 보이지 않았다.

「길가메시 서사시」는 폭풍이 불어온 방향까지도 정확히 말하고 있다. 바람은 남쪽에서 왔다. 구름, 바람, 비 그리고 어둠이 거대한 파도보다 먼저 왔으며, 파도는 아래 세계에 있는 '네르갈의 주둔지'들을 먼저 덮쳤다.

석양빛과 함께

검은 구름이 수평선에서 일어났다.

그 안에서 폭풍의 신이 호령했다. (…)

밝게 빛나던 모든 것이

검게 변했다. (…)

하루 동안 남쪽에서 폭풍이 불었고

갈수록 심해지더니 산들을 덮었다. (…)

남쪽에서 부는 폭풍이 땅을 휩쓸며

여섯 날 여섯 밤 동안 바람이 불었다.

일곱째 날이 되자

남쪽 태풍이 몰고 온 대홍수가 잦아들었다.

'남쪽 태풍'이나 '남쪽 바람'이라는 구절은 '언덕과 들판을 건너' 메소포타미아로 몰아닥친 홍수와 구름, 바람이 다가온 방향을 말해 준다. 실제로 만약 남극에서 폭풍과 해일이 시작됐다면, 그것은 먼저 아라비아의 언덕들을 지나 인도양을 거쳐 티그리스 강과 유프라테스 강 주변의 평야를 덮쳤을 것이다. 「길가메시 서사시」는 또 인간과 그들의 땅이 물에 잠기기 전에 '마른 땅의 방죽'과 둑들이 무너졌다고 전한다. 즉 대륙의 해안선이 해일에 의해 물에 잠겼다는 말이다.

구약의 대홍수 이야기에서는 '깊은 곳에서 큰 샘들이 열리고' 그 후에 '하늘에서 홍수 문이 열렸다'고 말한다. 먼저 '깊은 곳(지구 가장 남쪽의 얼어붙은 남극해를 묘사하기에 정말 적절한 표현이다)'의 물이 나온 후, 그 다음에 하늘에서 비가 내리기 시작했다는 것이다. 그리고 대홍수가 끝난 후에는 이 과정이 거꾸로 반복된다. 먼저 '깊은 샘이 닫히고' 그 다음에 '하늘에서 내리던 비도 그친다'.

최초의 거대한 해일 후에도 거대한 파도가 '왔다갔다 했다'. 그러다가 물이 줄어들고 또 줄어들어 150일이 지나 물이 빠지고 방주가 아라라트 산에 머물게 된다. 거대한 물은 남쪽 바다에서 왔다가 다시 남쪽 바다로 간 것이다.

| **대홍수와 주님의 날** |

네필림은 도대체 어떻게 대홍수가 남극해에서 시작될 것을 미리 알았을까?

모든 메소포타미아의 기록들은 대홍수를 일곱 번째의 '통과'와 연관시키고 있는데, 그것은 12번째 행성의 일곱 번의 주기적인 지구 접근을 의미하는 것이다. 우리는 이미 지구의 조그만 위성인 달도 지구에 조수(潮水)를 일으킬 정도로 충분한 인력을 행사한다는 것을 알고 있다. 메소포타미아와 구약의 기록들에서는 모두 '천상의 주님'이 지구 근처를 지나갈 때 지구가 어떻게 흔들리는지를 묘사하고 있다. 그렇다면 네필림은 기후 변화와 남극 빙하의 불안정함을 보고, 12번째 행성이 일곱 번째로 지구를 '통과'할 때 재앙이 시작될 것을 미리 알았던 것은 아닐까?

고대 기록은 그렇다고 말한다.

그중에서도 가장 흥미로운 것은 길이 3센티미터도 되지 않는 조그만 진흙판의 양쪽에 설형문자로 적혀 있는 30줄 가량의 기록이다. 그것은 아카드 시대의 아슈르에서 발견됐지만 수메르 단어들이 섞여 있는 것으로 보아 분명히 수메르에서 기원한 것이다. 에벨링(E. Ebeling) 박사는 그것이 죽은 자들의 집에서 낭독되던 송가라고 보고, 그것을 고대 메소포타미아의 죽음과 부활을 연구한 자신의 저서에서 소개했다.

그런데 그 기록을 자세히 살펴보면 하늘의 주님, 즉 12번째 행성을 부르는 이름이 매우 다양하게 존재했다는 것을 알 수 있다. 실제로 그 기록에는 12번째 행성이 티아마트와 전투를 벌인 장소를 지나갈 때(대홍수를 일으킨 지점을 통과할 때) 12번째 행성을 부르던 다양한 이름들이 세밀하게 분석되어 있다.

그 행성('영웅')은 크기도 크고 힘도 세지만 태양을 돈다. 그 행성의 무기는 '대홍수'다.

> 그의 무기는 대홍수다.
> 그의 무기가 악한 자에게 죽음을 가져다주는
> 위대하고 위대한 구세주다. (…)
> 태양처럼 땅을 가로지른다.

기록에서는 이 행성의 첫 번째 이름을 부르면서(불행하게도 훼손돼 알아볼 수는 없다) 먼저 티아마트와 전투를 치르던 장소로 접근하는, 목성 근처의 12번째 행성을 묘사한다.

> 첫 번째 이름은 (…)
> 둥그런 팔찌를 두드려 편 자.
> 거기에 있던 것을 둘로 나눠, 물을 토하게 한 자.
> 아키티(Akiti)의 시간에
> 티아마트와의 전쟁터에서 쉬고 (…)
> 그의 씨는 바빌론의 아들들이 되고.
> 목성도 그를 회유하지 못하고
> 그의 빛으로 창조하실.

좀더 안쪽으로 들어온 12번째 행성은 실리그루디그(SHILIG.LU.DIG, 즐거운 여행의 강한 지도자)라고 불린다. 이제 그것은 화성에 근접했다. '안의 빛으로 라흐무(Lahmu, 화성)는 옷을 입는다.' 그리고 12번째 행성은 지구에 홍수를 일으킨다.

이것은 주님의 이름이다.
두 번째 달부터 아다르(Addar)의 달까지
물이 불려 나왔다.

12번째 행성을 부르는 두 가지 이름은 아주 정확한 시간 정보를 제공한다. 12번째 행성은 '아키티의 시간'에 목성을 지나 지구로 다가오는데, 아키티의 시간은 메소포타미아에서 새해가 시작되는 때다. 또 12번째 행성은 두 번째 달에 화성에 가장 근접한다. 그리고 '두 번째 달부터 아다르의 달(열두 번째 달)까지' 지구에 대홍수가 발생한다.

이것은 두 번째 달의 열일곱 번째 날에 '깊은 곳에서 큰 샘들이 모두 터졌다'는 구약의 진술과 완벽하게 일치한다(「창세기」 7 : 11). 그리고 방주는 아라라트 산 위에 일곱 번째 달에 멈췄다. 열 번째 달에 마른 땅이 보였고, 대홍수는 열두 번째 달에 완전히 끝났다. 그리고 그 다음해의 '첫 번째 달의 첫 번째 날'에 노아가 방주 뚜껑을 열었다.

12번째 행성이 슐파쿤에(SHUL.PA.KUN.E)라고 불릴 때, 대홍수는 두 번째 단계로 넘어가 물이 잦아든다.

영웅, 감시하는 주님,
물을 모으는 분.
물을 뿜어내
정의로운 자와 사악한 자를 씻어 내는,
두 개의 봉우리가 있는 산에서

(…) 을 멈추고

(…) 물고기, 강, 강, 홍수가 멈췄다.

산맥지대에서 새가 나무 위에 쉬었다.

그날 (…) 말했다.

비록 몇 줄이 훼손돼 읽을 수는 없지만 이 구절은 구약과 메소포타미아의 대홍수 이야기와 일치한다. 홍수가 멈추고 방주가 두 개의 봉우리가 있는 아라라트 산에 멈췄다. 물이 산에서 바다로 흘러갔다. 물고기들이 보이고 방주에서 새가 날아갔다. 이제 고난이 끝난 것이다.

마침내 12번째 행성은 그 '통과'를 끝냈다. 그것은 지구로 좀더 가까이 왔다가 다시 자신의 위성들과 함께 멀어진다.

학자들이 '홍수'라고 소리칠 때

그것은 니비루 신(횡단의 행성)이다.

그것은 네 개의 머리를 가진 영웅이다.

홍수를 일으키는 폭풍우의 무기를 지닌 신은

다시 돌아올 것이다.

그의 안식처를 향해 그는 머리를 낮췄다.

그렇게 떠나간 행성은 울룰루(Ululu, 여섯 번째 달)에 토성의 궤도를 지난다.

구약은 하나님이 깊은 곳의 물로 지구를 덮었을 때를 자주 언급한다. 「시편」 29편은 하나님이 '큰 물'을 부르고 또 돌려보내는 것에 대해 말한다.

신의 아들들아, 주께

영광을 드리고 그의 힘을 (…)

주의 음성이 물 위에 울려 퍼진다.

영광의 신, 주가

큰 물 위에 천둥처럼 (…)

주의 목소리는 힘차고

주의 목소리는 위엄에 넘친다.

주의 목소리는 삼목을 깨고 (…)

주는 레바논 산을 송아지처럼 뛰게 하고

시리온(Sirion) 산을 어린 송아지처럼 뛰게 한다.

주의 목소리가 불꽃을 일으키고

주의 목소리가 사막을 흔든다.

주가 '돌아가라'고 대홍수에게 말한다.

주께서 영원히 왕으로 권좌에 앉았다.

_「시편」29 : 1~10*

'주께 소리 높여 부르짖는' 「시편」 77편에서는 '아주 옛날에' 주님의 나타남과 사라짐에 대해 이렇게 말한다.

'내가 오래된 날들을 세어 봅니다.

올람(Olam)의 날들을 (…)

주께서 하신 일을 내가 회상합니다.

그 옛날에 주께서 이루신 놀라운 일들을 (…)

당신의 길은 결정돼 있습니다.

다른 어떤 신도 주님만큼 위대하지 않습니다. (…)
물이 주님을 뵙고 두려움에 떨었습니다.
물을 가르는 당신의 빛이 나왔습니다.
당신의 천둥소리가 들리고,
번개가 세상을 불태웁니다.
땅이 흔들리고 두려워했습니다.
그리고 당신의 길은 물 속에 있었습니다.
당신의 길은 깊은 물 속에 있었습니다.
당신의 알려지지 않은 발자취가 사라졌습니다.
_「시편」 77 : 5~19*

'하늘의 주님'을 찬양하는 「시편」 104편은 바다가 대지를 덮었다가 다시 물러간 일을 이렇게 노래한다.

땅의 기초를 든든히 놓으셔서,
땅이 영원히 흔들리지 않게 하셨습니다.
옷으로 몸을 감싸듯, 깊은 물로 땅을 덮으시더니,
물이 높이 솟아서 산들을 덮었습니다.
그러나 주께서 한 번 꾸짖으시니 물이 도망치고,
주의 천둥소리에 물이 서둘러서 물러갑니다.
물은 산을 넘고, 골짜기를 타고 내려가서,
주께서 정하여 주신 그 자리로 흘러갑니다.
주님은 경계를 정하여 놓고 물이 거기를 넘지 못하게 하시며,
물이 되돌아와서 땅을 덮지 못하게 하십니다.

「시편」 104 : 5~9

예언자 아모스의 말은 더 직접적이다.

(…) 낮을 캄캄한 밤으로 바꾸시며,
바닷물을 불러 올려서
땅 위에 쏟으시는 그분을 찾아라.
그분의 이름 '주'이시다. (…)
주의 날이 오기를 바라는 자들아,
왜 주의 날을 사모하느냐?
그날은 어둡고 빛이라고는 없다.
_「아모스서」 5 : 8, 18

이런 일들이 '그 옛날'에 실제로 일어났다. '주님의 날'은 대홍수의 날이었던 것이다.

| 지구 연대기 |

우리는 앞에서 지구로 내려온 네필림들이 최초의 도시를 다스리던 신들에게 12궁의 명칭을 별명으로 주어 그들을 12궁과 연결시켰다는 것을 확인했다. 에벨링이 발견한 기록은 인간에게뿐만 아니라 네필림에게도 아주 정확한 시간 정보를 제공하고 있다는 것을 알 수 있다. 그 기록에 따르면 대홍수는 '사자자리의 시대'에 일어났다.

위대하고 위대한 주님 (…)

그의 빛나는 왕관에 공포가 실린.
위대한 행성, 거기에 그는 자리를 마련했다.
붉은 행성(화성)의 궤도를 바라보면서
그는 사자(獅子) 속에서 매일 분노에 떨었다.
그는 그의 빛나는 왕권을 땅에 떨쳤다.

이제야 비로소 새해 축제에 나오는 '깊은 곳의 물을 재는 사자자리'라는 수수께끼 같은 문장을 이해할 수 있게 되었다. 그 말은 대홍수가 일어난 시기를 정확하게 가리키고 있는 것이다. 현재의 천문학자들은 수메르인들이 12궁의 시작점을 언제로 잡았는지 알지 못하지만, 네필림은 다음과 같은 12궁의 시간대를 사용하고 있었던 것으로 보인다.

기원전 60년에서 서기 2100년 — 물고기자리
기원전 2220년에서 기원전 60년 — 양자리
기원전 4380년에서 기원전 2220년 — 황소자리
기원전 6540년에서 기원전 4380년 — 쌍둥이자리
기원전 8700년에서 기원전 6540년 — 게자리
기원전 10860년에서 기원전 8700년 — 사자자리

대홍수가 사자자리의 시대에 일어났다면 그것은 기원전 10860년에서 기원전 8700년 사이의 일이며, 우리가 생각하는 시간대에 정확하게 들어맞는다. 현대 과학에 의하면 마지막 빙하기는 남반구에서는 약 12,000년에서 13,000년 전 사이에 갑자기 끝났고, 북반구에서는 그보다 약 1,000년이나 2,000년 후에 끝났다고 한다.

세차 현상은 우리의 결론을 더 확실하게 뒷받침한다. 우리는 앞에서 네필림이 대홍수가 있었던 때보다 약 432,000년(120샤르) 전인 물고기자리의 시대에 지구에 내려왔다고 결론지었다. 세차 현상의 시간대로 보면 432,000년은 16번의 세차주기(혹은 대년)를 끝내고 또 다른 대년, 즉 사자자리의 시대를 반쯤 지난 때이다.

이제 우리는 지금까지 발견한 것을 토대로 지구의 완전한 연대기를 작성해 볼 수 있다.

지구 연대기

년 전	사 건
445,000	엔키가 이끄는 네필림이 12번째 행성에서 지구로 내려와 메소포타미아 남부의 에리두(Eridu)에 '지구 기지 1호'를 건설한다.
430,000	빙하기가 물러가고 근동이 따뜻해진다.
415,000	엔키는 내륙으로 더 들어가 라르사(Larsa)를 건설한다.
400,000	간빙기가 시작된다. 엔릴이 지구에 도착해 니푸르(Nippur)에 우주 관제소를 건설한다. 엔키는 남아프리카로 가는 해로를 개척하고, 그곳에 가서 금을 캔다.
360,000	네필림이 제련과 정련을 위한 야금 중심지인 바드티비라(Bad-Tibira)를 건설한다. 우주공항인 시파르(Sippar)와 다른 신들의 도시가 건설된다.
300,000	아눈나키가 폭동을 일으킨다. 원시적 노동자인 인간이 엔키와 닌후르쌍에 의해 창조된다.
250,000	초기의 호모 사피엔스가 늘어나 다른 대륙으로 퍼져 나간다.
200,000	새로운 빙하기로 인해 지구상의 생명이 퇴보한다.
100,000	날씨가 다시 따뜻해지고, 신의 아들들이 사람의 딸들을 아내로 삼는다.
77,000	신의 피를 이어받은 인간인 우바르투투(라멕)가 닌후르쌍의 도시인 슈루팍(Shuruppak)을 통치한다.
75,000	새로운 빙하기, '지구의 저주'가 시작된다. 퇴보된 종류의 인간이 지구를 떠돌아 다닌다.
49,000	엔키의 '충실한 종'인 지우수드라(노아)의 지배가 시작된다.
38,000	'일곱 번의 통과'로 인한 가혹한 기후가 인간을 고통스럽게 한다. 유럽에서 네안데르탈인이 사라지고, 근동에 자리잡은 크로마뇽인들만이 살아남는다. 인간에게 실망한 엔릴이 인간을 멸망시키려고 한다.
13,000	다가오는 12번째 행성에 의해 시작될 해일에 대해 미리 안 네필림이 인류를 멸망시킬 것을 결심한다. 대홍수가 지구를 휩쓸고 빙하기가 끝난다.

15

지구의 왕권

| 갑작스러웠던 수메르 문명의 비밀 |

인간들에게 잊을 수 없는 사건이었던 대홍수는 네필림에게도 마찬가지로 대사건이었다.

「수메르 왕의 연대기」의 표현에 따르면 '대홍수가 모든 것을 덮어 버렸다'. 즉, 120샤르 동안의 노력이 하룻밤 사이에 물거품이 되어 버린 것이다. 남아프리카의 광산, 메소포타미아의 도시들, 니푸르의 우주 관제소, 시파르의 우주공항 같은 것들이 모두 진흙과 물 아래 묻혀 버렸다. 우주선을 타고 완전히 파괴된 지구 위를 떠다니면서 네필림은 다시 마른 땅 위에 발을 딛게 되기를 갈구했다.

그러나 그들의 도시와 시설들이 모두 사라져 버린 지구에서 도대체 어떻게 살아 나갈 것인가? 더구나 그들의 노동력이었던 인간까지 멸종

된 것처럼 보였다.

겁에 질리고 지치고 굶주린 네필림들이 '구원의 산' 정상으로 내려왔을 때 그들은 살아남은 인간과 동물이 있다는 사실에 안도했다. 심지어 엔릴까지도 처음에는 자신의 계획이 어긋났다는 것을 알고 화를 냈지만 곧 마음을 바꾼다.

엔릴의 결정은 현실적인 것이었다. 자신들의 상황이 워낙 좋지 않았기 때문에, 네필림은 인간에 대한 미움도 접어두고 인간들에게 즉시 곡물 재배와 가축 사육의 기술을 전수했다. 얼마나 빨리 농업과 축산을 발전시키고, 인간을 얼마나 빨리 늘리는가에 자신들의 생존이 걸려 있었기 때문에, 네필림은 자신들의 발전된 과학 기술을 모두 적용했을 것이다.

구약과 메소포타미아 기록에 담긴 정보를 끌어낼 수 없는 상태에서 농업의 기원을 연구했던 학자들조차도, 인간이 약 13,000년 전에 농업을 '발견'한 것은 마지막 빙하기가 끝난 뒤 찾아온 따뜻한 날씨 덕분이라는 것을 인정한다. 그러나 구약은 아주 오래전부터 농업의 시작을 대홍수 이후라고 밝히고 있었다.

땅이 있는 한,
뿌리는 때와 거두는 때,
추위와 더위,
여름과 겨울,
낮과 밤이
그치지 아니할 것이다.
_「창세기」 8 : 22

농업 지식을 전수받은 후에 '노아는 최초의 농사꾼이 되어, 포도나무를 심었다'. 다시 말해 노아는 대홍수 이후에 최초의 농부가 되어 의도적으로 작물을 심고 재배하는 복잡한 작업을 시작했던 것이다.

수메르의 기록 역시 신들이 인간에게 농업과 목축 기술을 알려주었다고 말한다.

농업의 기원을 연구한 학자들은 농업이 근동 지역에서 처음 시작되기는 했지만 농업이 처음 시작된 곳들이 풍요롭고 경작이 쉬운 평야나 골짜기가 아니라는 사실에 놀라움을 금치 못했다. 농업은 평야지대를 접하고 있는 산악지대에서 처음 시작됐다. 도대체 왜 최초의 농부들은 평야지대를 피해 험한 산악지대에 씨를 뿌리고 거두었던 것일까?

유일하게 가능한 답은 농업이 시작될 당시에는 낮은 평야지대에 거주하는 것이 불가능했을 것이라는 추정이다. 즉 13,000년 전에 낮은 평야지대는 대홍수의 여파로 아직 충분히 마르지 않았다는 것이다. 인간이 산에서 내려와 낮은 평야지대에 정착할 수 있을 정도로 평야와 계곡이 충분히 마르기까지는 그로부터 약 1,000년이 더 걸렸다.

구약은 이런 사실을 좀더 정확하게 전하고 있다. '사람들이 동쪽에서(메소포타미아의 동쪽인 산악지대에서)' 이동하여 오다가, '시날(수메르) 땅 한 들판에 이르러서, 거기에 자리를 잡았다'고 기록하고 있는 것이다(「창세기」 11 : 2).

수메르 기록에서도 엔릴이 평야지대가 아닌 산악지대에 처음 씨를 뿌렸고, 홍수로 인한 물을 사라지게 해서 산악지대에 경작하는 것을 가능하게 했다고 말한다. 엔릴이 '문으로 산을 막았다'는 것이다.

수메르 동쪽에 있던 이 산악지대의 이름은 엘람(E.LAM)이었는데, '식물의 싹이 튼 집'이라는 뜻이다. 그 이후에 엔릴을 돕던 닌아주

(Ninazu)와 닌마다(Ninmada)가 곡물 재배를 평야지대로까지 확대해 결국 '곡물을 모르던 수메르가 곡물을 알게' 된다.

야생 밀을 순화시켜 벼와 밀을 만들어 내면서 농업이 시작됐다는 것을 아는 학자들조차도, 샤니다르(shanidar) 동굴에서 발견되는 것과 같은 초기의 곡물이 어떻게 그렇게 고도로 특화되었고 일정한 품질을 지닐 수 있었는지를 설명하지 못한다. 순전히 자연의 힘만으로는 수천 세대에 걸친 유전적 선택을 통해서만 보통 수준의 품질이라도 얻을 수 있기 때문이다. 그러나 지구상의 어느 곳에서도 그런 점진적이고 지루한 과정이 진행된 흔적은 없다. 농업의 시작과 관련된 이런 식물 유전학적 기적은 그것이 자연적 선택 과정이 아니라 인공적 조작이었다고 설명하기 전에는 해명할 길이 없다.

딱딱한 밀의 일종으로 주로 가축 사료로 사용되는 스펠트(spelt)는 더 큰 의문을 품게 한다. 그것은 '식물 유전자들의 아주 특이한 결합'의 산물로, 하나의 유전자에서 발달한 것도 아니고 그렇다고 어떤 유전자가 변형된 것도 아니다. 그것은 분명히 다양한 식물의 유전자를 합성해 얻어진 결과물인 것이다.

또 불과 수천 년 사이에 인간이 동물을 가축화했다는 것도 믿기 어려운 일이다.

현대의 학자들은 이런 의문들에 답을 제시하지 못하고 있을 뿐만 아니라, 근동의 산악지대가 어떻게 다양한 종류의 곡물, 식물, 나무, 과일, 채소 그리고 가축의 근원지가 되었는지에 대해서도 설명하지 못한다.

그러나 수메르인은 그 답을 알고 있었다. 그들은 그런 종자들은 안이 하늘의 처소에서 지구로 보내 준 선물이라고 말한다. 밀, 보리, 삼 등은 12번째 행성에서 지구로 내려온 것이다. 농업과 목축은 엔릴과 엔키가 각각 인간에게 준 선물이었다.

대홍수 이후에 인류 발전의 가장 중요한 세 단계가 진행될 수 있었던 데에는, 지구에 있던 네필림들뿐만 아니라 12번째 행성의 주기적인 지구 접근도 한몫을 한 것으로 보인다. 기원전 11000년경의 농업 발전과 기원전 7400년경의 신석기 문명, 그리고 기원전 3800년경의 갑작스러운 문명 발전은 모두 12번째 행성의 공전주기인 3,600년의 간격을 두고 이루어졌기 때문이다.

마치 네필림이 12번째 행성의 주기적인 지구 접근에 맞추어 일정한 양만큼의 지식을 인간에게 전수했던 것처럼 보인다. 인간에게 또 다른 문명을 선물하기 전에 신들은 12번째 행성이 지구 근처로 다가올 때에만 가능한 지구 현지 조사와 신들의 회의를 한 것은 아니었을까?「에타나의 서사시」는 신들의 이런 심사숙고를 살짝 보여 준다.

(대홍수가 지난 후에)
운명을 결정한 아눈나키들이
땅에 대한 자신들의 의견을 교환했다.
사방을 창조한 신들이,
도시를 건설하고 땅을 감독하던,
인간에게는 너무나 높은 그들이.

그러다가 네필림은 결국 자신들과 인간들 사이에 일종의 중재자가 필요하다는 결론에 도달한다. 그 중재자들은 아카드어로 엘루(elu), 즉 '높은 자들'이라는 뜻의 일종의 신이었다. 네필림은 그들이 자신들과 인간들 사이의 가교 역할을 하도록 지구에 '왕권'을 부여했고, 그것을 통해 인간들이 신에게 복종하도록 만드는 동시에 신의 가르침과 법을 인간에게 전달하는 역할을 하도록 했다.

이 주제를 다루고 있는 한 기록에는 '인간의 머리에 왕관이 내리거나 손에 홀(笏)이 쥐어지기 이전'의 상황이 묘사되어 있다. 원래는 그런 모든 왕의 상징들이 (정의를 상징하는 목자의 지팡이를 포함해) '하늘에 있는 안(An)의 앞에' 있었다. 그러나 신들이 결정을 내린 후에, '왕권이 하늘에서 지구로' 내려왔다.

수메르와 아카드 기록에 따르면 처음에는 땅의 '주권'을 여전히 네필림이 갖고, 인간들을 시켜 대홍수 이전에 세워졌던 도시들을 같은 장소에 같은 모습으로 재건하도록 했다.

모든 도시의 벽돌을
정해진 자리에 놓아라.
모든 벽돌을
신성한 자리에 놓아라.

이렇게 해서 맨 처음 재건된 곳은 에리두였다.
그 후에 네필림은 인간이 스스로 자신들의 왕도(王都)를 짓도록 돕고 또 그 일을 축복했다.

그 도시가 둥지가 되고
인간의 휴식처가 될 것이다.
왕은 목자가 될 것이다.

수메르 기록에 따르면 인간들이 만든 최초의 왕도는 키시(Kish)였다.

하늘에서 왕권이 다시 내려왔을 때,
그 왕권은 키시에 있었다.

불행하게도 「수메르 왕의 연대기」에서 인간 최초의 왕 이름이 적힌 부분은 훼손되었다. 그러나 우리는 그가 키시에서 우루크, 우르, 아완, 하마지, 악삭, 아카드, 그리고 아슈르와 바빌론으로 왕도를 옮기며 이어지는 긴 왕조를 시작했다는 사실만은 분명히 알고 있다. 구약에서도 우루크와 아카드, 바빌론, 아시리아 왕국의 족장이었던 님루드(Nimrud)가 키시에서 나왔다고 말한다.

| 바벨탑과 신들의 혼란 |

구약에서는 대홍수 이후에 인간이 세 갈래로 나뉘면서 인간의 영토가 확장되고 왕권이 다양하게 분화되었다고 말한다. 그것은 노아의 세 아들로부터 생겨났는데, 각각 그들의 이름을 딴 세 갈래의 인간은 다음과 같다.

먼저 셈(Shem)의 사람들은 근동과 메소포타미아 지역에 살았다. 함(Ham)의 사람들은 아프리카와 아라비아 일부 지역에 살았다. 그리고 야벳(Japheth)의 사람들은 소아시아, 이란, 인도, 유럽에 살면서 인도-유럽 계통을 형성해 나갔다.

사람들을 이렇게 셋으로 나눈 것은 분명히 위대한 아눈나키들이 최초에 생각했던 주거지와 연관이 있는 것이었다. 각각의 지역은 가장 중요한 신들에게 부여됐다. 그리고 셈족의 땅이었던 수메르에서 우리가 아는 인류 최초의 위대한 문명이 시작됐다.

그리고 다른 두 지역도 고대 문명의 발상지가 됐다. 수메르 문명이 시작되고 약 500년 후인 기원전 3200년경에 나일 강 유역에서 최초로 왕권과 문명이 나타나 위대한 이집트 문명으로 발전했다. 그리고 수메르 문명이 시작되고 약 1,000년 후에는 인더스 강 유역에서 거대한 도시를 세우고 발달된 농업 그리고 융성한 상업 활동을 펼친 최초의 인도-유럽 문명인 인더스 문명이 시작된다. 【그림161】

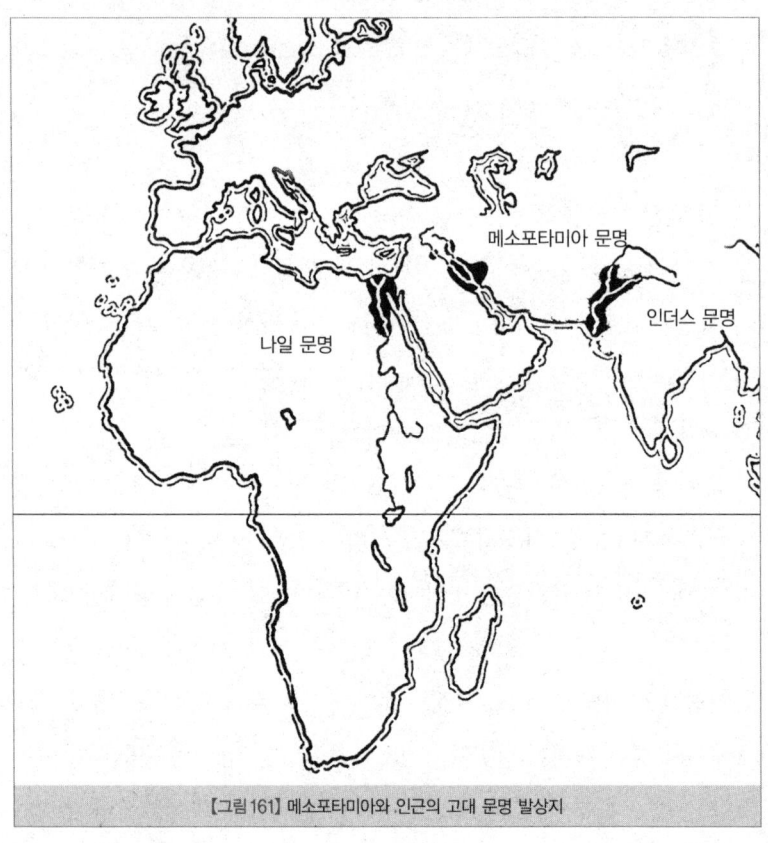

【그림161】 메소포타미아와 인근의 고대 문명 발상지

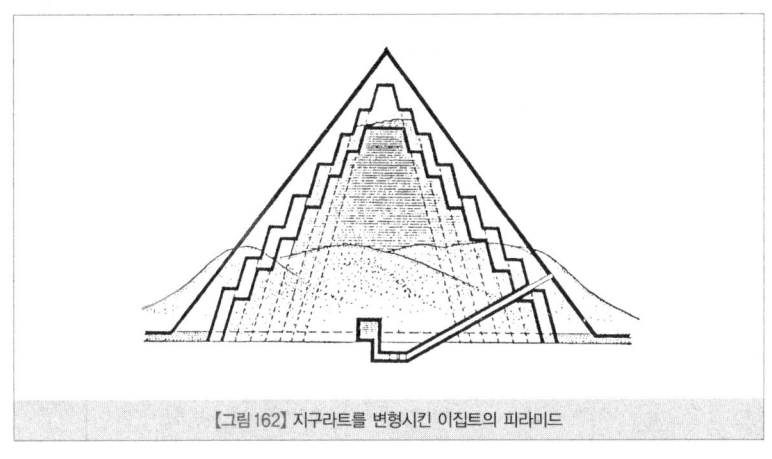

[그림 162] 지구라트를 변형시킨 이집트의 피라미드

고대의 기록과 고고학적 증거를 보면 나중에 생긴 두 문명과 수메르 문명 사이에 아주 밀접한 문화·경제적 교류가 있었음을 알 수 있다. 많은 학자들은 직·간접적인 증거를 통해 이집트 문명과 인더스 문명이 메소포타미아 문명과 단순히 연관된 정도가 아니라 그것으로부터 파생된 것으로 보고 있다.

이집트의 가장 거대한 건축물인 피라미드는 메소포타미아의 지구라트를 모방한 것이며, 대피라미드를 설계하고 만든 천재적인 건축가는 신으로 받들어진 수메르 사람이었다는 증거도 있다. [그림 162]

고대 이집트인들은 자신들의 땅을 '위로 올려진 땅'이라고 불렀는데, 선사 시대부터 전해 오는 이집트의 전설에 따르면 '아주 오래전에 나타난 위대한 신'이 물과 진흙 속에 묻혀 있는 자신들의 땅을 발견했다고 한다. 그 신은 거대한 간척 작업을 통해 물 속에 있던 이집트 땅을 문자 그대로 '물 위로 끌어올린 것'이다. 이 '전설'은 대홍수 이후 나일 강 주변의 평야가 물에 잠겨 있었다는 것을 뜻한다. 그리고 '오래전에

【그림163】 수메르의 신과 마찬가지로 뿔 달린 모자를 쓴 인도의 신

【그림164】 인더스 문명에서 신성시되던 십자가 문양

나타난 위대한 신'은 다름아닌 네필림의 최고 기술자 엔키였다.

인더스 문명 역시 12를 신성한 숫자로 숭배했으며, 그들의 신은 뿔이 달린 모자를 쓴 인간의 모습으로 묘사됐다. 그리고 그들 역시 12번째 행성의 상징인 십자가 상징을 숭배했다. 【그림163, 164】

그러나 이 두 문명이 수메르에서 기원한 것이라면 왜 그들의 문자가 서로 다른 것일까? 이에 대해 학자들은 실상 그들의 문자는 다르지 않았다고 말한다. 이미 1852년에 포스터(C. Foster) 목사는 초기 중국어와 다른 아시아 문자들을 포함해 그때까지 알려진 모든 문자들을 해석해서, 그것들이 모두 후에 수메르어로 알려진 하나의 원천에서 나왔음을 밝힌 바 있다.

비슷한 그림문자들이 같은 의미를 갖는 것은 논리적인 우연이라고 치더라도, 동일한 다중 의미를 지니거나 똑같은 음가를 갖는 문자들은 동일한 기원에서 나온 것이라고밖에 설명할 수 없다. 최근 들어 학자들은 아주 최초의 이집트 문자가 그 전의 다른 문자 체계를 보여 주고 있다는 사실을 밝혀냈는데, 이집트 이전에 문자가 발달한 곳은 수메르밖에 없었다.

따라서 인간은 (어떤 이유에서인지는 모르지만) 후에 메소포타미아어, 이집트(함)어, 인도-유럽어라는 서로 다른 세 언어의 원천이 된 동일한 문자를 갖고 있었던 것이다. 그런 차별적 분화는 물론 시간과 거리, 지형적 분리에 의해 자연적으로 발생한 것일 수도 있다. 그러나 수메르 기록들은 이런 차별화가 엔릴에 의해 주도된 신들의 의도적인 결정 때문에 생긴 것이라고 주장한다. 이 주제에 대한 수메르 이야기는 잘 알려져 있는 구약의 바벨탑 이야기와 같은 내용을 전한다.

구약에 따르면 원래는 '지구의 언어가 하나였고, 말이 같았다'고 한다. 그런데 사람들이 수메르에 정착하고 벽돌을 만들고 도시를 건설하고 거대한 탑(지구라트) 만드는 기술을 배우게 되면서, 그들은 자신들을 위해 쉠(Shem)을 세우고 그것을 하늘 꼭대기로 올려 보내기 위해 탑을 쌓으려는 계획을 세운다. 그래서 '하나님이 지구의 언어를 혼란케 했다'는 것이다.

진흙탕 속에서 이집트를 위로 올렸다는 말이나 언어에 나타나는 증거, 구약 바벨탑 이야기의 수메르 판본 등은 모두 나중에 온 두 문명이 우연히 발생한 것이 아니라는 우리들의 결론을 뒷받침한다. 그것들은 네필림의 의도적인 결정에 따라 계획되고 발전되었던 것이다.

인간이 문화적으로 결속되는 것을 두려워한 네필림들은 '분할 지배'라는 제국주의적 정책을 채택한다. 왜냐하면 인간들은 하늘로 올라가려는 계획을 실행에 옮길 정도의 문화를 이루고 있는 데 반해, 네필림 자신들은 계속 퇴보하고 있었기 때문이다. 기원전 3000년경에 이르러서는 '오래된 위대한 신'들의 자식과 손자들, 그리고 신성한 혈통을 가진 인간들이 늘어나 서로 경쟁하게 된다.

엔릴과 엔키의 심각한 경쟁은 그들의 후손들에게까지 이어져 최고 신의 자리를 놓고 후손들 사이에 치열한 싸움이 계속된다. 엔릴의 자식들은 자기들끼리도 싸웠고 엔키의 자식들도 별로 다르지 않았다. 그래서 인간의 역사에서도 그랬듯이 위대한 신들은 자식들에게 영토를 나누어 줌으로써 이런 다툼을 해결하려고 한다. 이시쿠르(아다드)는 산악 지대를 다스리라는 엔릴의 명령 하에 멀리 보내지기도 한다.

시간이 흐름에 따라 신들은 대군주가 되어 각자 자기 영역과 산업, 그리고 자기의 전문 분야를 적극적으로 지키게 된다. 인간 왕들은 그런 신들과 점차 늘어나는 인간 사이의 중재자 역할을 하게 된다. 따라서 '자기가 따르는 신의 명령에 따라' 전쟁을 일으키고, 새로운 영토를 정복하고, 멀리 있는 인간들을 복종시켰다는 옛날 왕들의 주장은 결코 수사적인 표현이 아니다. 고대의 기록을 보면 그것이 문자 그대로 사실이었음이 분명하게 드러나기 때문이다.

신들은 외교 문제에 있어서만은 여전히 강력한 권력을 갖고 있었는데, 그것은 다른 지역의 신들과 연관돼 있었기 때문이다. 그에 따라 신들은 자연히 전쟁과 평화의 문제에 있어서 최종 결정자로 남아 있었다.

인간과 국가, 도시, 마을이 늘어남에 따라 도대체 어떤 신이 어떤 인간들을 다스리는 '높은 자'인가를 알릴 방법이 필요했다. 구약은 인간들에게 '자신들만의 신'에 충실하고 '다른 신에게 절개를 팔지 말라'고 말한다. 해결책은 수많은 신전을 지어, 그 각각에 '정확한' 신의 상징과 형상을 세우는 것이었다.

바야흐로 우상숭배의 시대가 열린 것이다.

| 남겨진 이야기들 |

수메르의 기록에 따르면 대홍수가 지나간 후 네필림은 지구의 신과 인간의 미래를 놓고 긴 회의를 가졌다고 한다. 그 회의의 결과 그들은 '네 개의 지역'을 만들었다. 그중 세 곳은 우리가 이미 살펴본 메소포타미아, 나일 강 유역, 인더스 강 유역으로 각각 인간들이 정착해 문명을 연 곳이다.

마지막 지역은 '신성한' 곳이었는데, 원래의 문자적 뜻으로 보자면 신에게만 '바쳐진' '제한된' 곳이다. 신들에게만 바쳐진 그곳은 '순수한 땅'으로, 허가가 있어야만 갈 수 있었다. 허가 없이 그곳에 들어가면 사나운 경비원의 '두려운 무기'에 의해 죽임을 당하게 된다. 그 땅 혹은 지역의 이름은 틸문(TIL.MUN, 미사일의 땅)이었다. 그곳은 네필림이 대홍수에 의해 사라진 시파르의 뒤를 이어 건설한 우주공항이었다.

그곳의 지휘권은 이전과 마찬가지로 불을 뿜는 로켓을 관장하는 우투(샤마시)에게 돌아갔다. 고대의 영웅 길가메시는 그 생명의 땅으로 가서, 쉠이나 독수리를 타고 신들이 사는 천상의 거처로 가기를 원했다. 우리는 길가메시가 샤마시에게 한 말을 기억한다.

그 땅에 들도록 해주십시오.

저의 쉠을 세우도록 해주십시오.

(…)

저를 낳아주신 생명의 여신인 저의 어머니와

순수하고 충실한 왕이신 저의 아버지가

저를 이곳에 이르게 하셨습니다.

고대의 이야기는 물론이고 역사 속에서도 수없이 많은 사람들이 그 땅에 가서 '생명의 나무'를 찾아 하늘과 땅의 신들 사이에서 영원한 행복을 누리고자 했다. 지상에서의 정의로운 행동이 하늘에 있는 신성한 처소에서의 '영생'으로 이어질 것이라는 이런 믿음이야말로 모든 종교의 핵심 주제이며, 그것은 모두 수메르에서 기원한 것이다.

도대체 그 '신성한 유대(紐帶)의 장소'는 어디에 있었던 것일까? 이 질문에 대한 답은 가능하며 고대 기록에서 실마리도 찾을 수 있다.

그러나 그 밖에 여전히 남는 다른 의문점들도 무수히 많다. 인간은 그 이후로 네필림을 직접 만난 적이 있을까? 인간이 네필림을 다시 만난다면 어떤 일이 벌어질까?

그리고 네필림이 정말 인간을 지구 위에 창조한 인간의 '신'이었다면, 12번째 행성에서는 오로지 진화만으로 네필림이 생겨난 것일까?

아니면 네필림을 창조한 또 다른 신이 있었던 것일까?

참고문헌

1. 성경과 관련된 주요 문헌

A. Genesis through Deuteronomy: *The Five Books of Moses*, new edition, revised by Dr. M. Stern, Star Hebrew Book Company, undated.
B. For latest translation and interpretation based on Sumerian and Akkadian finds: "Genesis," from *The Anchor Bible*, trans. by E. A. Speiser, Garden City, N.Y.: Doubleday & Co., 1964.
C. For "archaic" flavor: *The Holy Bible*, King James Version, Cleveland and New York: The World Publishing Co., undated.
D. For verification of recent interpretations of biblical verses: *The Torah*, new translation of the Holy Scriptures according to the Masoretic text, New York: Jewish Publication Society of America, 1962; *The New American Bible*, translation by members of the Catholic Biblical Association of America, New York: P. J. Kenedy & Sons, 1970; and *The New English Bible*, planned and directed by the Church of England, Oxford: Oxford University Press; Cambridge: Cambridge University Press, 1970.
E. For reference on usage comparison and translation aids: *Veteris Testamenti Concordantiae Hebraicae Atque Chaldaicae* by Solomon Mandelkern, Jerusalem: Schocken Books, Inc., 1962; *Encyclopedic Dictionary of the Bible*, a translation and adaptation of the work by A. van den Born, by the Catholic Biblical Association of America, New York: McGraw-Hill Book Co., Inc., 1963; and *Millon-Hatanach* (Hebrew), Hebrew-Aramaic by Jushua Steinberg, Tel Aviv: Izreel Publishing House Ltd., 1961.

2. 고대 동방과 관련된 주요 문헌

Barton, George A. *The Royal Inscriptions of Sumer and Akkad*. 1929.
Borger, Riekele. *Babylonisch-Assyrisch Lesestücke*. 1963.
Budge, E. A. Wallis. *The Gods of the Egyptians*. 1904.
Budge, E. A. W., and King, L. W. *Annals of the Kings of Assyria*. 1902.
Chiera, Edward. *Sumerian Religious Texts*. 1924.
Ebeling, E.; Meissner, B.; and Weidner, E. (eds.). *Reallexikon der Assyrologie und Vorderasiatischen Archäology*. 1932~1957.
Ebeling, Erich. *Enuma Elish: die Siebente Tafel des Akkadischen Weltschöpfungsliedes*. 1939.
_____. *Tod und Leben nach den Vorstellungen der Babylonier*. 1931.
Falkenstein, Adam, and W. von Soden. *Sumerische und Akkadische Hymnen und Gebete*. 1953.
Falkenstein, Adam. *Sumerische Goetterlieder*. 1959.
Fossey, Charles. *La Magie Syrienne*. 1902.
Frankfort, Henri. *Kingship and the Gods*. 1948.
Gray, John. *The Cananites*. 1964.
Gordon, Cyrus H. "Canaanite Mythology" in *Mythologies of the Ancient World*. 1961.
Grossman, Hugo. *The Development of the Idea of God in the Old Testament*. 1926.
_____. *Altorientalische Texte und Bilder zum alten Testamente*. 1909.
Güterbock, Hans G. "Hittite Mythology" in *Mythologies of the Ancient World*. 1961.
Heidel, Alexander. *The Babylonian Genesis*. 1969.
Hilprecht, Herman V. (ed.). *Reports of the Babylonian Expedition: Cuneiform Texts*. 1893~1914.
Jacobsen, Thorkild. "Mesopotamia" in *The Intellectual Adventure of the Ancient Man*. 1946.
Jastrow, Morris. *Die Religion Babyloniens und Assyriens*. 1905~12.
Jean, Charles-F. *La religion sumerienne*. 1931.
Jensen, P. *Texte zur assyrisch-babylonischen Religion*. 1915.
_____. *Die Kosmologie der Babylonier*. 1890.
Jeremias, Alfred. *The Old Testament in the Light of the Ancient Near*

East. 1911.
_____. *Das Alter der babylonischen Astronomie*. 1908.
_____. *Handbuch der Altorientalische Geistkultur*.
Jeremias, Alfred, and Winckler, Hugo. *Im Kampfe um den alten Orient*.
King, Leonard W. *Babylonian Magic and Sorcery, being "The Prayers of the Lifting of the Hand"*. 1896.
_____. *The Assyrian Language*. 1901.
_____. *The Seven Tablets of Creation*. 1902.
_____. *Babylonian Religion and Mythology*. 1899.
Kramer, Samuel N. *The Sumerians*. 1963.
_____. (ed.). *Mythologies of the Ancient World*. 1961.
_____. *History Begins at Sumer*. 1959.
_____. *Enmerkar and the Lord of Aratta*. 1952.
_____. *From the Tablets of Sumer*. 1956.
_____. *Sumerian Mythology*. 1961.
Kugler, Franz Xaver. *Sternkunde und Sterndienst in Babylon*. 1907~1913.
Lambert, W. G., and Millard, A. R. *Atra-Hasis, the Babylonian Story of the Flood*. 1970.
Langdon, Stephen. *Sumerian and Babylonian Psalms*. 1909.
_____. *Tammuz and Ishtar*. 1914.
_____. (ed.). *Oxford Editions of Cuneiform Texts*. 1923 ff.
_____. "Semitic Mythology" in *The Mythology of All Races*. 1964.
_____. *Enuma Elish: The Babylonian Epic of Creation*. 1923.
_____. *Babylonian Penitential Psalms*. 1927.
_____. *Die Neu-Babylonischen Königsinschriften*. 1912.
Luckenbill, David D. *Ancient Records of Assyria and Babylonia*. 1926~27.
Neugebauer, O. *Astronomical Cuneiform Texts*. 1955.
Pinches, Theophilus G. "Some Mathematical Tablets in the British Museum" in *Hilprecht Anniversary Volume*. 1909.
Pritchard, James B. (ed.). *Ancient Near Eastern Texts Relating to the Old Testament*. 1969.
Rawlinson, Henry C. *The Cuneiform Inscriptions of Western Asia*. 1861~84.

Sayce, A. H. *The Religion of the Babylonians*. 1888.
Smith, George. *The Chaldean Account of Genesis*. 1876.
Thomas, D. Winton (ed.). *Documents from Old Testament Times*. 1961.
Thompson, R. Campbell. *The Reports of the Magicians and Astrologers of Nineveh and Babylon*. 1900.
Thureau-Dangin, François. *Les Inscriptions de Sumer et Akkad*. 1905.
_____. *Die sumerischen und akkadische Königsicschriften*. 1907.
_____. *Rituels accadiens*. 1921.
Virolleaud, Charles. *L'Astronomie Chaldéenne*. 1903~1908.
Weidner, Ernst F. *Alter und Bedeutung der Babylonischer Astronomie und Astrallehre*. 1914.
_____. *Handbuch der Babylonischen Astronomie*. 1915.
Witzel, P. Maurus. *Tammuz-Liturgien und Verwandtes*. 1935.

3. 잡지, 논문 및 연구서

Der Alte Orient (Leipzig)
American Journal of Archaeology (Concord, Mass.)
American Journal of Semitic Languages and Literatures (Chicago)
Annual of the American Schools of Oriental Research (New Haven)
Archiv für Keilschriftforschung (Berlin)
Archiv für Orientforschung (Berlin)
Archiv Orientalni (Prague)
Assyrologische Bibliothek (Leipzig)
Assyrological Studies (Chicago)
Das Ausland (Berlin)
Babyloniaca (Paris)
Beiträge zur Assyrologie und semitischen Sprachwissenschaft (Leipzig)
Berliner Beiträge zur Keilschriftforschung (Berlin)
Bibliotheca Orientalis (Leiden)
Bulletin of the American Schools of Oriental Research (Jerusalem and Baghdad)
Deutsches Morgenländische Gesellschaft, Abhandlungen (Leipzig)

Harvard Semitic Series (Cambridge, Mass.)
Hebrew Union College Annual (Cincinnati)
Journal Asiatique (Paris)
Journal of the American Oriental Society (New Haven)
Journal of Biblical Literature and Exegesis (Middletown)
Journal of Cuneiform Studies (New Haven)
Journal of Near Eastern Studies (Chicago)
Journal of the Royal Asiatic Society (London)
Journal of the Society of Oriental Research (Chicago)
Journal of Semitic Studies (Manchester)
Keilinschriftliche Bibliothek (Berlin)
Königliche Museen zu Berlin: Mitteilungen aus der Orientalischen Samm- lungen (Berlin)
Leipziger semitische Studien (Leipzig)
Mitteilungen der altorientalischen Gesellschaft (Leipzig)
Mitteilungen des Instituts für Orientforschung (Berlin)
Orientalia (Rome)
Orientalische Literaturzeitung (Berlin)
Proceedings of the American Philosophical Society (Philadelphia)
Proceedings of the Society of Biblical Archaeology (London)
Revue d'Assyrologie et d'archéologie orientale (Paris)
Revue biblique (Paris)
Sacra Scriptura Antiquitatibus Orientalibus Illustrata (Vatican)
Studia Orientalia (Helsinki)
Transactions of the Society of Biblical Archaeology (London)
Untersuchungen zur Assyrologie und vorderasiatischen Archäologie (Berlin)
Vorderasiatische Bibliothek (Leipzig)
Die Welt des Orients (Göttingen)
Wissenschaftliche Veröffentlichungen der deutschen Orient-Gesellschaft (Berlin)
Zeitschrift für Assyrologie und verwandte Gebiete (Leipzig)
Zeitschrift für die alttestamentliche Wissenschaft (Berlin, Gissen)
Zeitschrift der deutschen morgenländischen Gesellschaft (Leipzig)
Zeitschrift für Keilschriftforschung (Leipzig)

수메르, 혹은 신들의 고향

초판 1쇄 발행 2009년 11월 25일
초판 2쇄 발행 2010년 9월 2일

지은이   제카리아 시친
옮긴이   이근영
기획   이재영, 이재황, 전미영

펴낸이   김환기
펴낸곳   도서출판 AK

주소   서울시 마포구 마포동 324-3번지 경인빌딩 3층
전화   02-3143-7995
팩스   02-3143-7996
등록   제 395-2009-000037호
이메일   booksorie@naver.com
블로그   http://blog.naver.com/akbooks

ISBN   978-89-962449-5-0 03900
        978-89-962449-4-3 (세트)